材料概论

（第2版）

雅　菁　主　编

吴　芳
周彩楼　副主编

重庆大学出版社

内容提要

当今，材料、能源和信息并列为现代科学技术的三大支柱，材料作为现代文明的三大支柱之一，是冶金、机械、化工、土木建筑、信息、能源、航天航空等工业的支撑，是社会发展和社会进步的物质基础和技术先导。为了使读者全面了解和掌握材料的基本概念、特性、应用领域和发展趋势，本书分不同章节分别阐述了材料的基本概念、结构材料、电性材料、磁性材料、超导材料、智能材料、光学材料、新能源材料、生物医用材料、抗菌材料、环境材料、梯度功能材料、复合材料和纳米材料等的相关内容，重点突出各种材料的性能与应用。本书语言简洁、通俗易懂，内容涵盖面广、信息量大、科学性强，具有较强的实用性和可读性。

本书不仅可作为材料科学与工程专业导论课程以及理工、经管等非材料类专业大学通识教育基础课的教材，还是从事与材料相关领域的科研人员、管理人员以及生产技术人员不可多得的参考书籍。

图书在版编目(CIP)数据

材料概论/雅菁主编.—重庆：重庆大学出版社，2006.8(2022.7 重印)
(材料科学与工程专业本科系列教材)
ISBN 978-7-5624-3772-7

Ⅰ.材… Ⅱ.雅… Ⅲ.材料科学—高等学校—教材 Ⅳ.TB3

中国版本图书馆 CIP 数据核字(2006)第 091781 号

材料概论
(第2版)
雅 菁 主 编
吴 芳
周彩楼 副主编

责任编辑：周 立 李 伟 版式设计：周 立
责任校对：谢 芳 责任印制：张 策

*

重庆大学出版社出版发行
出版人：饶帮华
社址：重庆市沙坪坝区大学城西路 21 号
邮编：401331
电话：(023) 88617190 88617185(中小学)
传真：(023) 88617186 88617166
网址：http://www.cqup.com.cn
邮箱：fxk@cqup.com.cn (营销中心)
全国新华书店经销
POD：重庆新生代彩印技术有限公司

*

开本：787mm×1092mm 1/16 印张：16.75 字数：418 千
2006 年 8 月第 1 版 2014 年 7 月第 2 版 2022 年 7 月第 8 次印刷
印数：7 677— 8 176
ISBN 978-7-5624-3772-7 定价：42.00 元

前言

材料是人类社会生活的物质基础,材料的发展导致时代的变迁,推进人类的物质文明和社会进步。人类的历史可以说是材料的历史,连续不断地开发和使用材料构筑了当今社会的文明。当今,材料、能源和信息并列为现代科学技术的三大支柱,其作用和意义尤为重要。

当今世界,科学的突飞猛进,知识经济已见端倪,国力竞争日趋激烈。教育应与经济社会发展紧密结合,为现代化建设提供各类人才支持和知识贡献,这是21世纪教育改革和发展的方向。1998年,教育部对我国高校本科专业进行了大幅度的调整,旨在改变以前专业划分过细、学生知识面过窄的局面,高等学校人才培养有了新的要求。教育应从以往的知识型、职业型、专业型、业务型人才培养模式转向学习型、创业型、复合型、人格型的人才培养模式。加强基础、拓宽专业面是材料类专业改革的方向。为此许多高校,特别是重点大学按照引导性专业目录完善了材料科学与工程专业,要求学生了解各类材料、了解现有材料的分类、特性、应用领域及其发展趋势,具有比较全面的材料科学与工程的综合知识。而现有的大部分教材几乎都是针对某一类材料的某一方面编写的,因而迫切需要能够使学生建立起对材料科学与工程整体与全貌认识的高质量导论课程教材。

为了适应新的形势,满足教学要求,拓宽材料知识,我们编写了这本《材料概论》。它可作为材料科学与工程专业导论课程以及理工、经管等非材料类专业大学通识教育基础课的教材,还可作为从事与材料相关领域的科研人员、管理人员以及生产技术人员的参考书籍。

本书共分14章,第1章由天津城市建设学院雅菁教授编写,第2章由重庆大学吴芳副教授编写,第3章、第4章由大连理工大学石勇博士编写,第5章由天津大学季惠明副教授编写,第6章由天津大学刘志锋博士编写,第7章由雅菁教授、王丽丽博士编写，第 8 章由天津大学刘晓新博士编写，第 9 章由天津城市建设学院张宝莲副教授编写，第 10 章由天津城市建设学院魏冬青副教授编写，第 11 章由天津城市建设学院周彩楼高工、雅菁教授编写，第 12 章由天津大学梁崇博士编写，第 13 章由天津城市建设学院宁彩珍讲师、周彩楼高工编写，第 14 章由天津大学刘志锋博士、刘国奇博士编写。

全书由雅菁教授统稿。天津大学的靳正国教授审阅了全书，并提出了许多宝贵意见，作者对此表示衷心的感谢！

本书在编写过程中得到多方面的支持和帮助，作者在此表示衷心感谢。然而鉴于材料科学涉及内容广泛，信息量大，加之新材料的不断涌现，难以收罗殆尽，以及编者水平和时间的限制，不妥乃至错误之处，在所难免，诚望专家和读者多多批评指正。同时，对书中所引用文献资料的中外作者致以衷心的谢意。

编　者

2005 年 12 月

目录

第 1 章 绪论

1.1 材料的定义和分类

材料一般是指具有满足指定工作条件下使用要求的形态和物理性状的物质,即人类用以制造生活和生产所需的物品、器件、构件、机器和其他产品的物质。材料是物质,但不是所有的物质都可以称为材料。如燃料和化学原料、工业化学品、食物和药物,一般都不算是材料。

材料多种多样,分类方法也没有一个统一的标准。依据材料的来源可将材料分为天然材料和人造材料两大类。目前大量使用的天然材料有木材、石材、橡胶、植物纤维等,但许多原先使用天然材料的领域正在日益被人造材料所取代。例如,各种人造复合板材和人造石在代替天然木材和天然石材用于建筑装饰;人造橡胶在代替天然橡胶;化学纤维在代替植物纤维等。

按材料的用途分类,可分为建筑材料、电子材料、航空航天材料、能源材料、核材料、生物材料等。更常见、简便的分类方法有两种,一种是根据材料性质和用途,分为结构材料和功能材料两大类,前者是指以力学性能为主要要求,用以制造各种机器零件和工程构件的一类材料,是机械制造、建筑、交通运输、能源开发及有效利用的物质基础;功能材料则是利用物质独特的物理、化学特性或生物功能发展起来的一类材料。当然,结构材料对其他物理性能和化学性能也有要求,如光泽、热导率、抗辐照、抗腐蚀、抗氧化能力等,对性能的具体要求因材料的用途而异。另一种常见、简便的分类方法是将所有材料分为传统材料和新型材料(又称新材料、先进材料)。前者是指在工业中已批量生产并已得到广泛应用的材料,后者则是指刚刚投产或正在发展而且具有优异性能和应用前景的一类材料。新型材料与传统材料之间并没有决然的界限,传统材料可以发展成为新型材料,新型材料在经过长期生产与应用之后也就成为传统材料。传统材料是发展新型材料的基础,而新型材料又往往能推动传统材料的进一步发展。

根据材料的本性或其结合键的性质,可以把材料分为 4 类:金属材料、无机非金属材料、有机高分子材料和复合材料。

1)金属材料是由金属元素或以金属元素为主形成的具有金属特征的一类材料,包括金属及其合金、金属间化合物以及金属基复合材料等。最简单的金属材料是纯金属,周期表中的金属元素分为简单金属与过渡金属两类。

工业上把金属及其合金分成黑色金属和有色金属两大部分：黑色金属指铁及铁基合金（钢、铸铁和铁合金）；有色金属指黑色金属以外的所有金属及其合金。

2）无机非金属材料是以某些元素的氧化物、氮化物、碳化物、氢化物以及硅酸盐、铝酸盐、磷酸盐、硼酸盐等物质组成的材料，是20世纪40年代以后，随着现代科学技术的发展从传统的硅酸盐材料演变而来的。

无机非金属材料就其组成物质的形态、性质可分为单晶体（各种宝石、工业用矿物晶体、人工合成晶体等）、多晶体（陶瓷、水泥、粉煤灰等）以及非晶质体（玻璃）3类物质状态。实际上许多无机非金属材料属于复杂的物质状态和复杂体系，其组成既可以有晶体，亦可有非晶体存在。欧美把无机非金属材料统称为陶瓷材料，狭义的陶瓷又称传统陶瓷。前苏联则笼统地称之为无机材料，日本将普通陶瓷统称为窑业制品，新型陶瓷又被称为精细陶瓷。

3）高分子材料是以高分子化合物为基础制得的材料。包括橡胶、塑料、纤维、涂料、胶粘剂和高分子复合材料。高分子是由成千上万个小分子单体通过加聚或缩聚反应以共价键结合起来的长链分子。

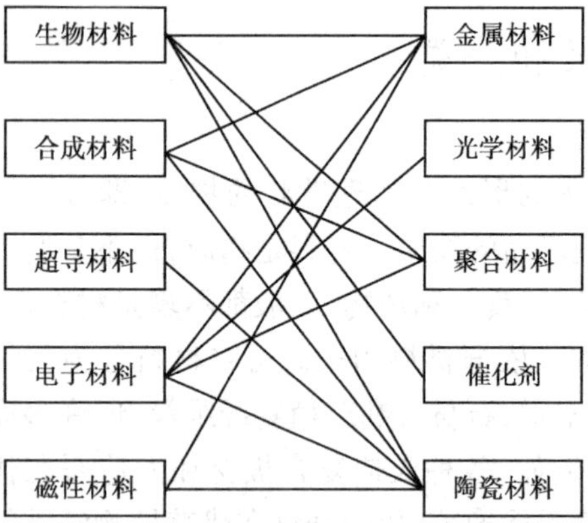

图1.1 材料的10个分领域及相互关系

4）复合材料是一个比较宽泛的概念，一般认为，复合材料是由两种或两种以上化学本质不同的材料组合在一起构成。其结构为多相，一类组成（或相）是基体，起粘结作用，另一类为增强体或功能组元，起增加强度或功能的作用。复合材料具有组成这种复合物的每种材料的最优良的性质，同时，其总体性质又优于组成它的每一种材料。

还有这样一种分类，1998年，美国科学院科学、工程与公共政策委员会（COSEPUP）一项研究报告（International Benchmarking of US Materials Science and Engineering 1998）把材料领域分成10个主要的分领域，如图1.1所示。图1.1中的连线表示这些材料分支的重叠性，例如，陶瓷可以作为磁性材料、电子材料等。

1.2 材料的地位和作用

1.2.1 材料是人类进步的里程碑

连续的历史时代，诸如石器时代、铜器时代、青铜器时代、铁器时代，这些时代的名称就反映出了材料对人类进步的重要性。所以，人类的文明史就是材料的发展史，人类正是连续不断地开发和使用新材料才构筑了今天的文明。也可以说，材料是社会进步的物质基础和先导，是人类进步的里程碑。自古以来，石器、铜、青铜、铁使人类制造出更新型、更好的农具、食品容器以及武器，当今核能和信息时代的产生与存在，分别归于铀和硅的发现及其进一步开发利用。每一种重要材料的出现，都伴随着人类达到更高的生活标准，在技术进步方面发生革命性的变化,并实现从一个时代向另一个时代的过渡。

早在100万年以前,人类开始以石头做工具,使人类进入旧石器时代。1万年前人类进入新石器时代,打制的石器更加精美,发明了用黏土成型,再火烧固化成为陶器,同时出现了玉器工艺品。人类学会了使用稻草作增强材料,掺入黏土中,再火烧制砖。利用石头和砖瓦,人类创造了辉煌的历史,如被誉为世界古代七大奇迹的埃及金字塔、巴比伦空中花园、古希腊奥林匹亚的宙斯神庙。同时,人类开始用皮毛遮身;中国在8 000年前就开始用蚕丝做衣服;印度人在4 500年前开始种植棉花。人类使用的这些材料成为促进人类文明的重要物质基础。

后来,人类知道了使用天然金和铜,以后在寻找石料过程中认识了矿石,在烧制陶器过程中又还原出金属铜和锡,还发现在铜中加入部分锡,可使原来较软的铜制品变得更坚韧、更耐磨。这种色泽鲜艳、又能浇铸成型的铜锡合金——青铜,是最原始的合金,也是人类历史上发明的第一种合金,从此人类进入了青铜时代。中国商代青铜器已经盛行,并将青铜器的冶炼和铸造技术推向了世界的顶峰。湖北随州市出土的64件重达2 500余kg的古代乐器——铜编钟,其音域宽广悦耳动听,充分反映出当时中国在冶金方面已经达到相当高的工艺和技术水平。

远古时代,人类已经使用陨铁制作武器或其他器物。到了公元前13世纪,人类已开始用铁,在地中海东岸出现了很多铁器。由于铁比铜更容易得到,更好利用,在公元前10世纪铁工具已比青铜工具更为普遍,人类从此由青铜时代进入铁器时代。中国在春秋(公元前770—公元前476年)末期,冶铁技术有很大突破,遥遥领先于世界其他地区。如利用生铁经退火制造韧性铸铁及以生铁制钢技术的发明,标志着中国生产力的重大进步。这些发明对战国和秦汉农业、水利与军事的发展起了重大作用,成为促进中华民族统一和发展的重要因素之一。这些技术从战国至汉代相继传到朝鲜、日本和西亚、欧洲地区,推动了整个世界文明的发展。

随着18世纪蒸汽机的发明和19世纪电动机的发明,出现了第一次工业革命,大大促进了机械、纺织、造船等工业和铁路交通业的大发展,机械劳动逐渐在许多领域代替了笨重的体力劳动,使人类从手工工艺时期跃进到机器工业时代。但是,不能忽略的是,蒸汽机的发明除了借助于物理学和机械学的发展外,它的物质基础是材料。没有钢铁材料的发展,也就没有蒸汽机的出现。在这次工业革命中,随着各种机械的发展以及对材料要求的不断提高,使钢铁材料也得到了发展。1855年和1864年先后发明了转炉和平炉炼钢工艺,使世界钢的产量从1850年的6万吨突增到1900年的2 800万吨,实现了从普通钢铁到高合金钢,由低强度钢到高强度钢的发展,由此又对各种机械的结构提出了新的要求。

随着有机化学的发展,19世纪末,发明了人造丝。20世纪初,各种人工合成高分子材料相继问世,如1909年的酚醛树脂(胶木),1925年的聚苯乙烯,1931年的聚氯乙烯以及1941年的尼龙等,发展十分迅速。如今全世界每年的人工合成高分子材料产量达到1亿吨以上,论体积已超过了钢。而且高分子材料的性能不断提高,一些特种聚合物正向功能材料各个领域拓展,显示出巨大的发展潜力。

陶瓷材料最早用作容器、装饰品和建筑材料,到了20世纪50年代,通过合成化工原料或特殊制备方法,制造出了一系列的先进陶瓷。由于比重小、耐高温、耐磨损等特点,成为近几十年来非常活跃的材料研究领域,用途也在不断扩展。由于陶瓷材料脆性问题难以解决,且价格较高,所以作为结构材料不如钢铁或高分子材料那样应用广泛。

高分子材料、先进陶瓷与金属材料,各有互不可替代的性能和功能。所以,当前乃至整个

21 世纪,将是多种材料并存的时代。今后更有发展前途的是复合材料,因为这类材料具有每种单质材料所不具备的性能,而且可以节约资源。事实上,几乎所有生物体,如内脏、牙齿、皮肤以及木材等都是以复合材料的方式构成的,人类也很早就在利用复合材料。如泥巴中混入碎麻或麦秆用以建造房屋;钢筋水泥是将脆性材料与韧性材料相结合;玻璃钢是玻璃纤维与树脂的复合;还有碳纤维增强的树脂基复合材料。现在人们还在发展更高级的复合材料,如金属基、陶瓷基复合材料等。

随着科学技术的发展,除了前面提到的结构材料,功能材料也愈来愈重要,特别是半导体材料出现以后,促进了现代文明的加速发展。1948 年发明了第一只具有放大作用的晶体管,10 年后又研制成功集成电路,使计算机的功能不断提高,体积不断缩小,价格不断下降;加之高性能的磁性材料不断涌现,激光材料与光导纤维的问世,使人类社会进入了“信息时代”。信息技术的不断发展给社会带来巨大变化。随着 Internet 得到广泛应用,使之成为许多个人、企业、社会生活中不可或缺的一部分。根据麦特可非定律,随着使用网络人数增加,网络产生的价值成正比增加,而网络价值增长的速度比应用网络人数增加的速度要快得多。因此信息技术已经深深融入到每个人的工作、生活,每个企业的运作当中,对人类的生活方式产生重大影响,改变着整个世界的面貌。

应该指出,木材、砖瓦、石料、水泥、玻璃、陶瓷、钢铁、塑料等传统材料,一直占有十分重要的地位,因为这些材料资源丰富,性能价格比在所有材料中最有竞争能力。这些传统材料是国民经济的基础,量大面广,与人民基本生活的关系甚为密切,即使有一点改进,收益也很可观。例如,美国道路与桥梁的使用寿命增加 1%,其收益可达 300 亿美元。因此,各国对传统材料都给予了足够的重视。材料和其他商品一样,是否受到重视或得到发展,取决于其性能价格比。汽车制造业是许多国家的传统支柱产业,因此,汽车材料也不断推陈出新。如果单从性能来看,以碳纤维增强树脂基复合材料制作车体当然十分理想,但由于其价格与成型工艺等原因,虽然全复合材料汽车制造成功已有 20 多年,但至今仍难以推广。

1.2.2 材料是社会现代化的物质基础与先导

人类社会的进步,几乎无不与材料密切相关。特别是先进材料与现代文明的关系十分密切,而且先进材料是先进技术的先导。没有半导体和其他功能材料,就不会有今天的信息社会;没有高温和超高温材料及高比强度、高比刚度材料,就不会有今天的航空航天技术。相反,有些技术,因为没有合适的材料而进展迟缓。如太阳能是一种永恒能源,量大面广,又无污染,但是由于还没有效率高、寿命长、价格低廉的光电转换材料而使太阳能在能源中的地位一直很低;磁流体发电装置的效率可达 50% ~60%,远远高于现有热机,而且可以燃烧劣质燃料,污染也小,但是由于有些关键材料没有得到解决,至今未能实现工业化。如此种种,都说明新材料的研究与开发、材料科学与技术的基础和应用研究至关重要。另一方面,当一种新材料应用于生产时将给社会生活和经济带来何等程度的影响是人们希望能够预知的,但以往的事实证明这确实又是无法明确的。例如,仅仅在 30 年前人们才认识到光学玻璃纤维可作为通信媒体,现在光纤通信已给国际通信交流带来了巨大的变化,光导纤维成为了电信工业部门的关键材料。正如硅材料带动了半导体工业一样,是光导纤维推动了电信工业的发展。再比如,自 1986 年超导材料的研究有了重大突破,现在仅从电力运输上看,按美国的计算,如其国内用超导电缆可节约 750 亿 kW 的电能,至少每年可节省 50 亿美元,日本已宣布采用超导材料的磁悬浮列车试验时速已达到581 km/h,10年、20年后超导材料给人类社会带来的变化很可能会远远超乎人们现在的想像。

因此,新材料的研究、开发与应用反映着一个国家的科学技术与工业水平,世界各国莫不予以足够的重视。美国国防部早在1991年提出的20项关键技术中,有5项以材料为主,在其他项目中,有2/3与材料有关;同年,美国白宫发布了美国国家关键技术项目,共6个领域23项关键技术,材料是其中的一个领域,有材料合成与加工、电子和光子材料、陶瓷、复合材料以及高性能金属与合金等5项关键技术。美国的"国家关键技术报告"认为:材料领域的进展几乎可以显著改进国民经济所有部门的产品性能,提高它们的竞争能力。只是因为先进材料与制造技术是未来国民经济与国防力量发展的基础,是各种高、新技术成果转化为实用产品与商品的关键。日本一向对材料十分重视,在2001年依据《科学技术基本法》制定的第二期《科学技术基本计划》中,纳米技术与材料研究被明确规定为最优先发展的,关系到日本未来前途的四个重大科学技术领域之一。而材料研究领域基本规定在以下三个大的方面:原子及分子水平物质构造、性状及控制,表面及界面控制;节省能源及循环再生材料;保障安全生活材料。中国把材料的研究与开发也一直放在重要位置,从而保证了国防工业与国民经济的发展。20世纪90年代以后,材料的地位进一步加强,如在国家"八五"攻关计划、高技术发展计划、重大基础研究攀登计划中,材料研究均占据了较大的比例。目前,中国在新材料研究方面,有些已处于国际先进水平。下面就现代科学技术的发展与新材料的关系举几个典型例子予以说明。

材料引领技术进步的一个典型例子发生在航空航天领域。在极端条件下工作的航空航天产品对所用的材料提出了苛刻的性能要求,首先是对材料的比密度和比强度。因为飞机的重量直接影响到它的机动性能和油耗,而空间站和卫星的重量决定了对运载工具的要求和运送的成本。飞机发动机每减重1 kg,飞机可减重4 kg;航天飞行器每减重1 kg,就可使运载火箭轻500 kg。每减少1 kg材料的重量,可分别为商用飞机和航天器带来不少于300美元和30 000美元的经济效益。各种轻质、高强、耐热合金的不断发展,不但提高了战斗机的性能,而且为今天大型客机的安全及有效载荷的提高、续航时间的延长以及飞机与发动机的长寿命提供了可能性。另外,航天飞机在返回地面的过程中,由于飞船与大气层的强烈摩擦所产生的温度在几分钟内可达到1 600 ℃,这将熔化所有现有机身使用的金属材料,所以美国的太空飞船外部在经受400 ℃ ~1 260 ℃温度的区域,由大约30 000片陶瓷片来保护,陶瓷片的表面再覆以硼硅酸盐玻璃;在达到1 600 ℃的区域,表面是C/C复合材料(由碳树脂基质包裹碳纤维构成),没有这种材料,飞船的再次使用是不可能的。

材料为技术突破提供媒介也同样发生在通信领域上。过去通常采用微波、电缆来传输电信号,现在这一方式正逐渐被光传输所替代,实现光信号传输靠的就是高质量透明SiO_2纤维,即光导纤维。光通信比电气通信的通信容量大得多,一根比头发丝还细的光纤就可以传输好几万路电话或上千路电视。而且,光纤不怕电磁干扰,保密性强,耐腐蚀,柔软而易于铺设,还能节省大量金属铜,从而减少了铜矿开采对环境造成的负面影响。1976年出现国际上第一条试验性光纤通信线路。到1980年初,光通信的容量就超过了同轴电缆。1988年建成第一条横贯两洋的海底光缆,其造价只是1956年所建同轴电缆的1%。1990年,一条光纤每秒可传输10亿比特的数据信息,2000年这个速率跃升到1万亿比特,提高了1千倍,这使互联网得到广泛应用。正是由于光导纤维的研制成功,改变了整个通信体系,为信息的传输做出了重要贡献。

能够对材料组成及结构进行精确控制的材料制备技术的发展,不断促进着以硅为代表的半导体材料的发展,使晶体管的微型化技术以及半导体工业得到快速发展。自1947年科学家发明了第一只锗晶体管、1958年诞生世界上第一块集成电路以来,集成电路的集成度不断提高。10年以后,科学家已经可以在米粒大小的硅片上集成1 000多个晶体管,这就是大规模集成电路。又一个10年过去后,人类已能在一片米粒般大的硅片上集成15.6万个晶体管,这就是我们所说的超大规模集成电路。正像默耳定律所述,在过去30年中,一个集成电路芯片上可装配的晶体管数量每12~18个月就增加1倍。现在一个手机芯片比一根火柴还要小,这在几年前还是不敢想像的。同时芯片的成本也在不断下降,每兆存储介质的成本从1954年10 000美元,降到1998年100美元,2000年更降到了10美元,到2004年只有3.5美元。所有这些进步都与硅单晶的生长和晶片的加工技术密切相关,即对单晶纯度与缺陷的要求不断提高,单晶直径不断增加,晶片的加工精度和表面质量不断提高。集成电路的发明与发展,产生了计算机、蜂窝电话、MP3等各种各样的电子产品,不断影响着人类现代生活的各个方面。

1.3 材料的循环

人类使用的所有被开采、种植的各种资源都来源于地球,这些矿石、原油、植物等原始原料必须要经过一个诸如浓缩、精炼或纯化的粗加工过程,由此形成金属(锭或粉末)、化学品、纤维或其他物质,再经过进一步加工,制成具有更合适组成、更高纯度或更适宜形状的合金、陶瓷或高聚物之类的工程材料,进一步制造或装配成整体,完成最终的产品供人们使用,如汽车、计算机、电子消费品、机械工具及运动器械等。当这些产品因为磨损或损坏被停止使用,或者当这些产品落伍了,能有更高效廉价的产品来替代它们,这时,这些产品就成为垃圾而被丢弃,成为地球上垃圾的一部分,完成了材料的循环过程。而如今,人们更多的是将这些垃圾物品循环使用或回收其中的有价值物质,这不仅是出于经济效益的考虑,更重要的是环境因素的使然。人类现在越来越注重通过产品或材料的再循环利用,尽量不造成材料的循环短路,从而减少材料整个生命周期对环境所造成的压力。

1.4 工程师与材料

工程师与科学家的工作目的是有区别的。由于工程基本上是一项整体的活动,所以工程师要使用直觉的、全面的、甚至常常是经验的方法去解决问题,而科学家正与此相反,他们把问题分解成最基本的单元,以阐明其中蕴含着的基本原理。换句话说,科学原理为人们提供了解决问题的大思路,但如何通过技术去解决问题,则在很大程度上取决于经验。工程师的目的在于设计实际环境下的应用效果,因此,在各个工程领域,材料都是工程师们最关心的问题之一。在选择最适宜的材料时,最佳方法是先确定系统所需要达到的性能指标,然后弄清所用材料在最低成本下需要满足哪些性能。

工程师对成本一词要有明确的认识,它并不是简单地对应材料的最初成本。有时最初成本可能较高,但从整个寿命周期看,将各种因素考虑进去以后,总体成本也许并不高。设计部件整体寿命的一种通常方法是参考寿命周期成本分析，其影响因素包括可靠性、替换成本、停工检修期成本、环境清洁或处理成本，以及其他必须要考虑的因素，材料在一个部件的生命周期评价中起着关键作用。例如，考虑用树脂基碳纤维复合材料来制造网球拍和滑雪板。虽然这类产品最初成本较高，但它们非常耐用，从整个寿命周期来看，它们比用金属或木质材料有更低的成本。

一般来讲，没有不好的材料，只有在特定领域不正确地使用了材料。所以作为工程师，树立材料的选择不能只单一地看性能这种观点也是非常重要的。例如，电气工程师要设计一个元件，所用材料的基本性能是要能导电，但同时他也必须注意，这种材料还要能很经济地制造成需要的形状，要不易碎裂，要有保证性能随时间的稳定性，等等。因此，在多数情况下，材料的选择包括一整套考虑多种因素（包括经济因素）的复杂的权衡过程。对于某个特定的应用，材料的选择很少只有唯一的“正确”结论。换言之，一个材料的选择问题，常常可以有多种正确结论，在进行最终选择之前，工程师必须了解各种结论采用后将带来的可能的结果。另外，材料的选择是一个系统工程。在一个部件或者装置中，所选用的各种材料要能够在一起使用，而不能因相互作用而降低对方的性能。因此，在大多数情况下，材料的选择是一个反复权衡的复杂过程。在某种意义上，其重要性不亚于材料本身的研究开发。

1.5　材料科学与工程的内涵

长期以来，人们对材料本质的认识是表面的、肤浅的。最初，每种材料的发展、制造和使用都是靠工艺匠人的经验，如看火候，听声音或靠祖传秘方等等。后来，随着经验的积累出现了“材料工艺学”，这比工匠的经验进了一大步，但它只记录了一些制造过程和规律，一般还是知其然不知其所以然。因此，长期以来，材料的发展十分缓慢。直到20世纪60年代初，美国为了加强其在先进材料研究领域的实力，在一些大学相继成立了十余个材料科学研究中心。从此“材料科学”这个名词开始被广泛地引用了。材料科学所包括的内容往往容易理解为研究材料的组织、结构与性质的关系，探索自然规律，这属于基础研究。实际上，材料是面向实际、为经济建设服务的，是一门应用科学，研究与发展材料的目的在于应用，而材料又必须通过合理的工艺流程才能制备出具有实用价值的材料来，通过批量生产，才能成为工程材料。所以，在“材料科学”这个名词出现后不久，就提出了“材料科学与工程”。工程是指研究材料在制备过程中的工艺和工程问题。1986年英国Pergamon出版的《材料科学与工程百科全书》对材料科学与工程学科的定义为：材料科学与工程就是研究有关材料组成、结构、制备工艺流程与材料性能和用途的关系的知识的产生及其运用。换言之，材料科学与工程是研究材料组成、结构、性能、生产流程和使用效能以及它们之间的关系（见图1.2）。

可见，材料科学与工程这一宽广的学科领域要寻求解释与控制的至少为下列4个基本要素之一：

- 材料的组成与结构，包括原子类型及其在长度尺寸（纳、介、微、宏观）范围内的排列
- 获得特殊原子排列的合成方法与制备工艺
- 由原子及其排列所决定的材料性质
- 材料的使用效能，即考虑经济的、社会的、环境的成本和效益

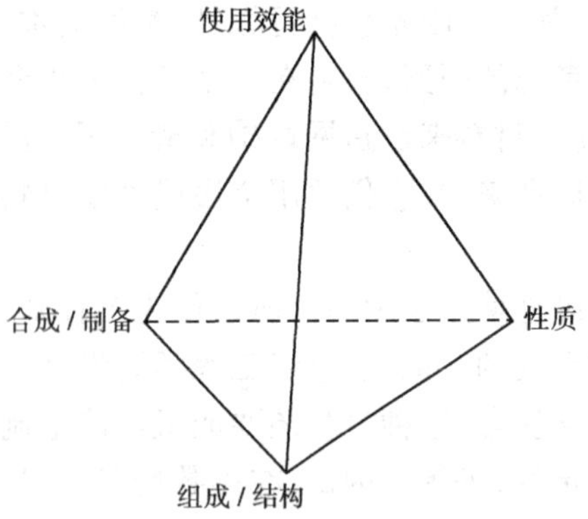

图 1.2 材料科学与工程要素图

4 个要素反映了材料科学与工程研究中的共性问题,在这 4 个要素上,各种材料相互借鉴、相互补充、相互渗透。抓住了这 4 个要素,就抓住了材料科学与工程研究的本质。而各种材料,是其特征所在,反映了该种材料与众不同的个性。材料科技工作者可以依据这 4 个基本要素,以新的或更有效的方式研制和生产材料。同时,也可依此来识别和跟踪材料科学与工程研究的主要发展趋势。

事实上,"材料科学"的形成是科学技术发展的结果。

首先,固体物理、无机化学、有机化学、物理化学等学科的发展,对物质结构和物性的深入研究,推进了人们对材料本质的认识;金属学、陶瓷学、高分子科学等的发展也使对材料本身的研究大大加强,从而对材料的制备、结构、性能以及它们之间的相互关系的研究也更加深入,为材料科学的形成奠定了基础。

其次,在"材料科学"这个名词出现以前,金属材料、陶瓷材料与高分子材料都已自成体系,目前,复合材料也正在形成学科体系。但它们之间存在着颇多相似之处,对不同类型材料的研究可以相互借鉴,从而促进本学科的发展。如非晶态理论本来主要针对无机玻璃结构,但人们在聚合物中也发现具有相似的非晶态结构特征;马氏体相变本来是金属学家提出来的,而且广泛地被用来作为热处理钢的理论基础,但在氧化锆陶瓷中也发现了马氏体相变现象,并用来作为陶瓷增韧的一种有效手段;虽然不同类型的材料各有其专用测试设备,但许多方面是相同或相近的,如光学显微镜、电子显微镜、表面测试及物性与力学性能测试设备;在材料的生产中,许多加工设备原理也是相通的。如注射成型机,本来用以成型高分子材料,现在又被用在粉末冶金和陶瓷领域,实现了小尺寸复杂形状金属和陶瓷部件的近净尺寸成型,开发出了一系列的材料新用途。

第三,许多不同类型的材料可以相互代替和补充,能更充分发挥各种材料的优越性,达到物尽其用的目的。

综上所述,材料科学有三个重要属性:一是多学科交叉,它是物理学、化学、冶金学、金属学、陶瓷学、高分子化学等学科与计算科学相互融合与交叉的结果,如生物医用材料要涉及医学、生物学及现代分子生物学等学科;二是与实际使用结合非常密切,发展材料科学的目的在于开发新材料,提高材料的性能和质量,合理使用材料,同时降低材料成本和减少污染等;三是材料科学是一门正在发展中的科学,将随着各有关学科的发展而不断得到充实和完善。

1.6 材料科学与工程的发展趋势

材料科学与工程目前的发展趋势有:

①材料的复合化。由于多种材料多学科的交叉、融合,使材料的复合化成为发展新材料的一种重要手段。可以利用多种基体与增强体的复合、多种层次的复合以及利用非线性复合效应创造出全新的性能的材料。目前复合材料的发展以树脂基复合材料为主,特别是热固性材

料,它的技术最成熟,应用最广。金属基复合材料大部分处于研究开发阶段,它特别适用于建造空间结构体。陶瓷基复合材料则尚处于研究阶段,但它是改进陶瓷可靠性的重要途径,从而使陶瓷材料优异的高温性能得以应用。此外碳/碳复合材料在军事技术上有很大实用价值,并已有一定的应用。功能复合材料是一个很有发展前途的方向。其中很多复合效应特别是非线性效应、纳米复合技术等,估计可能出现比结构材料更广泛的应用前景,值得重视。由于激光、等离子体技术的发展,材料表面处理与表面改性技术也很有前途。此外,材料的复合化还是进入智能材料的可能途径。例如自愈合材料、自应变材料等。

②材料的结构与功能相结合,实现结构/功能一体化,做到多功能应用。如研究结构陶瓷在保持其良好的力学特性的同时,使其拥有良好的功能特性。研究者已开始将氧化物结构陶瓷的透明化和光学特性相结合,开始重视氮(碳)化物陶瓷的介电、热导、绝缘等特性的应用。结构/功能一体化最典型的当属智能材料,它将支撑未来高技术的发展,使传统意义下的功能材料和结构材料之间的界线逐渐消失。科学家预言,智能材料的研制和大规模应用将导致材料科学发展的重大革命。国外在智能材料的研发方面取得很多技术突破,如英国开发出一种快速反应形状记忆合金,寿命期具有百万次循环,且输出功率高,以它作制动器时,反应时间仅为 10 分钟。

③深入微观层次,有目标地发现和开发新材料。形象地说,新材料的发展热点在 20 世纪 70 年代的标志是表面、界面,20 世纪 80 年代是原子层尺度加工,20 世纪 90 年代以来进入零维材料(纳米晶体)量子器件。它们在结构上更加复杂(信息含量大),性能极限化,而使用量降低。由于已经掌握了观察单个原子及一次仅一个原子层的加工技术,可以预料今后将会出现更多、更新的材料与器件。功能材料是新材料领域的核心,对高新技术的发展起着重要的推动和支撑作用,在全球新材料研究领域中,功能材料约占 85%,是 21 世纪信息、生物、能源、环保、空间等高技术领域的关键材料。当前国际功能材料及其应用技术正面临新的突破,诸如超导材料、微电子材料、光子材料、信息材料、能源转换及储能材料、生态环境材料、生物医用材料及材料的分子、原子设计等正处于日新月异的发展之中。

④重视新材料发展和生态环境及资源的协调性。材料的生态环境化是材料及其产业在资源和环境问题制约下满足经济可承受性、实现可持续发展的必然选择。开发新材料将更加重视从生产到使用的全过程对环境的影响,即资源保护、生产制备过程的污染和能耗、使用性能和回收再利用等问题。生态环境材料的三个特征是优异性能并节省资源、减少污染和再生利用,目的是实现资源、材料的有机统一和优化配置,达到资源的高度综合利用,以获得最大的资源效益和环境效益,为形成循环型社会的材料生产体系奠定基础。

⑤理论-计算机模拟-实验的结合是未来发展新材料的重要研究方法。由于固体物理计算方法与电子计算机的发展,材料科学与工程可以借助大型计算机来分析、模拟材料的微观结构,计算其性能与行为,从而提供了一个强有力的研究工具来预测与合成具有预期性能的新材料。近年出现的"材料微观结构设计"方法受到美国、日本科技界的普遍布重视。计算机模拟方法主要有量子力学能带计算、分子动力学计算、MONTE-CARLO 方法模拟等。在药物分子设计方面计算机给出的结果超出了最有经验的药物设计师的想像。此外,计算机技术的应用对新材料生产、控制和自动化也会起到重要到推动作用。可以预言,现代计算机技术与材料科学结合将建立材料科学的理论基础与提供新的研究方法,从根本上改变新材料研究与开发的面貌。

⑥新材料的研究-开发-生产-应用一体化的趋势。以前人们对“新材料研究”的理解过于狭隘,流行的看法只偏重新的成分。实际上,一种材料的新的合成/加工方法(以及过程的分析)、新条件下的使用行为研究都应属于新材料研究的重要内容。如果使用行为不清,加工方法不好,即使材料的某项性能如何优越,仍然无法使用。我们研制的新材料必须具有先进的“使用性能”,能用它来制造有用的器件;同时它必须具有合适的“工艺性能”,以便能经济的生产出来。而这两者都必须在与应用密切结合中通过应用研究而获得。发达国家正在认真研究所谓“设计制造一体化”(缩写为 IDM),以设计一个先进复合材料部件为例,IDM 要求有一个增强纤维及基体材料的数据库,用它对材料结构进行优选;其次需要合适的模型及软件来模拟制造过程,以验证能够制造出来;对于最后成品还需在计算机上作三维强度-应力分析,以验证原来设计的目标能否达到。因此,在进行 IDM 时,除设计师外还必须有材料专家与工艺专家参加,彼此相互结合,而计算机分析与模拟技术则是关键。IDM 与传统的设计工作的区别在于实行了设计-材料-工艺三者早期的结合,它不仅包含部件的形状、尺寸设计,而且包括材料结构设计及工艺方法设计,还要对最终产品的性能进行计算机模拟与验证。现代新材料的应用要从产品设计开始,从产品寿命周期的观点出发,把 R&D、材料生产、推广应用看成一个有机结合的集成的大系统,使之具有合理的结构与运行机制。只有这个大系统正常地高速运行,才能产生效益。

第2章 结构材料

2.1 材料的性能

材料的性能是用于表征材料在给定外界条件下的行为,它是材料微观结构特征的宏观反映。由于组成和制备工艺上的不同,各类材料在性能上会存在很大的差异。三大材料——金属、无机非金属、高分子材料的特点如图 2.1 所示。

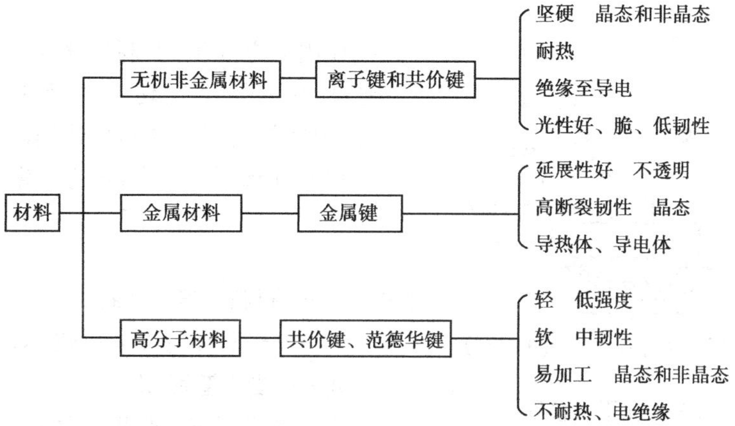

图 2.1　各类材料性能特点

金属材料常温下一般为固体,熔点较高(也有 Pb,327 ℃;Zn,420 ℃等较低的),密度较大,呈现固有的金属光泽,延展性较大,导热性和导电性好,在空气中易被氧化等性质。合金的性质取决于母相金属的性质和合金的组成,一般合金较硬、较脆,延展性较小、导电性也较低。

无机非金属材料与金属不同,因自由电子的数目少,所以导电性和导热性均小,除离子化者外,在常温下是电的绝缘体,但在高温下表现出导电性;由于共价键键合力强,质坚硬,抗压强度高,抗拉强度小,且呈脆性;材料的熔点较高,耐热性好,化学稳定性较强。

高分子材料有热塑性树脂(加热时软化,温度降低时凝固,可反复进行)和热固性树脂(加热时发生反应固化,且不熔不溶)之分,随聚合度增大,熔融状态时的粘度增大,固态时的强度增大。高分子材料一般具有较高的比强度(材料强度除以材料的密度所得到的比值),较优良的耐水性和耐化学试剂侵蚀性,较差的耐热性、耐老化性,易蠕变,热膨胀率大,易燃烧。

2.1.1 力学性能

材料的力学性能是指材料受外力作用时的变形行为及其抵抗破坏的能力。力学性能是一系列物理性能的基础,又称机械性能。材料的机械性能通常包括强度、塑性、硬度、弹性与刚性、韧性、疲劳等。

(1)强度

材料在载荷作用下抵抗明显的塑性变形或破坏的最大能力称为强度。通常材料中缺陷越少、分子间键合强度越大,材料的强度也越高。材料的理论抗拉强度,可用下式表示:

$$f_t = \sqrt{\frac{E\gamma}{d}}$$

式中 f_t——理论抗拉强度;

E——纵向弹性模量;

γ——单位表面能;

d——原子间的距离。

材料的理论强度远大于材料的实际强度,这是由于材料实际结构中都存在着许多缺陷,如晶格的位错、杂质、孔隙、微裂缝等。当材料受外力作用时,在裂缝端部产生应力集中,其局部应力将大大超过平均应力,引起了裂缝不断扩展、延伸以至互相连通起来,最后导致材料的破坏。

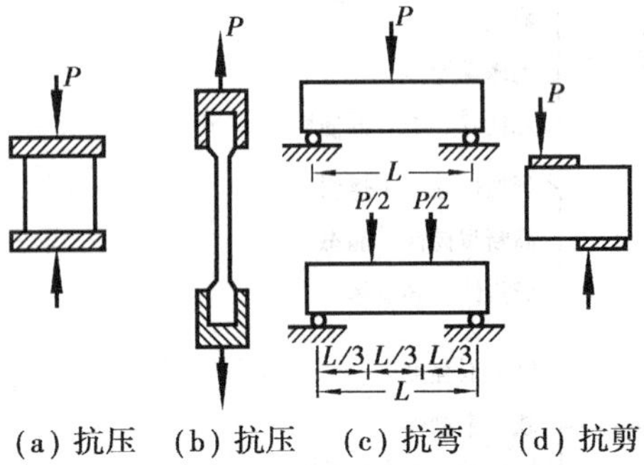

图2.2 材料受外力作用示意图

按作用力方式不同,材料的力学强度可分为拉伸强度、压缩强度、剪切强度、弯曲强度、冲击强度、疲劳强度等,材料受外力作用示意图见图2.2。材料的拉伸、压缩及剪切强度的计算公式如下:

$$f = \frac{F_{max}}{A}$$

式中 f——材料强度,MPa;

F_{max}——破坏时最大荷载,N;

A——受力截面积,mm^2。

弯曲强度也叫抗弯强度,是材料韧性、脆性的度量;中点加载时抗弯强度用下式计算:

$$f_m = \frac{3F_{max}L}{2bh^2}$$

三分点加载时抗弯强度要用下式计算:

$$f_m = \frac{F_{max}L}{bh^2}$$

式中 f_m——抗弯强度,MPa;

F_{max}——弯曲破坏时最大荷载,N;

L——两支点的间距,mm;

b,h——试件横截面的宽及高,mm。

冲击强度是材料在高速冲击状态下发生断裂时单位面积上所需的能量;

疲劳强度指材料抵抗疲劳破坏(交变应力)的能力。

大部分材料根据强度的大小划分为不同的等级,按强度等级合理选用材料在工程中是非常重要的。部分材料的拉伸强度见表2.1。

表2.1 一些材料的拉伸强度值/MPa

金属材料		陶瓷材料		高分子材料	
Al	689	长石($KAlSi_3O_8$)	45	聚乙烯	22-39
Cu	1 480	$MgSiO_3$	68	聚苯乙烯	35-63
Be	552	Al_2O_3	270	聚甲基丙烯酸甲酯	49-77
Mo	2 070	SiC	350	尼龙6	74-78
Fe	3 450	金刚石	500	聚酰亚胺	94

(2)**弹性与塑性**

材料在外力作用下产生变形,当外力取消后,能够完全恢复原来形状的性质称为弹性,这种完全恢复的变形称为弹性变形(或瞬时变形)。

在外力作用下材料产生变形,如果取消外力,仍保持变形后的形状和尺寸,并且不产生裂缝的性质称为塑性,这种不能恢复的变形称为塑性变形(或永久变形)。

单纯的弹性材料是没有的。低碳钢在受力不大的情况下,表现为弹性变形,但受力超过一定限度后,则表现为塑性变形(如图2.3)。混凝土在受力后,弹性变形及塑性变形同时产生。

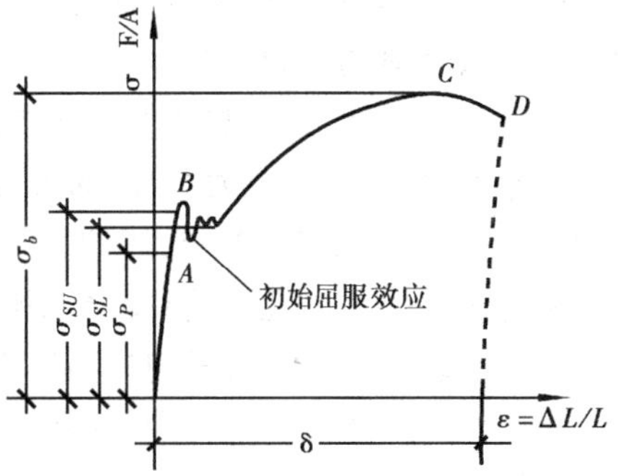

图2.3 低碳钢的拉伸应力-应变曲线

材料在载荷作用下抵抗弹性变形的能力称为刚度,反映材料刚度的指标是弹性模量。纵向弹性模量一般也称作杨氏模量。表2.2为一些代表性物质的杨氏模量。

表2.2 一些代表性物质的杨氏模量 $E/(N\cdot m^{-2})$

金属材料		陶瓷材料		高分子材料	
金刚石	1.21×10^{12} <111>	W	3.6×10^{11}	聚乙烯	$(0.12\sim1.05)\times10^{9}$
Al_2O_3	4.6×10^{11} <001>	Sn	5.5×10^{10}	PMMA	$(2.5\sim3.5)\times10^{9}$
MgO	2.45×10^{11} <100>	Cu	1.25×10^{11}	橡胶	2×10^{5}
NaCl	4.4×10^{10} <100>	Zn	3.5×10^{10}	聚苯乙烯	$(2.2\sim2.8)\times10^{9}$
Si_3N_4	3.72×10^{11}	Ag	8.1×10^{10}	尼龙6	2.84×10^{9}
SiC	5.6×10^{11}	Al	7.2×10^{10}	硬塑料	5×10^{15}

(3)**脆性与韧性**

当外力达到一定限度后,材料突然破坏,而破坏时并无明显的塑性变形,材料的这种性质称为脆性。陶瓷、玻璃、混凝土、铸铁等都属于脆性材料。

韧性是指材料抵抗裂纹萌生与扩展的能力。材料的韧性高,意味着其脆性低。度量韧性的指标有两类:冲击韧性和断裂韧性。冲击韧性是用材料受冲击而断裂的过程所吸收的冲击功的大小来表征材料的韧性,此指标可用于评价金属材料、高分子材料的韧性,但对韧性很低的材料(如陶瓷)一般不适用。断裂韧性常用材料裂纹尖端应力强度因子的临界值来表征材料的韧性,建筑钢材(软钢)、木材等属于韧性材料。

(4)**硬度**

材料能抵抗其他较硬物体压入表面的能力称为硬度。材料的化学键愈强,其硬度一般都较高。常用的硬度试验方法有布氏、维氏和洛氏试验。进行布氏硬度试验时,将直径通常为10mm的坚硬钢球压入材料的表面,测出表面上留下的压痕直径,并按以下公式算出布氏硬度值HB:

$$HB = \frac{P(\text{作用荷载})}{F(\text{压痕面积})}$$

洛氏硬度试验测软材料的硬度时,使用小直径钢球;测较硬材料时,可使用金刚石锥体。硬度计可以自动测出压头穿透的深度,并将此深度数值转换为洛氏硬度数值。维氏试验用于测量微观硬度,维氏试验使用不同载荷的金刚锥进行压痕。

(5)**疲劳特性和耐磨性**

材料在受到拉伸、压缩、弯曲、扭曲或这些外力的组合反复作用时,应力的振幅超过某一限度即会导致材料的断裂,这一限度称为疲劳极限。疲劳寿命指在某一特定应力下,材料发生疲劳断裂前的循环数,它反映了材料抵抗产生裂缝的能力。测定钢筋的疲劳强度,通常采用的是承受大小改变的拉-压应力循环,对非预应力筋和预应力筋的应力特征值$\rho = \sigma_{min}/\sigma_{max}$通常分别为0.1~0.8和0.7~0.85,周期数一般分别为200万次、400万次以上。

疲劳现象主要出现在具有较高塑性的材料中,例如金属材料的主要失效形式之一就是疲劳。疲劳断裂往往是没有任何先兆地突然断裂,因而由此造成的后果有时是灾难性的。

材料对磨损的抵抗能力为材料的耐磨性,可用磨损量表示。在一定条件下的磨损量越小,则耐磨性越高。一般用在一定条件下试样表面的磨损厚度或体积(或质量)的减少来表示磨损量的大小。磨损包括氧化磨损、咬合磨损、热磨损、磨粒磨损、表面疲劳磨损等。一般降低材料的摩擦系数、提高材料的硬度均有助于增加材料的耐磨性。

2.1.2 物理性能

(1)**热学性能**

材料的热容、热膨胀、热传导、热辐射、热电势等都属于热学性能,它们在工程上有许多特殊的要求和广泛的应用。热性能分析已成为材料科学研究中一种重要手段,特别是对于确定临界点并判断材料的相变特征有重要的意义。

1)热传导

由于材料相邻部分间的温差而发生的能量迁移。热传导的机制主要可分为三种,即由自由电子的传导(金属)、晶格振动的传导(具有离子键或共价键的晶体)和分子或链段的传导(高分子材料)等。材料热传导能力的大小用导热系数表示,即:

$$\lambda = \frac{Qa}{At(T_2 - T_1)}$$

式中 λ——导热系数,W/(m·K);

Q——总传热量,J;

a——材料厚度,m;

A——热传导面积,m^2;

t——热传导时间,h;

$T_2 - T_1$——材料两面温度差,K。

表2.3列出了一些材料在常温下的热导率。

表2.3 不同材料的热导率(25 ℃)

分类	材料名称	热导率 λ/cal·cm^{-1}·s^{-1}·K^{-1}①	分类	材料名称	热导率 λ/cal·cm^{-1}·s^{-1}·K^{-1}①
陶瓷材料	金刚石	约4.76	金属材料	银	0.986
	SiC	0.143~0.643		铝	0.488
	BeO	0.595		铅	0.826
	AlN	0.143~0.595		钢	0.11
	Al_2O_3	0.095		铋	0.026 7
	MgO	0.143		钛	0.041
	Si_3N_4	0.036~0.048	高分子材料	尼龙	0.000 6
	TiC	0.036~0.048		聚乙烯	0.000 81
	石英玻璃	约0.002 4		聚苯乙烯	0.002
	玻璃	0.002		聚氯乙烯	0.000 36
	石棉	0.000 2		PMMA	0.000 38
	混凝土	0.002	其他物质	空气	0.000 057
	耐火材料	约0.000 6		氢气	0.000 33
金属材料	铜	0.927		氧气	0.000 056
	黄铜	0.26			

①1 cal·cm^{-1}·s^{-1}.K^{-1} = 4.2×10^{2} W·m^{-1}·K^{-1}

显然,与非金属材料相比,金属为热的良导体,而气体则是热的绝缘体。

在许多系列技术领域中,材料的导热性能都是一个重要的问题,譬如在热能工程、制冷技术、工业炉设计、工件加热和冷却、房屋采暖与空调以及航天飞行器重返回大气层等隔热材料都要求材料具有优良的绝热性能;燃气轮机叶片、晶体管散热器却要求优良的导热性能。

2)热容量

材料受热(或冷却)时吸收(或放出)热量的性质称为材料的热容量,用比热容表示,即:

$$C = \frac{Q}{m(T_2 - T_1)}$$

式中 C——材料比热容,J/(g·K);

Q——材料吸收或放出的热量,J;

m——材料的质量,g;

$T_2 - T_1$——材料受热或冷却前后温差，K。

比热容有物质体积被约束为恒定的定容比热容 C_v 和物质处于恒压时的定压比热容 C_p 两种。结构中的缺陷对材料的热容会有较大影响。在常温下固体材料的定压比热容和定容比热容几乎没有差别，而所测定的都是定压热容。

比热容与材料质量之积称为材料的热容量值，它表示材料温度升高或降低 1 K 所吸收或放出的热量。热容量值大的材料，本身能吸入或储存较多的热量。材料中热容量最大的是水，其比热容为 4.19 J/(g · K)。

3）热膨胀

物体的热胀冷缩是一种普遍现象，热胀冷缩的大小用膨胀系数表示。通常，膨胀系数指的是温度变化 1 K 时材料单位长度的变化量，故也称为线膨胀系数（K^{-1}），以区别于表示材料单位体积变化量的体膨胀系数。

热膨胀与原子（分子或链段）振动有关。结合能越大，则原子从其平均位置发生位移以后的位能（或复位的吸引力、排斥力）增加得越为急剧，膨胀系数越小。共价键的陶瓷材料与金属材料相比，倾向于具有低膨胀系数；而离子键的陶瓷材料与金属材料相比，倾向于具有稍高的膨胀系数。有机化合物中，共价键合的三维网络状高分子化合物的膨胀系数一般较低；长链高分子化合物由于其分子之间是弱键合，膨胀系数较高。表 2.4 列出了一些不同材料在常温下（25℃）的热膨胀系数。

表 2.4　不同材料的热膨胀系数（25 ℃）

分　类	物　质	线膨胀系数 /(10^{-6}/K^{-1})	分　类	物　质	线膨胀系数 /(10^{-6}/K^{-1})
陶瓷材料	β-锂辉石 ($LiALSi_2O_6$)	0.75	金属材料	W	4.6
	堇青石	1.7		Mo	4.9
	Al_2TiO_5	1.4		Zn	39.7
	Si_3N_4	3.3 ~ 3.6		Pb	29.3
	SiC	5.1 ~ 5.8		Fe	12
	TiC	7.6		Cu	16.6
	Al_2O_3	8.5		Al	25
	BeO	8.0		1020 钢	12
	MgO	13.5	高分子材料	硅胶	120
	NaCl	40.0		尼龙 6	83
	SiO_2玻璃	0.5		聚乙烯	120
	金刚石	约 0		聚脂	55 ~ 100
				有机玻璃	50
				环氧树脂	55

热膨胀在实际应用中相当重要,例如精密天平、标准尺和宇宙航行雷达天线等材料,都要求在气温变动范围内具有很低的热膨胀系数;而用于制造热感敏元件的双金属却要求尽可能高的热膨胀系数。

4)耐热性

材料耐高温的性质称为耐热性,材料的熔点可反映耐热性。材料熔融时的温度称为熔点(T_m)。一般材料结构中的分子间作用力越大,则熔融热焓大,T_m 就高;柔性大,熔融热焓就小,T_m 也就小。表2.5为一些物质的熔点。

表2.5 各种物质的熔点 T_m/℃

元素	单 质	氧化物	氮化物	碳化物	高分子材料	熔点	热变形温度
Al	659	2 050	约2 400(分解)	2 800	有机玻璃	160	65~100
B	约2 000	450	3 000(分解)	2 450	聚苯乙烯	240	70~100
Si	1 412	1 710	约2 000(分解)	约2 830(分解)	尼龙6	225	215~225
Ti	1 667	1 840	2 950	3 140	聚乙烯	137	40~70
Zr	1 885	2 700	2 980	3 530	聚丙烯	176	85~110
Hf	>2 130	2 810	约3 300	3 890	聚对苯二甲酸乙二醇酯	267	250~260
Ta	2 993	1 470(分解)	约3 090	3 880			
W	3 377	1 473	—	2 870			

(2)**电性能**

材料的电性质是材料在静电场或交变电场中,即处在电源的两极之间行为的表征。

1)导电性能

材料导电性的量度为电阻率或电导率。电阻 R 与导体的长度 L 成正比,与导体的截面积 S 成反比,即:

$$R = \rho\left(\frac{l}{S}\right)$$

式中 ρ——体积电阻率,$\Omega \cdot m$。

电阻率的倒数为电导率 σ。电阻率的大小直接取决于单位体积中的载流子数目、每个载流子的电荷量和每个载流子的迁移率。产生电流的载流子有四种类型:电子、空穴、正离子、负离子。载流子的迁移率取决于原子结合的类型、晶体缺陷、掺杂剂类型和用量及离子在离子化合物中的扩散速率。

根据电阻率的大小,可将材料分成超导体、导体、半导体和绝缘体四类。超导体的 ρ 在一定温度下接近于零;导体的 ρ 为 $10^{-8} \sim 10^{-5}\ \Omega \cdot m$;半导体的 ρ 为 $10^{-5} \sim 10^{7}\ \Omega \cdot m$;绝缘体的 ρ 为 $10^{7} \sim 10^{20}\ \Omega \cdot m$。表2.6列出了部分材料在室温下的电导率。

表 2.6　各种材料在室温下的电导率 $\sigma/(S \cdot m^{-1})$

金属和合金	σ	非金属	σ
银	6.3×10^7	石墨	10^5平均
铜(工业纯)	5.85×10^7	SiC	10
金	4.25×10^7	锗(纯)	2.2
铝(工业纯)	3.45×10^7	硅(纯)	4.3×10^{-4}
Al-1.2% Mn 合金	2.95×10^7	酚醛树脂(电木)	$10^{-11} \sim 10^{-7}$
钠	2.1×10^7	窗玻璃	$<10^{-10}$
钨(工业纯)	1.77×10^7	Al_2O_3	$10^{-12} \sim 10^{-10}$
黄铜(70% Cu-30Zn)	1.6×10^7	云母	$10^{-15} \sim 10^{-11}$
镍(工业纯)	1.46×10^7	有机玻璃	$<10^{-12}$
纯铁(工业纯)	1.03×10^7	BeO	$<10^{-15} \sim 10^{-12}$
钛(工业纯)	0.24×10^7	聚乙烯	$<10^{-14}$
TiC	0.17×10^7	聚苯乙烯	$<10^{-14}$
不锈钢,301 钢	0.14×10^7	合金钢	$<10^{-15}$
镍铬合金(80% Ni-20Cr)	0.093×10^7	石英玻璃	$<10^{-16}$
		聚四氟乙烯	$<10^{-16}$

一般金属材料是导体,部分陶瓷材料和少数高分子材料是半导体,普通陶瓷材料与大部分高分子材料是绝缘体。但一些陶瓷具有超导性。金属的电导率随温度的升高而降低,半导体、绝缘体、离子导电材料的电导率随温度的升高而增加。

超导性是指当温度一旦低于超导体材料的某一特征温度(临界温度)T_c 时,其电阻率就跃变为零。临界温度依赖于作用导体的磁场强度。尽管许多材料具有超导性,但它们都需要极低的温度。典型的超导体有 Nb-60Ti-4Ta 合金、Y-Ba-Cu-O 系陶瓷材料和聚硫腈$(SN)_x$ 晶体等。

2)介电性能

电子材料除有导体、半导体、绝缘体外,介电材料也是十分重要的一族。材料的介电性能主要包括介电常数、介质损耗、介电强度等。介电材料的价带和导带之间存在大的能隙,所以它们具有高的电阻率。产生介电作用的原因是电荷的偏移,或称为极化。

电容器就是重要的介电材料,已广泛用于电子工业中。电容器的电容既依赖于电容器板极之间的材料,又和器件的结构有关。对于只有两个板极的简单平板电容器,电容 C 为:

$$C = \varepsilon\left(\frac{A}{d}\right)$$

式中,A 是每个板极的面积;d 是板极之间的距离;ε 是介电常数(电容率)。

介电常数 ε 表征材料极化和储存电荷的能力。相对介电常数 ε_r 是材料介电常数 ε 与真空介电常数 ε_0 之比。

真空的介电常数 ε_0 为 8.85×10^{-12} F/m。对于一个含有 n 个平行导体板的电容器，其电容等于：

$$C = \varepsilon_0\varepsilon_r\left(\frac{A}{d}\right)(n-1)$$

如果板间间隔过小、电压过高，会引起电容器击穿和放电。击穿电压，即介电强度，是除介电常数外必须考虑的一项因素。所谓介电强度是板极之间可以维持的最大电场强度 ξ。为了制造在强电场中储存大量电荷而且尺寸小的电容器，必须选用具有高介电常数和高介电强度的材料。

在交变场中，频率增大时，离子跟不上电场的变化，因而介电常数减小。温度升高时离子的活动能力增大，因而 ε_r 值也增大，特别是在频率不大的情况下。

介电损耗（$\tan\delta$）也是介电材料重要的性能指标。介电损耗为材料在每次电场交变时所损耗的能量的分数值。使用中希望材料的介电损耗越小越好。介电损耗一般随温度的升高而增大。表2.7列出了一些介电材料的性能。

表2.7 某些介电材料的性能

材 料	介电常数 ε_r /(60 Hz)	介电常数 ε_r /(10^6 Hz)	介电损耗 $\tan\delta$	介电强度 /($kV\cdot mm^{-1}$)
聚甲醛	7.5	4.7	4×10^{-3}	12
聚乙烯	2.3	2.3	2.3	20
聚四氟乙烯	2.1	2.1	$<2\times10^{-4}$	19
聚苯乙烯	2.5	2.5	$1\sim3\times10^{-4}$	20
聚氯乙烯（无定形）	7	3.4	$0.04\sim0.14$	40
橡胶	4	3.2	10^{-2}	20
环氧树脂	4	3.6	$2\times10^{-3}\sim10^{-2}$	28
熔融氧化硅氧	3.8	3.8	2×10^{-4}	—
钠钙玻璃	7	7	$5\times10^{-3}\sim2\times10^{-2}$	10
氧化铝	9	6.5	$10^{-3}\sim10^{-4}$	6
钛酸钡	—	3 000	10^{-2}	12
TiO_2	—	14 ~ 110	$2\times10^{-4}\sim5\times10^{-3}$	8
云母	—	7	—	40

(3) **光学性能**

光波是一种电磁波，根据其波长的不同可分成红外线、可见光和紫外线3个波段。当光波投射到物体上时，有一部分在它的表面上被反射，其余部分经折射进入到该物体中，其中有一部分被吸收变为热能，剩下的部分透过。光波在物体中的传输速度 v 与在真空中的速度 v_0 的比值即为物体的折射率 n。光学透明材料的反射率 R 可表达为：$R=[(n-1)/(n+1)]^2$。由于外加电场、磁场、应力的作用，而使折射率变化的现象，称为电光效应、磁光效应和光弹性。表2.8列出了几种材料的光学特性。

表 2.8 光的反射、吸收、透过的特征

	陶瓷材料	金属材料	高分子材料
反射	除金刚石、立方 ZrO_2、TiN 等外，大部分陶瓷对可见光的反射率较小	对可见光、红外线、微波等低频率光有强反射	高分子材料的折射率范围为 1.34～1.71，反射率非常小
吸收	含有过渡金属、稀土金属离子的物质，由于配位场电子的激发，在可见光波段有吸收；由于晶格振动，在红外波段均有吸收	对低频率光反射，同时也吸收	含有 π 电子结合的发色基团，在可见光波段产生吸收；在红外线波段有显著吸收，可用于检测分子基团
透过	一般光带能级差较大，透可见光和近红外光；但杂质、气孔、多晶异向性等会导致透过率下降	可透过紫外线以上的高频光；若膜厚为 10～50 nm 以下，可显著透过可见光	虽然不纯物等会引起着色，但一般无色透明，透光性高

金属具有不透明性和高反射率，这是由于金属导带中已填充的能级的上方紧接着就有许多空穴的电子能带，当电磁波入射时均可以激发电子到能量较高的未填充态，从而被吸收。结果是光线射进金属表面不深即被完全吸收，只有非常薄的金属膜才显得有些透明。吸收能量的电子一旦被激发后，又会衰减到较低的能级，从而在金属表面发生光线的再反射。因此，金属的强反射是由吸收和再反射综合造成的。

大多数非晶态高分子化合物，当其不含杂质、疵痕时，都是清彻透明的。最典型的是聚甲基丙烯酸甲酯(有机玻璃)，它接近于完全透明。聚苯乙烯、聚碳酸酯、聚氯乙烯、纤维素酯、聚乙烯醇缩丁醛等的透光率都在90%左右。若结晶高分子化合物的晶体尺寸小于可见光的波长，则该晶体不会对通过的光产生干涉作用，因而也是透明的。属此类的有微晶尼龙、拉伸的聚乙烯、聚对苯二甲酸乙二醇酯薄膜等。但当晶体尺寸大于可见光波长时，则由于产生光散射而使其变得不透明并呈乳白色，如尼龙。

无机非金属材料是透明的还是不透明的，取决于能带结构。若能隙足够宽，以致可见光不足以引起电子激发，就会呈现透明。大多数玻璃的透光性是非常好的。虽然大部分陶瓷材料在可见光波段呈不透明，但烧结中通过加入少量添加剂抑制晶粒的生长，也可以制得透明的陶瓷材料。目前透明的氧化铝材料已用于制造超高强灯泡。

部分物质具有荧光性。这是一种物质在吸收电能或光能后，通过电子跃迁，再释放出光的现象。许多稀土化合物本身就是荧光体。一般材料需要激活剂引发荧光性，如银激活 ZnS 荧光体可写为 ZnS：Ag。荧光材料可用于电视机、电子显微镜、荧光灯、数字显示管等。

2.1.3 化学性能

材料的化学性能是指材料抵抗各种介质作用的能力。它包括溶蚀性、耐腐蚀性、抗渗入性、抗氧化性等，可归结为材料的化学稳定性。同材料的化学性质有关的问题还有催化性、离子交换性等。材料的化学稳定性依材料的组成、结构等而不同。

(1)金属材料的化学稳定性

金属的化学稳定性以金属对周围介质侵蚀的抵抗能力来衡量。不同金属其化学稳定性有很大差别。如铂、铱、金、银等化学稳定性都很好，而铁就较差。金属的腐蚀是一种常见的现象，可分为化学腐蚀和电化学腐蚀两种。

化学腐蚀是指金属材料受周围介质作用引起的一种化学变化。如钢材在高温中氧化形成 Fe_3O_4 的现象。但并不是所有的金属氧化都会产生腐蚀，如铝、铬等金属氧化后所生成的氧化物 Al_2O_3 及 Cr_2O_3 就是一种结构致密、性质稳定的保护性薄膜，使空气中的氧不能再继续与金属直接接触，防止了金属的继续氧化，增强了金属的抗氧化能力。

电化学腐蚀是指金属与电解质接触时发生的一种腐蚀。当两种不同的金属或者是同一种金属由于其化学成分、金相组织有所不同，当它处于一种电解质中，因电极电位的差别，可能建立许多的微电池，就不可避免地产生电化学腐蚀，电极电位低的金属不断地受到腐蚀。钢材的锈蚀过程如下：在阳极区铁被氧化成 Fe^{2+} 离子进入水膜，水中溶有来自空气的氧，在阴极区氧被还原成 OH^- 离子，两者结合成为不溶于水的 $Fe(OH)_2$，并进一步氧化成为疏松易剥落的红棕色铁锈 $Fe(OH)_3$。

腐蚀速度可用单位时间内单位面积金属材料的损失量来表示，也可用单位时间内金属材料的腐蚀深度来表示。工业上常用6类10级的耐蚀性评级标准：Ⅰ类1级表示完全耐蚀，Ⅱ类2级、3级为相当耐蚀，Ⅲ类4级、5级为耐蚀，Ⅳ类6级、7级为尚耐蚀，Ⅴ类8级、9级为耐蚀性差，Ⅵ类10级为不耐蚀。表2.9列出了一些金属材料的耐蚀性。

表2.9　各种材料在20 ℃的水溶液中的耐蚀性级别

材　料	20%的溶液				海　水
	HNO_3	H_2SO_4	HCl	KOH	
铅	8～9	3～5	10	8～9	5～6
铝(99.5%)	7～8	6	9～10	10	5
锌(99.99%)	10	10	10	10	6～8
铁(99.9%)	10	8～9	9～10	1～2	6
碳钢(0.3%C)	10	8～9	9～10	1～2	6～7
铸铁(3.5%C)	10	8～9	10	1～2	6～7
3Cr13不锈钢	6	8～9	10	1～2	6～7
2Cr17不锈钢	4	8～9	10	1～2	5～6
Cr27不锈钢	3	8～9	10	1～2	4～5
1Cr18Ni8不锈钢	3	8～9	10	1～2	4～5
1Cr18Ni8Mo3不锈钢	3	7	6～7	1～2	1～3
铜	10	4～5	9～10	2～3	5～6
10%Al黄铜	8～9	3～4	7～8	—	4～6
锡	10	—	6～7	6	—
镍	9～10	7～8	6～7	1～2	3～4
蒙乃尔合金(Ni-27Cu-2Fe-1.5MnO	4～5	5～6	6～7	1～2	3～4
钛	1～2	1～2	—	—	1～2

续表

材料	20%的溶液				海水
	HNO_3	H_2SO_4	HCl	KOH	
银	10	3~4	1~3	1~2	1~2
金	1~2	1~2	1~2	1~2	1
铂	1~2	1~2	1~2	1~2	1

注：表中元素含量均为质量分数

(2)无机非金属材料的化学稳定性

无机非金属材料如灰浆、混凝土、陶瓷制品等的耐久性，是由材料的密度、气孔率，溶解、溶出、氧化等化学作用和干湿作用、温度变化、冻结融化等物理作用的因素决定的。陶瓷材料使用中也常遇到气体侵蚀的问题，如 CO 和 H_2 等为还原性气体，O_2为氧化性气体，Cl_2和 SO_2等反应性气体都会对陶瓷进行腐蚀。表 2.10 定性地列出了各种陶瓷材料的耐蚀性。

表 2.10　各种陶瓷耐蚀性

种类	酸液及酸性气体	碱液及碱性气体	熔融金属	种类	酸液及酸性气体	碱液及碱性气体	熔融金属
Al_2O_3	良好	尚可	良好	SiO_2	良好	差	可
MgO	差	良好	良好	SiC	良好	可	可
BeO	可	差	良好	Si_3N_4	良好	可	良好
ZrO_2	尚可	良好	良好	BN	可	良好	良好
ThO_2	差	良好	良好	B_4C	良好	可	—
TiO_2	良好	差	可	TiC	差	差	—
Cr_2O_3	差	差	差	TiN	可	可	—
SnO_2	可	差	差				

(3)高分子材料的化学稳定性

高分子材料的化学性质总的来说大多数是比较稳定的，具有良好的抗腐蚀能力。如聚四氟乙烯具有极好的化学稳定性，即使在高温下也不与浓酸、浓碱、有机溶剂和强氧化剂等起反应，在沸腾的“王水”中也毫无损伤，可在 $-195\sim250$ ℃的温度范围内长期使用；聚氯乙烯是应用极广的重要塑料，其耐酸性和耐碱性好，而且有一定的强度和刚度，可制成各种规格的管道、阀门、泵、容器以及各种防腐衬里；酚醛树脂等热固性塑料，由于具有化学键交联形成的网状结构，耐腐蚀性能也很好。

高分子材料的老化是指在光、热、氧、高能辐射、气候、生物等因素的综合作用下，使其失去原有性能而丧失使用价值的过程（即物理化学性质和机械性能变坏的现象）。在太阳光的照射下，高分子材料内部存在的不饱和键、支链、羰基、末端基、引发剂残渣等吸收紫外光而引起光化学反应，会使其老化。高分子材料的老化有两种情况：一是由于大分子链之间产生交联，使其从线型结构或支链型结构转变为体型结构,变脆,丧失弹性等;二是由于大分子链的降解,使其链长度减短,相对分子质量降低,即聚合度减少了,变软、变粘、脱色、丧失机械强度等。

2.2 金属材料

金属材料是重要的工程材料,它包括纯金属和以纯金属为基的合金。大部分金属的结合键完全为金属键,过渡族金属的结合键为金属键和共价键的混合键,但以金属键为主。金属键的性质决定了金属材料具有下列一系列特性:

①良好的导电性和导热性;

②正的电阻温度系数,即随温度升高电阻增大。绝大多数金属具有超导性,即在温度接近于绝对零度时电阻突然下降,趋近于零;

③良好的反射能力、不透明性及金属光泽;

④很高的强度和良好的延展性(塑性变形能力);

⑤表面工艺性能优良,在金属表面可进行各种装饰工艺以获得理想的质感。

金属材料通常分为黑色金属和有色金属两大类:通常将铁及其合金称为黑色金属,如钢和生铁等;而把黑色金属以外的其他金属称为有色金属,如铜、铝及其合金等。

2.2.1 钢铁

钢是由生铁冶炼而成。生铁是由铁矿石、熔剂(石灰石)、燃料(焦炭)在高炉中经过还原反应和造渣反应而得到的一种碳铁合金,其中碳的含量为2.06% ~6.67%,磷、硫等杂质的含量也较高。生铁硬而脆,无塑性和韧性,不能进行焊接、锻造、轧制等加工。含碳量小于0.04%的铁碳合金,称为工业纯铁。

炼钢的原理是将熔融的生铁进行氧化,使碳的含量降低到一定的限度,同时把其他杂质的含量也降低到允许范围内。所以,理论上凡含碳量在2%以下,含有害物质较少的铁碳合金可称为钢。钢的密度为7.84 ~7.86 g/cm^3。

(1)钢的分类及钢号表示方法

1)钢的分类

钢的分类方法很多,可按化学成分、品质、冶炼方法、金相组织和用途的不同来分类。

按化学成分分为碳素钢和合金钢。碳素钢是指碳含量不大于2%的铁碳合金,含有少量由原材料带入的杂质,如硫、磷、铜等,以及因脱氧加入而残留的硅、锰、铝等。合金钢是指为了改善钢的某些性能而加入一定量的某种或几种合金元素的钢。对硅、锰、铝、铜等元素的含量超过一定值并起合金化作用的钢,亦认为是合金钢。

根据冶炼设备和方法的不同,工业用钢可分为平炉钢、转炉钢和电炉钢三大类,每大类又各分为酸性和碱性两种。转炉钢还可分为氧气吹炼和空气吹炼两种。根据冶炼时脱氧程度的不同,钢又可分为沸腾钢(F)、半镇静钢(B)和镇静钢(Z,TZ)三种。

钢的品质包括钢的纯度和均匀度两个方面。钢的纯度主要以钢中所含有害杂质的多少来衡量。工业用钢一般根据钢中磷、硫等杂质的含量而分为普通钢、优质钢和高级优质钢三大类。普通钢中磷含量≤0.045%,硫含量≤0.050%;优质钢中磷、硫含量均≤0.035%,铜含量

≤0.030%;高级优质钢中磷、硫含量均≤0.025%,铜含量≤0.025%。钢的均匀度大多根据钢的宏观和显微组织及缺陷的严重程度来进行评定或分级。

钢的金相组织与其化学成分和热处理状态有密切的关系,因而分类时必须同时考虑其热处理状态。按退火后的金相组织可分为亚共析钢、共析钢和过共析钢;按正火后钢的金相组织可分为珠光体钢、贝氏体钢、马氏体钢和奥氏体钢四大类;按加热到高温或由高温冷却到室温时有无相变和在室温时的主要金相组织可分为铁素体钢、半铁素体钢、半奥氏体钢和奥氏体钢四类,但该分类方法只适用于合金钢。

根据用途的不同,通常可以分为结构钢、工具钢、特殊性能钢。结构钢按照不同的用途又可分为碳素结构钢(牌号为Q195,Q215,Q235,Q255,Q275)、低合金高强度结构钢、调质钢、表面硬化钢、易切削结构钢、冷镦和冷挤压用钢、弹簧钢和轴承钢等。用以制造各种工具用的高、中碳优质钢,包括碳素工具钢、合金工具钢和高性能工具钢。按具体用途还可分为刃具用钢、量具用钢和模具用钢三类。特殊性能钢具有特殊物理和化学性能,通常包括不锈耐酸钢、耐热钢、耐磨钢、低温钢几类。

2)钢号表示方法

世界各国的钢号表示方法多种多样,各有特点,不过也有许多共同之处,归纳起来,主要可分为以下三大类:第一类,用国际化学元素符号或本国文字的字母表示钢的化学成分,并用阿拉伯数字表示出主要元素的平均含量,如中国、德国、波兰等;第二类,用固定位数的阿拉伯数字(或中间与前缀加有字母)表示钢类、系列和钢号,如捷克、瑞典、美国等;第三类,采用拉丁字母(表示产品用途或种类)及序号(用阿拉伯或罗马数字)组成钢号,如日本。另外,也有采用上述两类混合表示方法的。

(2)**碳素钢**

碳素钢具有价格低廉,易加工等优点,因而在机械制造中广泛使用。

实际使用的碳素钢并不是单纯的铁碳合金,而是或多或少包含一些杂质元素。常存在的杂质元素有Mn,Si,S,P四种。在四种杂质元素中,一般认为锰在钢中是一种有益的元素,在碳钢中含锰量通常小于0.80%。碳钢中锰的引入,可提高钢的强度;但锰含量较低时,在碳钢中仅作为少量杂质存在,对钢的性能影响不明显。硅在钢中也是一种有益元素,在碳钢中的含量通常小于0.35%。硅与锰一样,能溶于铁素体中,使铁素体强化,从而使钢的强度、硬度、弹性提高,而塑性、韧性降低。硫和磷在钢中属于有害元素。硫会加剧碳钢的"热脆性",而磷则会引起钢的"冷脆"现象。

1)碳素钢的分类

碳素钢常用的分类方法为以下三种:按碳的质量分数分为低碳钢[$w(C)\leq 0.25\%$]、中碳钢[$0.25\%<w(C)\leq 0.6\%$]、高碳钢[$w(C)>0.6\%$];按钢的质量(杂质硫、磷的质量分数)分为普通碳素钢[$w(S)\leq 0.055\%$,$w(P)\leq 0.045\%$]、优质碳素钢[$w(S)\leq 0.040\%$,$w(P)\leq 0.040\%$]、高级优质碳素钢[$w(S)\leq 0.030\%$,$w(P)\leq 0.035\%$];按用途分为碳素结构钢和碳素工具钢。

2)碳素钢的牌号及用途

碳素钢被广泛应用于工农业生产中,为了掌握碳素钢的正确选择方法和合理使用,必须熟悉它的牌号和用途。

①普通碳素结构钢:普通碳素结构钢简称普碳钢,国家标准GB 700—88规定钢号有

Q195,Q215,Q235,Q255,Q275 等 5 种,数字表示其最低屈服强度。Q195,Q215,Q235 钢塑性好,有一定的强度,通常轧制成钢板、钢筋、钢管等,可用于制造桥梁、建筑物等构件;Q255,Q275 钢强度较高,常轧制成型钢、钢板作构件用。

②优质碳素结构钢:优质碳素结构钢对磷、硫的质量分数限制较为严格,钢号用碳的平均质量分数的万分数表示。例如钢号“20”,表示 $w(C)=0.20\%$(万分之 20)的优质碳素结构钢。优质碳素结构钢主要用来制造各种机器零件。

③铸钢:铸钢牌号的表示是在数字前冠以“ZG”,数字则代表钢中碳的平均质量分数(以万分数表达)。例如 ZG25,表示 $w(C)=0.25\%$ 的铸钢。铸钢可用来制造形状复杂而且需要一定强度、塑性和韧度的零件,如起重运输机的齿轮、联轴器等重要的机件。

④碳素工具钢:碳素工具钢的钢号用碳的平均质量分数的千分数表示,并在前冠以字母“T”。碳素工具钢均为优质钢,若属于高级优质钢,则在钢号后标注字母“A”。例如 T10A 表示 $w(C)=1.0\%$ 的高级优质碳素工具钢。碳素工具钢主要用来制造各种刃具、量具和模具等。

(3)**合金钢**

为了提高钢的机械性能、工艺性能或物理、化学性能,在冶炼时特意往钢中加入一些合金元素,这种钢就称为合金钢。为了便于生产、选材、管理及研究,常按用途将合金钢分为合金结构钢、合金工具钢和特殊性能钢。

我国合金钢是按碳的质量分数、合金元素的种类和数量以及质量级别来编号的。在牌号之首用数字表明碳的质量分数。为了表明用途,规定结构钢以万分之一为单位的数字(两位数)、工具钢和特殊性能钢以千分之一为单位的数字(一位数)来表示碳的质量分数(与碳钢编号相同),而工具钢的碳的质量分数超过 1% 时,碳的质量分数不再标出。在碳的质量分数的数字之后,用元素符号表明钢中主要合金元素,质量分数由其后缀的数字表明,平均的质量分数小于 1.5% 时不标,平均的质量分数大于或等于 1.5%,2.5%,3.5%…时,相应地标出 2,3,4…。

例如 40Cr 钢(结构钢),表示碳的平均质量分数为 0.40%,主要合金元素为 Cr,其质量分数在 1.5% 以下。5CrMnMo 钢(工具钢),表示碳的平均质量分数为 0.5%,含有 Cr,Mn,Mo 3 种主要合金元素,质量分数皆在 1.5% 以下。

专用钢用其用途的汉语拼音字母的首字母来表示。例如滚动轴承钢在钢号前标以“G”字,易切削钢在钢号前标以“Y”。高级优质钢在钢号的末尾加“A”字表示。

1)合金结构钢

碳素结构钢冶炼及加工工艺均较简单,成本低,因而在整个结构钢中占很大比重。但在形状复杂、界面较大、要求淬透性较好以及机械性能较高的情况下,就必须采用合金结构钢。合金结构钢的特点是在碳素结构钢的基础上适当地加入一种或数种合金元素,从而改善其相应各方面性能。合金结构钢主要包括低合金钢、易切削钢、调质钢、渗碳钢、弹簧钢、滚动轴承钢等几类。

①低合金钢:低合金钢是一种低碳结构钢,合金元素含量较少,一般在 3% 以下,这类钢的强度显著高于相同含碳量的碳素钢,因而常称它为低合金高强度钢。它具有较好的韧性和塑性以及良好的焊接性和耐蚀性,被广泛用于桥梁建造、车辆和船舶制造、高压容器、大型钢结构以及各种机器等产品方面。

②易切削钢:在钢中附加某一种或某几种元素,使它成为容易被切削加工的钢,这类钢称为易切削钢。常用的附加元素有硫、铅、钙、磷等。

③渗碳钢:用于制造渗碳零件的钢称为渗碳钢。渗碳钢的含碳量一般都很低,介于0.10% ~0.25%之间,它们均属低碳钢范畴。这样低的含碳量可保证渗碳零件的芯部具有足够的韧性和塑性。渗碳钢的一般热处理工艺都是在渗碳之后进行淬火,然后进行低温回火,这样可以达到"表硬里韧"的效果。

④调质钢:调质钢一般是指经过调质处理后使用的碳素结构钢和合金结构钢。大多数调质钢都属于中碳钢,含碳量都介于0.27% ~0.50%之间。调质处理后,钢的组织为回火索氏体,调质钢具有高强度和良好的塑性及韧性的配合,故具有良好的综合机械性能。因此,调质钢常用于制造汽车、拖拉机、机床及其他机械上要求具有良好综合机械性能的各种重要零件。

⑤弹簧钢:弹簧钢具有高的抗拉强度,高的屈强比,高的疲劳强度(尤其是缺口疲劳强度),并有足够的塑性和韧性以及良好的表面质量。同时,还具有较好的淬透性和低的脱碳敏感性,在热状态下容易绕卷成型。

碳素弹簧钢的含碳量通常在0.60% ~0.75%之间,但由于碳素弹簧钢的淬透性较差,其截面尺寸超过12 mm在油中就不能淬透,若用水淬,则易产生裂纹。因此,对于截面尺寸较大、承受较重荷载的弹簧,都采用合金弹簧钢来制造。合金弹簧钢的含碳量一般在0.46% ~0.70%之间,其所含合金元素常有Si,Mn,Cr,V等。

弹簧钢按生产方法可分为热轧钢和冷拉(轧)钢两类。

⑥滚动轴承钢:由于滚动轴承工作受力复杂,为了保证滚动轴承钢的高硬度、高耐磨性和高强度,其含碳量一般较高,通常加入0.40% ~1.65% Cr来增加钢的淬透性。滚动轴承钢的热处理工艺主要为球化退火、淬火和低温回火。

2)合金工具钢

用于制造刀具、模具、量具等工具的钢称为工具钢。工具钢按成分可分为两类:①碳素工具钢,又称碳工钢;②合金工具钢,包括低合金工具钢、中合金工具钢和高合金工具钢。工具钢按用途分为三类:①刃具钢,适用于制造各种刀具;②模具钢,适用于制造各种模具,如冷冲模、热锻模等;③量具钢,适用于制造各种量具,如块规、千分尺等。此外,尚可按所用淬火冷却介质分为水淬钢、油淬钢和空硬钢三类。工具钢常用的分类方法是按用途分类。

(4)**特殊性能钢**

特殊性能钢主要是指不锈钢、耐热钢和耐磨钢等一些具有特殊的化学和物理性能的钢。

1)不锈钢

不锈钢是在含碳量一般为0.10% ~0.45%的钢中加入大于等于13%的Cr和大于等于9%的Ni和少量Ti等合金元素而炼成的钢,其特点是抗蚀性能显著提高。这类钢按其组织特征分为奥氏体型、奥氏体-铁素体型、铁素体型、马氏体型和沉淀硬化型五类。

2)耐候钢

耐候钢即为耐大气腐蚀钢,属于低合金结构钢类,按其主要特性分为高耐候性结构钢和焊接结构用耐候钢。

高耐候性结构钢是在钢中加入少量的铜、磷、铬、镍等元素,使其在金属基体表面上形成保护层,以提高钢耐大气腐蚀的性能。焊接结构用耐候钢加入钢中的元素除磷外,基本与高耐候性结构钢相同,其作用亦与之相同,并改善焊接性能。

3)耐热钢

在高温下有良好的化学稳定性和较高强度的合金钢,包括抗氧化钢和热强钢。

抗氧化钢在高温下能抵抗氧和其他介质的侵蚀,具有一定强度,提高钢抗氧化性能的方法是在钢中添加铬、铝、硅等合金元素,其中铬是主要合金元素。热强钢在高温下具有较高的强度、韧性和一定的抗氧化性,提高钢在高温下强度、韧性和耐磨性的主要方法是在钢中加入铬、钼、钨和镍等合金元素,并正确地施以热处理工艺。

(5)铁、铁合金和铸铁

1)纯铁

纯铁的熔点为1 538 ℃,常温下密度为7.87 g/cm^3,具有磁性,弹性模量约为2 000 MPa。实际应用的纯铁含有少量杂质,称为工业纯铁。工业纯铁强度低、硬度低、塑性好,一般不作为结构材料使用,主要利用其铁磁性作为磁性材料使用。

2)铁合金

铁合金的种类很多,主要的有锰铁、硅铁、铬铁、钼铁、钨铁以及复合铁合金等。用得最多的是锰铁和硅铁,因为它们不仅是炼钢的脱氧剂,而且是我国合金钢硅、锰系列主要的合金元素加入剂。

铁合金种类很多,用量最大的是锰铁和硅铁。锰铁是锰与铁的合金。常见的碳素锰铁具有针状结晶组织,呈深灰色,并带有蓝黄闪光色彩。锰铁的硬度很高,与氧的亲和力很大,所以,在炼钢时,也常用它来作为脱氧剂,又可作除硫剂使用。硅铁是硅与铁的合金。它是以焦炭、钢屑、石英为原料,用高炉或电炉冶炼而成。它具有灰白色,呈细粒状并带有气泡孔洞的组织。含硅量低的硅铁,灰色深并略带黄色,孔洞多;含硅量很高的硅铁,灰色稍浅,并略带蓝色,有光泽和树枝状结晶花纹,孔洞少。硅铁可作为炼钢的脱氧剂,硅脱氧时,放出大量的热,对提高钢水的温度有利。硅铁也可作为合金元素加入剂。一般规定硅铁标准为含硅量为45%,75%和90%三种。

铁合金的主要用途是作为相应炼钢和合金生产中的脱氧剂和合金元素加入剂等。

3)铸铁

铸铁是指铸造用生铁经重新熔炼、浇铸后铸造机器零件的金属材料。它的特点是含硅量高,因而减少了碳在铁中的溶解度,促进了碳的石墨化,改善了铸件的加工性能。铸铁是铸造合金材料中的一个大家族。铸铁主要分为灰铸铁、蠕墨铸铁、可锻铸铁、球墨铸铁和合金铸铁这五类。

铸铁是最常用的铸造材料,它与钢相比,虽然在机械性能方面较差,但铸铁却具有优良的铸造性能、良好的耐磨性、消振性及低的缺口敏感性;同时,其生产工艺简单,成本低廉,用铸铁代钢又是节约金属材料的一个途径;若经合金化后,还具有良好的耐热性和耐蚀性等特殊性能。因此,铸铁在机械制造、冶金矿山、石油化工、交通运输、基本建设和国防工业等部门中得到了广泛的应用。

(6)建筑工程用钢

建筑工程用钢要求有较好的焊接性、塑性和韧性以及一定的强度。一般建筑用钢主要采用如下材料:碳素结构钢(包括Q195,Q215,Q235,Q255,Q275五个牌号)、低合金高强度钢、钢筋钢(中碳钢及低碳低合金钢)。

(7)**钢的热处理**

热处理是改善金属使用性能和工艺性能的一种非常重要的加工方法。在机械工业中,绝大部分重要机件都必须经过热处理。热处理是将固态金属或合金在一定介质中加热、保温和冷却,以改变整体或表面组织,从而获得所需性能的工艺。通过热处理,可以改善钢件在冷热加工过程中的工艺性能,即消除前工序产生的缺陷而为后工序的顺利进行创造条件;以及充分发挥材料的潜力,赋予工件所需的最终使用性能。

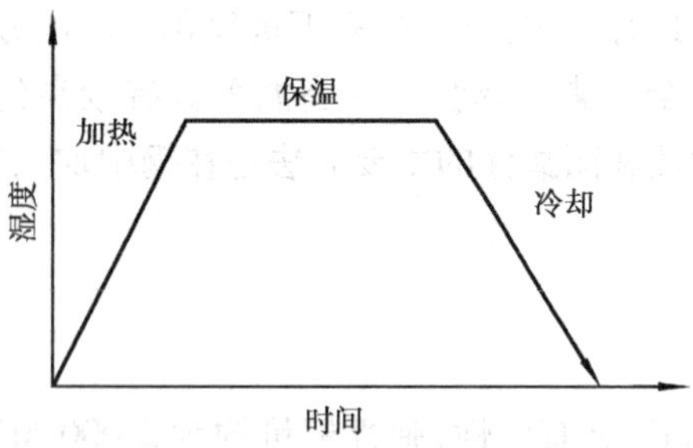

图 2.4　热处理工艺曲线示意

根据所要求的性能不同,热处理的类型有多种,其工艺都包括加热、保温和冷却 3 个阶段,如图 2.4 所示。

钢的普通热处理包括退火、正火、淬火和回火等,另外还有表面热处理和化学热处理等。这里主要介绍钢的普通热处理。

1)退火

将钢加热到 723 ℃以上某一温度,保温一定时间,然后缓慢冷却(一般为随炉冷却),以获得接近于平衡状态组织的热处理工艺叫退火。

退火可消除前工序(铸、锻、焊)所造成的组织缺陷,细化晶粒,提高力学性能;调整硬度以利于切削加工;消除残余内应力,防止工件变形;为最终热处理(淬火、回火)做好组织上的准备。

根据处理的目的和要求,钢的退火可分为完全退火、等温退火、球化退火、扩散退火和去应力退火等。

2)正火

将钢材或钢件加热到 723 ℃以上某一温度,保温适当时间后,在空气中匀速冷却,得到珠光体类组织(一般为索氏体)的热处理称为正火。

正火与完全退火的主要差别在于冷却速度块,使钢的组织比较细,一般用于钢的最终热处理、预先热处理和改善钢切削加工性能这三个方面。

3)淬火

将钢加热至奥氏体化后,快速冷却,使组织转变为马氏体的热处理工艺称为淬火。淬火钢一般不直接使用,必须进行回火处理,赋予工件最终使用性能。例如,高碳工具钢淬火后低温回火可得到高硬度、高耐磨性;中碳结构钢淬火后高温回火可得到强度、塑性、韧性良好配合的综合力学性能,等等。

4)回火

钢件淬火后,为了消除内应力并获得所要求的性能,将其加热到 723 ℃以下的某一温度,保温一定时间,然后冷却到室温的热处理工艺叫做回火。回火紧接着淬火后进行,除等温淬火外,其他淬火零件都必须及时回火。

淬火钢回火的目的主要是为了降低脆性,减少或消除内应力,防止工件变形或开裂;获得工件所要求的力学性能;稳定工件尺寸以及改善某些合金钢的切削性能等。

(8)**粉末冶金**

粉末冶金是将金属粉末(或掺入部分非金属粉末)经过成型和烧结制成金属材料或机械零件的一种新工艺方法。它既可用金属粉末直接制成(不经切削加工,或经少量切削加工)符合装配要求的零件,又可制造用一般冶炼方法难以生产的金属材料和制品。

近三十年来,粉末冶金法在国外发展很快,国内对其应用也日益广泛。粉末冶金用得最多、历史最长的是用来制造各种衬套和轴套,近年来又逐渐发展到用粉末冶金法来制造一些其他的机械零件,如齿轮、凸轮、油泵齿轮、含油轴承、摩擦片等。粉末冶金含油轴承,不但材料的耐磨性能良好,而且此种材料的空隙能储存润滑油,故可以用这种轴承来代替滚珠轴承和青铜轴瓦。用粉末冶金法制造摩擦片,我国也能成批生产。

由于粉末冶金不同于普通钢铁炼制的方法,粉末冶金工艺过程包括制粉、压制成型、烧结和后处理等几个工序,赋予其产品优异的性能。如成型烧结后的制件经过精压处理后可获得高的密度、光洁度和尺寸精度;还可采用熔渗的后处理方法,将低熔点金属或合金渗入到多孔烧结制件中,可大大增加烧结件的密度、强度、硬度或冲击韧性等。这是普通钢铁冶炼方法不易做到的。

用粉末冶金法可以制造一些具有特殊成分或具有特殊性能的制件,这也是粉末冶金受到人们重视的另一个原因。如硬质合金、难熔金属及其合金、金属陶瓷、无偏析高速钢、磁性材料、耐热材料、过滤器等,都可以用粉末冶金法制取。

目前,粉末冶金广泛应用于机械、冶金、化工、交通运输、轻工和原子能、航天等行业,但由于粉末原料和压模的价格较高,因而粉末冶金不适于小批量生产,其经济效果只有在大批量生产时才能得到较好体现。

2.2.2 铜和铜合金

自然界中的铜分为自然铜、氧化铜矿和硫化铜矿。自然铜及氧化铜的储量较少,现在世界上80%以上的铜都是从硫化铜矿中精炼出来的。通常所说的金属铜即为工业纯铜,又称紫铜。纯铜具有良好的导电性、导热性、抗蚀性和抗磁性。其结晶后具有面心立方晶格,无同素异构转变,塑性高而强度低。为提高铜的强度,并同时保持纯铜的其他优良性质,往铜中加入一些如锌、锡、铅等合金元素后,便得到铜合金。

铜和铜合金具有下列特性:

①优异的物理、化学性能:纯铜导电性、导热性极佳,铜合金的导电性、导热性也很好。铜及铜合金对大气和水的抗蚀能力很高。铜还具有抗磁性。

②良好的加工性能:铜及其某些合金塑性很好,容易冷、热成形;铸造铜合金有很好的铸造性能。

③特殊的力学性能:铜及铜合金具有优良的减振性和耐磨性,高的弹性极限和疲劳极限。

④色泽美观

铜及铜合金在电气工业、仪表工业、造船工业及机械制造工业获得了广泛的应用。但铜的储量较小,价格昂贵,属于应节约使用的材料,只有在特别需要的情况下,例如要求有特殊的磁性、耐蚀性、加工性能、力学性能以及特殊的外观要求等条件下,才考虑使用。

(1)**紫铜(工业纯铜)**

工业纯铜呈紫红色,常称紫铜,其熔点为1 083 ℃,密度是8.9 g/cm^3,为镁的5倍,比普通钢还重15%。紫铜是一种逆磁性物质，因而常被用来制作抵抗磁场干扰的仪器零件等。紫铜还具有优良的导电性和导热性，其导电率在各种元素中仅次于银居于第二位，常被用作电导材料。紫铜的牌号及其用途见表2.11。

表2.11 紫铜加工产品的牌号、成分及主要用途

牌号	代号	含铜量/%	杂质/%		杂质总量/%	主要用途
			Bi	Pb		
1号铜	T1	99.95	0.002	0.005	0.05	电线、电缆、雷管、化工用蒸发器、储藏器和管道
2号铜	T2	99.90	0.002	0.005	0.10	
3号铜	T3	99.70	0.002	0.010	0.30	常规的铜材，如电器开关、垫圈、垫片、铆钉、管嘴、油管等
4号铜	T4	99.50	0.003	0.050	0.50	

(2)**铜合金**

铜中加入合金元素，可获得较高的强度，同时保持纯铜的某些优良性能。铜合金一般分为黄铜、青铜和白铜三大类。

1)黄铜

含锌量低于50%、以锌为唯一的或主要的合金元素的铜合金称为黄铜。按照化学成分，黄铜分为普通黄铜和复杂黄铜两种。普通黄铜是铜-锌二元合金，复杂黄铜是为了获得更高的强度、抗蚀性和良好的铸造性能，在铜-锌合金中加入铝、铁、硅、锰、镍等元素，从而形成。

黄铜中掺入一定量的铝可提高合金的强度和改善其在大气中的抗蚀性，因而铝黄铜可制成强度高、耐蚀性好的应用广泛的管材。铁和硅的掺入都能显著提高黄铜的机械性能、强度、耐磨性及大气和海水中的抗蚀性，因而铁黄铜和硅黄铜在造船工业中都得到广泛的应用。

2)青铜

青铜原指铜锡合金，但工业上习惯统称含Al，Si，Pb，Be，Mn等的铜基合金为青铜，所以青铜包括锡青铜、铝青铜和铍青铜三类。

以锡为主要或基本合金元素的铜基合金称为锡青铜(Sn的质量分数大多在3%～14%之间)。该合金在凝固时的体积收缩量很小，充型性好，能获得完全符合铸模内形的铸件，但铸件的致密程度较低。宜于制作在海水、海风、大气和承受高过热蒸汽的用具和零件。锡青铜还具有无磁性、冲击时无火花、无冷脆现象和具有极高的耐磨性等特性。

以铝为主要元素的铜合金称为铝青铜。铝青铜的力学性能比黄铜和锡青铜的高。实际使用的铝青铜中铝的质量分数一般在5%～12%之间。铝青铜的结晶温度范围很小，流动性好，缩孔集中，易获得致密的铸件，并且不形成偏析。铝青铜的耐蚀性和耐磨性都要好于黄铜和锡青铜。

以铍为主加元素的铜合金(Be的质量分数为1.7%～2.5%)称为铍青铜。铍青铜的弹性极限、疲劳极限都很高，耐磨性和抗蚀性也很优异，它有良好的导电性和导热性，并有耐寒、受冲击时不产生火花等一系列优点，但价格较高。铍青铜主要用于制作精密仪器的重要弹簧和其他弹性元件、钟表齿轮、高速高压下工作的轴承及衬套等耐磨零件，以及电焊机电极、防爆工具、航海罗盘等重要机件。

3)白铜

以 Ni 为主要合金元素的铜合金称为白铜。普通白铜仅含 Cu 和 Ni。普通白铜中加入 Zn,Mn,Fe 等元素后,分别叫做锌白铜、锰白铜、铁白铜。

固态铜与镍可无限固溶,因此工业白铜的组织均为单相固溶体。普通白铜具有较好的强度和塑性,能进行冷热变形,冷变形能提高强度和硬度。它的抗蚀性很好,电阻率较高。主要用于制作船舶仪器零件、化工机械零件及医疗器械等。Mn 的质量分数高的锰白铜可制作热电偶丝。

2.2.3 铝和铝合金

铝在自然界中主要以化合物的状态存在。铝矿石有铝土矿、尖晶石、正长石、云母等,都是冶炼铝的重要原料。通常所说的金属铝即指经工业开采出来的纯铝,其熔点为660 ℃,结晶后具有面心立方晶格,无同素异构转变。铝与氧的亲和力很强,在空气中可形成致密的氧化膜(Al_2O_3),具有良好的抗大气腐蚀能力,但铝不能耐酸、碱、盐的腐蚀。

由于铝的强度较低,为提高其强度,可通过冷变形加工硬化方法,但最有效的方法是加入合金元素(如硅、铜、镁及稀土元素等),从而形成铝合金。铝合金一般仍具有比重小、抗大气腐蚀、导热性好等特殊性能。

铝和铝合金具有以下特性:

①密度低、比强度高:纯铝的密度只有2.7 g/cm^3,仅为铁的1/3。铝合金的密度也很小,采用各种强化手段后,铝合金可以达到与低合金钢相近的强度,因此比强度比一般高强钢的高。

②优良的物理、化学性能:铝的导电性好,仅次于银、铜和金,居第四位。室温电导率约为铜的64%。铝及铝合金具有相当好的抗大气腐蚀能力,其磁化率极低,接近于非铁磁性材料的磁化率。

③加工性能良好:铝和铝合金(退火状态)的塑性很好,可以冷拔成细丝;切削性能也很好。高强铝合金加工后经热处理,可达到很高的强度。铸造铝合金的铸造性能极好。由于上述优点,铝和铝合金在电器工程、航空及航天工业、一般机械和轻工业中都有广泛的应用。

④纯铝的强度很低($\sigma_b = 80 \sim 100$ MN/m^2),冷变形加工硬化后强度可提高到$\sigma_b = 150 \sim 250$ MN/m^2,但其塑性却下降到ψ为50%~60%。

(1)纯铝

纯铝中含有 Fe,Si,Zn 等杂质元素,使其性能有所下降。纯铝按纯度可分为高纯铝、工业高纯铝和工业纯铝三类。

高纯铝纯度为99.93%~99.99%,具有优良的导电性、导热性、抗大气腐蚀性和塑性,强度较低,主要用于科学研究及制作电容器。

工业高纯铝纯度为98.85%~99.9%,其导电性、导热性以及抗大气腐蚀性能略低于高纯铝,但塑性很好,常用于铝箔、包铝制作以及冶炼铝合金原料。

工业纯铝纯度为98.0%~99.0%。工业纯铝具有较好的导热和抗大气腐蚀性能,但其强度不高,常用于制作电线、电缆、器皿及配置合金。

(2)铝合金

铝中加入合金元素后,可获得较高的强度,并保持良好的加工性能。铝合金可用于制造承受较大荷载的机器零件和构件。根据成分及制造工艺,铝合金分形变铝合金和铸造铝合金两类。

1)变形铝合金

变形铝合金包括防锈铝合金、硬铝合金、超硬铝合金及锻铝合金等。

防锈铝合金主要合金元素是锰和镁。锰的主要作用是提高抗蚀能力,并起固溶强化作用;镁亦有固溶强化作用,同时降低密度。防锈铝合金锻造退火后是单相固溶体,抗蚀性能高,塑性好。这类合金不能进行时效强化,属于不可热处理强化的铝合金,但可冷变形,利用加工硬化提高强度。

硬铝合金主要属于 Al-Cu-Mg 系合金,另含有少量 Mn。这类合金可进行热处理强化,也可进行形变强化。

超硬铝合金为 Al-Mg-Zn-Cu 系合金,并含有少量的 Cr。

锻铝合金为 Al-Cu-Mg-Ni-Fe 系合金。

2)铸造铝合金

铸造铝合金包括 Al-Si,Al-Cu,Al-Mg,Al-Zn 等合金系。

铸造 Al-Si 合金用于形状复杂的零件,如飞机、仪器零件、抽水机壳体等。这类合金铸造性能好,但强度和塑性较差,一般需进行变质处理。

Al-Cu 合金的强度较高,耐热性好,但铸造性能不好,有热裂和疏松倾向,耐蚀性较差。

Al-Mg 铸造铝合金强度高,密度低($2.55\ g/cm^3$),有良好的耐蚀性,但铸造性能不好,耐热性差。

Al-Zn 铸造合金价格便宜,铸造性能优良,经变质处理和时效处理后强度较高,但抗蚀性差,热裂倾向大。

铸造铝合金的铸件形状一般比较复杂,组织较粗大,并有严重的偏析(成分不均匀),因此与形变铝合金热处理相比,固溶处理温度应高些,保温时间要长些,使粗大析出物尽量溶解,并使固溶体成分均匀化,加热后一般用水冷却,多采用人工时效。

2.2.4 钛和钛合金

钛在地壳中的储量极为丰富,仅次于铝、铁及镁而占第四位,它以化合物形态存在于矿石之中,主要矿石有钛铁矿 $FeTiO_3$。近年来,随着科学技术的发展,钛的提炼方法也有了很大的发展,它在工业上的应用也日益广泛。

钛是银白色的金属,密度为 $4.5\ g/cm^3$,熔点为$(1\,663 \pm 10)$℃。钛有优良的耐蚀性和耐热性,它在大气、海水中不易腐蚀,在高温条件下能保持较高的强度。钛有两种同素异晶结构,在 882 ℃以上为体心立方晶格,称 β 钛;在 882 ℃以下为密排六方晶格,称为 α 钛。当钛中含有其他合金元素时,其同素异晶转变温度则随合金元素的种类和数量不同而发生变化。钛具有一定的强度和较高的塑性,钛的这两项性能受杂质含量的影响很大,即使含有很少量的杂质,也会使钛的塑性显著下降,纯钛的 $\sigma_b = 300$ MPa,$\delta = 40\%$,而含有少量杂质的工业钛的 σ_b 为 350 ~ 550 MPa,δ 为 15% ~ 25%。钛的有害杂质是氧、氮和碳,它们都会降低钛的韧性而增加其冷脆倾向,因此必须注意这些杂质不得超过规定范围。由于钛有上述一系列的优良性能,它已成为航空航天工业和国防工业的重要材料。

钛合金是指以钛为基而加入其他元素所形成的合金。钛合金中常用的合金元素有铬、锰、铁、钒和钼等。根据钛与上述元素相互作用所形成的组织，可以把钛合金分为α钛合金、β钛合金和α+β钛合金三种类型。

α钛合金有钛铝、钛锡等合金，它们都具有单相α组织，可以轧成板材和棒材。这类合金的常温强度并不高，但它的高温(500~600 ℃)强度和抗蠕变性能是上述三种合金中最好的一种。

β钛合金有钛钒、钛锡和钛铝等合金，这类合金具有优良的冲压性能和较高的强度。通常轧成板材和带材供应。

α+β钛合金有钛铁、钛锰、钛铬、钛铜、钛钨、钛硅及钛镍等合金，这类合金虽属α+β两相组织，但仍具有良好的塑性，可以轧成板材和棒材，而且在退火状态和淬火状态都可以使用。这类合金经淬火和时效使用，其强度比退火状态可提高50%~100%。

这三类合金与纯钛一样有其独特的优越性，由于合金元素的作用，它们的强度比纯钛高。所以，钛合金不仅在国防工业、航空工业、航天工业中得到广泛应用，而且在其他工业部门的应用也日趋广泛。

2.2.5 镁和镁合金

镁在自然界中以化合物形态存在于矿石之中，它的主要矿石有硼镁铁矿$(Mg \cdot Fe)_2(Fe \cdot Al)BO_3$。镁是银白色的金属，密度为1.74 g/cm^3，相当于铝的2/3，熔点为650 ℃。镁的化学性质比较活泼，容易氧化，在空气中暴露很短时间，其表面很快就发暗，接着便形成一层白色氧化膜。镁与酸类接触，很快就被腐蚀，保管时必须注意。

镁是六方晶系金属，它在常温时的强度和塑性都比较低，所以，纯镁很少用作结构材料。镁的最主要用途是制造镁合金及配制其他有色合金材料。在熔铸铜或镍合金时，镁可以作去硫剂和脱氧剂。在熔铸球墨铸铁时，镁是重要的球化剂。镁在燃烧时能发出高热和强光，利用这一特性镁可用作闪光材料，制造闪光灯、信号弹、照明弹和焰火等。

镁合金是指以镁为基而加入其他元素所形成的合金。在镁合金中主要加入的元素有铝、锌、锰、硅等合金元素。铝(10%以下)和锌(4%以下)都能使镁合金的晶粒细化，强度提高；锰(0.1%~2%)能提高镁合金的抗蚀能力；硅(1%以下)能改善镁合金的流动性。在某些新设计的镁合金中加入银、镉、锆及稀土元素来改善其性能，镁合金分变形镁合金和铸造镁合金两类。

变形镁合金以镁铝和镁锰两种合金为主，它们可以在300~400 ℃时压制成管材、棒材和型材，在280~300 ℃时，可以轧制成带材和薄板。

铸造镁合金常以镁锌合金为主，有时还加入少量硅，以便改善合金的流动性和致密度。铸造镁合金主要用于航空工业和国防工业，一般工业部门也有用来制造仪器、仪表、照相机、电影机的零件和无线电通讯器材。

总之，金属材料尤其是钢铁材料在各行业、各方面广泛普遍使用，是使用量最大的一类材料。尽管随着现代科学技术的飞速发展，人工合成的高分子材料和无机非金属材料的发展，形成了金属材料、无机非金属材料和高分子材料三大材料鼎立的局面，同时，由于地球资源的日趋枯竭，金属材料的“统治性地位”也受到严重的挑战。但是由于金属材料具有一些高分子材料和无机非金属材料无法比拟的优越性，即生产工艺成熟，生产规模巨大，使用普遍；综合性能优越，弹性模量比高分子材料高得多，韧性比陶瓷材料高得多，并且具有磁性和导电性能；高的性能价格比（虽然某些金属材料价格较高，但是其独特的性能，如钛作为良好的航空航天材料也是其他两类材料不能替代的）等。因此，虽然部分金属材料会被高分子材料、无机非金属材料及复合材料所代替，但总的来说，在相当长的时期内，金属材料仍将在材料领域中占据主导地位。

2.3 无机非金属材料

2.3.1 传统陶瓷和先进陶瓷

根据陶瓷的性能和用途可以将所有陶瓷制品分为普通陶瓷和先进陶瓷（特种陶瓷）两大类。普通陶瓷制品，如日用陶瓷、建筑陶瓷等，主要是采用粘土及其他天然矿物原料，经过原料粉碎加工、成型、高温烧成的。先进陶瓷是采用人工精制的无机粉末原料，通过结构设计，精确的化学计量、合适的成型方法和烧成制度而达到特定的性能，经过加工处理使之符合使用要求的尺寸精度的陶瓷，如高温陶瓷、铁电陶瓷、导电陶瓷等。先进陶瓷的生产虽然基本上还是采用“原料处理-成型-烧成”这种传统方式，但在一些具体工艺技术上则突破了传统方法，尤其采用的原料已扩大到高纯度的化工原料和合成矿物。

根据制品的宏观物理性能特征可以将陶瓷制品分为陶器、瓷器和炻器三大类，见图2.5。

- 陶瓷
  - 陶器
    - 粗陶器：砖、瓦、罐、缸等
    - 精陶器：日用精陶、美术陶器、建筑精陶等
  - 炻器：建筑炻器、低压电瓷、化工炻器等
  - 瓷器
    - 普通瓷器：日用细瓷、瓷质地砖、高压电瓷等
    - 特种陶瓷：高温陶瓷、生物陶瓷、铁电陶瓷等

图2.5 陶瓷的分类

陶瓷是我国古代的伟大发明之一。随着科学技术的发展，陶瓷作为结构和功能材料，已广泛应用于科学技术和工业生产领域中。

(1)普通陶瓷

1)陶器

陶器通常有一定吸水率，断面粗糙无光，制品不透明，机械强度低，热稳定性较差，化学稳定性也低，敲之声音粗哑，可无釉，可施釉。陶器按坯料粒度大小及烧制后材质结构细密程度，可分为：粗陶器，吸水率大于15%，粒度2～2.5 mm；普通陶器，吸水率不大于15%，粒度0.2～2 mm；精陶器，吸水率不大于12%，粒度0.1～0.2 mm。陶器按用途分类，粗陶器为砖瓦、盆罐、陶管及建筑琉璃制品，普通陶器为日用陶质器皿、碗等，精陶器为精细加工的日用精陶制品、美术陶器及釉面砖等。

①砖瓦：砖瓦是直接用粘土或黄土作为原料，在950～1 050 ℃左右烧制而成，它包括砖、瓦、墙面砖等。砖瓦的气孔率在10%～40%之间。其中开放气孔占总气孔的60%～90%。气孔的直径在0.01～100 μm范围内，但大部为0.1～5 μm。提高烧成温度可以使制品比较致密。气孔率的大小与窑炉气氛有关，还原性烧成时形成的FeO有助熔剂的作用，同时使砖瓦的颜色为青色。

砖的耐霜冻性能与吸入的水量、气孔的数量及分布情况以及坯体的机械强度有关。砖瓦在使用中经过一定时间后，由于水分将所溶解的盐类通过气孔迁移到表面，水分蒸发后盐类析出，而使表面出现白色的或其他颜色的斑点称为冒霜。析出的盐类大都是碱金属或碱土金属的硫酸盐、少量碳酸盐或其他化合物。

②精陶：精陶通常分为粘土质、石灰石质和长石质三大类。从坯体烧结程度来看，精陶坯体比粗陶致密，但不如瓷器烧结至完全致密，其主要组成相为：石英、少量莫来石、残余粘土、玻璃相和气孔等。其中石灰质精陶坯体，是由固相反应生成的莫来石、方石英、钙长石、游离 SiO_2、少量粘土和云母残骸等互相交织，并在玻璃相的胶结下所构成的一种多孔不完全烧结体。精陶采取两次烧成，素烧温度一般为1 100 ~ 1 250 ℃之间，釉烧温度在1 050 ~ 1 150 ℃的温度下进行。

精陶坯体（特别是釉面砖）在长期与空气的接触过程中，特别是在潮湿环境中使用会吸收水分而产生吸湿膨胀现象。由于釉的吸湿膨胀非常小，当坯体吸湿膨胀的程度增长到使釉面处于张应力状态，应力超过釉的抗张强度时，釉面发生开裂，这种釉裂称为后期龟裂。为了防止这种后期釉面龟裂，可在保证制品足够热稳定性及吸水率前提下，适当降低坯体气孔率。可在精陶坯料中引进透辉石、硅灰石质原料成分，从根本上提高其抗湿膨胀性能。

2）炻器

炻器是烧结程度介于陶器与瓷器之间的一种制品，坯体较致密，即使无釉，液体和气体也不透过，坯体透光性差或无透光性。炻器坯料中含较多的 K_2O 和低 Na_2O，因而烧结致密，吸水率低，一般不大于3%。

炻器根据使用性能要求可分为三大类：建筑用炻器，包括锦砖、彩釉砖、劈离砖、污水管；化工炻器，包括耐酸塔、耐酸砖；日用炻器，包括餐茶具、紫砂等。

炻器是在1 150 ~ 1 400 ℃时，用一种特殊的粘土，即炻器粘土烧制成的。具有较高的机械强度，抗压强度568 ~ 800 MPa，抗拉强度11 ~ 52 MPa，抗折强度40 ~ 96 MPa，弹性模量(4.0 ~ 5.5) $\times 10^6$，莫氏硬度为7。具有较低的导热系数0.9 ~ 1.5 W/(m·K)，良好的耐急冷急热性及良好的化学稳定性，除氢氟酸外，炻器的抗酸性较抗碱性强得多。

3）瓷器

瓷器是致密烧结的白色坚硬坯体，其断面细腻而有光泽。施釉或无轴的瓷器基本不吸水，具有很低的残余开口气孔率，瓷体结构中有玻璃相、晶体和大小不等的气泡。根据坯料主要化学组成或所用主要熔剂原料可分为 K_2O-Al_2O_3-SiO_2 系统、MgO-Al_2O_3-SiO_2 系统和 CaO-Al_2O_3-P_2O_5-SiO_2 系统；按用途可分为日用瓷、工艺美术瓷、建筑卫生瓷、工业用瓷等；按其内在质量则可分为硬质瓷和软质瓷。施釉制品分一次烧成和二次烧成工艺。

硬质瓷具有较高的机械强度，良好的介电性能，化学稳定性和热稳定性高，釉面硬度大，坯料中含碱性氧化物少，Al_2O_3 含量高。软质瓷指组成中熔剂含量较多、烧成温度较低（1 150 ~ 1 300 ℃）的瓷器。软质瓷多用于制造高级餐茶具及陈设瓷。

对瓷器的性能要求决定于使用条件。如餐、茶具类日用瓷要求造型美观、耐用、易清洗、无毒；电瓷要求机械强度高、绝缘性能好，化学稳定性和热稳定性优异；化工瓷常与各种冷、热的腐蚀性液体和气体接触，故热稳定性、化学稳定性要好等。几种瓷器的主要性能如表2.12所示。

表 2.12　几种瓷器的主要性能

项　目	日用瓷	卫生瓷	电　瓷	化工瓷
体积密度/(10^3 kg · m^{-3})	2.2 ~ 2.4	2.2 ~ 2.3	2.3 ~ 2.4	2.3 ~ 2.4
吸水率/%	0 ~ 0.5	0.2 ~ 0.5	0	<1.5
抗压强度/(10^2 MPa)	4 ~ 4.5	4 ~ 5	4 ~ 5	4.6 ~ 6.6
抗弯强度/(MPa)	70 ~ 90	70 ~ 80	80 ~ 110	65 ~ 85
弹性模量/(10^2 MPa)	6.8 ~ 7.1	4.9 ~ 5.8	5 ~ 8	6.5 ~ 8
平均膨胀系数/(10^{-6} K^{-1}) 20 ~ 800 ℃	4 ~ 9	2 ~ 3.5	4.5 ~ 6	3 ~ 6
自度/%	>70			
透光度/%,厚度 1 mm	>2			

(2)先进陶瓷

一般将先进陶瓷分成两大类,即结构陶瓷(或工程陶瓷)和功能陶瓷。具有机械功能、热功能和部分化学功能的陶瓷为结构陶瓷;具有电、光、磁、化学和生物体特性,且具有相互转换功能的陶瓷为功能陶瓷。特种陶瓷往往不仅具备单一的功能,有些材料不仅可作为结构材料,也可作为功能材料,故很难确切地加以划分和分类。

1)结构陶瓷

结构陶瓷因其具有耐高温、高硬度、耐磨损、耐腐蚀、低膨胀系数、高导热性和质轻等优点,被广泛应用于能源、空间技术、石油化工等领域。结构陶瓷材料主要包括氧化物系统、非氧化物系统及氧化物与非金属氧化物的复合系统。

①氧化物陶瓷:氧化物陶瓷是发展比较早的高温结构陶瓷材料。包括氧化铝陶瓷(Al_2O_3)、氧化锆陶瓷(ZrO_2)、氧化铍陶瓷(BeO)、氧化镁陶瓷(MgO)、氧化钙陶瓷等。

氧化铝陶瓷是一种以 α-Al_2O_3 为主晶相的陶瓷材料,其 Al_2O_3 含量一般在 75% ~ 99% 之间。Al_2O_3 陶瓷烧结的方法主要有常压烧结和热压烧结两种。Al_2O_3 陶瓷的主晶相为 α-Al_2O_3,它在配方中的含量对陶瓷的性能有显著影响。随着 Al_2O_3 含量的增加,陶瓷的烧成温度较高,机械强度增加,电容率,体积电阻率及导热系数增大,介电损耗降低。Al_2O_3 陶瓷因其优越的性能而成为氧化物陶瓷中用途最广,产量最大的陶瓷材料,利用其强度高,硬度大等性能可作磨料、磨具、球阀、轴承及各种内衬等;因其化学稳定性良好,可作化工和生物陶瓷,如人工关节、坩埚、载体及航空、磁流体发电材料等。

氧化锆陶瓷是新近发展起来的仅次于氧化铝陶瓷的一种重要的结构陶瓷。该陶瓷具有密度大、硬度高、耐火度高,化学稳定性好的特点,尤其是其抗弯强度和断裂韧性等性能,在所有陶瓷中更是首屈一指的。可用作绝热内燃机汽缸内衬、活塞顶、轴承、模具等。

②非氧化物陶瓷:非氧化物陶瓷是由金属的碳化物、氮化物、硅化物和硼化物等不含氧的化合物制造的陶瓷总称。随着科学技术的不断发展,要求材料所具有的特性非常多。在结构材料领域中,特别是在耐热、耐高温结构材料领域中,希望能够出现在以往氧化物陶瓷和金属材料无法胜任的条件下使用的陶瓷材料。非氧化物陶瓷为此提供了可能性。如 Si_3N_4、SiC 可在高效率的发动机和燃气轮机中获得应用。在非氧化物陶瓷中,碳化物、氮化物作为结构材料而引人注目,是因为这些材料的原子键类型大多是共价键,所以在高温下抗变形能力强。

非氧化物不同于氧化物，在自然界很少存在，需要人工合成后按陶瓷工艺制成制品。

2）功能陶瓷

功能陶瓷是指具有电、光、磁及部分化学功能的多晶无机固体材料。其功能的实现主要取决于它所具有的各种性能，如电绝缘性、半导体性、导电性、压电性、铁电性、磁性、生物适应性、化学吸附性等，功能陶瓷包括铁电陶瓷、敏感陶瓷、磁性陶瓷。

2.3.2 玻璃及非晶态材料

（1）非晶态材料

自然界的固体物质按照质点（如分子、离子、原子）的排列方式可分为晶体和非晶体两大类。晶体具有特定的几何外形，其质点在空间上的排列呈周期性；非晶态材料在外观上不具有特定的形状，质点的排列不像晶体那样有规则。非晶态物质是原子不规则排列的固体状态的统称，是与原子规则排列相反的结构状态。相同或相近化学组成的物质由于制备条件不同有时可以形成晶态物质，有时也可以形成非晶态物质。

表2.13对非晶态材料进行了分类。金属、无机、有机高分子材料都可作为非晶态材料存在。除高分子材料外，非晶态物质由无机玻璃（传统氧化物及氟化物玻璃）、凝胶、非晶态半导体（硫系化合物及元素）、无定形碳以及金属玻璃所组成。

表2.13 非晶态材料的种类

编号	种 类	材 料	化学组成
A	无机玻璃（氧化物及氟化物）	石英玻璃、平板玻璃、光学玻璃、氟化物玻璃	SiO_2，$16Na_2O \cdot 12CaO \cdot 72SiO_2$，$53La_2O_3 \cdot 37P_2O_3 \cdot 5ZrO_2 \cdot 5Ta_2O_5$，$NaF\text{-}BeF_2$
B	凝胶	硅胶、硅矾土（吸附剂、触媒载体）	SiO_2，$SiO_2\text{-}Al_2O_3$
C	非晶态半导体 a. 硫系玻璃（包括其他类似化合物） b. 非晶态元素半导体	静电复引用 Se 膜、电视摄像管用光电导膜 太阳能电池用无定形半导体	Se，$As_{40}Se_{30}Te_{30}$ Si，Ge
D	无定形碳	玻璃碳、碳黑、碳膜	C
E	金属玻璃	软磁性合金、高强度无定形合金	$Fe_{30}P_{13}C_7$，$Co_{70}Fe_5Si_{15}B_{10}$

（2）玻璃的定义及种类

玻璃是由熔融体经冷却、固化而成的非晶态固体（在特定条件下，也可能成为晶态），其结构为短程有序，长程无序。广义的玻璃包括单质玻璃、有机玻璃和无机玻璃，狭义上仅指无机玻璃。玻璃具有各向同性、介稳性、无固定熔点、性质变化的连续性和可逆性等特征。

工业上大规模生产的是以 SiO_2 为主要成分的硅酸盐玻璃，此外还有以 B_2O_3，P_2O_5，PbO，Al_2O_3，GeO_2，TeO_2，TiO_2 和 V_2O_5 为主要成分的氧化物玻璃，以硫化物（如 As_2S_3）或卤化物（如 BeF_2）为主要成分的非氧化物玻璃以及由某些合金形成的金属玻璃。除惰性气体外，几乎所有的元素均可引入或掺入玻璃。

玻璃具有一系列优良性能,如透明、坚硬、良好的耐蚀、耐热性及电学、光学性质等,能满足不同的使用要求,且制造玻璃的原料丰富,价格低廉,因此,玻璃被广泛应用到国民经济的各个领域。

玻璃的分类方式很多,常见的有按组成分类,按应用分类及按性能分类等方式。

一般玻璃按组成分类有元素玻璃、氧化物玻璃及非氧化物玻璃三类。元素玻璃指由单一元素的原子构成的玻璃,有硫玻璃、硒玻璃等。氧化物玻璃是借助氧桥形成聚合结构的玻璃,它包括了当前已了解的大部分玻璃品种,这类玻璃在实际应用和理论研究上最为重要。研究得最多的是硅酸盐玻璃(如 Na_2O-CaO-SiO_2玻璃)、硼酸盐玻璃和磷酸盐玻璃。其他氧化物玻璃有锗酸盐玻璃、碲酸盐和硒酸盐玻璃、铝酸盐和镓酸盐玻璃等。非氧化物玻璃主要有卤化物玻璃(如 BeF_2玻璃、$ZnCl_2$玻璃)及硫族化合物玻璃(如 As_2S_3,As_2Se_3,As_2Se_3-As_2Te_3等)。

按玻璃用途分类是日常生活中普遍采用的一种分类方法,它的优点在于直接指明了玻璃的主要用途及使用性能,通常有以下几类:建筑玻璃、日用轻工玻璃、仪器玻璃、光学玻璃、电真空玻璃等。

目前按性能分类方法一般用于一些专门用途的玻璃,它们具有某一方面的特定性能,从名称上就反映了玻璃所具有的特性及用途。例如光学特性方面的光敏玻璃、声光玻璃、光色玻璃、高折射玻璃、低色散玻璃、反射玻璃、半透过玻璃;热学特性方面的热敏玻璃、隔热玻璃、耐高温玻璃、低膨胀玻璃;电学方面的高绝缘玻璃、导电玻璃、半导体玻璃、高介电性玻璃、超导玻璃;力学方面的高强玻璃、耐磨玻璃;化学稳定性方面的耐碱玻璃、耐酸玻璃等。

除了上述主要分类方法以外,也有按玻璃形态分类的,如泡沫玻璃、玻璃纤维、薄膜(片)玻璃等。或者按照外观分类,如无色玻璃、颜色玻璃、半透明玻璃、乳白玻璃等。

(3)常用玻璃

1)建筑玻璃

建筑玻璃是用石英砂、纯碱、长石和石灰石等为原料,于1 550 ~1 660 ℃高温下烧至熔融,再经急冷而得到一种无定形硅酸盐物质。它是各向同性的匀质材料。其主要化学成分为 SiO_2,Na_2O,CaO 及 MgO,有时还有 K_2O。主要包括各种平板玻璃,压延玻璃、钢化玻璃、磨光玻璃、夹层玻璃、中空玻璃等品种。

①平板玻璃:采用引上法、浮法生产。平板玻璃厚度分为 2 mm,3 mm,4 mm,5 mm,6 mm 五类,广泛用作窗片玻璃,也是建筑上用量最大的玻璃。

②钢化玻璃:是用平板玻璃加热到一定温度后迅速冷却(即淬火)的方法或化学方法(即离子交换法)而制成。机械强度比平板玻璃高 4 ~6 倍。钢化玻璃耐冲击,耐急冷急热。由于钢化时产生了均匀的内应力,从而使玻璃表面产生预加应力的效果,破碎时碎片小且无锐角,不易伤人,故又名安全玻璃。主要用于高层建筑门窗、隔墙等处。

③压花玻璃:压花玻璃是将熔融的玻璃液在通过带图案花纹的辊轴滚压而成的制品,又称花纹玻璃或滚花玻璃。压花玻璃具有透光不透视的特点。这是由于其表面不平,当光线通过时即产生漫射,从玻璃的一面看另一面的物体时,物象就显得模糊不清。多用于办公室、会议室、浴室、卫生间以及公共场所分离的门窗和隔断处。

④磨砂玻璃:磨砂玻璃又称毛玻璃,它是将平板玻璃的表面经机械喷砂、手工研磨或氢氟酸溶蚀等方法处理成均匀毛面。其特点是透光不透视,且光线不刺眼,用于须透光而不透视的

卫生间、浴室等处。安装磨砂玻璃时应注意将毛面向室内。磨砂玻璃还可作黑板。

⑤有色玻璃:有色玻璃是在原料中加入各种金属氧化物作为着色剂而制得带有红、绿、黄、灰等颜色的透明玻璃。将有色玻璃按设计的图案划分后,用铅条或黄铜条拼装成瑰丽的花窗,装饰效果很好;有时在玻璃原料中加入乳浊剂(萤石等)可制成乳浊有色玻璃,白色的则称为乳白玻璃。这类玻璃透光而不透视,具有独特的装饰效果。有色玻璃适用于对光有特殊要求的采光部位和装饰外墙面用。

⑥玻璃空心砖:玻璃空心砖一般是由两块压铸成的,经熔接或胶接成整块的空心砖。砖面可为平光,也可在内、外压铸各种花纹。砖内腔可为空气,也可填充玻璃棉等。砖形有方形、长方形、圆形等。玻璃砖具有一系列优良的性能,绝热、隔声、光线柔和优美。砌筑方法基本上与普通砖相同。

⑦夹层玻璃:夹层玻璃是在两片或多片玻璃之间嵌夹透明塑料薄片,经热压粘合而成的平面或曲面的复合玻璃制品。可采用磨光玻璃、浮法玻璃、钢化玻璃、彩色玻璃、吸热反射玻璃等,塑料薄片常用聚乙烯醇缩丁醛。

⑧中空玻璃:中空玻璃是将两片或多片平板玻璃的周边用间隔框分开,并用密封胶密封,使玻璃层间形成有干燥气体空间的玻璃制品。中空玻璃具有良好的保温、隔热、隔声等性能。主要用于需要采暖、空调、防止噪声或结露以及需要无直射阳光的建筑物上。

⑨玻璃马赛克:玻璃马赛克也叫玻璃锦砖,它与陶瓷锦砖在外形和使用方法上有相似之处,但它是半透明的玻璃质材料,呈乳浊或半乳浊状,内含少量气泡和未熔颗粒。玻璃马赛克具有色调柔和、朴实、美观大方、化学性能稳定、冷热稳定性好等优点,此外还具有不变色、不积灰、历久常新、重量轻、与水泥粘结性能好等特点,常用于外墙装饰。

2)日用轻工玻璃

这类玻璃包括瓶罐玻璃、器皿玻璃、保温瓶玻璃以及工艺美术玻璃等。

3)仪器玻璃

这类玻璃在耐蚀、耐温方面要求高一些。主要有高硅氧玻璃(SiO_2的质量分数大于96%,用以代替石英玻璃作耐热仪器),高硼硅仪器玻璃(用于耐热玻璃仪器、化工反应器、管道、泵等),硼酸盐中性玻璃($pH=7$,用于注射器、安瓿等),高铝玻璃(Al_2O_3的质量分数为20%~35%,用于燃烧管、高压水银灯、锅炉水表等),以及温度计玻璃、过渡玻璃等。

4)光学玻璃

无色光学玻璃按折射率和色散不同分为冕牌和火石玻璃两大类,共18类141个牌号,用于显微镜、望远镜、照相机、电视机及各种光学仪器。有色光学玻璃共有13类96个牌号,用于各种滤色片、信号灯、彩色摄影机及各种仪器显示器。此外,在光学玻璃中还包括眼镜玻璃、变色玻璃等。

5)电真空玻璃

电真空玻璃主要用于电子工业,制造玻壳、芯柱、排气管及封接玻璃材料。按照膨胀系数范围分成石英玻璃、钨组玻璃、钼组玻璃、铂组玻璃以及中间玻璃、焊接玻璃等品种。

(4)新型玻璃材料

1)微晶玻璃

将加有成核剂(个别可不加)的特定组成的基础玻璃,在一定温度下热处理后,就变成具有微晶体和玻璃相均匀分布的复合材料,称之为微晶玻璃。利用基质玻璃成分的变化和控制析出晶相类型及微晶大小等手段能制成一系列特殊性能的材料，如零膨胀、高强度、可切削以及不同电性能的材料。传统的微晶玻璃为 Li_2O-Al_2O_3-SiO_2 和 MgO-Al_2O_3-SiO_2 系统，前者在玻璃中形成 β-锂辉石、β-石英固溶体，这些晶体具有负膨胀系数，通过热处理控制原始玻璃中的晶相及玻璃相的比例，可制成一系列从负到正膨胀系数的微晶玻璃。若将晶体尺寸控制在一定范围内，则可制成透明或半透明材料。组成在 $Li_2O \cdot SiO_2$ 和 $Li_2O \cdot 2SiO_2$ 区的微晶，利用晶体与玻璃对氢氟酸侵蚀性能的差别，通过光刻制成薄板电子元件。微晶玻璃的发现是玻璃材料发展史上的一个新的里程碑，它大大地丰富了玻璃结构的研究内容，同时也开发了数以千计的微晶玻璃新材料，作为先进结构材料和高性能功能材料，在国防、运输、建筑、生产、科研及生活等领域内得到了广泛应用。

2）光导纤维玻璃

光导纤维可把光从一端独立地传递到它的另一端，因而将多根光导纤维规则地排列成长束状元件，就能用于光或像的弯曲传递，将这些纤维粘合成块，切成平片，在各种光电系统中能作为具有高的光学耦合效率和很小畸变的传光介质使用。玻璃是制造光导纤维的基本材料，制造光导纤维的玻璃有特定的要求，它必须有高度的光学均匀性和透明性，满足一定光学常数要求，良好的化学稳定性及机械强度等，因而形成了新型玻璃材料的一个重要领域。

3）激光玻璃

在 1960 年第一台激光器问世后的第二年就出现了激光玻璃。随着激光技术的飞速发展，激光玻璃也越来越受到人们的重视。用玻璃作激光器有一些独特的优点，如可以广泛改变化学组成和制造工艺以获得许多重要的性质，如荧光性、高度热稳定性、负的温度折射系数、高度的光学均匀性等；掺入玻璃中的激活离子种类和数量限制较小；容易得到各种尺寸和形状。此外激光玻璃的价格也较激光晶体便宜，因此，激光玻璃得到了广泛的应用。

4）光色玻璃

受紫外线或日光照射后，玻璃由于在可见光区产生光吸收而自动变色；光照停止，可逆地自动恢复到初始的透明状态。具有这种性质的玻璃称为光致变色玻璃（也称光色玻璃）。许多有机物、无机物有光致变色性能，但光色玻璃可以长时间反复变色而无疲劳（老化）现象，而且机械强度好，化学稳定性好，制备简单，可获得稳定的、形状复杂的制品，近年来获得迅速发展。光色玻璃大致可以分为三类，掺 Ce^{3+} 或 Eu^{3+} 的高纯度碱硅酸盐玻璃；含卤化银或卤化铊的玻璃及玻璃结构缺陷变成色心的还原硅酸盐玻璃。目前，多采用含卤化银的碱铝硼酸盐玻璃，也有采用含卤化银的硼酸盐玻璃及磷酸盐玻璃等。

5）生物玻璃

生物玻璃是利用玻璃或玻璃陶瓷制成的人工骨、人工牙齿等，将其植入人体内，玻璃中的磷酸钙在骨骼与玻璃连接的骨胶层中形成羟基磷灰石晶体，从而使骨质细胞长入玻璃内与生物体牢固结合。国内外在生物玻璃方面的研究工作已深入的展开，并有许多人工骨已成功地应用于临床。利用这类含磷酸钙或羟基磷灰石的材料，也可以制成生物胶凝材料及涂层，使植入物与生物体牢固结合。

此外，还有半导体玻璃、超声延迟线玻璃、非线性光学玻璃等新型玻璃材料。

2.3.3 耐火材料

耐火材料是指应用于高温条件下的主要材料之一，它必须具有高的耐火度（耐火度不低于1 589 ℃)、高的荷重软化温度、良好的高温体积稳定性、优良的热稳定性、良好的抗侵蚀性等。

耐火材料的种类很多,根据成形方法的不同,耐火材料可分为块状制品和不定形材料;依热处理方式不同,分为不烧制品、烧成制品和熔铸制品。其中,块状制品长期以来是生产与使用量普遍的耐火材料,但近年来,不定形耐火材料得到了快速发展,一些工业化国家不定形耐火材料的使用量已占到耐火材料总消费量的一半左右。

耐火材料也常以其性质不同划分类别。其中,依耐火度的高低,可分为耐火度为1 580 ~1 770 ℃的普通耐火材料;耐火度为1 770 ~2 000 ℃的高级耐火材料;耐火度高达2 000 ~3 000 ℃的特级耐火材料及耐火度大于3 000 ℃的超级耐火材料。

依其化学性质,可分为酸性耐火材料、中性耐火材料和碱性耐火材料。依其密度或导热性,可分为重质耐火材料和轻质耐火材料或隔热耐火材料。而按材料的化学、矿物组成分类则是一种常用的基本方法,一般分为硅酸铝质制品、硅质制品、镁质制品、碳质制品、白云石制品、铁质制品以及特殊耐火材料制品等。此外,也有按材料的尺寸形状、材料的应用等来分类的。

(1)硅酸铝质耐火材料

硅酸铝质耐火材料是以Al_2O_3和SiO_2为基本化学组成的耐火材料。根据制品中Al_2O_3和SiO_2的含量,一般将硅酸铝质耐火材料分为半硅质制品、粘土质制品和高铝质制品。

半硅质耐火材料是指Al_2O_3含量在15% ~30%,SiO_2含量大于65%的半酸性耐火材料。制造半硅质耐火材料制品的原料是砂质粘土、酸性粘土和泡砂石等,也可用天然产的叶蜡石作半硅质制品的原料。半硅质制品中SiO_2含量较高,耐火度可达1 650 ~1 710 ℃。由于形成部分网络结构,其荷重软化温度为1 350 ~1 450 ℃。半硅质制品重烧线变化小,高温体积稳定性好;对酸性、弱酸性物料有较好的抵抗能力,对含SO_2的高温烟气也有良好抵抗能力。

粘土质耐火材料是用各种粘土作原料,将一部分粘土预先煅烧成熟料,并与部分生粘土配制成的Al_2O_3含量为30% ~48%的耐火制品,是目前我国产量最大的一种耐火材料,其产品约占耐火材料总量的50% ~70%。粘土质耐火制品的耐火度较低,一般为1 580 ~1 770 ℃,随制品中Al_2O_3/SiO_2比值的增大而提高,同时随杂质含量的增多而降低。由于粘土质耐火制品的化学组成波动较大,工艺条件不同,使得各项质量指标(如耐火度、荷重软化温度、耐热振稳定性等)波动范围较大。

高铝质耐火材料是指Al_2O_3含量大于48%的硅酸铝质耐火材料。它是硅酸铝质耐火材料范围内的一种高级耐火材料,由于高铝质耐火材料的Al_2O_3含量超过高岭石的理论组成,所以其使用性能较粘土质耐火材料优异。制品的耐火度随Al_2O_3含量的增加而提高,一般不低于1 750 ~1 790 ℃。

目前,硅酸铝质耐火材料广泛用于建材工业的水泥窑炉、玻璃窑炉、陶瓷窑炉、烘干机和冷却机等。另外,在冶金工业、机械制造工业、石油化工工业、动力工业及轻工业系统等所有各种加热或燃烧的热工设备中,均广泛地采用此类制品作各种炉体的结构材料。如半硅砖在建材工业主要用于窑炉的烟道及燃烧室;在冶金工业用于化铁炉炉衬、铁水包、烟道系统和燃煤燃烧室墙。

(2)硅质耐火材料

硅质耐火材料是指以二氧化硅(SiO_2)为主休,主要由磷石英、方石英和残存石英及玻璃相组成的耐火材料。它的典型代表是硅砖,另外,还有白泡石砖和熔融石英砖等。

硅砖是指以 SiO_2 含量不低于97%的硅石为原料，加入少量矿化剂，经一系列工序加工而制成的硅质耐火材料。硅砖的耐火度一般波动于1 690～1 730 ℃。SiO_2 含量越高，耐火度越高，杂质含量越多，特别是 Al_2O_3，K_2O，Na_2O 高时，耐火度降低。硅砖属于酸性耐火材料，抵抗酸性及弱酸性熔渣的侵蚀能力很强，硅砖的热稳定性很差。

白泡石是一种天然的耐火材料，其主要组成 SiO_2 含量为73%～90%，Al_2O_3 含量在7.6%～21%。它是一种半酸性耐火材料，耐火度为1 650～1 730 ℃。白泡石的热膨胀曲线十分特殊，在1 470 ℃以上，由于方石英的晶形转变而发生15%左右的体积膨胀，易造成砖体碎裂，为减少白泡石的膨胀，使用前应充分预烧，预烧两次后，膨胀率可降到0.35%，同时提高了耐热振性。白泡石为天然形成的层状结构，各向异性十分明显，层与层之间常有杂质掺合，不同方向抗侵蚀能力不同。因此，砌筑时，纹理面应垂直于料面。由于白泡石内含有大量的结晶水，开始升温要慢，加热过程中，在 SiO_2 晶体转变温度范围内要进行保温。

(3)镁质耐火材料

镁质耐火材料是指以镁石作原料，以方镁石(MgO)为主要矿物组成，MgO含量在80%～85%以上的耐火材料。镁质耐火材料种类很多，目前硅酸盐工业中常用的镁质制品有普通镁砖、镁铬砖、镁铝砖、镁钙砖、镁硅砖、镁碳砖、直接结合砖、高纯镁砖及尖晶石砖。

镁砖又称普通镁砖。它是用天然菱镁矿($MgCO_3$)经高温煅烧得到的烧结镁石为原料的制品。镁砖与其他耐火材料相比，耐火度比较高，可达2 000 ℃，有较高的荷重软化温度，一般可达1 500～1 650 ℃。在1 000 ℃时镁砖的导热系数是所有耐火材料中最高的，并随温度的升高，导热系数下降。镁砖的热膨胀系数较大，在常温至1 000 ℃时，大约为$(12\sim14)\times10^{-6}$ K^{-1}，方镁石含量越高，热膨胀系数越大。

(4)熔融石英耐火材料

熔融石英制品是比硅砖含 SiO_2 量高的纯 SiO_2 质耐火制品。它的化学组成完全由原料的纯度决定。熔融石英制品中，理论上是100%玻璃相，实际上其中心部位由于冷却速度慢，有少量方石英或鳞石英析晶。石英制品在熔融时由于粘度大，澄清不好，含有大量气泡，部分气泡则来自石墨棒与 SiO_2 反应生成的气体。

熔融石英砖的最大优点是耐热振性好，这是由于石英玻璃的膨胀系数很小(是所有耐火材料中最低的)，因此，其耐热振性在1 000 ℃以下很好。在1 000 ℃以上由于析晶，抗热振性下降。热传导性很好，比镁砖的导热系数还高。机械强度高，这是由于石英制品致密的缘故。另外，石英砖受侵蚀时对玻璃液的污染小。因此，常用熔融石英砖作为低碱或无碱硼硅酸盐玻璃池炉壁和炉底的结构材料。

(5)轻质耐火材料

轻质耐火材料是指各种高气孔率、低体积密度和低导热性的耐火材料，也称为隔热耐火材料。

应用轻质耐火材料，可减少热工设备的热量损失，均匀炉温和加速窑炉的周转期，并可减薄炉墙厚度，减轻炉基负荷，从而节省支承结构，降低设备造价。

轻质耐火材料同其他致密耐火材料相比有以下特征：气孔率高，一般为65%～78%，有的高达90%，气孔细小均匀；体积密度小，一般不超过1.3 $g\cdot cm^{-3}$；导热性差，导热系数小，多数小于1.26 $W\cdot m^{-1}\cdot K^{-1}$；重烧收缩小，一般不超过2%。

轻质耐火材料种类较多，使用温度低于900 ℃的品种有硅藻土砖、石棉、膨胀蛭石和矿渣棉等;使用温度为900~1 200 ℃的品种有膨胀珍珠岩、轻质粘土砖及耐火纤维等;使用温度高于1 200 ℃的品种有轻质高铝砖、轻质刚玉砖、空心球制品及高温耐火纤维制品等。

(6)耐火混凝土

耐火混凝土是由耐火集料、粉料和结合剂组成的混合料。其主要结合剂为铝酸盐水泥、水玻璃、磷酸和磷酸盐、超细粉等。耐火混凝土可以采用浇注、振动或捣打的方法直接在现场进行施工,也可以将耐火混凝土制成具有一定形状和尺寸的预制块供砌筑热工设备使用。

铝酸盐水泥耐火混凝土是以铝酸盐水泥为胶结材料配制的耐火混凝土,主要用于工作温度在1 350 ℃左右的无熔渣及酸碱侵蚀的工业炉炉墙和炉顶,如金属热处理炉等。

水玻璃耐火混凝土是以水玻璃为胶结材料配制的耐火混凝土。为促进其硬化,常加入少量氟硅酸钠(Na_2SiF_6)作促凝剂。水玻璃耐火混凝土的特点是随温度升高,其机械强度逐渐增大,并具有较好的耐酸性,常用作工业炉炉衬,使用于1 200 ℃左右的无水或水蒸气作用的部位。

磷酸盐耐火混凝土是以磷酸或磷酸盐为胶结材料配制的耐火混凝土。其特点是机械强度高、耐磨性好以及具有良好的高温使用性质。磷酸盐耐火混凝土在冶金工业中主要用于加热炉以及工业炉的燃烧室等高温部位,也常用于玻璃窑炉高温带热抢修作业。

(7)耐火可塑料

耐火可塑料是一种在较长时间内具有较高可塑性呈软泥膏状的不定形耐火材料。它是由合理级配的颗粒和细粉并加入适当的结合剂、增塑剂和水分而组成。结合剂多用粘土和其他化学结合剂(水玻璃、磷酸等)。耐火可塑料在高温下具有良好的烧结性和较高的体积稳定性,热振稳定性好,耐剥落性强。在硬化前可塑性较高,硬化后具有一定的强度。

除以上耐火材料外,还有电熔莫来石质、电熔锆刚玉质、电熔高铝质等耐火材料。

2.3.4 胶凝材料和水泥

建筑上能将砂、石子、砖、砌块等散粒或块状材料粘结为一体的材料称为胶凝材料。胶凝材料分类如下:

胶凝材料
- 无机胶凝材料
  - 气硬性胶凝材料——石膏、石灰、菱苦土、水玻璃
  - 水硬性胶凝材料——各种水泥
- 有机胶凝材料——石油沥青、各种天然和人造树脂

图2.6 胶凝材料的分类

(1)石膏

天然石膏矿有天然二水石膏($CaSO_4 \cdot 2H_2O$)及天然无水石膏($CaSO_4$)。天然二水石膏质地较软,称为软石膏;天然无水石膏质地较硬,称为硬石膏。

生产石膏胶凝材料的主要原料是软石膏,以及$CaSO_4 \cdot 2H_2O$或$CaSO_4 \cdot 2H_2O$与$CaSO_4$的混合物的化工副产品及废渣,如磷石膏、氟石膏、硼石膏等。

生产石膏胶凝材料的主要工序是破碎、加热与磨细。由于加热方式和温度不同,可生产出不同性质的石膏胶凝材料品种。

1)建筑石膏

将二水石膏在常压非密闭状态下加热至107~170 ℃时,二水石膏脱水可得到β型半水石

膏。建筑石膏是以 β 型半水石膏为主要成分,不预加任何外加剂的粉状胶结料,主要用于制作石膏制品。建筑石膏色白,杂质含量很少,粒度很细,亦称模型石膏,是制作装饰制品的主要原料。

建筑石膏具有以下特性:孔隙率大(约占 50% ~60%),强度低;凝结硬化快;硬化后体积微膨胀,膨胀率约 0.1%;耐水性、抗冻性差;防火性好。

建筑石膏用作石膏抹灰材料、石膏板材、石膏砌块。建筑石膏在运输和贮存中要注意防止受潮,一般贮存 3 个月后,其强度会降低约 30%。

2)高强石膏

将二水石膏在 0.13 MPa 密闭状态下加热至 125 ℃时,二水石膏脱水可得到 α 型半水石膏。α 型半水石膏结晶良好,晶粒坚实、粗大,因而比表面积较小,需水量约为 35% ~45%,所以此石膏硬化后具有较高密实度和强度。3 小时抗压强度可达 9 ~24 MPa,7 天抗压强度可达 15 ~40 MPa,故名高强石膏。高强石膏适用于强度要求较高的抹灰工程、装饰制品和石膏板。掺入防水剂,可用于湿度较高的环境中。加入有机材料,如聚乙烯醇水溶液、聚醋酸乙烯乳液等,可配成黏结剂,其特点是无收缩。

除建筑石膏、高强石膏外,石膏胶凝材料品种还有粉刷石膏、无水石膏水泥和地板石膏。

(2)**石灰**

石灰是一种古老的建筑材料,是以石灰石为原料经煅烧而成的。石灰石煅烧温度常控制在 1 000 ~1 200 ℃,煅烧后石灰的体积比原来的体积一般只缩小 10% ~15%,故石灰具有多孔结构。石灰石在窑炉内煅烧常会产生不熟化的欠火石灰和熟化过缓的过火石灰。过火石灰熟化十分缓慢,可能造成硬化砂浆“崩裂”或“鼓泡”现象,影响工程质量。

生石灰加水后生成 $Ca(OH)_2$ 的过程,称为石灰的“硝化”或“熟化”。生石灰熟化过程中,体积膨胀 1 ~2.5 倍。煅烧良好,CaO 含量高的石灰熟化较快,放热量和体积增大也较多。

石灰具有良好的保水性,但凝结硬化慢、强度低,耐水性差,体积收缩大。石灰在建筑中用作石灰乳涂料和石灰砂浆、灰土和三合土、硅酸盐制品、碳化石灰板。石灰还可配制无熟料水泥,如石灰矿渣水泥、石灰粉煤灰水泥等。石灰在运输贮存中,应注意防潮、防爆。

(3)**水玻璃**

水玻璃俗称泡花碱,是一种能溶于水的硅酸盐,由不同比例的碱金属和 SiO_2 所组成。最常用的是硅酸钠水玻璃 $Na_2O \cdot nSiO_2$,还有硅酸钾水玻璃 $K_2O \cdot nSiO_2$ 等。

水玻璃的主要原料是石英砂、纯碱、烧碱。

水玻璃是一种气硬性胶凝材料,在水中溶解的难易随水玻璃模数 n(SiO_2 与 Na_2O 分子数比)的大小而异。n 大,水玻璃粘度大,较难溶于水,但较易硬化。建筑上常用的水玻璃的模数为 2.6 ~2.8,密度为 1.36 ~1.50 $g \cdot cm^{-3}$。

水玻璃的粘结性好,硬化后有较高的强度。水玻璃可配制如下材料:耐酸材料、耐热材料、涂料、灌浆材料、保温绝热材料和防水材料。

(4)**硅酸盐水泥**

水泥是无机水硬性胶凝材料,是重要的建筑材料之一。我国建筑工程中目前常用的水泥主要有硅酸盐水泥、普通硅酸盐水泥、矿渣硅酸盐水泥、火山灰质硅酸盐水泥、粉煤灰硅酸盐水泥和复合硅酸盐水泥。在一些特殊工程中,还使用铝酸盐水泥、膨胀水泥、快硬水泥、低热水泥和耐硫酸盐水泥等。

1)硅酸盐水泥的定义

凡以适当成分的生料烧至部分熔融,得到以硅酸钙为主要成分的硅酸盐水泥熟料,加入0~5%石灰石或粒化高炉矿渣,再与适量石膏共同磨细得到的水硬性胶凝材料,称为硅酸盐水泥。生产水泥的原料主要是石灰质原料和粘土质原料,还有用来调节 SiO_2, Al_2O_3, Fe_2O_3 含量的辅助原料。此外,为了改善煅烧条件,常常加入少量的矿化剂(如萤石 CaF_2)、晶种等。一般很难找到符合要求的单一原料,都是采用几种原料进行调配。硅酸盐水泥的生产工艺流程概括起来称为两磨一烧,即生料的磨细、生料的煅烧和熟料的磨细。

2)水泥熟料的矿物组成

硅酸盐水泥熟料的主要矿物如下:硅酸三钙($3CaO \cdot SiO_2$)、硅酸二钙($2CaO \cdot SiO_2$)、铝酸三钙($3CaO \cdot Al_2O_3$)、铁铝酸四钙($4CaO \cdot Al_2O_3 \cdot Fe_2O_3$)。除所列主要矿物外,水泥中还存在少量的有害成分,如游离 CaO, MgO,硫酸盐(折合 SO_3 计算)等。这些有害成分含量过多将会降低水泥的质量。

3)硅酸盐水泥的水化

为了调节水泥的凝结时间,掺入石膏。水泥水化后主要水化产物有:水化硅酸钙凝胶(C-S-H)、水化铁酸钙凝胶、氢氧化钙晶体、水化铝酸钙晶体、水化硫铝酸钙晶体。在充分水化的水泥石中,C-S-H 约占70%, $Ca(OH)_2$ 约占20%,钙矾石和单硫型水化硫铝酸钙约占7%。C-S-H 对水泥石的强度和其他主要性质起着决定性作用。

4)硅酸盐水泥的技术性质

细度:水泥颗粒粒径一般在7~200 μm,水泥颗粒的粗细程度采用筛析法或比表面积法测定。国家标准规定0.08 mm方孔筛筛余不超过10%,比表面积应大于300 m^2/kg。水泥细度不合要求,不得出厂。

凝结时间:凝结时间分为初凝和终凝。从水泥加水拌合起,至水泥浆开始失去可塑性所需的时间为初凝;从水泥加水拌合起,至水泥浆完全失去可塑性,并产生强度所需的时间为终凝。国家标准规定硅酸盐水泥的初凝时间不得小于45 min,终凝时间不得大于390 min。初凝时间不合格的水泥为废品,终凝时间不合格的水泥为不合格品。

体积安定性:指水泥在硬化过程中,体积变化是否均匀的性能。如果体积变化不均匀,就称为体积安定性不良。体积安定性不良一般是由游离氧化钙、游离氧化镁或石膏过多造成的。游离氧化钙、游离氧化镁在高温下生成,水化很慢,在水泥已经凝结硬化后才进行水化,这时产生体积膨胀,水泥石出现龟裂、弯曲、松脆、崩溃等现象。当水泥熟料中石膏掺量过多时,在水泥硬化后,其 SO_3 离子还会与固态的水化铝酸钙反应生成水化硫铝酸钙,体积膨胀引起水泥石开裂。

国标规定,用试饼法和雷氏法测定游离氧化钙引起的体积安定性不良。安定性不良的水泥,不得用于工程中,应废弃。

强度:水泥的强度是指胶砂的强度,而不是净浆的强度,是评定水泥强度等级的依据。按GB/T 17671—1999《水泥胶砂强度检验方法》测定。水泥和标准砂按1∶3混合,加入规定数量的水(水灰比0.5),制成40 mm×40 mm×160 mm的试件,在20±1 ℃水中养护,经一定龄期(3 d,28 d),测得试件的抗折和抗压强度来划分强度等级。硅酸盐水泥强度等级分为42.5,42.5R,52.5,52.5R,62.5,62.5R六个强度等级。

水化热及碱含量:水泥的水化热大部分在水化初期(7 d)内放出。以后逐渐减少。水泥中

的碱含量按 $Na_2O+0.658K_2O$ 计算值表示。对活性骨料，碱含量不得大于0.6%。

5）硅酸盐水泥的特性与应用

硅酸盐水泥具有凝结硬化快、强度高（尤其早期强度高）、抗冻性好、耐腐蚀性差、耐热性差、水化热高等特点，适用于高强混凝土工程、预应力混凝土工程、早强要求高混凝土工程、冬季施工混凝土工程；不适用于大体积混凝土工程、高温环境工程、有海水或侵蚀性介质存在的工程。

（5）掺混合材料的硅酸盐水泥

为了调整水泥强度等级、扩大使用范围，改善水泥的某些性能，增加水泥的品种和产量，充分利用工业废料，降低成本，可在硅酸盐水泥中掺入一定量的混合材料。混合材料包括活性混合材和非活性混合材：活性混合材主要有粒化高炉矿渣、火山灰质混合材、粉煤灰；非活性混合材有磨细的石英砂、石灰石、粘土、慢冷矿渣及各种废渣等。

1）普通硅酸盐水泥（P.O）

凡由硅酸盐水泥熟料、6%～15%混合材、适量石膏磨细制成的水硬性胶凝材料，称为普通硅酸盐水泥。有32.5，32.5R，42.5，42.5R，52.5，52.5R六个强度等级。普通硅酸盐水泥的性能与硅酸盐水泥接近。该水泥广泛用于各种混凝土工程中，是我国主要水泥品种之一。

2）矿渣硅酸盐水泥（P.S）

凡由硅酸盐水泥熟料和粒化高炉矿渣（20%～70%）、适量石膏磨细制成的水硬性胶凝材料，称为矿渣硅酸盐水泥，简称矿渣水泥。矿渣水泥有32.5，32.5R，42.5，42.5R，52.5，52.5R六个强度等级。

矿渣水泥有如下主要特点：早期强度低，后期强度增长较快；水化热低；耐热性好；具有较强的抗溶出性侵蚀及抗硫酸盐侵蚀的能力；泌水性及干缩性较大；抗冻性、抗渗性、抗碳化能力差。矿渣水泥适用于大体积混凝土、耐热混凝土、水工及海工混凝土，不适于受冻融或干湿交替作用的混凝土。

3）火山灰质硅酸盐水泥（P.P）

凡由硅酸盐水泥熟料和火山灰质混合材料（20%～50%）、适量石膏磨细制成的水硬性胶凝材料，称为火山灰质硅酸盐水泥，简称火山灰水泥。火山灰水泥与矿渣水泥比较同样具有早期强度低，后期强度增长较快、水化热小的特点，但抗渗性好，在干燥环境中更易产生裂缝。

火山灰水泥适用于蒸气养护的混凝土构件、大体积混凝土、抗软水和硫酸盐侵蚀的工程，特别适用于抗渗要求的混凝土结构。

4）粉煤灰硅酸盐水泥（P.F）

凡由硅酸盐水泥熟料和粉煤灰（20%～40%）、适量石膏磨细制成的水硬性胶凝材料，称为粉煤灰水泥。粉煤灰水泥的性质大多与矿渣水泥相同，但干缩小、抗裂性高。粉煤灰水泥适用于大体积水工混凝土工程及地下和海港工程。对承受荷载较迟的工程更为有利。

5）复合硅酸盐水泥（P.C）

凡由硅酸盐水泥熟料、两种或两种以上规定的混合材料（15%～50%）、适量石膏磨细制成的水硬性胶凝材料，称为复合硅酸盐水泥，简称复合水泥。复合水泥分为32.5，32.5R，42.5，42.5R，52.5，52.5R六个强度等级。

复合水泥可避免掺单一混合材的缺点。

水泥应按不同生产厂家，不同品种、强度等级、批号分别存运，严禁混杂。贮存须注意防潮和防止空气流动。水泥贮存期规定为三个月。为了减少水泥安定性不良现象,对新出厂的水泥,应存放10天左右。

除硅酸盐水泥及掺混合材硅酸盐水泥外,还有铝酸盐水泥、白色硅酸盐水泥、快硬水泥、膨胀水泥及自应力水泥、砌筑水泥、道路水泥、大坝水泥等特性水泥和专用水泥。

2.4 高聚物材料

高聚物材料是以高分子化合物为基本组分的材料。按其用途可分为纤维、塑料、橡胶、胶粘剂和涂料。人类从远古时期就开始使用如皮毛、棉花、蚕丝、木材等天然高聚物材料。高聚物材料具有耐腐蚀、耐辐射、阻燃隔热、消音减振、耐深度真空和超高压等优良性能,在尖端科技、国防建设和国民经济的各个领域中都得到广泛的应用。

2.4.1 有机纤维

纤维是长径比非常大,有足够高的强度和柔韧性的长形固体。按材料来源,纤维可分为天然纤维、人造纤维和合成纤维;按化学组成,可分为有机纤维和无机纤维。合成纤维具有优异的性能,它的应用已经远远超出了纺织工业的传统概念的范围,而逐渐深入到国防工业、航空航天、交通运输、医疗卫生、海洋水产、通讯联络等重要领域,成为不可缺少的重要材料。如合成纤维在民用上可纺制成各种服装面料和装饰面料;在工业上可用作运输带、传送带、绳索、耐酸碱的滤布和工作服等;高性能的特种合成纤维可用作高空降落伞、飞行服、飞机导弹和雷达的绝缘材料、原子能工业中的特殊防护材料。纤维不仅作为材料使用,还作为原料和辅助材料,用来制造纤维增强复合材料,主要用于国防工业、航空航天、船舶、车辆、化工管道和贮罐、建筑结构、精密机械、机器人结构和体育用品等。

(1)聚酯纤维

聚酯纤维也称为涤纶,是由二元酸和二元醇经过缩聚而制得的聚酯树脂,再经熔融纺丝和后处理制得的一种合成纤维。

聚酯纤维性能包括以下方面:外观单纯的涤纶纤维一般为乳白色;密度在1.38~1.40 $g \cdot cm^{-3}$;弹性好,接近羊毛,而且耐皱性超过其他纤维,弹性模量比聚酰胺纤维高;强度大,在湿态下强度不变,它的冲击强度比聚酰胺纤维高4倍,比粘胶纤维高20倍;回潮率很低,易洗快干的特性;耐热性能较好,耐热性涤纶纤维的软化点在230~240 ℃;耐光性涤纶纤维的耐光性高于锦纶,低于腈纶;电性能涤纶纤维在干燥状态下,具有良好的电绝缘性。但是作为服装在加工与穿着时,由于摩擦而容易产生静电,容易吸灰尘;涤纶纤维在常温下,对酸、碱有一定的稳定性,但是随着温度的升高耐腐蚀性降低;抗菌性涤纶的纤维具有抗菌性,通常不会受微生物的侵蚀,因此作为织物不会被蛀虫破坏。

涤纶短纤维及毛条,可作为衣着用织物或装饰用织物的原料,也可以用于工业用毛毯及织造布原料;可用于纯纺,也可以与天然纤维、其他合成纤维混纺做成各种织物,用于生活、工业各个方面。涤纶长丝可供机织、针织等纺织加工的原料,主要用于衣着面料、装饰织物,还可以用作非织造布原料。涤纶纤维经过共聚、表面处理等化学改性及物理改性后,它的用途范围会发生很大变化,应用领域扩大,涉及到工业、农业及高科技行业,如:绳索、汽车安全带、轮胎子午线;还可以制成拒水性、吸水性或导水产品;制成抗静电、阻燃型、有色纤维。

(2)**聚丙烯腈纤维**

聚丙烯腈纤维也称为腈纶,是以丙烯腈为原料聚合成聚丙烯腈,再进行后纺制成的合成纤维。

腈纶的性能优良,无论是外观还是手感都类似于羊毛,因此有人造“合成羊毛”之称。而且一些指标已经超过羊毛,如:腈纶的强度比羊毛高1~2.5倍,密度小,保暖性及弹性好等。此外,腈纶的耐光性、耐气候性是天然纤维和化学纤维中最好的。腈纶的化学稳定性、对酸碱和氧化剂的稳定性也比较好。它的缺点是耐磨性和抗疲劳性差。

腈纶纤维大部分为民用,而且以腈纶短纤维作服装为主;在工业中主要制成帆布、过滤材料、保温材料、包装用布、医疗材料等;另外可制成军用帐篷、防火服等。

(3)**聚酰胺纤维**

聚酰胺纤维也称为锦纶,是由主链中含有酰胺键的一类高分子化合物为原料,经过熔融纺丝及后加工而制得的纤维。

锦纶具有耐磨性好、强度高、弹性好、吸湿性良好、密度小(相对密度只有1.041~1.14)等优点。但缺点是弹性模量小,使用过程中容易变形,耐热性、耐光性较差,在日光中长期暴露,强度下降,纤维变黄。

锦纶的应用范围广泛。由于锦纶具有良好的弹性、强力、耐磨、易染色等性能,大量用于日常用品,如:服装、袜子、床上用品、箱包、袋、伞、绳等,另外,锦纶还可以制成阻燃、抗静电、抗菌等材料,也可加工簇绒地毯;在工业上,锦纶主要用于轮胎帘子线、传送带、安全带、造纸用毛毡、工业用尼毯,以及渔网、绳索等。

(4)**聚丙烯纤维**

聚丙烯纤维也称为丙纶,是利用定向聚合得到的等规聚丙烯为原料,经熔融挤压法,进行纺丝而制成的合成纤维。因为原料来源丰富,生产工艺简单,产品价格相对比其他合成纤维低,近年来发展比较快,产量仅次于涤纶、锦纶、腈纶,是合成纤维的重要品种。

丙纶质轻(密度只有0.9~0.91 $g \cdot cm^{-3}$)、强度高、耐磨、耐腐蚀性能好、电绝缘性、保暖性优。它的缺点是耐热性、耐老化性、吸湿性和染色性差。

丙纶纤维的主要用途是制作地毯、装饰布、家具布;此外在衣着方面应用也日趋广泛,可与多种纤维混纺制成不同类型的混纺织物;工业用各种绳索、条带、渔网、吸油毡、包装材料和工业用布,如滤布、袋布等;丙纶纤维可制成土工布,用于建筑、水利工程等;丙纶纤维无纺布用于卫生制品、医用手术帽、床上用品等;丙纶纤维丝束可用于香烟滤嘴填料。

(5)**聚乙烯醇纤维**

聚乙烯醇纤维也称为维纶,是把聚乙烯醇溶解于水中,经纺丝、甲醛处理制成的合成纤维,也称为聚乙烯醇缩甲醛纤维。

维纶纤维具有良好的强度、吸湿性、保暖性、耐腐蚀和耐日光性;主要缺点是耐热性差,弹性不佳,染色性较差,高温下的力学性能低,在服饰方面远远不如涤纶、腈纶和锦纶等应用广泛。

维纶性质与棉花相似,强度和耐磨性优于棉花,因此维纶大量用以与棉、粘胶纤维或其他纤维混纺,也可纯纺,用于制做外衣、汗衫、棉毛衫裤和运动衫,以及工作服,维纶牵切纱长丝经WDS染整及织造可制成美丽绸;也可制作帆布、缆绳、渔网、包装材料和过滤材料;可以作为塑料、水泥、陶瓷的增强材料,也可作为石棉代用品制成石棉板。

(6)**聚氨酯纤维**

聚氨酯纤维也称为氨纶,它是以聚氨基甲酸酯为主要成分的一种嵌段共聚物制成的纤维。

氨纶具有以下特点:高的延伸性(500% ~700%)、低弹性模量和高弹性回复率;高的强度,是橡胶丝的3~5倍,其他物理机械性能与天然橡胶丝十分相似;耐汗、耐海水并耐各种干洗剂和大多数防晒油;长期暴露在日光下或在氯漂白剂中也会褪色,但褪色程度随氨纶的类型而不同,差异很大。

聚氨酯纤维一般不单独使用,而是少量地掺入织物中。广泛被用来制作弹性编织物,是比较理想的伸缩性衣料用纤维。可制成游泳衣、弹力布、灯芯绒织物、医疗织物、军需装备、宇航服的弹性部分等。随着人们对织物提出新的要求,如质量轻、穿着舒适合身、质地柔软等,低纤度氨纶织物在合成纤维织物中所占的比例也越来越大。

(7)**聚氯乙烯纤维**

聚氯乙烯纤维也称为氯纶,是将含氯量约57%的氯乙烯均聚物溶解在丙酮-二硫化碳或丙酮-苯等混合溶剂中经纺丝制成的合成纤维。

氯纶原料易得,成本低廉。纤维密度约1.4 $g \cdot cm^{-3}$,相对强度约$3\times10^{-3}N\cdot tex^{-1}$,断裂延伸度12% ~28%。它的优点:具有难燃、耐酸碱、耐气候、抗微生物、耐磨以及较好的保暖性和弹性等特点。缺点是经不起熨烫、不吸湿、静电效应显著,染色较困难。

聚氯乙烯纤维常用于制作防燃的沙发布、床垫布和其他室内装饰用布,耐化学药剂的工作服、过滤布、针织品以及保温絮棉衬料等。

除以上有机纤维外,还有棉纤维、麻纤维、蚕丝纤维、粘胶纤维、醋酸纤维等。

2.4.2 塑料

塑料是以合成树脂为基本材料,加入各种填料和改性添加剂,在一定的温度和压力下塑制而成的。塑料的名称按其所含的合成树脂名称来命名。

合成树脂主要是由碳、氢和少量的氧、氮、硫等原子以某种化学键结合而成的高分子化合物。它们的分子量很大。一般都在数千以上,甚至高达上百万。例如由乙烯($CH_2=CH_2$,分子量为28),经聚合而成的高分子聚乙烯分子量在1 000~35 000,而超高分子聚乙烯的分子量可高达500 000。

合成树脂按分子中的碳原子之间结合形式的不同,其分子结构有线型、支链型和体型(网状)结构三种;合成树脂按合成的方法不同,可大致分为加聚树脂和缩聚树脂两类;合成树脂按受热时所发生的变化不同,又可分为热塑性树脂与热固性树脂。

热塑性树脂是指具有线型或支链型结构的有机高分子化合物。它们具有可反复受热软化(或熔化)和冷却硬化的性质。在软化状态下能进行模塑加工。在冷却至软化点以下能保持模具形状。以这种树脂为基材,添加增强材料或助剂所得的塑料称为热塑性塑料,热塑性塑料突出优点是成型工艺简便,有较高的物理力学性能。缺点是耐热性和刚性较低。

热固性树脂是指在受热或在固化剂的作用下,能发生交联而变成不熔不溶状态的树脂。这种树脂在制造或加工过程的前阶段受热可以软化,后阶段则发生交联固化反应。而一旦固化,加热也不能使其再软化。在热固性树脂中添加增强材料、填料及各种剂所制得的塑料称为热固性塑料。

添加剂能在一定程度上改进合成树脂的成型加工性能和使用性能,而不明显地影响合成树脂分子结构的物质。常用添加剂主要有增塑剂、填充剂、稳定剂、润滑剂、固化剂、阻燃剂、着色剂、发泡剂、抗静电剂等。

塑料具有密度小、质轻、比强度高、耐化学腐蚀、吸震、消音、绝缘等优良性能，广泛用于电子、化工、机械、建筑、水暖、航空航天、汽车、运输、仪器、仪表、卫生医药等领域。

塑料品种繁多，主要有以下两大类：

塑料
- 热塑性塑料：聚乙烯（PE）、聚苯乙烯（PS）、聚丙烯（PP）、丙烯-丁二烯-苯乙烯共聚物（ABS）、聚氯乙烯（PVC）、聚甲基丙烯酸甲脂（PMMA）、聚偏二氯乙烯（PVDC）、聚碳酸脂（PC）、聚醋酸乙烯（PVAC）
- 热固性塑料：酚醛树脂（PF）、聚氨酯（PUR）、脲醛树脂（UF）、有机硅树脂（SI）、环氧树脂（EP）、聚酰胺（尼龙 PA）、不饱和聚酯（UP）、三聚氰（胺甲醛树脂 MF）、聚酯（PBT）

图 2.7　塑料的种类

常用塑料的特性与用途见表 2.14。

表 2.14　常用塑料的特性与用途

名　称	特　性	用　途
聚乙烯(PE)	柔韧性好，介电性能和耐化学腐蚀性能优良，成型工艺性好，但刚性差	主要用于包装、防水材料、管材、绝缘材料、家用器皿等
聚丙烯(PP)	耐腐蚀性能优良，力学性能和刚性超过聚乙烯，耐疲劳和耐应力开裂性好，但收缩率较大，低温脆性大	管材、卫生洁具、家具、模板、电器外壳、包装、工业用布等
聚氯乙烯(PVC)	耐化学腐蚀性和电绝缘性优良，力学性能较好，具有难燃性，但耐热性差，升高温度时易发生降解	管材、门窗、轻质发泡制品、包装、壁纸等
聚苯乙烯(PS)	树脂透明、有一定的机械强度，电绝缘性能好，耐辐射，成型工艺性好，但脆性大，耐冲击性和耐热性差	主要以泡沫塑料形式作为隔热材料，也用来制造灯具平顶板等
ABS 塑料	具有韧、硬、刚相均衡的优良力学特性，电绝缘性与耐化学腐蚀性好，尺寸稳定性好，表面光泽性好，易涂装和着色，但耐热性不太好，耐候性较差	电器壳体及部件、机械仪器部件、汽车部件、建筑五金、各种管材、模板、异型板等
酚醛塑料(PF)	电绝缘性能和力学性能良好，耐水性、耐酸性和耐烧蚀性能优良。酚醛塑料坚固耐用、尺寸稳定、不易变形	电绝缘材料、结构材料
氨基塑料	无毒、无味，电绝缘性能和力学性能良好，耐水性、耐热性良好	餐具、电绝缘材料
聚氨酯(PUR)	强度高耐化学腐蚀性优良，耐热、耐油、耐溶剂性好，粘接性和弹性优良	主要以泡沫塑料形式作为隔热材料及优质涂料、胶粘剂、防水涂料和弹性嵌缝材料等

续表

名称	特性	用途
聚酰胺 (尼龙 PA)	力学性能优良,韧性好,蠕变变形小,耐寒、耐汽油、耐高温,对霉菌和光的作用稳定	电器部件、汽车部件、机械设备部件、包装、运动器材
聚碳酸脂(PC)	突出的耐冲击性、电绝缘性,使用温度范围较宽,耐蠕变、耐气候,低吸水率,无毒,自熄,透明	光盘、汽车部件、电器部件、机械设备部件、透明材料

2.4.3 橡胶

橡胶是有机高分子化合物的一种,具有高聚物的特征与基本性质,其最主要的特性是在常温下具有极高的弹性。在外力作用下它很快发生变形,变形可在百分之数百,但当外力除去后,又会恢复到原来的状态,而且保持这种性质的温度区间范围很大。橡胶分天然橡胶和合成橡胶两种。

天然橡胶产自热带的橡胶树。其主要成分是异戊二烯高聚体,另外还有少量水分、灰分、蛋白质及脂肪酸等。在橡胶树的浆汁中加入少量醋酸、氯化锌或氟硅酸钠即可凝固。凝固体经压制后成为生橡胶,再经硫化处理则得软质橡胶(熟橡胶)。目前世界天然橡胶的年产量约为300万吨,远远不能满足日益发展的需要,因而合成橡胶工业提到了迅速发展。合成橡胶的综合性能虽然不如天然橡胶,但它具有某些天然橡胶所不具备的特性,且原料来源较广,因而目前在土建工程中应用的主要是合成橡胶。

在生产橡胶制品时,生橡胶粗坯需经定型和硫化,才能得到既有弹性又保证强度而且不变形的橡胶制品。所谓硫化,就是用硫磺(一般用量为2% ~3%)把生橡胶料经过化学和物理方法处理后,使橡胶分子从线型结构变为体型结构的过程。硫化的目的是为了提高橡胶的强度、变形能力和耐久性,减少其可塑性。硫化处理有时也可不用硫磺。橡胶配方中可加入填充料以改进橡胶的性能。常用的填充料有炭黑、碳酸镁、氧化镁、氧化铁等,其用量按具体要求而定。这些填充料在橡胶中除具有填充作用外,有的还可能发生化学结合,可起改性和降低成本的作用。

橡胶在阳光、热、空气(氧和臭氧)或机械力的反复作用下,会出现变色、变硬、龟裂、发粘,同时机械强度降低,这种现象叫老化。老化的基本原因是橡胶分子氧化,致使其大分子链断裂破坏。

常用橡胶如下:天然橡胶、氯丁橡胶(CR)、丁苯橡胶(SBR)、丁基橡胶(ΠR)、乙丙橡胶(EPM)和三元乙丙橡胶(EPDM)或(EPT)、丁腈橡胶(NBR)、再生橡胶、硅橡胶(MQ)、氟橡胶(FPM)等。

(1)天然橡胶

天然橡胶的主要成分是异戊二烯高聚体,其他还有少量水分、灰分、蛋白质及脂肪酸等。其分子式为:

$$\left[CH_2 - \overset{\overset{\large CH_3}{|}}{C} = CH - CH_2 \right]_n$$

天然橡胶主要是从橡胶树的浆汁中取得的，加入少量醋酸、氯化锌或氟硅酸钠即可凝固。凝固体经压制后成为生橡胶。生橡胶经硫化处理得到软质橡胶。

天然橡胶的密度为 0.91 ~ 0.93 g·cm^{-3}，在 130 ~ 140 ℃软化，150 ~ 160 ℃变粘软，220 ℃熔化，270 ℃迅速分解。常温下弹性很大。天然橡胶易老化失去弹性，一般作为橡胶制品的原料。

天然橡胶大量用于制造各类轮胎、各种工业橡胶制品（如胶管、胶带等）、日常用品（如胶鞋、雨衣、医疗卫生用品）。

（2）**氯丁橡胶**（CR）

氯丁橡胶是由氯丁二烯聚合而成，其分子式为：

$$n(CH_2—\underset{\displaystyle Cl}{\underset{|}{C}}—CH═CH_2)\xrightarrow{聚合}\left[CH_2—\underset{\displaystyle Cl}{\underset{|}{C}}═CH—CH_2—\right]_n$$

氯丁橡胶除具有大分子量呈弹性体的以外，还有低分子量的液态氯丁橡胶。与天然橡胶比较，氯丁橡胶的绝缘性较差，密度较大，但抗拉强度、透气性和耐磨性较好。

氯丁橡胶为浅黄色及棕褐色弹性体，密度 1.23 g·cm^{-3}，溶于苯和氯仿，在矿物油中稍溶胀而不溶解，硫化后不易老化，耐油、耐热、耐燃烧（遇火便分解出 HCl 气体阻燃），耐臭氧，耐酸碱腐蚀性好，粘结力较高，脆化温度 -35 ~ -55 ℃，热分解温度 230 ~ 260 ℃，最高使用温度 120 ~ 150 ℃。

氯丁橡胶主要制作电缆护套、耐油胶管、胶板、运输带、胶皮水坝、各种密封圈垫以及化工设备防腐衬里、鞋类粘接剂等。

（3）**丁苯橡胶**（SBR）

丁苯橡胶是应用最广、产量最多的合成橡胶，它由丁二烯和苯乙烯共聚而成。丁苯橡胶为浅黄褐色，其延性与天然橡胶接近，加入炭黑后，强度与天然橡胶相仿。密度随苯乙烯含量而不同，通常为 0.91 ~ 0.97g·cm^{-3}，不溶于苯和氯仿，耐老化性、耐磨性、耐热性较好，但耐寒性、粘结性较差，脆化温度为 -52℃，最高使用温度 80 ~ 100 ℃。能与天然橡胶混合使用。

乳聚丁苯橡胶可与天然橡胶、顺丁橡胶混用，适用于制作各种轮胎、胶管、胶带、胶鞋、胶辊、电线电缆和橡胶制品。溶聚丁苯橡胶特别适用于轮胎、耐热运输带、皮带、刮水板、窗框密封和散热器软管、日常用橡胶制品等。

（4）**丁基橡胶**（IIR）

丁基橡胶由异丁烯与少量异戊二烯在低温下加聚而成。丁基橡胶是无色弹性体，密度为 0.92 g·cm^{-3}左右，能溶于五个碳以上的直链烷烃或芳香烃或芳香烃的溶剂中，它是耐化学腐蚀、耐老化、不透气性和绝缘性最好的橡胶，并具有抗撕裂性能好、耐热性好、吸水率小等优点。但丁基橡胶的弹性较差，加工温度高，粘结性差，难与其他橡胶混用。丁基橡胶的耐寒性较好，脆化温度 -79 ℃，最高使用温度 150 ℃。

丁基橡胶主要用于制造轮胎内胎、硫化水胎和胶囊、耐热胶管、输送带、减振抗振材料、电线电缆。不含防腐剂的品种可以用作医用瓶塞、球胆和口香糖胶料。

（5）**乙丙橡胶**（EPM）**和三元乙丙橡胶**（EPDM）**或**（EPT）

乙丙橡胶是乙烯与丙烯的共聚物。其分子结构式为：

$$\left[\left(CH_2—CH_2 \right)_m \left(\underset{\displaystyle CH_3}{\underset{|}{CH}}—CH_2 \right)_p \right]_n$$

乙丙橡胶的密度仅0.8 g·cm^{-3}左右,是最轻的橡胶,而且耐光、耐热、耐氧及臭氧、耐酸碱、耐磨等都非常好,也是最廉价的合成橡胶。

乙丙橡胶主要用于汽车轮胎胎侧、内胎、散热器胶管、电缆绝缘材料、防水材料、耐热输送带、橡胶辊、耐酸碱介质的罐衬里材料、冰箱用磁性橡胶等。

(6)**丁腈橡胶**(NBR)

丁二烯与丙烯腈($CH_2═CH—CN$)的共聚物,称丁腈橡胶。它的特点是对于油类及许多有机溶剂的抵抗力极强。其耐热、耐磨和抗老化的性能胜于天然橡胶,但缺点是绝缘性较差,塑性较低,加工较难,成本较高。

丁腈橡胶主要用于制作耐油、耐溶剂的橡胶制品。

(7)**再生橡胶**

再生橡胶是以废旧轮胎和胶鞋等橡胶制品或生产中的下脚料为原料,经再生处理而制得的橡胶。这种橡胶原料来源广,价格低,建筑上使用较多。

(8)**硅橡胶**(MQ)

硅橡胶(MQ)是由环状的有机硅氧烷开环聚合或以不同的硅氧烷进行共聚制得的弹性共聚物。它与硅油、硅树脂、有机硅烷都属于有机硅产品。最通用的硅橡胶主要是由以下二甲基硅氧链节组成。

$$\left[\overset{\displaystyle CH_3}{\overset{|}{\underset{\displaystyle CH_3}{\underset{|}{Si}}}}—O \right]$$

硅橡胶分子主链因为含有硅氧结构,(即Si—O),因此分子链柔性大,分子间作用力小,有许多优异的性能,如:既耐高温又能耐低温,可在-100~300 ℃范围内使用;硅橡胶属于饱和型橡胶,所以具有优异的耐候性、耐臭氧性和电绝缘性,并且无味无毒。硅橡胶的缺点是物理机械性能、耐磨性能和耐化学腐蚀性能差,而且生胶硫化特殊,因而加工比较难。

硅橡胶的用途:可以制造耐高温、耐低温的密封件、薄膜、胶管、缓冲防振层等宇航工业中的部件;在电气工业上制作高绝缘性、耐高温的电线电缆的外层绝缘材料;也可用于食品工业和医疗卫生方面的某些橡胶部件,如人造器官等。

(9)**氟橡胶**(FPM)

氟橡胶(FPM)是由含氟烯烃类(如氟乙烯、氟氯乙烯)聚合或与其他单体聚合而成的弹性体共聚物。氟橡胶的品种很多,主要分为4大类:含氟烯烃类、亚硝基类、全氟醚类、氧化磷腈类。

氟橡胶的最突出的特点是耐热、耐油、耐腐蚀。它的耐热性可与硅橡胶媲美,如氟橡胶-23可在石油或润滑油中于200 ℃下长期使用,可在含芳烃15%的汽油中于205 ℃浸泡500 h,仍然具有良好的机械性能。此外氟橡胶在日光、臭氧及气候的作用下也十分稳定,对各种有机溶剂及腐蚀性介质的抗耐性均优于其他橡胶。因此长期以来其一直是现代航空、导弹、火箭、宇宙航行等尖端科学技术部门不可缺少的材料。在民用领域主要用来制作胶管、垫片、密封圈、耐腐蚀服装等。氟橡胶的缺点是弹性差、加工性能差。

2.4.4 胶粘剂、涂料

(1)胶粘剂

胶粘剂是一种能在两个物体的表面间形成薄膜并能把它们紧密地胶接起来的材料。胶粘剂由粘料(常见的粘料类型有热固性树脂、热塑性树脂、合成橡胶及混合型粘料)、硬化剂、填料及其他附加剂(增塑剂、防霉剂、防腐剂、稳定剂等)组成。

胶粘剂的品种很多,性能各异。根据胶粘剂所用粘结料的性质来分,胶粘剂可分为:

- 胶粘剂
  - 无机胶粘剂
  - 有机胶粘剂
    - 天然胶粘剂
    - 合成胶粘剂
      - 热固性树脂胶粘剂
      - 热塑性树脂胶粘剂
      - 橡胶型胶粘剂
      - 混合型胶粘剂

图 2.8 胶粘剂的分类

胶粘剂必须具备以下条件:有充分浸润被粘物表面的流动性;不易老化、性质不易变化;硬化速度与粘性易调整;胀缩小;粘结强度高。

1)热塑性高分子胶粘剂

热塑性高分子胶粘剂粘料由线性高分子组成,分子量比较大,容易配成溶液或加热成熔融状态,容易在液态状态下使用和施工,使用方便。一般这类胶粘剂由于分子量足够大,因此起始粘附力(初粘力)比较好。其具有一定的柔韧性,耐冲击性好,耐气候性良好等优点,但相对来说,最终胶粘强度较低,不大耐高温,不大耐溶剂。常见的有:

①聚乙酸乙烯溶液胶粘剂:由乙酸乙烯溶液聚合成树脂,溶解于丙酮、乙酸乙酯、甲苯或无水乙醇中,一般配成浓度 30% ~35%(可高达 70%)。对于非极性材料有较好的粘接性,用于木材、织物、皮革等。

②聚丙烯酸酯胶粘剂:常用丙烯酸的甲酯、乙酯、丁酯、异辛酯等,有溶液型和乳液型,后者常用于粘接有机玻璃、无纺布织物等。

③聚乙烯醇水溶液:就是胶水的主要成分,而聚乙烯醇缩醛类胶粘剂常作为建筑装修的主要胶粘材料。

2)热固性高分子胶粘剂

热固性高分子胶粘剂分子中含有反应性基团,分子量不大,通过加热、加压或加固化剂结合成不溶不熔的交联高分子,粘接物体界面。由于分子量小,初始粘力较低,固化易收缩或有应力,易在固化过程中变形,但固化后的粘结层耐热性较高,抗蠕变,常见的有:

①氨基树脂胶粘剂:包括脲醛树脂、三聚氰胺甲醛树脂等,加入固化剂或加热加压。主要用于制造层压板、人造板、碎木板等。用于制造胶合板、人造板材料的还有酚醛树脂胶粘剂。以酚醛树脂为主体的胶粘剂品种很多,有碱催化反应的预交联的酚醛树脂醇溶液,加热可以固化;有酸催化的线性树脂,要加固化剂才能固化等,大多用于人造板。

②环氧树脂胶粘剂:又叫"万能胶",对各种金属和大多数非金属都有粘接功能,在国防军工、汽车、建筑、电子电器、机械和日常生活中应用广泛,用于粘接陶瓷、金属、硬软材料等。一般都是双组分,其中一组分是固化剂。常用固化剂为胺类,如乙二胺、二乙撑三胺、三乙撑四胺、苯二甲胺、β-羟乙基乙二胺,低分子聚酰胺等,这些固化剂室温下即可以固化。还有许多固化剂是在高温下固化的,如间苯二胺、顺酐、双氰胺、癸二酸二酰肼等,要到 160 ℃以上才固化。有一些固化剂在室温下是稳定的,非要在高温下才与环氧反应,因此,在环氧胶粘剂中可以把这种固化剂分散进去。它在室温下是稳定的,加热至 160 ~180 ℃以上很快就固化,这种胶粘

剂不必把固化剂单独包装，所以就成了“单组分”环氧树脂粘合剂，使用有方便的一面，但固化非得高温不可。那些高温才发生固化反应的固化剂被叫作潜伏性固化剂。

③不饱和聚酯胶粘剂：一般是由饱和的与不饱和的二元酸和二元醇反应的预聚物，溶于苯乙烯中，加入固化剂（实际上是双键聚合的引发剂）。固化剂常用过氧化物，分为常温固化与高温固化两种。适用于玻璃钢生产和粘结金属、混凝土和陶瓷等。

④聚丙烯酸酯类：是聚丙烯酸酯或其共聚物大分子中有活性基团，如有羟基、环氧、羧基等，在固化剂作用下交联固化或在催化剂作用下自交联固化，具有耐热、耐洗涤和耐化学药品性，适用于作无纺布胶粘剂。

⑤聚氨酯胶粘剂：与表面含有氢的材料有优良的化学粘附力，聚氨酯与被粘物表面有物理粘附力和氢键力，分子间作用力很强，粘合牢固，可粘结泡沫塑料、木材、金属、陶瓷、皮革、织物、纸张、多孔材料、橡胶、塑料、玻璃等，几乎什么都可粘接。

3）橡胶型胶粘剂

橡胶型胶粘剂适合于粘合柔软的或热膨胀系数相差较大的物件，如橡胶与橡胶，橡胶与金属、塑料、皮革、织物、木材以及它们相互之间的粘接。广泛应用于飞机、汽车、建筑、橡胶、塑料加工及制品、轻工、用具等方面，据统计，5% ~7% 的橡胶被用作胶粘剂，主要有：

①氯丁橡胶胶粘剂：具有耐臭氧、耐水、耐化学试剂、耐油和耐老化性能，是用氯丁橡胶塑炼，加入各种添加剂混炼后溶解于溶剂中。这种胶粘剂改进的配方很多，有单组分和双组分两类。单组分胶粘剂添加有预反应树脂，它已成为重要品种；双组分常用胶粘剂一般是异氰酸酯。目前已广泛应用于电子、轻工、建筑等部门。

②丁腈橡胶：对极性表面的粘附性特别好，分为溶剂型与胶乳型两种，主要用于橡胶与橡胶、橡胶与金属、橡胶与织物等的粘接。此外由于橡胶的特点，可作为酚醛树脂、环氧树脂胶粘剂的增韧改性的结构胶粘剂。

③氯化天然橡胶：具有优良的耐化学腐蚀性，有良好的粘附性和稳定性，除了自身作胶粘剂之外，常用于改性氯丁胶、丁腈胶的胶粘剂，可提高胶粘剂的胶接强度、耐高温蠕变和其他性能。

④氯磺化聚乙烯：耐臭氧、耐热老化好，脆性温度可到 -62 ℃，它用于除硅橡胶、氟橡胶之外几乎所有的橡胶之间的粘合以及这些橡胶与金属的粘合。

⑤硅橡胶：用作胶粘剂使用的形式有单组分、双组分和硅凝胶。单组分和双组分室温硫化硅橡胶胶粘剂用作建筑物胶粘和密封门窗玻璃以及许多耐温耐水的场合，如地下室、地道、地铁、隧道的粘贴物件；硅凝胶用于航天、航空和特殊场合以及作医用粘合剂。其粘合性能在汽车工业、太阳能电池、船舶、潜艇等许多部门都有独特意义。

4）混合型胶粘剂

许多热交联固化的胶粘剂，固化时剪切强度增大，剥离力反而显著下降；相反，热塑性聚合物或橡胶弹性体胶粘剂剥离强度高，剪切强度变低，因而许多混合型的胶粘剂成为结构胶粘剂的主要成员。比较典型的有，环氧-丁腈型、环氧-尼龙型、环氧-酚醛型、环氧-羧丁（羧基丁腈胺）型、酚醛-丁腈、酚醛-聚乙烯醇缩醛型等。

混合型结构胶粘剂随着各组分的变化，性能就会出现差异，应用在不同的场合和不同的胶接部件时，所使用的比例不尽相同。从某种意义上说，这些也是专用胶粘剂或特种胶粘剂，用于航空航天、建筑、桥梁等。

5)其他胶粘剂

其他胶粘剂还有热熔胶粘剂、压敏胶、水性胶粘剂等。

热熔胶粘剂的特点是常温下为固态,加热熔融成粘流态,涂布润湿被粘合物,加压结合,冷却几秒钟内即完成粘接。特点是固化快,使用方便,无污染,无溶剂,广泛应用于书籍装订、胶合板、建筑、家具、木工等行业。

压敏胶指无溶剂,不加热,只要轻轻加压就能粘合的胶粘剂。压敏胶带除了用溶剂型压敏胶生产外,现在常用乳液型压敏胶,烘干制成胶带,无污染,操作成熟。制压敏胶带可以一面涂层,也可以双面涂层变成双面胶,双面胶两面都要用有机硅防粘纸加以保护。也可以将压敏胶涂于有机硅防粘纸上,再转移到胶带上。现在压敏胶和压敏胶带已在医药、绝缘、日常生活、包装、标志等方面得到应用。

溶于水的高分子,是组成水溶液胶粘剂的主体,除了水溶液之外,大多数为水乳液。水溶液胶粘剂常用的胶水,主要成分是聚乙烯醇。乳液型胶粘剂是高分子乳液聚合的产物,最常用的胶粘剂有聚丙烯酸乳液、聚氨酯乳液、聚乙酸乙烯乳液(乳胶)和一些合成橡胶的胶乳。

(2)涂料

涂料是指涂敷于物体表面,并能形成牢固附着的完整保护膜的材料。早期的涂料是以天然的油脂(如桐油、亚麻油)和天然树脂(如松香、柯巴树脂)为主要原料制成的,通称为油漆。随着科学技术的发展,各种高分子合成树脂广泛用作涂料原料,使油漆产品的面貌发生了根本的变化。现在通常将以合成树脂(包括无机高分子材料)为主要成膜物质的称为涂料,而将以天然油脂、树脂为主要成膜物质或经合成树脂改性的称为油漆。

涂料主要由基料(又称成膜物质)、填料、颜料、助剂和溶剂等几部分组成。基料的作用是将涂料中的其他组成粘结在一起,并能牢固地附着于基层表面,形成连续均匀、坚韧的保护膜层(又称涂膜)。基料的性质不但直接决定着涂膜的硬度、柔性、耐水性、耐腐蚀性等,而且还决定着涂料的施工性质及涂料的使用范围。因此,对基料的基本要求是:常温下能固化成膜;有较好的耐碱性,以保证涂料能用于水泥砂浆及混凝土的表面;有较好的耐水性;有较强的耐候性;资源丰富,价格低廉。

涂料包括树脂类涂料、油料类涂料及无机涂料。

1)树脂类涂料

树脂类涂料成膜物质主要以合成树脂为主。采用合成树脂制得的涂料性能优异,涂膜光泽好,是现代涂料工业产量最大、品种最多、应用最广的涂料。常用的合成树脂有聚乙烯醇及其改性物,苯丙乳液、丙烯酸乳液、聚醋酸乙烯及其共聚物、环氧树脂、聚氨酯树脂等。

2)油料类涂料

植物油属于天然有机材料,是制造某些油性涂料和油基涂料的主要原料。按其成膜的快慢,油料分为干性油、半干性油及不干性油三种。干性油具有快干性能,干燥过程中受到空气的氧化作用和自身的聚合作用而形成高分子化合物,能形成坚硬的油膜,耐水而富有弹性。半干性油干燥速度较慢,形成的油膜较软且发粘,干燥后能重新软化,易溶于有机溶剂中,故使用时需掺催干剂。不干性油不能自干,不适于单独使用,常与干性油或树脂混合使用。常用的干性油有亚麻仁油、桐油、梓油等;常用的半干性油有大豆油、向日葵油、菜籽油等;常用的不干性油有蓖麻油、椰子油、花生油、柴油等。

3)无机涂料

无机建筑涂料中的粘结料主要有水泥浆、硅溶胶系、磷酸盐系、硅酸酮系、无机聚合物系和碱金属硅酸盐系等，这类材料价格低廉，资源丰富，具有发展前景。

涂料应用的场合很多，可涂覆金属、木材、混凝土、塑料、皮革、纸张等，起到防腐、防锈、装饰、防火、防紫外线等作用。

第3章 电性材料

3.1 导体、半导体和绝缘体材料

我们知道,自然界中的物质大致可分为气体、液体、固体、等离子体4种基本形态。在固体材料中,根据其导电性能的差异,又可分为导体、半导体和绝缘体材料。物体导电本领的大小可用电阻率来表示,金属导体的电阻率约在$10^{-4}\ \Omega \cdot cm$以下,绝缘体的电阻率约在$10^{9}\ \Omega \cdot cm$以上,半导体的电阻率是介于二者之间,约$10^{-4} \sim 10^{9}\ \Omega \cdot cm$。

通俗地讲,能够导电的物体被称为导体,例如铜、铝、金、银就是常见的金属导体。导体的电阻率通常很小,如果材料的电阻率小到零,我们把这种材料称为超导体。超导体对电流几乎没有阻碍作用。

如果某种物体无法让电流流过,即对电流有极强的阻碍作用,如玻璃、橡胶等,我们称其为绝缘体,绝缘体的电阻率非常大。常见的电线就是一种导体与绝缘体的组合,里面的金属芯线用来导电,外面的橡胶就是防止触电的绝缘体。

在电子技术中,还有另一种材料被广泛使用,那就是半导体材料。所谓半导体,就是导电能力介于导体与绝缘体之间的一种材料,例如硅、锗、镓等。电子设备、家用电器中的许多电子元器件都由半导体材料制成,如晶体三极管、晶体二极管和集成电路等,它们被统称为半导体器件。

3.1.1 导体和绝缘体材料

在导体材料中,原子的最外层电子没有被其原子核束缚住,可以自由往来于各原子间,从而有利于电的传导。而在绝缘体材料中,其原子的最外层电子被原子核紧密束缚,无法在各原子间来往、漂移,就不能发生导电现象。实际上,世上并没有完全的绝缘体,但在许多实际应用中,若干材料可被视为完全绝缘体。

导体和绝缘体材料在一定条件下可以互相转变。美国的科学家发现,用紫外光闪烁照射稀土元素钇和镧的氢化物,可以使绝缘体钇和镧的氢化物变成光亮的导体;丹麦科学家曾利用高压氢气使金属变得绝缘,在高压氢气的处理下,光亮的金属 YH_2 薄膜转变成透光的绝缘体

YH_3，当再用紫外频段的闪光闪烁照射薄膜样品，样品的导电性能立刻上升，从绝缘体变成了金属态。人们通常把这种转变归之于材料的晶体结构的改变，对其转变机理的研究是目前凝聚态物理学中的一个热门课题。

3.1.2 半导体材料的特性、分类及应用

导电能力介于导体与绝缘体之间的物质称为半导体。半导体材料是一类具有半导体性能、可用来制作半导体器件和集成电路的电子材料，其电导率在 $10^{-4}\sim10^{9}\ \Omega\cdot cm$。半导体材料的电学性质对光、热、电、磁等外界因素的变化十分敏感，在半导体材料中掺入少量杂质可以控制这类材料的电导率。目前正是利用半导体材料的这些性质，才制造出功能多样的半导体器件。半导体材料是半导体工业的基础，它的发展对半导体技术的发展有极大的影响。

实际上，金属、半导体和绝缘体之间的界限并不是绝对的。通常，当半导体中的杂质含量很高时，电导率很高，呈现出一定的金属性，而纯净半导体在低温下的电导率很低，呈现出绝缘性。一般半导体和金属的区别在于：半导体中存在着禁带，而金属中不存在禁带；而区分半导体和绝缘体则更加困难，通常根据它们的禁带宽度及其温度特性加以区分。

半导体的导电性究竟具有哪些特点呢？大致可归纳为以下几个方面：

①半导体的电阻率对温度的反应灵敏。纯净半导体的电阻率随温度变化很显著，而且电阻率随温度升高而下降。例如纯锗，当温度从 20 ℃升高到 30 ℃时，电阻率就降低一半左右。而金属的电阻率随温度的变化比较小，而且随温度升高电阻率增大。

②微量的杂质能显著地改变半导体的电阻率。例如在纯硅中掺入千万分之一的杂质磷或锑，就能使它的电阻率从 $2.15\times10^{5}\ \Omega\cdot cm$ 减小到 $1\ \Omega\cdot cm$，降低了 20 万倍。晶格结构的完整与否也会对半导体导电性能有极大的影响。因此在制作半导体器件时除人为地在半导体中掺入有用杂质来控制半导体的导电性外，还要严格防止一些有害杂质对半导体的污染，以免改变半导体的导电性能，使生产出来的器件质量下降，甚至报废。而金属中含有少量杂质时，则看不出电阻率会有什么显著的变化。

③适当的光照可使半导体的电阻率显著改变。当某种频率的光照射半导体时，会使半导体的电阻率显著下降，这种现象叫光电导。自动控制中用到的光敏电阻就是利用半导体的光电导特性来制成的。但是，金属的电阻率不受光照影响。

总之，半导体的导电性能非常灵敏地依赖于外界条件、材料的纯度以及晶体结构的完整性等。半导体的导电性能之所以有上述特点是由半导体内部特殊的微观结构所决定的。

半导体的发展按照时代划分，可分为以下三个阶段：

第一代半导体：20 世纪 50 年代，当时是以硅材料为主，其特征是频率低，非直接带隙，无发光器件；

第二代半导体：20 世纪 70 年代，出现了 GaAs 基、InP 基黄、红光发光管及激光器，促进了光电子及军用微电子的发展。在光纤通讯、无线通讯等领域获得了发展应用；

第三代半导体：20 世纪 90 年代，GaN 和 SiC 基半导体的诞生，其特征是：宽带隙 3 ~ 6 eV，能发射紫外、蓝光，在大容量存储方面也得到了发展应用。

按化学成分和内部结构，半导体材料又可以大致分为以下几类：

(1)元素半导体

元素半导体有锗、硅、硒、硼、碲、锑等。在周期表第Ⅳ族中的元素如硅(Si)、锗(Ge)都是

由单一原子所组成的元素半导体。在20世纪50年代初期,锗曾是最主要的半导体材料,但锗半导体器件的耐高温和抗辐射性能较差。自20世纪60年代初期以来,硅已取而代之成为制造半导体的主要材料。现今我们使用硅的主要原因是硅器件在室温下性能较佳,且可由热生长的方式产生高品质的硅氧化层。另外,在二氧化硅及硅酸盐中的硅含量占地表的25%,仅次于氧,用于制造器件等级的硅材料远比其他半导体材料价格低廉。到目前为止,硅可以说是周期表中被研究最多且技术最成熟的半导体元素。目前的集成电路大多数是用硅材料制造的,但硅最大的缺点是当使用温度大于150 ℃时,特别是对大功率半导体器件,将造成电路失效,因而其应用受到一定限制。

(2)**化合物半导体**

化合物半导体是指由两种或两种以上的元素化合而成的半导体材料。二元化合物半导体由周期表中的两种元素组成。例如,Ⅲ-Ⅴ族元素化合物半导体砷化镓(GaAs)是由Ⅲ族元素镓(Ga)及Ⅴ族元素砷(As)所组成。除了二元化合物半导体外,三元及四元化合物半导体也各有其特殊用途。由Ⅲ族元素铝(Al)、镓(Ga)及Ⅴ族元素砷(As)所组成的合金半导体 $Al_xGa_{1-x}As$ 即是一种三元化合物半导体,而具有 $A_xB_{1-x}C_yD_{1-y}$ 形式的四元化合物半导体则可由许多二元及三元化合物半导体组成。例如,合金半导体 $Ga_xIn_{1-x}As_yP_{1-y}$ 是由磷化镓(GaP)、磷化铟(InP)、砷化铟(InAs)及砷化镓(GaAs)所组成。与元素半导体相比,制作单晶体形式的化合物半导体通常需要较复杂的程序。

许多化合物半导体具有与硅不同的电和光的特性,重要的有砷化镓、磷化铟、锑化铟、碳化硅、硫化镉及镓砷硅等。虽然化合物半导体的技术不如硅半导体技术成熟,但硅半导体技术的快速发展,也同时带动了化合物半导体技术的成长。

化合物半导体材料砷化镓(GaAs)和磷化铟(InP)是微电子和光电子的基础材料,而砷化镓则是化合物半导体中最重要、用途最广泛的半导体材料,也是目前研究得最成熟、生产量最大的化合物半导体材料。砷化镓具有电子迁移率高(是硅的5~6倍),禁带宽度大(GaAs为1.43 eV,Si为1.1 eV且为直接带隙),容易制成半绝缘材料(电阻率 $10^7 \sim 10^9\ \Omega \cdot cm$),本征载流子浓度低,光电特性好以及具有耐热、抗辐射性能好和对磁场敏感等优良特性。用砷化镓材料制作的器件频率响应好、速度快、工作温度高,能满足光电子应用的要求。它是目前最重要的光电子材料,也是继硅材料之后最重要的微电子材料,它适合制造高频、高速的器件和电路。

作为第三代半导体的碳化硅,从19世纪初被首次合成以来,由于其结构和化学键的特殊性,受到人们广泛关注。碳化硅材料是以共价键结合为主的材料,具有相当优良的力学(高强度、高硬度、耐磨损)、化学(耐酸、碱腐蚀)、热学(高热导、无熔点,分解温度>2 600 ℃)及电学性能,同时又具有耐辐照和吸波等特性,又由于它的晶体结构是以 SiC_4 和 CSi_4 配位四面体为基本结构单元,根据四面体排列可以形成从立方、六方到菱方晶系一系列多型结构。碳化硅材料从结构分,有单晶体和多晶体(陶瓷);从三维形貌分,有一维晶须、纤维、二维薄膜和三维块体材料;从组成分,则有单相SiC材料和多相复合材料。由于多相复合材料有高的强度、良好的抗热振性、高的分解温度、耐辐照、吸波和耐腐蚀性等特点,已成为当前高技术领域和国防工业上不可缺少的材料,被大量用于航空发动机、火箭和导弹的燃烧室、喷管、防热罩、核聚变反应堆抗辐照材料、隐身飞机的吸波材料等。SiC薄膜则主要应用于功能半导体器件、耐热抗氧化涂层、高反射率镜面材料。

(3)**无定形半导体材料**

用作半导体的玻璃是一种非晶体无定形半导体材料,分为氧化物玻璃和非氧化物玻璃两种。这类材料具有良好的开关、记忆特性和很强的抗辐射能力,主要用来制造阈值开关、记忆开关和固体显示器件。

(4)**有机半导体材料**

已知的有机半导体材料有几十种,包括萘、蒽、聚丙烯腈、酞菁和一些芳香族化合物等,有机半导体材料和器件的应用研究近年来极为迅速。

有机半导体最早的应用领域是太阳能电池。与单晶或非晶硅太阳能电池相比,制备工艺相对简单、消耗材料的价格便宜是有机太阳能电池的主要优点。制备太阳能电池首先要求有机材料在可见光范围内有良好的化学稳定性和高的光学吸收系数,因而常用的有机太阳能电池材料是某些分子染料如酞菁、二酞菁以及某些聚合物如聚乙炔和聚噻吩的衍生物等。

光电导材料是指在光的辐射下能产生光生载流子的一类信息材料。广泛应用于静电复印、全息照相和激光打印等领域。有机光电导材料与无机光电导材料相比,具有价廉、低毒、来源丰富、易于加工成型和成像率高等优点,并可通过在分子水平上的设计,制备不同性能的光电导材料。目前,90%的激光打印机和80%的静电复印机采用有机光电导体。

在电致发光领域,有机电致发光器件已经从开始的实验室研究发展到产业化制作高分辨率、高稳定性、大尺寸和全彩色实用显示产品的阶段。柔性有机电致发光显示屏是最能体现有机电致发光器件优势的应用实例,目前已有报道称其寿命达2 000 h。

3.1.3 导体、半导体和绝缘体的区别—能带理论

根据量子力学知识,我们知道,单个原子中处于束缚态的电子能量是量子化的,只有当它脱离原子核的束缚成为自由电子后,其能量才是连续的。在单个原子中,某一电子只受到原子核和同一原子中其他电子的相互作用。当大量原子组成晶体后,由于原子之间的距离与原子自身的线度皆为10^{-10} m数量级,所以,一个原子中的电子还将受到周围原子的作用,显然最外层的未满壳上的价电子受其他原子的作用更强。量子力学计算表明,晶体中电子所处的能量状态将由孤立原子中的一系列能级变为一系列能带。对N个原子所组成的晶体,每个能带将由N个能差非常小的能级所组成。由于在孤立原子中每条能级上只能容纳有限个电子,在每一个能带上的电子数虽要增加N倍,但仍只能容纳有限个电子。在基态时,总是低能量的能带先被占据,然后逐步向上填。由价电子所填充的带称为价带;若价带中所有状态都被价电子占满,称为满带;未被占满的价带,称为导带;没有电子的能带,称为空带(见图3.1)。满带中的电子对于导电是没有贡献的,只有在导带中的电子(称为自由电子)才

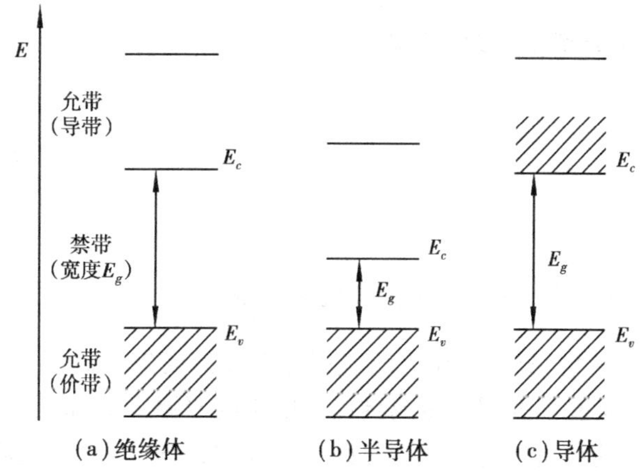

图3.1 晶体能带结构示意图

对导电有贡献,这些电子来自原子结构中外层轨道上的价电子。

利用上述的能带模型,可将固体划分为导体、半导体和绝缘体。善于传导电流的物质称为导体。常见的导体有金属、电解质水溶液、电离气体等。对金属来说,内层电子能量较低,充满能带,故不参与导电。金属多数是一价的,每个原子的外层轨道有一个价电子,故晶体中 N 个价电子不能填满一个能带而形成导带,在外电场作用下导带中的自由电子可从外电场吸收能量,跃迁到自身导带中未被占据的较高能级上,形成电流。

绝缘体在形态上可分为固态、液态和气态。固态绝缘体中又分为非晶态(如塑料、橡胶、玻璃等)和晶态(如云母、金刚石等)两类。晶态绝缘体能带的结构与导体的不同点是:电子恰好填满能量低的能带,其他的能带都是空的,亦即绝缘体中不存在导带,只有满带和空带。满带和空带之间不可能存在电子的能量区域被称为禁带。绝缘体的基本特征就是禁带的宽度(又称能隙)很大,电子很难在热激发或外电场作用下获得足够的能量由满带跃入空带。

半导体的导电能力介于导体和绝缘体之间,其能带结构与绝缘体类似。在绝对零度时,只存在满带和空带。与绝缘体不同的是禁带较窄,在室温下,在外界光、热、电作用下能容易地把满带中能量较高的电子,激发到空带,把空带变为导带。同时,在满带中留下一些电子空位,这些空位称为空穴,可看成是带正电荷的准粒子。在半导体中,一方面,在外电场作用下,导带中电子作定向运动,形成电流,起导电作用;另一方面,满带中的空穴,在外电场作用下,将被其他能态的电子进来填充,同时,在这个电子能态中又产生了新的空穴,于是就出现了电子填补空穴的运动。在电场作用下,填补空穴的电子也作定向移动,形成电流。这种电子填补空穴的运动,完全相当于带正电的空穴在作与电子运动方向相反的运动。为了区别于自由电子的导电,这种导电称之为空穴导电。导带中自由电子的导电和满带中空穴导电是同时存在的,宏观上的电流就是电子电流和空穴电流的代数和。满带中的空穴数和导带中电子数正好相等,都是参与导电的载流子。半导体导电与金属导电的差别,那就是金属中只有自由电子参与导电,而半导体的导带中电子和满带中空穴都参与导电。此外,半导体中自由电子数目较少,有可能通过外部电场作用来控制其中的电子运动。半导体的电阻率随温度不同而明显变化。温度升高时,有更多的电子被热激发,使满带中的空穴数和导带中的电子数急剧增加,导电性能大大提高,电阻率相应地明显降低。

3.2 超导材料

3.2.1 超导材料的发现和特性

19 世纪末,由于电的应用和电磁波的发现,人们对电的研究出现了空前的热情。当时的许多实验都发现了金属导体的电阻随着温度的降低而减小的现象。那么,当温度达到绝对零度时纯金属的电阻是否应减小为零呢?1911 年,荷兰科学家昂内斯(Onnes)用液氦冷却汞,当温度下降到 4.2 K 时水银的电阻完全消失,在接下来的几年里,昂内斯又和他的学生们一起发现了铟、锡和铅在 3.4 K,3.7 K 和 7.2 K 也出现了电阻突然消失的现象。直到这时,这种电阻突然消失的现象得到了科学界的重视。因为导体的电阻消失(指在仪器测量的精度内,电阻为零),所以这种现象被称为超导现象。具有超导现象的材料被称为超导体,而对应于某一超导体电阻突然消失的温度被称为该材料的超导临界转变温度，一般用 T_c 来表示。根据临界温度的不同，超导材料可以被分为：高温超导材料和低温超导材料。

1933 年，迈斯纳和奥克森菲尔德两位科学家发现，如果把超导体放在磁场中冷却，则在材料电阻消失的同时，磁感应线将从超导体中排出，不能通过超导体，这种现象称为抗磁性。零电阻和抗磁性是超导体的两个重要特性。

超导体同时具有零电阻、完全抗磁两个独特的性质。它可以无电阻地传输电流的特性，使人们在发现超导现象后立即想到利用超导体来传输电流。但是不久人们就发现用这些金属超导体制作的导线只在传输很小的电流时才具有零电阻特性，当电流增大时又恢复了一般的导体电阻特性。1953 年至 1973 年间，发现了以 Nb_3Sn，NbTi 为代表的铌合金超导体可以传输较大电流而仍能保持零电阻特性，人们利用超导体无电阻地传输电流的愿望在发现这些铌合金超导体后才成为可能。

自从昂内斯 1911 年发现超导现象以来，人们已发现共有近 40 种元素是超导体，被发现的合金、化合物超导体的数量达到数千种。目前超导体的研究难关是突破温度障碍，即寻求高温超导材料。1973 年，发现超导合金——铌锗合金，其临界超导温度为 23.2 K，这一记录保持了近 13 年。1986 年，设在瑞士苏黎世的美国 IBM 公司的研究中心报道了一种氧化物(镧钡铜氧化物)具有 35 K 的高温超导性。此后，几乎每隔几天，就有新的研究成果出现。1986 年，美国贝尔实验室研究的超导材料，其临界超导温度达到 40 K，液氢的“温度壁垒”(40 K)被跨越。1987 年，美国华裔科学家朱经武以及中国科学家赵忠贤相继在钇-钡-铜-氧系材料上把临界超导温度提高到 90 K 以上，液氮的“温度壁垒”(77 K)也被突破了。1987 年底，铊-钡-钙-铜-氧系材料又把临界超导温度的记录提高到 125 K。从 1986—1987 年的短短一年多的时间里，临界超导温度提高了近 100 K。

3.2.2 高温超导材料的应用

超导体只有在处于其超导转变温度以下时才具有超导特性。1986 年以前，超导材料的临界转变温度都很低，一般需在昂贵的液氦(汽化温度为 4.2 K，-269.3 ℃)环境中工作，故称为低温超导体。由于液氦制冷的费用昂贵且不方便，低温超导体的应用长期以来得不到大规模发展。1986 年，铜基氧化物超导体的发现引起了一场革命性的变化，其原因是这种新型超导材料的临界转变温度有了很大的提高，大大高于液氮的汽化温度(77.8 K，-195.7 ℃)。由于液氮的价格和液氦相比是很低的，能为工业用户所接受，这样就为超导技术的大规模应用提供了不可缺少的前提。现在人们把这些铜基氧化物超导体称为高温超导体。

铜基氧化物超导体是一种陶瓷材料，其机械性能比较脆硬，本身是无法制成导线的。目前使用的高温超导导线是将一种 Bi 系铜基氧化物超导体的粉末放在银或银合金管里经多次拉伸和挤压，再经过热处理所得到的。Bi 系超导导线通过电流的能力是铜导线的 100 倍以上。现在人们把这种 Bi 系超导导线叫做第 1 代高温超导导线。第 2 代高温超导导线正处于研制阶段，是把稀土系铜基氧化物超导体涂在镍或镍合金的基带上，但要实现工业化生产，还有很多工艺问题尚待解决。第 2 代高温超导导线载流能力更强，在磁场下的性能也比第 1 代高温超导导线优越，若进入实用阶段，将大大推动超导技术的工业应用。

高温超导材料的用途非常广阔，大致可分为三类：大电流应用(强电应用)、电子学应用(弱电应用)和抗磁性应用。大电流应用即利用超导体可以无电阻传输大电流的特点，电力设备是大电流应用的一个重要领域，目前世界各国开发的主要超导电力设备包括超导电缆、超导限流器、超导变压器、超导电机和超导储能装置等。高温超导材料的电子学应用包括超导计算机、超导天线、超导微波器件等。抗磁性主要应用于磁悬浮列车和热核聚变反应堆等。

总之，超导技术是21世纪具有战略意义的高新技术。超导技术可广泛用于能源、信息、医疗、交通、国防、科学研究等诸多领域。超导技术的广泛应用将会对国民经济和人类社会的发展产生巨大的推动作用。

3.3 铁电、压电、热释电和介电材料

金属是导体，塑胶不导电是一般人耳熟能详的，但陶瓷材料的电气特性却极为宽广，其电性分布从一般的绝缘体，到半导体、导体、直到超导体。具有特殊电学、光学、磁性等特性的陶瓷被称为电子陶瓷。由于电子陶瓷具有其独特且优异的特性，因此在电子工业上得到大量应用，根据电子陶瓷应用的类别，可以分作铁电、压电、热释电和介电材料。

材料的极化性质与其晶体结构有很密切的相关性。依照空间对称的原理，晶体可以分成32种点群。在这32种点群中，除了10种晶体因为具有中心对称而不具任何极性以外，其余的有22种点群具有非中心对称的结构，而且具有至少一个以上的特定晶体方向，在经过对称运作之后，无法完全一致，所以这些点群大都具有沿特定方向轴的压电效应。在此22种具有压电性的点群中，有10种只具有单一旋转轴，而无垂直于此轴之镜面对称，所以又具有自发极化性，被称为极性晶体。一个晶体具有自发极化可视为由于晶体中的阴离子或阳离子往单一方向偏移，而产生了偶极矩。在某些温度范围，晶体中的阴阳离子各在其具有最低自由能的平衡位置，但阴阳离子的中心并不一致，即出现了自发极化。自发极化的单位定义为垂直极化方向之单位面积的电荷量，或是单位体积内的偶极矩。由于电性和晶体结构的关系密切，自发极化方向通常都和晶体的某特定方向一致。

当材料可以产生自发极子的时候，这种材料就叫做铁电材料。

当材料具有极化轴(不对称)时，应力可以导致电荷的不对称分布，这种材料就叫做压电材料。

当材料的不对称分布(也就是电极子)有两个方向的时候，温度差异也会导致电极子不对称分布。当晶体温度改变时，若自发极化量会随温度的变化而改变，这种材料就叫做热释电材料。

所谓介电陶瓷，主要是利用了陶瓷的材料介电性能，也就是由材料中电荷短程分布所引起的性能。

3.3.1 铁电材料

铁电性的得名，是由于这种现象与磁性材料中的铁磁性(ferromagnetism)非常相似而来，实际上这些铁电性材料并不一定含有铁的成分在内。在铁电材料中，为了降低自由能，电偶极矩会在晶体内某一区域作同向排列，此区域称之为铁电域，而其临近区域则会有别的铁电域形成，其极化方向可能会在不同的方向。不同铁电域之界面称为域壁，域壁非常薄，厚度通常只有几个晶格。整个铁电晶体内通常含有多个铁电域，以降低其自由能。当有适当强度的外加

电场时,域壁会移动使得铁电域的方向尽量平行外加电场,造成晶体的净极化量不为零。施加电场的效应可用电滞曲线来加以说明,如图 3.2 所示。

假设一净极化量为零的铁电材料,当其未经极化时,位于原点 O 处,施加一小电场时,P-E 之间是线性关系,因为电场并不足以扭转电域,晶体只表现出正常的介电材料行为,即顺电性(paraelectric),如图 3.2 之 OA 段。当外加电场增强时反向电域开始扭转,使得极化量快速增加(OAB 路径),持续增加电场,晶体已经完全是正向的电域了(线段 BC),此时极化量的增加来自于晶格的继续扭曲,但对整体极化量的提升有限,显现顺电性。若电场降至零,极化量逐渐减小,但并不循原先路径,而是延着 CBD。在此过程,虽然电场已经消失,但是某些电域仍然保持正向,表现出残留极化的现象。沿 CB 作一直线交纵轴于 E 点,称为自发极化值。若是加负电场则使极化值逐渐下降至零,此时之电场称之为矫顽电场(coercive field,Ec),再持续增加负电场则会使偶极矩完全反向。此种极化与电场之关系由电滞曲线来表示。由于此极化现象的产生,铁电材料可以得到相当高的介电常数值。

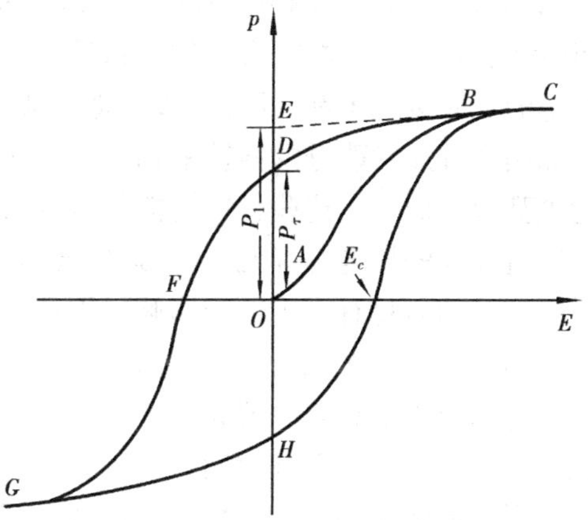

图 3.2 铁电材料的电滞回线

铁电性质往往只在某一个温度范围内表现出来,在这个范围内,铁电材料以一种非中心对称的晶体结构存在,在一个临界温度 T_c 以上,T_c 称为居里温度(Curie temperature),晶体会转变成一个具有中心对称的晶体结构,这时铁电材料不再具有铁电性,只有加了电场时才会有极化强度,这时晶体成为顺电性。有时温度再降低会由某一结构之铁电相转换成另一结构之铁电相,此温度称之为转换温度。许多铁电材料在接近居里点会有很高的介电常数值,其介电常数与温度在居里点以上的关系可由下列式子表示:$\varepsilon = \varepsilon_0 + C/(T - T_o)$,C 表示居里-外斯常数(Curie-Weiss constant),T_o 为居里-外斯温度。

介电陶瓷中的铁电陶瓷具有极高的介电系数与自发性极化,利用其高介电性,可以应用在高容量 DRAM(动态随机记忆体)的制造中。例如 1996 年日本三菱公司发表以 BST 为基础的 4 GB 容量 DRAM,具有极高的商业潜力。

3.3.2 压电材料

压电材料中最常见的是压电陶瓷。由于压电陶瓷具有机电转换的特性,利用它所制成的产品种类相当多,如瓦斯炉的点火器,扬声器,超音波振荡器,驱动器,超音波马达,都是运用机械能与电能的互换特性所制成。此外还可以制成压电变压器与滤波器,应用相当广泛,主要应用的材料包括 PZT,PMN-PT 等材料。

什么是压电陶瓷呢?其实它是一种能够将机械能和电能互相转换的功能陶瓷材料。所谓压电效应是指某些介质在受到机械压力时,哪怕这种压力微小得像声波振动那样小,都会产生压缩或伸长等形状变化,引起介质表面带电,这是正压电效应。反之,施加激励电场,介质将产生机械变形,称逆压电效应。

1880 年法国人居里兄弟发现了压电效应。1942 年,第一个压电陶瓷材料——钛酸钡先后在美国、前苏联和日本制成。1947 年,钛酸钡拾音器——第一个压电陶瓷器件诞生了。20 世纪 50 年代初,又一种性能大大优于钛酸钡的压电陶瓷材料——锆钛酸铅研制成功。从此,压电陶瓷的发展进入了新的阶段。20 世纪 60 年代到 70 年代,压电陶瓷不断改进,逐渐趋于完善。如用多种元素改进的锆钛酸铅二元系压电陶瓷,以锆钛酸铅为基础的三元系、四元系压电陶瓷也都应运而生。这些材料性能优异,制造简单,成本低廉,应用广泛。

制造优良的压电陶瓷元器件,通常要对压电陶瓷性能提出明确的要求。因为压电陶瓷性能对元器件的质量有决定性的影响。因此,要讨论和认识压电陶瓷的元器件,就必须首先要了解压电陶瓷的性能参数与量度方法。

压电陶瓷除了具有一般介质材料所具有的介电性和弹性性能外,还具有压电性能。压电陶瓷经过极化处理之后,就具有了各向异性,每项性能参数在不同方向上所表现的数值不同,这就使得压电陶瓷的性能参数比一般各向同性的介质陶瓷多得多。压电陶瓷的众多的性能参数是它被广泛应用的重要基础。

(1)介电常数

介电常数主要反映材料的介电性质或极化性质,通常用 ε 来表示。不同用途的压电陶瓷元器件对压电陶瓷的介电常数要求不同。例如,压电陶瓷扬声器等音频元件要求陶瓷的介电常数要大,而高频压电陶瓷元器件则要求材料的介电常数要小。

(2)介质损耗

介质损耗是包括压电陶瓷在内的任何介质材料所具有的重要品质指标之一。在交变电场下,介质所积蓄的电荷有两部分:一种为有功部分(同相),由电导过程所引起的;一种为无功部分(异相),是由介质弛豫过程所引起的。处于静电场中的介质损耗来源于介质中的电导过程。处于交变电场中的介质损耗,来源于电导过程和极化弛豫所引起的介质损耗。此外,具有铁电性的压电陶瓷的介质损耗,还与畴壁的运动过程有关,但情况比较复杂,因此在此不予详述。

(3)弹性常数

压电陶瓷是一种弹性体,它服从胡克定律:“在弹性限度范围内,应力与应变成正比”。但是,任何材料都是三维的,即当施加应力于长度方向时,不仅在长度方向产生应变,宽度与厚度方向上也产生应变。

(4)机械品质因数

机械品质因数也是衡量压电陶瓷的一个重要参数,用 Q_m 来表示。它表示在振动转换时材料内部能量消耗的程度。机械品质因数越大,能量的损耗越小。产生损耗的原因在于内摩擦。不同的压电陶瓷元器件对压电陶瓷的 Q_m 值有不同的要求,多数陶瓷滤波器要求压电陶瓷的 Q_m 要高,而音响元器件及接收型换能器则要求 Q_m 要低。

(5)压电常数

对于一般的固体,应力 T 只引起成比例的应变 S,用弹性模量联系起来,即 $T = YS$;压电陶瓷具有压电性,即施加应力时能产生额外的电荷。其所产生的电荷与施加的应力成比例,对于压力和张力来说,其符号是相反的,用介质电位移 D(单位面积的电荷)和应力 T(单位面积所受的力)表示如下:

$$D = dT \tag{3.1}$$

式中,d 的单位为库仑/牛顿(C/N)。

这正是正压电效应。还有一个逆压电效应，即施加电场 E 时成比例地产生应变 S，其所产生的应变为膨胀或收缩取决于样品的极化方向。

$$S = dE \tag{3.2}$$

式中，d 的单位为米/伏(m/V)。

上面两式中的比例常数 d 称为压电应变常数或压电常数。对于正和逆压电效应来讲，d 在数值上是相同的。

(6)机电耦合系数

机电耦合系数 K 是综合反映压电材料性能的参数，它表示压电材料的机械能与电能之间的耦合效应。机电耦合系数可定义为电能转变为的机械能与输入电能的比值，或者是机械能转变为的电能与输入机械能的比值。

由于压电元器件的机械能与它的形状和振动模式有关，因此，不同形状和不同振动模式对应的机电耦合系数也不相同。

(7)频率常数

频率常数是谐振频率和决定谐振的线度尺寸的乘积。如果外加电场垂直于振动方向，则谐振频率为串联谐振频率；如果电场平行于振动方向，则谐振频率为并联谐振频率。

3.3.3　热释电材料

由于温度的变化，热释电晶体和压电陶瓷等会出现结构上的电荷中心相对位移，使它们的自发极化强度发生变化，从而在它们的两端产生异号的束缚电荷，这种现象称为热释电效应。具有这种性质的材料称为热释电体。压电陶瓷也属于热释电体。若不考虑温度的不均匀性，热释电体一般具有一级和二级热释电效应。其中二级热释电效应是由于温度变化引起材料形变，再由压电效应产生电荷的二级效应。一般情况下，若温度变化率相同，升降温过程中产生的热释电电荷大小相等，但符号相反。

具有热释电效应特性的材料就叫做热释电材料。比如在自然界中，存在一种叫电气石的晶体，它受热后在其两端会产生电荷，一端带正电，另一端带负电。人们还发现某些铁电陶瓷经过极化以后也具有很好的热释电特性，例如钛酸铅陶瓷、锆钛酸铅陶瓷(PZT)等。利用这种陶瓷的热释电特性，可以把它们制成一种专门能感受红外线的红外“眼睛”(红外线传感器)，当它“看”到红外线时受热产生信号，经仪器放大并接收下来，或在显示屏上显示出来，使人感知到红外线。

人们还利用了热释电材料能把热转变成电的本领，制成了固态热发电机。把陶瓷薄片的两边涂上金属电极，将它间歇地加热和冷却，它的表面就会随着这间歇性的热冲击，而相应地带有电荷和消失电荷，可产生一定频率电流。这种利用陶瓷进行热发电的优点是，可以利用像太阳能、地热或工厂余热等低温热源发电，发电成本低。

3.3.4　介电材料

电介质是相对于导体而言的，电介质的分子中电子被原子核束缚得很紧，即使在外电场作用下，电子一般只能相对于原子核有一微观的位移，而不像导体中的电子那样，能够脱离所属原子作宏观运动。因而电介质在宏观上几乎没有自由电荷，其导电性很差，这与绝缘体很类似。但在电的作用下，电介质中的束缚电荷以感应而非以传导的方式传播电的作用与影响，所以不能简单的认为电介质就是绝缘体。

在外电场作用下,介电材料在远离带电体的一端会出现同号的过剩电荷,另一端则出现负号的过剩电荷,这就是所谓的介电体的极化现象。如果将某一均匀的电介质作为电容器的介质而置于其两极之间,由于电介质的极化,可造成电容器的电容量比以真空为介质时的电容量增加若干倍,这一性质称为介电性。我们把电容量增加的倍数称为该物体的介电常数。发生极化的实质是电介质内部电偶极矩的产生,为了描述电介质的极化程度,通常采用一个物理量来描述电偶极矩的"密度"。这就是电极化强度矢量 P,其定义为体积元内所有电偶极矩的矢量和。

运用低介电常数的介电材料取代传统的二氧化硅,能够使电子讯号更快速通过芯片内的互连点,显著提升芯片的整体效能;介电陶瓷是电子陶瓷中产量最大的一支,主要用在制作电容器,传统的电容器包括了温度补偿型、半导型等,由于目前电子元件的小型化要求,可以将多层的电容做积层的串连,做成积层电容器,通过表面黏贴技术在印刷电路版上大量使用;而利用陶瓷介电性制成的高频共振元件,则广泛运用在手机、卫星、广播通讯等高频通讯的领域,在信息传递日益发达的今天,具有无穷的应用潜力。

3.3.5 铁电、压电、热释电和介电材料的应用

(1)铁电材料在随机存储等方面的应用

铁电材料是一类具有自发极化,而且自发极化矢量可以在外电场作用下反转的电介质。这类材料的主要特征是具有铁电性,即电极化强度与外电场之间具有电滞回线的关系。这种特性使之非常适于做存储器:其剩余极化的两个状态分别对应着存储器的"0"态和"1"态,并可通过改变外电场的方向来改变存储状态,或通过外围电路来传感其极化状态读取信息。具有铁电性且厚度尺寸为数 10 nm 到数微米的铁电薄膜具有良好的压电性、热释电性、电光及非线性光学特性,可广泛应用于微电子学、光电子学、集成光学和微电子机械系统等领域,成为国际上新型功能材料研究的热点之一。

由于具有高速度、非挥发性、重量轻、低功率、物性稳定、高密度等优点,铁电材料在记忆体的应用构想可以追溯到 20 世纪 50 年代。最早的铁电记忆元件是使用 $Ba_4Ti_3O_{12}$ 的薄膜材料,元件的结构是由金属-铁电-半导体所构成的电晶体,被称为 MFST,但此元件的切换电压甚高,且切换时间长。到了 20 世纪 80 年代以后,铁电材料在记忆体上的应用再度受到注意,不同的是,它已成为硅基记忆体的组成部分。在硅基半导体工业的带领下,镀膜技术不断进步,铁电薄膜膜厚降至亚微米(sub micron)以下,使其切换电压可以低至标准电路的供应电压(5 V),甚至更低。此时铁电薄膜在记忆体上的应用可以分为两大类,一类利用其高介电性,直接使用在动态随机读取存储器(dynamic random access memory,简称 DRAM)中,取代低介电常数的二氧化硅(SiO_2)或氮化硅(Si_3N_4)层;另一类则是利用其铁电性,作为铁电薄膜随机存取存储器(ferroelectric random access memories,简称 FRAM)。

DRAM 是目前计算机中用量最大的半导体存储器,是在集成电路的硅平面工艺基础上发展起来的。为了提高其存储密度,必须采用高密度的平面布图。目前限制 DRAM 存储能力的关键因素是存储单元(电容器)的单位面积电荷存储密度。传统的 DRAM 采用 SiO_2/Si_3N_4 或 Ta_2O_5 作为电容器介质,目前能达到的最大容量为 16 MB。为提高 DRAM 的集成度,必须减小平面电容器所占的面积,同时又要保持介质膜的综合电气特性,只有采用高介电常数的铁电薄

膜材料作为电容器介质才能达到上述目的。近年来,高介电常数的 BST 介电薄膜在新一代 DRAM(Gbit 级)中的应用成为研究的热点。

FRAM 是利用铁电薄膜的双稳态极化特性——电滞回线制备的非易失性存储器,具有高速度、抗辐照性、非挥发性和高密度存储等优点,是一种理想的存储器,在计算机、航天航空、军工等领域具有广阔的应用前景。FRAM 是当前铁电薄膜存储器的主要研究和开发方向,世界上许多大的半导体公司对此都十分重视。与传统存储器相比,FRAM 具有明显的优点,如它具有永久存储的能力,即断电时也能保持存储的信息,读写周期短(理论上可短于 1 ns),开关耐久力强(理论上可达 10^{15}读/写次数),抗辐射损伤能力强。铁电材料的介电常数大,故制成的存储器体积更小,集成度也可更高。

铁电存储器与传统的半导体存储器相比有许多突出的优点,其应用前景十分诱人。近年来,人们对铁电存储器的研究已取得了可喜的进展,并初步实现了商业应用。但铁电存储器要在实际应用上取得进一步重大突破,还有大量的研究工作要做。如铁电薄膜的疲劳问题、铁电极化的保持力问题、铁电薄膜与衬底及电极之间的界面态问题、铁电薄膜的漏电流问题以及器件结构设计等。这几个问题相互关联、互为因果,要从根本上解决这些问题,需从综合效应上加以考虑,而不能顾此失彼。我们有理由相信,在不久的将来,铁电存储器必定会在存储领域占据十分重要的地位。

(2)**压电陶瓷的应用**

利用压电陶瓷将外力转换成电能的特性,可以制造出压电点火器、移动 X 光电源、炮弹引爆装置。用两个直径 3 mm、高 5 mm 的压电陶瓷柱取代普通的火石,可以制成一种可连续打火几万次的气体电子打火机。用压电陶瓷把电能转换成超声振动,可以用来探寻水下鱼群的位置和形状,对金属进行无损探伤,以及超声清洗、超声医疗,还可以做成各种超声切割器、焊接装置及烙铁,对塑料甚至金属进行加工。

压电陶瓷对外力的敏感使它甚至可以感应到十几米外飞虫拍打翅膀对空气的扰动,并将极其微弱的机械振动转换成电信号。利用压电陶瓷的这一特性,可应用于声纳系统、气象探测、遥测环境保护、家用电器等方面。

在航天领域,压电陶瓷制作的压电陀螺,是在太空中飞行的航天器、人造卫星的"舵"。依靠"舵",航天器和人造卫星,才能保证其既定的方位和航线。传统的机械陀螺,寿命短,精度差,灵敏度也低,不能很好满足航天器和卫星系统的要求,而小巧玲珑的压电陀螺灵敏度高,可靠性好。

目前,压电陶瓷是制作水声换能器的最佳材料之一,在潜入深海的潜艇上,都装有人称水下侦察兵的声纳系统。它是水下导航、通讯、侦察敌舰、清扫水雷的不可缺少的设备,也是开发海洋资源的有力工具,它可以探测鱼群、勘查海底地形地貌等。在这种声纳系统中,有一双明亮的"眼睛"——压电陶瓷水声换能器。当水声换能器发射出的声信号碰到一个目标后就会产生反射信号,这个反射信号被另一个接收型水声换能器所接收,就可以发现目标。在医学上,医生将压电陶瓷探头放在人体的检查部位,通电后发出超声波,传到人体碰到人体的组织后产生回波,然后把这回波接收下来,显示在荧光屏上,医生便能了解人体内部状况。

在工业上,地质探测仪里也有压电陶瓷元件,用它可以判断地层的地质状况,查明地下矿藏。还有电视机里用的变压器也是电压陶瓷,它体积小、重量轻,效率可达 60% ~80%,能耐住 3 万伏的高压,使电压保持稳定,完全消除了电视图像模糊变形的缺陷。15 英寸显像管的电视机中使用的压电陶瓷变压器只有 75 mm 长,可以使电视机体积变小、重量减轻。

压电陶瓷也广泛用于日常生活中。利用压电原理制成的电子点火枪是点燃煤气炉极好的用具。还有一种用压电陶瓷元件制作的儿童玩具,比如在玩具小狗的肚子中安装压电陶瓷制作的蜂鸣器,玩具会发出逼真有趣的声音。

随着高新技术的发展,压电陶瓷的应用必将越来越广阔。除了用于高科技领域,它更多的是在日常生活中为人们服务,为人们创造更美好的生活。

(3)热释电材料的应用

热释电材料主要用于探测红外辐射,遥测表面温度等方面。红外辐射探测已广泛地应用于工业和空间技术的辐射计、光谱仪、红外激光探测、热成像管、火山爆发预报以及地矿资源的遥测等。随着微机信息系统、控制系统的应用,热释电陶瓷也用作治疗、民用和安全防护等方面的传感器。这种传感器在室温下作为温度传感器向微机、控制系统提供信号。如用做断路器、富温补偿器、建筑物和电梯中使用的进出感应器、火灾报警器、大气环境监测器、控测物体位置的感应元件、控测人体温度分布的成像元件、有关物质的红外线辐射计数和温度变化测定等元件。

(4)介质材料在微波通讯中的应用

近年来,微波通讯技术发展很快,特别是个人移动电话和卫星广播系统的使用和普及,使得大容量、远距离传递信息极为方便。高性能的微波介质陶瓷是微波通讯技术中不可缺少的材料。优良的微波介质陶瓷材料应具备下列三个主要条件:高的介电常数,低的温度系数和低的介电损失。

微波介质陶瓷器件的基本原理是利用电子陶瓷材料具有较高介电常数的特性,将电磁波的能量集中在陶瓷器件内部,从而完成各种微波信号处理功能。微波介质陶瓷材料主要用作微波频率器件,可分为介质谐振器和介质滤波器两大类,常作为汽车电话、携带电话等移动通信(900 MHz)和卫星广播电视(12 GHz)用元器件,从分米波段到毫米波段,都有应用实例。微波介质陶瓷除制作频率器件外,也可作介质基片、介质天线、介质波导线路、20 GHz 左右的超小型电容器等的基础材料使用。

微波介质滤波器的优点是微型化、损耗低,频率温度系数小、介电常数高、成本低等。与金属谐振滤波器相比,它具有微型化的优点。目前,国外已有相应公司在大量生产微滤波器器件,比较著名的公司有日本 MURATA 公司、美国的 TRANS-TECH 公司、英国的 FILTRONIC 公司等。它们生产的各种微波介质陶瓷滤波器、双工器、谐振器、介质天线等产品已用于微波基地站、手机及无绳电话等产品中,取得了显著的经济和社会效益。

第4章 磁性材料

4.1 材料的磁性

4.1.1 磁性材料发展简史

磁性材料是一簇新兴的基础功能材料。虽然早在3 000多年前我国就已发现磁石相互吸引和磁石吸铁的现象,但人类对磁性材料的开发研究的真正历史尚不足100年。经过近百年的发展,磁性材料已经形成了一个庞大的家族。

公元前4世纪,中国发明了司南。后来,出现了指南车。

公元前3世纪,战国时期,《韩非子》中这样记载:“先王立司南以端朝夕”。《鬼谷子》中记载:“郑人取玉,必载司南,为其不惑也”。

公元1世纪,东汉,王充在《论衡》中写道:“司南之杓,投之于地,其柢指南”。

公元11世纪,北宋,沈括在《梦溪笔谈》中提到了指南针的制造方法:“方家以磁石磨针锋,则能指南……水浮多荡摇,指抓及碗唇上皆可为之,运转尤速,但坚滑易坠,不若缕悬之最善。”同时,他还发现了磁偏角,即:地球的磁极和地理的南北极不完全重合。

公元17世纪,英国的吉尔伯特发表了世界上第一部磁学专著《论磁石》。

公元18世纪,瑞典科学家在磁学著作中对磁性材料的磁化作了大胆的描绘。

公元19世纪,近代物理学大发展,电流的磁效应、电磁感应等相继被发现和研究,同时磁性材料的理论出现,涌现出了像法拉第、安培、韦伯、高斯、奥斯特、麦克斯韦、赫兹等大批现代电磁学大师。

20世纪初,法国的外斯提出了著名的磁性物质的分子场假说,奠定了现代磁学的基础。

4.1.2 材料磁性的来源

磁是什么?一般提起磁,有些人都觉得磁是较为少见的,好像主要就是磁石或磁铁吸引铁、指南针指示南北方向,而把一般物质称为无磁性或非磁性。

情况真是这样吗?现代科学的发展已经表明这样的看法是不对的。现代科学研究和实际应用已经充分证实:任何物质都具有磁性,只是有的物质磁性强,有的物质磁性弱;任何空间都存在磁场,只是有的空间磁场强,有的空间磁场弱。所以说,包含物质磁性和空间磁场的磁现象是普遍存在的。

磁性是物质的一种基本属性。从理论上讲任何物质都具有或强或弱的磁性,通常把磁性强的物质称为磁性材料。

磁现象和电现象存在着本质的联系。物质的磁性和原子、电子结构有着密切的关系,其中电子的磁矩是物质产生磁性的主要原因。

电子磁矩由电子的轨道磁矩和自旋磁矩组成。实验证明,电子的自旋磁矩比轨道磁矩要大得多。在晶体中,电子的轨道磁矩受晶格场的作用,其方向是变化的,不能形成一个联合磁矩,对外没有磁性作用。因此,物质的磁性不是由电子的轨道磁矩引起,而是主要由自旋磁矩引起。每个电子自旋磁矩的近似值等于一个波尔磁子 μB。μB 是原子磁矩的单位,是一个极小的量,$1\ \mu B = 9.27 \times 10^{-24}\ A \cdot m^2$。

因为原子核比电子重 1 000 多倍,运动速度仅为电子速度的几千分之一,所以原子核的自旋磁矩仅为电子自旋磁矩的千分之几,因而可以忽略不计。

孤立原子可以具有磁矩,也可以没有,这决定于原子的结构。原子中如果有未被填满的电子壳层,其电子的自旋磁矩未被抵消(方向相反的电子自旋磁矩可以互相抵消),原子就具有永久磁矩。例如,铁原子的原子序数为 26,共有 26 个电子,电子层分布为:$1s^2\ 2s^2\ 2p^6\ 3s^2\ 3p^6\ 3d^6\ 4s^2$。可以看出,除 3d 子层外各层均被电子填满,自旋磁矩被抵消。根据洪特法则,电子在 3d 子层中应尽可能填充到不同的轨道,并且它们的自旋尽量在同一个方向上(平行自旋)。因此 5 个轨道中除了有一条轨道必须填入 2 个电子(自旋反平行)外,其余 4 个轨道均只有一个电子,且这些电子的自旋方向平行,由此总的电子自旋磁矩为 4 μB。而某些元素,例如锌,具有各层都充满电子的原子结构,其电子磁矩相互抵消,因而不显磁性。

所以,原子磁矩实际上来源于填满壳层中的那些电子,这些电子的轨道磁矩和自旋磁矩的总矢量和就是材料磁性的来源。但是由原子构成分子和物质之后,原子内部及其之间的相互作用是变化的,情况比较复杂,所以,物质磁矩一般不等于孤立原子的磁矩和。

4.1.3 磁性材料基本现象

(1)自发磁化

从"磁性来源"中我们了解到,某些原子的核外电子的自旋磁矩不能抵消,从而产生剩余的磁矩。但是,如果每个原子的磁矩仍然混乱排列,那么整个物体仍不能具有磁性。只有原子的磁矩沿一个方向整齐地排列,就像很多小磁铁首尾相接,才能使物体对外显示磁性,成为磁性材料。这种原子磁矩的整齐排列现象,就称为自发磁化。

既然磁性材料内部存在自发磁化,那么是不是物体中所有的原子都沿一个方向排列整齐了呢?当然不是,否则,凡是钢铁等就会永远带有磁性,成为一块大磁铁,永远能够相互吸引了(实际上,两块软铁不会自己相互吸引)。事实上,磁性材料绝大多数都具有磁畴结构,使得它们没有磁化时不显示磁性。

(2)磁畴

所谓磁畴,是指磁性材料内部的一个个小区域,每个区域内部包含大量原子,这些原子的磁矩都像一个个小磁铁那样整齐排列,但相邻的不同区域之间原子磁矩排列的方向不同。各个磁畴之间的交界面称为磁畴壁。宏观物体一般总是具有很多磁畴,这样,磁畴的磁矩方向各不相同,结果相互抵消,矢量和为零,整个物体的磁矩为零,它也就不能吸引其他磁性材料,也就是说磁性材料在正常情况下并不对外显示磁性。只有当磁性材料被磁化以后,它才能对外显示出磁性。磁性材料中常见的磁畴形状为条形状和树枝状,其中软磁材料中常见的是条形畴。实际的磁性材料中,磁畴结果五花八门,如条形畴、迷宫畴、楔形畴、环形畴、树枝状畴、泡状畴等。

既然磁畴内部的磁矩排列是整齐的,那么在磁畴壁处原子磁矩又是怎样排列的呢?在畴壁的一侧,原子磁矩指向某个方向。假设在畴壁的另一侧原子磁矩方向相反,那么,在畴壁内部,原子磁矩必须成某种形式的过渡状态。实际上,畴壁由很多层原子组成。为了实现磁矩的转向,从一侧开始,每一层原子的磁矩都相对于磁畴中的磁矩方向偏转了一个角度,并且每一层的原子磁矩偏转角度逐渐增大,到另一侧时,磁矩已经完全转到和这一侧磁畴的磁矩相同的方向。

(3)居里温度

对于所有的磁性材料来说,并不是在任何温度下都具有磁性。一般地,磁性材料具有一个临界温度 T_c(T_c也称居里温度),在这个温度以上,由于高温下原子的剧烈热运动,原子磁矩的排列是混乱无序的。在此温度以下,原子磁矩排列整齐,产生自发磁化,物体变成铁磁性的。

利用这个特点,人们开发出了很多控制元件。例如,我们使用的电饭锅就利用了磁性材料的居里点的特性。在电饭锅的底部中央装了一块磁铁和一块居里点为105 ℃的磁性材料。当锅里的水分干了以后,食品的温度将从100 ℃上升。当温度到达大约105 ℃时,由于被磁铁吸住的磁性材料的磁性消失,磁铁就对它失去了吸力,这时磁铁和磁性材料之间的弹簧就会把它们分开,同时带动电源开关被断开,停止加热。

(4)与磁性材料有关的常用物理量

①磁场强度　指空间某处磁场的大小,用 H 表示,它的单位是安/米(A/m)。

②磁化强度　指材料内部单位体积的磁矩矢量和,用 M 表示,单位是安/米(A/m)。

③磁感应强度　磁感应强度 B 的定义是 $B=m_0(H+M)$,其中 H 和 M 分别是磁化强度和磁场强度,而 m_0 是一个系数,叫做真空导磁率。磁感应强度又称为磁通密度,单位是特斯拉(T)。

④导磁率　导磁率 m 的定义是 $m=B/m_0H$,是磁化曲线上任意一点上 B 和 H 的比值。导磁率实际上代表了磁性材料被磁化的难易程度,或者说是材料对外部磁场的灵敏程度。

(5)磁性材料的静态磁化及磁滞回线

我们已经知道,磁性材料内部具有磁畴,它们就好像众多的小磁铁混乱地堆积,整体对外没有磁性。这时我们称材料处于磁中性状态。但是,如果材料处在外加磁场的环境中,那么这些小磁铁(实际上是磁畴的磁矩)就会和磁场发生相互作用,其结果就是材料中的磁矩发生向外加磁场方向的转动,导致这些磁矩不再能相互抵消,也就是说所有磁矩的矢量和不等于零。在外加磁场的作用下,磁性材料由磁中性状态变成对外显示磁矩状态的过程称为磁化。

那么磁性材料在磁化过程中到底发生了哪些变化呢?

在磁中性状态(没有施加外加磁场时),材料内部的磁矩成混乱排列,总的磁矩为零,因此显示的磁化强度也是零。当磁性材料处于外加磁场中时,材料内部的磁矩受到磁场的作用,沿着外磁场的方向转动,产生了一个总的磁化强度,这时我们说材料被磁化了。当外磁场足够大时，材料内部所有的磁矩都会沿外磁场方向整齐排列，材料的磁化强度达到最大值，这时我们说材料被磁化到了饱和。材料被磁化到饱和时的磁化强度称为饱和磁化强度，用 M_s 来表示。达到饱和之后，无论再怎样增大磁场，材料的磁化强度也不再增大。

从上面的分析，我们知道材料的磁化强度随外磁场而变化。在科学实验和生产实际中，常把磁场和磁感应强度的关系画成曲线，称为磁化曲线，磁化饱和时就有一个饱和磁感应强度（或者饱和磁通密度），用 B_s 表示。磁化曲线一般可以分成三个阶段：可逆磁化阶段、不可逆磁化阶段和饱和阶段。

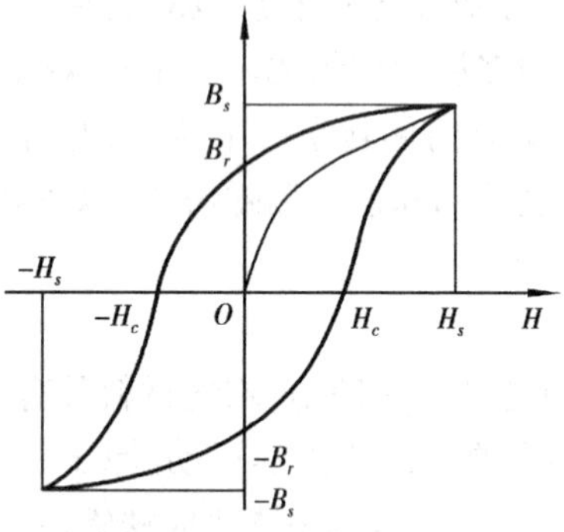

图 4.1 磁性材料的磁滞回线

设铁磁性材料已沿起始磁化曲线磁化到饱和，磁化开始饱和时的磁感应强度值用 B_s 表示。如果在达到饱和状态之后使 H 减小，这时 B 的值也要减小，但不沿原来的曲线下降，而是沿着上一条曲线段下降，对应的 B 值比原先的值大，说明铁磁质磁化过程是不可逆的过程。当 $H=0$ 时，材料的磁感不能同时降低到零，而是仍然存在一部分磁感 B_r，称为剩余磁感应强度，简称剩磁，加反向磁场 H，使 B 为零，这时磁场 H_c 称为矫顽力，继续增加反向磁场 H，材料又可被反向磁化达到反方向的饱和状态。以后再逐渐减小反方向的磁场至零值时，此时 B 和 H 的关系将沿左下段变化，这时改变线圈中的电流方向，即又引入正向磁场，则形成如图所示的闭合回线。从图 4.1 中可以看出，磁感应强度 B 值的变化总是落后于磁场强度 H 的变化，这种现象称为磁滞，是铁磁质的重要特性之一，上述闭合曲线常称为磁滞回线。

（6）磁性材料的动态磁化

如果磁性材料处于变化的磁场中，那么它们的磁化过程和静态磁化相比会发生某些有趣的变化。

首先，在动态磁化时，材料的导磁率发生变化。我们已经知道，在反复磁化时，材料内部的磁感应强度总是落后于磁场的变化，称为磁滞。假设动态磁化时的磁场是按照正弦变化的，磁滞现象在动态磁化时表现为磁感应强度总是比磁场的变化落后一个相位，其直接后果就是材料的导磁率变成了一个复数。这个导磁率分成两部分：一是和磁场方向（或者说相位）相同的部分，称为复数导磁率的实部，又称为弹性导磁率，它代表材料磁化时所能够储存的能量；二是和磁场相位成 90°的部分，称为复数导磁率的虚部（损耗导磁率），它代表材料在动态磁化时所消耗的能量。

其次，材料在动态磁化时将产生涡流，导致涡流损耗。涡流损耗在软磁材料中是有害的。为了减小涡流损耗，在制造变压器铁芯时，一般都把材料做成多层相迭的、相互绝缘的薄片。由于铁芯由薄片组成，而薄片之间又绝缘，铁芯薄片在动态磁化时产生的涡流就会被限制在薄片内部。如果铁芯由一整块材料做成，那么由于铁芯材料所组成的导体回路很大，涡流将很严重。另外，动态磁化时涡流的大小还与铁芯材料的电阻率有关。例如，铁氧体做成的铁芯虽然是一个整体，但是它的电阻率极大，因此涡流损耗仍然可以很低。

4.2 物质磁性的分类

所有材料不论处于什么状态都能显示或强或弱的磁性。根据材料磁化率,可以把材料的磁性大致分成5类。根据各类磁体其磁化强度与磁场强度 H 的关系,可作出其磁化曲线。图4.2为它们的磁化曲线示意图。

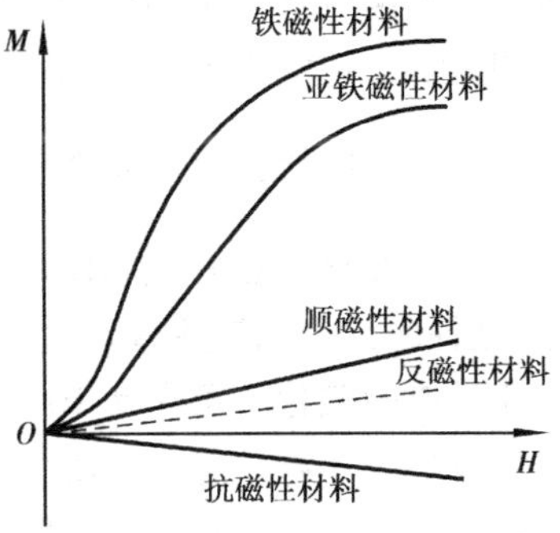

图4.2 5类材料的磁化曲线

4.2.1 抗磁性

物质的抗磁性是一些物质的原子中电子磁矩互相抵消,合磁矩为零,但是当受到外加磁场作用时,电子轨道运动会发生变化,而且在与外加磁场的相反方向产生很小的合磁矩。这样表示物质磁性的磁化率便成为很小的负数(量)。磁化率是物质在外加磁场作用下的合磁矩(称为磁化强度)与磁场强度之比值,符号为 κ。一般抗磁(性)物质的磁化率约为负百万分之一(-10^{-6})。常见的抗磁物质:水、金属铜、碳(C)和大多数有机物及生物组织。抗磁物质的一个重要特点是磁化率不随温度变化。物质抗磁性的应用主要有:由物质的磁化率研究相关的物质结构是磁化学的一个重要研究内容;一些物质如半导体中的载(电)流子在一定的恒定(直流)磁场和高频磁场同时作用下会发生抗磁共振(常称回旋共振),由此可测定半导体中载流子(电子和空穴)的符号和有效质量;由生物抗磁(性)组织的磁化率异常变化可推测该组织的病变(如癌变)。

4.2.2 顺磁性

有些固体的原子具有本征磁矩,在无外磁场作用时,材料中的原子磁矩无序排列,材料表现不出宏观磁性,而当受外磁场作用时,原子磁矩能通过旋转而沿外场方向择优取向,表现出宏观磁性,这种磁性称为顺磁性。

物质的顺磁性是另一种弱磁性。顺磁性物质的主要特点是原子或分子中含有没有完全抵消的电子磁矩,因而具有原子或分子磁矩。但是原子(或分子)磁矩之间并无强的相互作用(一般为交换作用),因此原子磁矩在热运动的影响下处于混乱排列状态,原子磁矩互相抵消而无合磁矩。但是当受到外加磁场作用时,这些原来在热运动下混乱排列的原子磁矩便同时受到磁场作用使其趋向磁场排列和热运动作用使其趋向混乱排列,因此总的效果是在外加磁场方向有一定的磁矩分量。这样便使磁化率(磁化强度与磁场强度之比)成为正值,但数值也是很小,一般顺磁物质的磁化率约为十万分之一(10^{-5}),并且随温度的降低而增大。

常见的顺磁物质有氧气、金属铂(白金)、一氧化氮、含掺杂原子的半导体(如掺磷或砷的硅),还有含导电电子的金属如锂、钠等,但这些顺磁性金属的顺磁磁化率却与温度无关,这种金属的特殊顺磁性是可以用量子力学解释的。顺磁性虽是一种弱磁性,但也有其重要的应用,例如,从顺磁物质的顺磁性和顺磁共振可以研究其结构,特别是电子组态结构;利用顺磁物质的绝热退磁效应可以获得约 10^{-3} K 的超低温度,这是一种产生超低温度的重要方法;在顺磁性和顺磁共振基础上发展起来的顺磁微波量子放大器,不但是早期研制和应用的一种超低噪声的微波放大器,而且也促进了激光器的研究和发明,在生命科学方面,如血红蛋白和肌红蛋白在未同氧结合时为顺磁性,但在同氧结合后便转变为抗磁性,这两种弱磁性的相互转变就反映了生物体内的氧化和还原过程,因而其磁性研究成为这种重要生命现象的一种研究方法;如果目前医学上有着重要应用的核磁共振成像技术发展到电子顺磁共振成像技术,可以预料利用这一技术便可显示生物体内顺磁物质(如血红蛋白和自由基等)的分布和变化,这会在生命科学和医学上得到重要的应用。

4.2.3 铁磁性、反铁磁性和亚铁磁性

有些磁性材料在外磁场作用下产生很强的磁化强度,外磁场除去后仍保持相当大的永久磁性,这种磁性称为铁磁性。过渡金属铁、钴、镍和某些稀土金属如钆、钇、钐、铕等都具有铁磁性。此材料的磁化率可高达10^3。

材料是否具有铁磁性取决于两个因素:①原子是否具有由未成对电子,即自旋磁矩贡献的净磁矩(本征磁矩);②原子在晶格中的排列方式。铁、钴、镍等过渡元素都具有未成对的3d电子。铁、钴、镍金属在室温下具有自发磁化的倾向(交换作用)。形成相邻原子的磁矩都向一个方向排列的小区域,称为磁畴。

在有些材料中,相邻原子或离子的磁矩呈反方向平行排列,结果总磁矩为零,叫反铁磁性。反铁磁性物质有某些金属如Mn,Cr等,某些陶瓷如MnO,NiO等以及某些铁氧体如$ZnFe_2O_4$等。以氧化锰(MnO)为例,它是离子型陶瓷材料,由Mn^{2+}和O^{2-}离子组成。O^{2-}离子没有净磁矩,因为其电子的自旋磁矩和轨道磁矩全都抵消了;Mn^{2+}离子有未成对3d电子贡献的净磁矩。在MnO晶体结构中,相邻Mn^{2+}离子的磁矩都成反向平行排列,结果磁矩相互抵消,整个固体材料的总磁矩为零。

亚铁磁性在宏观性能上与铁磁性类似,区别在于亚铁磁性材料的饱和磁化强度比铁磁性的低。成因是由于材料结构中原子磁矩不像铁磁体中那样向一个方向排列,而是呈反方向排列,相互抵消了一部分磁性。

4.3 磁性材料的分类

我们把顺磁性物质和抗磁性物质称为弱磁性物质,把铁磁性物质称为强磁性物质。通常所说的磁性材料是指强磁性物质。磁性材料按磁化后去磁的难易可分为软磁性材料和硬磁性材料。磁化后容易去掉磁性的物质叫软磁性材料,不容易去掉磁性的物质叫硬磁性材料。一般来讲软磁性材料剩磁较小而且容易去磁,适用于需要反复磁化的场合,可以用来制造半导体收音机的天线磁棒、录音机的磁头、电子计算机中的记忆元件,以及变压器、交流发电机、电磁铁和各种高频元件的铁芯等。硬磁性材料剩磁较大,而且不易退磁,适合制成永磁铁,应用在磁电式仪表、扬声器、话筒、永磁电机等电器设备中。

磁性材料按化学成分分,常见的有两大类:金属磁性材料和铁氧体。常见的软磁性金属材料有软铁、硅钢、镍铁合金等,常见的软磁性铁氧体有锰锌铁氧体、镍锌铁氧体等;常见的硬磁性金属材料有碳钢、钨钢、铝镍钴合金等;常见的硬磁性铁氧体为钡铁氧体和锶铁氧体。

磁性材料按磁性和应用的综合特点，磁性材料可分为永磁材料、软磁材料、磁信息材料、微波磁性材料和其他磁性材料几大类。

4.3.1　永磁材料

永磁材料是最早发现和使用的一类磁性材料。我国最早发明的指南器（也称为司南）便是利用天然永磁材料磁铁矿制成的。现在的永磁材料不但种类很多，而且用途也十分广泛。常用的永磁材料主要具有4种磁特性：①高的最大磁能积。最大磁能积 BH_m 是永磁材料单位体积存储和可利用的最大磁能量密度的量度；②高的矫顽力。矫顽力 H_c 是永磁材料抵抗磁的和非磁的干扰而保持其永磁性的量度；③高的剩余磁通密度 B_r 和高的剩余磁化强度 M_r；④高的稳定性。即对外加干扰磁场和温度、振动等环境因素变化的高稳定性。

当前常用的重要永磁材料主要有：①稀土永磁材料。这是当前最大磁能积最高的一大类永磁材料，是以稀土族元素和铁族元素为主要成分的金属互化物（又称金属间化合物）。②金属永磁材料。这是一大类发展和应用都较早地以铁和铁族元素（如镍、钴等）为重要组元的合金型永磁材料，主要有铝镍钴（AlNiCo）系和铁铬钴（FeCrCo）系两大类永磁合金。铝镍钴系合金永磁性能和成本属于中等，发展较早，性能随化学成分和制造工艺而变化的范围较宽，故应用范围也较广。铁铬钴系永磁合金的特点是永磁性能中等，但其力学性能可进行各种机械加工及冷或热的塑性变形，可以制成管状、片状或线状永磁材料而供多种特殊应用。③铁氧体永磁材料。这是以 Fe_2O_3 为主要组元的复合氧化物强磁材料。其特点是电阻率高，特别有利于在高频应用和微波应用。如钡铁氧体（$BaFe_{12}O_{19}$）和锶铁氧体（$SrFe_{12}O_{19}$）等都有很多应用。除上述3类永磁材料外，还有一些制造、磁性和应用各有特点的永磁材料。例如微粉永磁材料、纳米永磁材料、胶塑永磁材料（可应用于电冰箱门的封闭）、可加工永磁材料等。

4.3.2　软磁材料

软磁材料的矫顽力很低，既容易受外磁场磁化，又容易退磁。软磁材料种类多且用途广，具有5种主要的磁特性：①高的磁导率。②低的矫顽力 H_c 显示磁性材料既容易受外加磁场磁化，又容易受外加磁场或其他因素退磁，而且磁损耗也低。③高的饱和磁通密度 B_s 和高的饱和磁化强度 M_s。这样较容易得到高的磁导率和低的矫顽力，也可以提高磁能密度。④低的磁损耗和电损耗。这就要求低的矫顽力和高的电阻率。⑤高的稳定性，这就要求上述的软磁特性对于温度和振动等环境因素有高的稳定性。

当前常用的重要软磁材料主要有：①铁-硅（Fe-Si）系软磁材料，常称硅钢片，是电机工业广泛使用的磁性材料。②铁-镍（Fe-Ni）系软磁合金，是磁导率 μ 和矫顽力 H_c 低的性能良好的软磁材料，有着广泛的应用。③铁氧体软磁材料，其突出优点是电阻率极高，可以在高频率和超高频率使用，在通信和多种电子学器件中有着重要的应用。④非晶软磁材料和纳米晶软磁材料，是在20世纪后期发展起来的新软磁材料。非晶软磁材料的特点是制造工艺较简单，化学成分变化范围较宽、磁性均匀和良好的各向同性（因无晶粒结构）。将适当成分的非晶软磁材料通过适当的热处理后，可以使非晶状态转变为晶粒直径为纳米级的结晶态软磁材料。⑤其他软磁材料。选择适当的化学成分和适当的制造工艺，可以得到具有特定性能的软磁材料。例如，具有高能和磁化强度的铁-钴（Fe-Co）系软磁合金，具有较高电阻率的铁-铝（Fe-Al）系软磁合金，具有磁晶各向异性和磁致伸缩都趋近于零的铁-硅-铝（Fe-Si-Al）合金等。

4.3.3 磁信息材料

磁信息材料是作为信息的转换、记录、存储和处理的磁性材料。它包括磁记录材料、矩磁材料、磁泡材料和其他信息载体的磁性材料,其中磁记录材料包括磁记录介质和磁头材料,磁头材料中除铁氧体及金属磁头外,非晶磁头材料也显示出其优势。

在当前信息社会中,除传统的通信技术外,又发展了计算机、微波通信和光通信等高新信息技术。在这些高新信息技术中需要应用多种信息磁功能材料(简称信磁材料),主要有磁记录材料、磁存储材料等。

磁记录材料是磁记录技术所用的磁性材料,包括磁记录介质材料和磁记录头材料(简称磁头材料)。在磁记录(称为写入)过程中,首先将声音、图像、数字等信息转变为电信号,再通过记录磁头转变为磁信号,磁记录介质便将磁信号保存(记录)在磁记录介质材料中。在需要取出记录在磁记录介质材料中的信息时,只要经过同磁记录(写入)过程相反的过程(称为读出过程),即将磁记录介质材料中的磁信号通过读出磁头,将磁信号转变为电信号,再将电信号转变为声音(类似电话)、图像(类似电视)或数字(类似计算机)。

磁存储材料是电子计算机存储器所用的磁性材料。较早应用的是磁滞回线接近矩形的矩磁材料,利用其两个剩磁态 $+B_r$ 和 $-B_r$ 表示计算机中的“1”和“0”状态,再利用两个电流重合便可以“写入”(W_x,W_y)和“读出”(R_x,R_y)二进位制的“1”和“0”。巨磁电阻材料是正在研究和试验的一类新型磁存储器材料,这种磁存储器同目前应用的半导体磁存储器相比还有其特有的优点,因而受到多方面的重视。

4.3.4 微波磁性材料

指用于微波(波长在 1 ~ 10 mm)吸收的磁性材料。磁微波材料是微波技术中常用的材料,可用于雷达、卫星通信、电子战和射电天文学等微波领域。

在这些应用中一般要应用三大类磁性材料。第一类是旋磁材料,应用于各种正反传播方向的特性不同的非互易微波器件,如正反传播方向的阻抗很不相同的旋磁隔离器和旋磁环行器等,所用的旋磁材料主要是高旋磁性高电阻率的旋磁铁氧体材料,如石榴石型的钇铁氧体($Y_3Fe_5O_{12}$)系统等。第二类是磁微波吸收材料,应用于各种吸收微波的器件和设备中,要求磁微波吸收材料具有高的电磁波吸收系数和宽的电磁波吸收频带,在这方面应用的有以磁性金属粉末或薄膜为组元的复合吸收材料,六角晶系复合铁氧体等。第三类是适合多种应用磁场的,如磁控管、行波管、返波管中所用的永磁材料等。

4.3.5 其他磁性材料

这是指除上述 4 类以外的其他多种磁性材料,包括磁致伸缩材料、磁光材料、磁电阻材料、磁致冷材料和多功能磁性材料。

磁致伸缩材料是指磁性材料由于磁场的变化,其长度和体积都要发生微小的变化,这种现象称为磁致伸缩。其中长度的变化称为线性磁致伸缩,体积的变化称为体积磁致伸缩。体积磁致伸缩比线性磁致伸缩要弱得多,一般提到磁致伸缩均指线性磁致伸缩。磁致伸缩效应是 1842 年由焦耳发现的,故又称焦耳效应。长期以来,作为磁致伸缩材料的主要是镍、铁等金属或合金,由于磁致伸缩值较小,功率密度不高,故应用面较窄。主要用于声纳、超声波发射等方面。

磁光材料是激光、光电子学和正在发展的光子学中所用多种磁光效应器件使用的磁性材料。对磁光材料的磁特性要求主要是:①高的磁光效应,如高的法拉第磁光旋转角和克尔磁光旋转角;②低的磁光损耗;③宽的磁光效应频带;④高的稳定性。

当前应用的磁光材料有3大类:①金属磁光材料,如锰-铋(Mn-Bi)系合金等;②铁氧体磁光材料,如石榴石型铋-钆-铁-镓-氧(Bi-Gd-Fe-Ga-O)系铁氧体等;③非晶磁光材料,如钆-钴(Gd-Co)系非晶合金等。

磁性金属和合金一般都有磁电阻现象,所谓磁电阻是指在一定磁场下电阻改变的现象,人们把这种现象称为磁电阻。所谓巨磁阻就是指在一定的磁场下电阻急剧减小,一般减小的幅度比通常磁性金属与合金材料的磁电阻数值约高10余倍。巨磁电阻效应在高技术领域应用的另一个重要方面是微弱磁场探测器。随着纳米电子学的飞速发展,电子元件的微型化和高度集成化要求测量系统也要微型化。在21世纪,超导量子相干器件、超微霍耳探测器和超微磁场探测器将成为纳米电子学中的主要角色。其中以巨磁电阻效应为基础设计超微磁场传感器,要求能探测10^{-2} T至10^{-6} T的磁通密度。纳米结构的巨磁电阻器件可以完成这个任务。

磁致冷材料是用于磁致冷系统的具有磁热效应的物质。磁致冷首先是给材料加磁场,使磁矩按磁场方向整齐排列、磁熵变小,然后再撤去磁场,使磁矩的方向变得杂乱、磁熵变大,这时材料从周围吸收热量,通过热交换使周围环境的温度降低,达到致冷的目的。磁致冷材料是磁致冷机的核心部分,即一般称谓的制冷剂或制冷工质。磁致冷材料基本都是以稀土金属为主要组元的材料或化合物,尤其是室温磁致冷几乎全是采用稀土金属Gd或Gd基材料。这种材料有$Gd_3Ga_5O_{12}$(GGG)石榴石等。目前一种新型磁致冷材料$Gd_5Si_4Ge_2$已被开发出来,其优点是磁热效应大,且使用温度可以从30 K左右调整到290 K。美国已成功开发出第一台室温磁致冷样机。用磁致冷材料代替传统制冷剂,不仅可以减少环境污染,还可以节约电能,且致冷材料可以重复使用。另外,在超导研究中,需用液氦冷却超导体,氦价格昂贵,磁致冷机可用于液化蒸发的液氦,减少氦的损失。低温磁致冷装置具有小型化和高效率等独特优点,广泛应用于低温物理、磁共振成像仪、粒子加速器、空间技术、远红外探测及微波接收等领域,某些特殊用途的电子系统在低温环境下,其可靠性和灵敏度能够显著提高。

当代科学的多方面发展和高新技术的多种需要,要求磁性材料不仅具有优良的磁性功能,而且具有优良的其他物理功能,这就促进了多功能磁性功能材料的发展。例如,①同时具有铁磁性和铁电性的铁磁-铁电功能材料;②同时具有铁磁性和半导体的铁磁-半导功能材料;③磁-电材料,是一类由磁场可产生磁化强度和电极化强度,由电场可产生电极化强度和磁化强度的磁性材料;④铁磁-有机材料,是一类不含磁性金属的纯有机化合物磁性材料。这些多功能磁性材料的种类和应用正在不断地发展和扩大。

4.3.6 铁氧体

上述各类磁性材料中都用到铁氧体,说明铁氧体作为磁性材料应用十分广泛。铁氧体是一种具有铁磁性的金属氧化物。就电特性来说,铁氧体的电阻率比金属、合金磁性材料大得多,而且还有较高的介电性能。铁氧体的磁性能还表现在高频时具有较高的磁导率。因而,铁氧体已成为高频弱电领域用途广泛的非金属磁性材料。由于铁氧体单位体积中储存的磁能较低,饱和磁化强度也较低(通常只有纯铁的1/5~1/3),因而限制了它在要求较高磁能密度的

低频强电和大功率领域的应用。铁氧体大致可分成3类:

第1类在移去外磁场后很快消退磁化,被称为软磁体,如$(Mn,Zn)Fe_2O_4$,$(Ni,Zn)Fe_2O_4$,被用于制作变压器的铁芯或马达等;

第2类则为残留磁化大,磁性不易消失的永久磁铁,又称硬磁体,如$Co_{0.75}Fe_{2.25}O_4$;

第3类则介乎二者之间,称为矩形磁体,如$(Mn,Mg)Fe_2O_4$,$CoFe_2O_4$,用于电子计算机的存储元件。

4.4 几种新型的磁性材料及应用

4.4.1 纳米磁性材料及应用

纳米磁性材料是20世纪70年代后逐步发展的具有广阔应用前景的新型磁性材料。纳米磁性材料的特性不同于常规的磁性材料,其原因是与磁相关的特征物理长度恰好处于纳米量级,例如:磁单畴尺寸,超顺磁性临界尺寸,交换作用长度,以及电子平均自由路程等大致处于1~100 nm,当磁性体的尺寸与这些特征物理长度相当时,就会呈现反常的磁学性质。

磁记录材料是信息工业的主体。为了提高磁记录密度,磁记录介质中的磁性颗粒尺寸已由微米,亚微米向纳米尺度过度,例如合金磁粉的尺寸约80 nm,钡铁氧体磁粉的尺寸约40 nm,进一步发展的方向是所谓“量子磁盘”,利用磁纳米线的存储特性,记录密度预计可达每平方厘米64 GB,相当于每平方厘米可存储3万余部《红楼梦》。

磁性纳米颗粒作为靶向药物、细胞分离等医疗应用也是当前生物医学的热门研究课题之一,有的已步入临床试验。

4.4.2 透明稀土磁性材料

西班牙的Barcelona大学和Zaragoza大学物理系的研究者新近开发成功一种超轻质透明的磁性材料,它是由二氧化硅气凝胶和超细钕铁硼磁粉所组成。合成混合粉末时在磁场下加以取向,所制得的材料具有气凝胶的光特性和钕铁硼成分所赋予的磁性能,并具有透光性。在实验室里制成的磁体是直径约为1 cm、长约数厘米的圆柱体。这种磁性材料如同传统永磁体一样,能保持其磁场的取向性,是永磁存储器件很有前景的功能材料,同时因为它的透光特性从而方便了磁光存储器件的设计。

4.4.3 巨磁电阻材料

所谓的巨磁电阻就是指在一定的磁场下电阻急剧减小,一般减小的幅度比通常磁性金属与合金材料的磁电阻数值约高10余倍。巨磁电阻效应是近10年来发现的新现象。我国科技工作者在颗粒膜巨磁阻研究方面也取得了进展,在颗粒膜的研究中发现了磁电阻与磁场线性关系甚佳的配方与工艺条件,为发展新型的磁敏感元件提供了实验上的依据。

1994年,IBM公司研制成巨磁电阻效应的读出磁头,将磁盘记录密度一下子提高了17倍,从而在与光盘竞争中磁盘重新处于领先地位。随着纳米电子学的飞速发展,电子元件的微型化和高度集成化,要求测量系统也要微型化。21世纪超微霍耳探测器和超微磁场探测器将成为纳米电子学中的主要角色。

4.4.4 新型的磁性液体

1963年,美国国家航空与航天局首先采用油酸为表面活性剂,把它包覆在超细的磁性颗粒上,并高度弥散于煤油(基液)中,从而形成一种稳定的胶体体系。在磁场作用下,磁性颗粒带动着被表面活性剂所包裹着的液体一起运动,因此,好像整个液体具有磁性,于是,取名为磁性液体。

磁性液体最先用于宇航工业,后应用于民用工业。目前美、英、日、俄等国都有磁性液体公司,磁性液体广泛地应用于旋转密封,如磁盘驱动器的防尘密封、高真空旋转密封等,以及扬声器、阻尼器件、磁印刷等应用。

4.4.5 磁性材料的未来研究方向

对数据高存储密度的要求促进磁性介质不断从微型转向纳型:未来研究方向之一就是使一个磁性纳粒子能够代表一个信息位;纳磁学的第二个研究方向是开发随机存取磁存储器(MRAM),以取代目前的互补金属氧化物半导体存储芯片(CMOS)。MRAM具有非易失性存储特性,而且能够更加小型化;其他一些重要研究领域还包括,开发耐高温磁体和微磁系统,以及降低仪器制造成本等。

第5章 超导材料

5.1 超导的基本特征

5.1.1 零电阻现象

提起超导，荷兰物理学家昂内斯的名字在超导物理上占有重要地位。1908 年，他首次成功地把称为“永久气体”的氦液化，从而获得 4.2 K 的超低温度。1911 年，在测试纯金属电阻率的低温特性时，他又发现，汞的直流电阻在 4.2 K 时突然消失，图 5.1 为实验的曲线图，横坐标是温度，纵坐标是在该温度下汞的电阻与 0 ℃时汞的电阻之比。由图可见在 4.2 K附近，汞的电阻比由大约 1/500 下降到小于百万分之一。

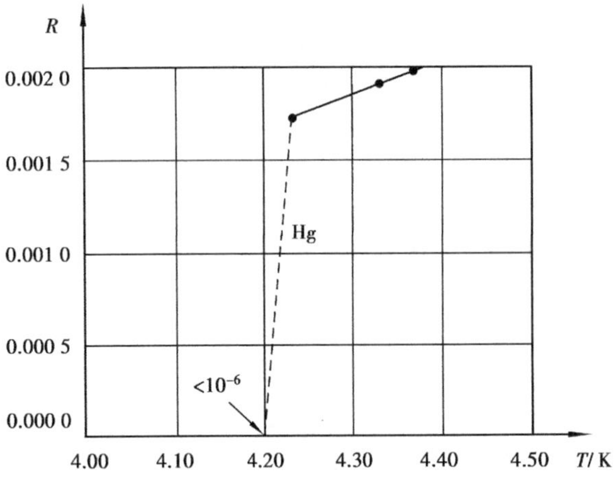

图 5.1 汞电阻随温度的变化

从中可见，在 4.2 K 以下汞进入了一个新的物态，在新物态中汞的电阻为零。昂内斯把这种物质状态定名为超导态。此后，人们又发现许多物质在一定温度下也可以转变为超导态。我们把冷却到一定温度以下能表现出超导性的材料称为超导体。而超导体显示出超导性时，就说它处于超导态，否则说它处于正常态。

在超导态下，把样品的电阻称为零电阻。基于零电阻现象，由超导金属制作的闭合回路具有重要的实用性质。只要回路是无阻的，穿过这一闭合无阻回路的总磁通量就不可能改变。

无阻回路的这一性质有重要应用。例如在使用超导螺线管产生磁场时就可利用这个性质以形成持续工作态。如图 5.2，以直流电源 E 给处于超导态的超导螺线管 S 提供电流，用变阻器 R 调节电流以达到所需要的磁场强度。当已达到所需磁场时，可以合上超导开关 AB，ABS

形成一闭合无阻回路，于是在回路中的磁通量必然保持不变。这样，由超导螺线管所产生的磁场就不会随时间改变。这时断开 K_1，以切断电源 E，而磁场仍能由 ABS 回路中的电流保持。这种现象称作超导螺线管的持续工作状态。

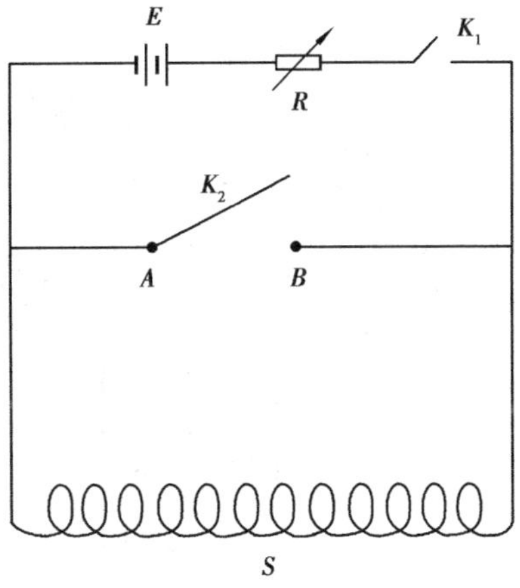

图5.2　超导螺线管持续工作状态原理图

另外，我们可以使用中空超导圆柱体去屏蔽外磁场。如果在没有外磁场时冷却回路，使其成为无阻回路，于是初始条件时穿过线圈的磁通量 $\Phi=0$。随后，可以加上外磁场，但由于无阻回路的特性，穿过这回路的净磁通仍应是零。利用这一点，我们可以使用中空超导圆柱体去屏蔽外磁场，当中空圆柱体足够长时，这种屏蔽作用是相当好的。

超导态金属没有电阻这一事实表明，当电流流过超导态金属时，两端不会产生电势差，体内电场等于零，因而也不会产生功耗。

5.1.2　迈斯纳效应

自1911年超导电现象发现到1933年，人们一直把超导体单纯看成理想导体，即除电阻为零之外，其他一切性质都和普通金属相同。1933年迈斯纳和奥森菲尔德测量了在一磁场中冷却到转变温度以下的锡和铅样品外部的磁通量分布情况，展示了超导体和理想导体完全不同的磁性质，使人们对超导体有了全新的认识。

所谓理想导体，即它的电导率 $\sigma=\infty$，由欧姆定律 $j=\sigma E$ 得知，理想导体内部电场强度 E 必然处处为零，否则电流密度 j 将趋于无穷大，而与 j 恒定有限的实验事实不符。此外超导体作为电磁系统，应遵守麦克斯韦方程：

$$\nabla\times E=-\frac{\partial B}{\partial t}\tag{5.1}$$

因为 $E=0$，所以 $\frac{\partial B}{\partial t}=0$。

这说明超导体内，B 应由初始条件决定，原来体内有多大磁通就维持多大磁通不变。因此 $B\equiv B_0$，这是由理想导电性推出的结论。B_0 表示某一确定的初始值。

但实验结果不同，如图5.3示。

迈斯纳和奥森菲尔德的实验表明，当样品从正常态转变到超导态后，无论有没有外加磁场，只要 $T<T_c$，在超导体内部总有

$$B=0$$

或

$$M=-H\tag{5.2}$$

式中　M——磁化强度。

该式表明，处于超导态的样品，决不允许有净的磁通密度存在于它的体内。我们把超导体的这种磁学特性称为完全抗磁性，也称迈斯纳效应。

完全抗磁性表明，超导体的磁化状态是一种热力学状态。即在给定的条件（如温度、磁场）下，它的状态是唯一确定的，与达到这一状态的具体过程无关。

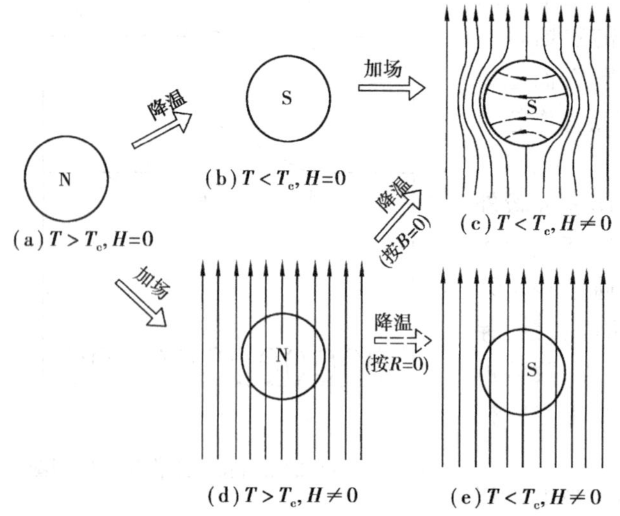

图 5.3　迈斯纳效应与理想导体情况比较

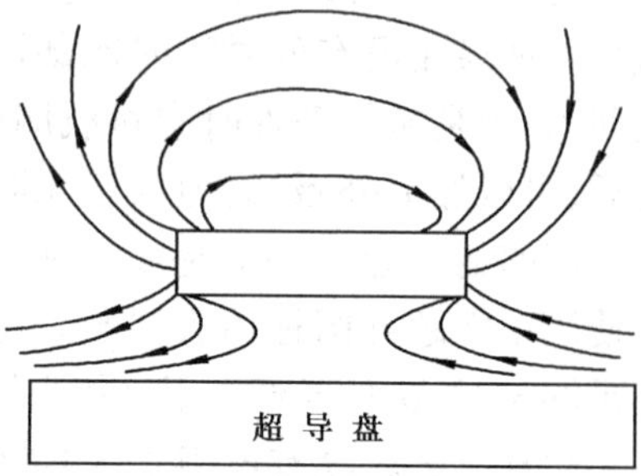

图 5.4　磁体悬浮实验示意图

超导体完全抗磁性的重要应用就是磁体悬浮,它在超导磁悬浮列车上的应用众所周知。例如,当一个小的永久磁体降落到一超导态表面附近时,由于永久磁体的磁通线不能进入超导体,在永久磁体与超导体之间存在的斥力可以克服小磁体所受的重力,使小磁体悬浮在超导体表面一定的高度上,如图 5.4 所示。

5.1.3　Josephson 效应

随着半导体物理的发展,引起人们对超导的进一步关注。在 20 世纪 60 年代,人们提出这样一个问题:若把两个超导体通过绝缘层连接起来组成 SIS 结,那么,超导电子对是否能够产生隧道效应呢? 当时普遍认为超导电子是由于电子间交换声子产生了间接吸引力而结合成对的,这种吸引力在绝缘层中不可能存在,电子对一旦进入绝缘层必然拆散。通过隧道的将不是库柏对而是单电子。单电子隧穿的几率尚且很小,电子对隧穿的几率则更是微乎其微了。

1962 年,22 岁的约瑟夫逊大胆地提出库柏对隧穿的预言,他指出当绝缘层的厚度薄到小于几个纳米后,由于结两侧宏观波函数的量子相干性,而会发生电子对的隧穿过程。这种隧道效应被称为 Josephson 效应。

Josephson 效应的发现使超导体在弱磁场、弱电流的电子器件中获得了广泛的应用。利用 Josephson 效应制成的各种器件具有灵敏度高、噪音低、响应速度快和损耗小等一系列优点。在某种意义上甚至可以说,超导电子学的出现给电子工业带来了一场革命。关于 Josephson 效应的应用,用几个例子来简要说明。

由于 Josephson 效应对电和磁的变化反应非常灵敏,它可以用于精密计量中。例如,它可以用来监视电压基准,使电压基准的精度提高了两个数量级。它还可以制成磁强计,测量非常微弱的磁场,分辨率可达 10^{-11} 高斯左右。这种极高灵敏度的磁强计可以用来测量人体的微弱磁场,描绘出心磁图和脑磁图,可能会成为未来诊断疾病的有效手段。

在电磁波的探测方面,通常的探测器在亚微米的波段有无能为力的空白区域,而根据Josephson效应制成的探测仪器能解决这一问题。它具有很高的灵敏度和纳秒(10^{-9}秒)的速度,可以用来检测从亚毫米波段到远红外波段的电磁信号,为射电天文学研究提供有力的检测手段,在毫米、亚毫米波段通信方面有广泛的应用前景。

应用 Josephson 效应的器件还可能制成容量大、体积小、功耗小而运算速度快的新一代电子计算机。例如,它可以制成开关元件,其开关速度可达 10^{-11}秒左右的数量级,比半导体集成电路快 10 ~20 倍,而功率却要低 1 000 倍左右。现在人们已投入很多的人力和物力来研制这种新型的电子计算机,并取得了相当大的进展。

5.1.4　超导体的临界条件

(1)临界温度

把样品电阻突然变为零的温度称为超导转变温度或临界温度,用 T_c表示。不同材料的临界温度是不同的,例如,铅的 T_c是 7.2 K,铌为 9.3 K 等。实验表明,超导体发生从正常态到超导态变化时,电阻消失是在一定温度间隔中完成的,称这个温度间隔为转变温区,以 ΔT 表示。转变温区随材料性质不同而不同。图 5.5 表示锡的转变,曲线 1,2,3 分别表示纯锡单晶、纯锡多晶及不纯的锡多晶从正常态过渡到超导态时电阻随温度变化的情况。可以看出,纯净的单晶样品,其转变温区很小,而多晶体或含有机械应变和杂质的样品,其转变温区较大。

(2)临界磁场

如果把一超导体放入磁场中,逐渐增大磁场到某一特定值后,超导体会从超导态转变为正常态,把破坏超导电性的最小磁场称为临界磁场,记为 H_c。实验表明,临界磁场是温度的函数,$H_c(T)$随温度 T 升高而下降。

图 5.6 称为超导体的相图。在阴影区域内由温度和外磁场的任一组合得出一点,如 P,代表在 T,H 下的物质处于超导态;在非阴影区域内的各点则代表处于正常态,如图中 P 点处箭头所示,增加温度或外磁场,或两者同时增加,都能使物质从超导态转变为正常态。

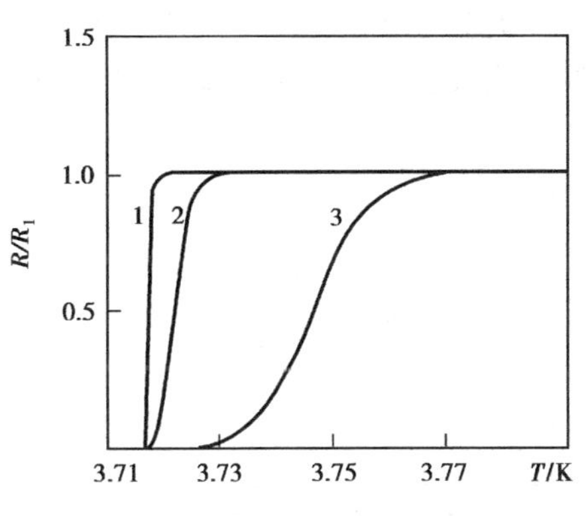

图 5.5　超导转变温度的宽度示意图

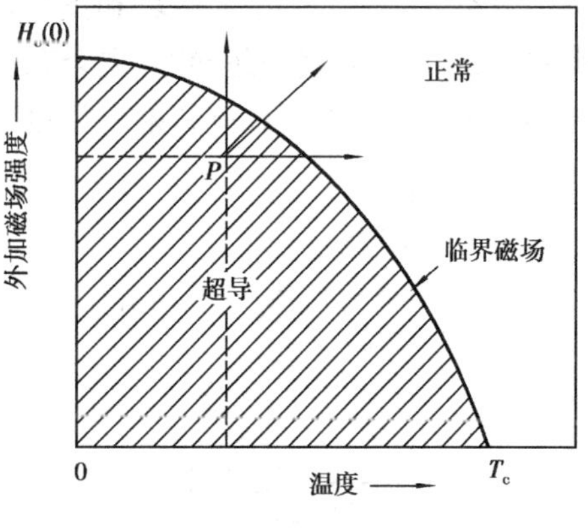

图 5.6　临界场随温度而变化的超导体相图

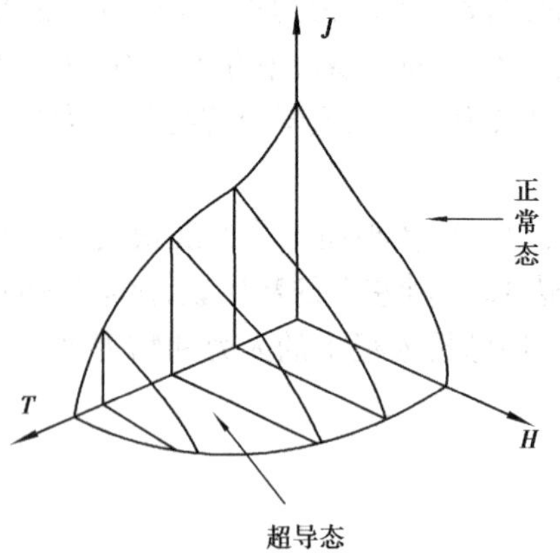

图 5.7　T-H-J 临界面

(3)临界电场

不但外加磁场能够破坏超导态，当通过超导体的电流超过一定值 I_c 时，超导态也会被破坏，I_c 就称为超导体的临界电流。它也是超导体的一个重要临界参量。

实验研究表明，临界电流与临界磁场之间有内在的关系，电流之所以能够破坏超导电性，根本原因是它所产生的磁场而引起的。在无外加磁场的情况下，临界电流在超导体表面所产生的磁场恰好等于 H_c。

临界磁场、临界电流与临界温度是描述超导材料的三个特征参量。这三个参量之间的关系是很复杂的，图 5.7 是三个参量关系的示意图。

5.2　第一类超导体和第二类超导体

多年来，人们以为本章 5.1 节所描述的内容是超导体的全部特征。但后来人们注意到，某些超导体，特别是一些合金和不纯金属的行为跟所预期的很不相同，但是通常把这种反常行为归因于杂质效应。到了 20 世纪 50 年代，经研究发现，可能有另一类性质稍有不同的超导体存在，某些超导体的明显反常性质远不只是无关紧要的杂质效应，而是这另一类超导体所固有的特性，现称为“第二类”超导体。

对于第一类超导体，在磁场到达临界磁场之前，具有零电阻性和可逆的迈斯纳效应。而第二类超导体却有两个临界磁场 H_{c1} 和 H_{c2}(图 5.8)。在临界磁场 H_{c1} 和 H_{c2} 之间，超导态进入了一个特殊的状态，这时它不能将磁通全部排斥出体外。按照这种不同的性质，可以通俗地做出以下的分类。只有一个临界磁场和正常态、超导态两种状态的超导体，叫第一类超导体；具有两个临界磁场，并且经历超导态、混合态和正常态这三种状态的超导体，叫第二类超导体。

图 5.9 为第一类超导体和第二类超导体磁化曲线的比较。从磁化曲线看出，第一类超导

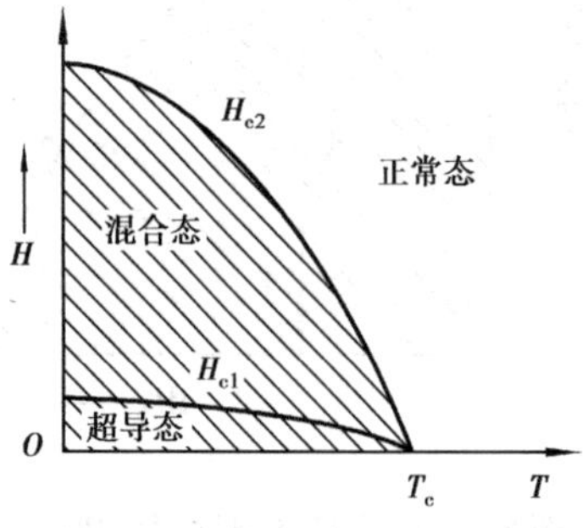

图 5.8　第二类超导体的相图

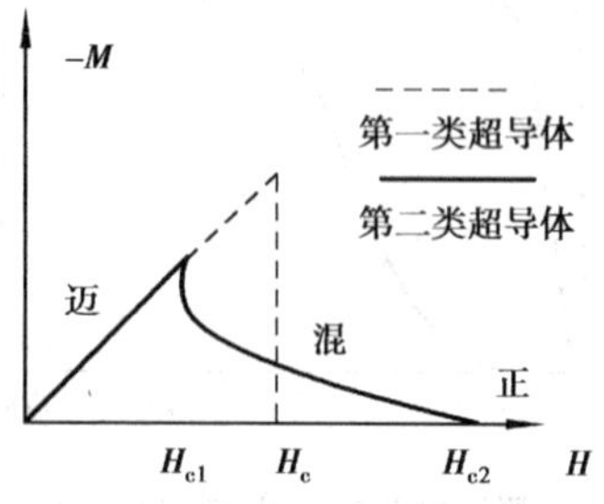

图 5.9　第一类和第二类超导体磁化曲线的比较

体当外磁场小于 H_c 时,超导体内部 $M=-H$,显示完全抗磁性,即迈斯纳态。当磁场超过 H_c 后,超导体转变为正常态,体内出现磁通线,B 不再为零。对于第二类超导体,当外磁场小于 H_{c1} 时,超导体内部 $M=-H$,超导体处于迈斯纳态,这与第一类超导体相同。当外磁场大于 H_{c1} 后,开始有磁通线进入,随 H 增大,磁通线涌入增多,B 随之增大,M 随之平稳减小。当 H 增至上临近场 H_{c2} 后,超导体转变为正常态。在 $H_{c1}<H<H_{c2}$ 时,超导体内部既有正常区又有超导区,我们称这一状态为混合态。

研究发现,混合态时,穿过超导材料的正常区的位形为在超导体中穿进一些平行于外加磁场的正常材料圆柱体的位形(图5.10)。我们把这些圆柱体叫做正常心,这些正常心是非常细的。可以证明,在正常心的磁通刚好等于一个磁通量子。

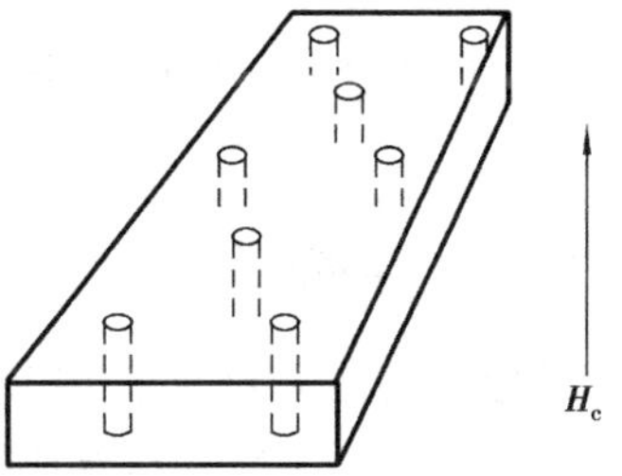

图5.10　混合态的正常区位形

当第二类超导体处于混合态时,只有正常心的中心有磁通线穿过因而处于正常态外,其余绝大部分互相连通着的区域都处于超导态,似乎仍应具有零电阻性。但是实际上,对于某种类型的第二类超导体来说,处于混合态的样品一经传输电流,就会表现出电阻效应。这是由磁通线的流动引起的,所以又称之为流阻。一经传输电流就出现流阻的第二类超导体被称为理想的第二类超导体或软的第二类超导体。对于另外一种类型的第二类超导体来说,在混合态传输的电流只要不超过某一临界值,那么就不会出现流阻。我们把这种类型的第二类超导体称为非理想的第二类超导体,或硬的第二类超导体。

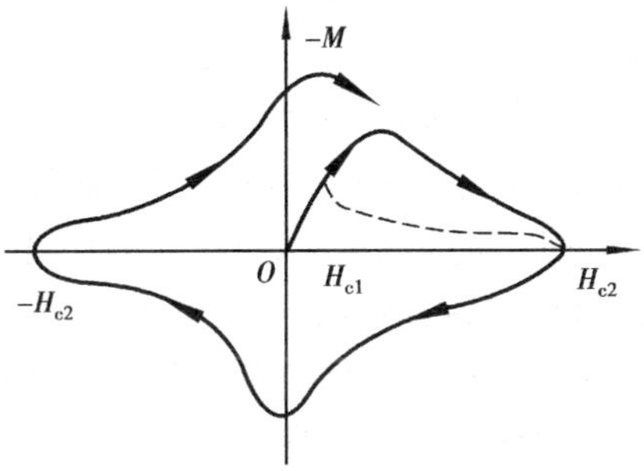

图5.11　非理想第二类超导体磁滞回线

对于非理想的第二类超导体,处于混合态传输电流(<临界电流 J_c)而不出现流阻,是由于磁通线的流动受到制止的结果。在非理想的第二类超导材料的加工过程中,人为地通过加工变形、热处理、掺杂等方式,造成材料中的许多不均匀。如缺陷、杂质、析出物等异常,而这样的异常正是制止磁通线流动的主要原因。异常区所起的作用,相当于把磁通线钉扎在原地,不能随便流动。由于异常区的存在,非理想的第二类超导体的磁化曲线表现为不可逆的磁滞回线(图5.11)。

通过对第一类超导体、理想的第二类超导体和非理想的第二类超导体的研究,可以发现,只有非理想的第二类超导体在制作超导强磁体等方面具有应用上的实际意义。但对于非理想的第二类超导体来说,在具体应用中还存在稳定性的问题。对于非理想的第二类超导体,由于材料内部电、磁、热或机械扰动,有时会发生磁通线突然发生急剧变化,大量涌出或大量进入的现象,同时伴随无规热能的释放,这种现象在极短的时间内发生(<1 ms),叫做磁通跳跃。由磁通跳跃带来的后果是十分严重的。因此,它是一个在实际应用中必须解决的关键问题。基本的对策是:一是增强超导材料抗磁通跳跃的能力,具体的方法如复线法、分层稳定法、本征稳定材料法等;二是设法增强材料的散热能力,具体的方法有低温恒温稳定法等;三是兼有防止磁通跳跃和增强散热能力,具体方法有敷铜法等。

5.3 超导材料的发展历史

超导材料发现的历史,与其转变温度的提高的发展密切相关。根据温度情况,明显地分为两个阶段。以1986年为分水岭,1986年在超导的发展历史上具有特殊的意义。在这一年,瑞士苏黎世IBM研究实验室的K. A. Muller和J. G. Bednorz发表了题为《Possible high T_c superconductivity in the barium-lanthanum-copper-oxygen system》的文章,标志着超导研究新时代的开端。

5.3.1 低温超导材料

超导现象自1911年昂内斯发现以来,一直是人们研究的热门领域,但超导体的临界转变温度太低阻碍了超导技术得到广泛应用。直到1986年以前,所有已知超导体的最高临界温度仅为23.2 K(Nb_3Ge),而大多数超导体的临界温度还要低得多,称这些超导材料为低温超导材料。超导材料按其化学组成可分为:元素超导体、合金超导体、化合物超导体。

常压下,已发现具有超导电性的金属元素有28种甚至更多,其中铌的临界温度最高,为9.24 K。即使是在30万大气压的条件下,超导元素的最高临界温度也只有13 K。而且元素超导体绝大部分属于第一类超导体,很难实用化。超导现象被发现后,昂内斯曾试验用铅丝绕制超导磁体,但其临界电流、临界磁场均较小,无法实用化。1950年前后,研究者又尝试采用纯铌线制作超导磁体,最终也告失败。

在合金系超导材料中,最早出现的超导体为Nb-Zr系,用于制作超导磁体。Nb-Zr合金具有低磁场高电流的特点,在1965年以前曾是超导合金中最主要的产品。后来逐渐被加工性能好,临界磁场高,成本低的Nb-Ti合金所取代。在目前的合金超导材料中,Nb-Ti系合金线材的使用最为广泛,原因之一是在于它与铜很容易复合。Nb-Ti合金线材虽然不是当前最佳的超导材料,但由于这种线材的制造技术比较成熟,性能也较稳定,生产成本低,所以目前仍是实用线材中的主导。Nb-Ti合金材料绕制的超导磁体可用于“核磁共振成像医疗诊断仪”中,这种仪器目前在世界上约有千台之多。20世纪70年代中期,在Nb-Zr,Nb-Ti合金的基础上又发展了一系列具有很高临界电流的三元超导合金材料,如Nb-40Zr-10Ti,Nb-Ti-Ta等,它们是制造磁流体发电机大型磁体的理想材料。为了进一步提高合金超导体的超导性能,有人进行了一系列试验,结果表明,在超导合金中,有些材料在降低温度使用时,其上临界磁场和临界电流可以有大幅度提高,而且合金超导体的临界温度在超高压下有所提高。如Nb-Zr合金,在30万大气压下,临界温度可达到17 K左右。

1954年科学家发现了超导化合物Nb_3Sn,由于该化合物的脆性难于成材,直到1961年才有人用铌管法制成Nb_3Sn复合线材,绕制成了磁场强度为8 T的低温高场超导磁体。化合物超导体与合金超导体相比,临界温度和临界磁场都较高,至1986年,Nb_3Ge的临界温度T_c = 23.2 K,为超导材料中最高。一般超过10 T的超导磁体只能用化合物系超导材料。化合物超导材料按其晶格类型可分为B1型、A15型、C15型和菱面晶型。其中最受重视的是A15型化合物,Nb_3Sn和V_3Ga最先引起人们的注意,其次是Nb_3Ge,Nb_3Al,$Nb_3(AlGe)$等。A15型化合物都具有较高的临界温度,如Nb_3Sn,18 K;V_3Si,17 K;Nb_3Ge,23.2 K。但实际能够使用的只

有 Nb_3Sn 和 V_3Ga 两种，其他化合物由于加工成线材较困难，尚不能实用。近年来日本采用熔体急冷法、激光和电子束辐照等新方法，对 Nb_3Al 等化合物进行试验，取得了重要进展。如用电子束和激光束辐照 $Nb_3(AlGe)$，在 4.2 K，25 T 的磁场下，临界电流密度达到 3×10^8 A/m²。

除常规的金属超导材料，近年来非晶态超导体、磁性超导体、颗粒超导体都受到了研究人员的关注。此外，有机超导体自 20 世纪 70 年代问世以来在研究领域取得了较大进展。常压下，超导临界温度达到 8 K，而且有不断增加的趋势。

5.3.2 高温超导材料

1986 年 4 月瑞士苏黎世 IBM 研究室的学者报道了 La-Ba-Cu-O 体系的超导转变温度为 36 K，从而在世界范围内掀起了研究、探索高温超导材料的热潮。

1986 年，临界温度 $T_c=20\sim40$ K 的 $La_{2-x}M_xCuO_{4+\delta}$（其中 M = Ba、Sr 和 Ca）系列氧化物超导体相继被发现和报道。1987 年初，美国的朱经武等和中科院物理所的赵忠贤等分别独立地发现了临界温度超过 90 K 的 Y-Ba-Cu-O 超导体，这是第一个液氮温区超导体，实现了 T_c 超出液氮沸点的重要突破。1988 年又发现了更高 T_c 的两个系列超导氧化物：110 K 的 Bi-Sr-Ca-Cu-O 和 125 K 的 Ti-Ba-Ca-Cu-O 系统。随后，Hg-Ba-Ca-Cu-O 等高温超导材料相继问世。T_c 一再被提高，其中 $HgBa_2Ca_2Cu3O_{8+\delta}$ 超导体的 T_c 达到 134 K，而在 30 万个大气压下，其 T_c 可高达 164 K。这个结果使得人们第一次在超导研究中使用了氯氟烃普通制冷剂（即冰箱中的氟利昂），而跃过了液氮温区的制约。1993 年 12 月法国国家科研中心宣布也是在 HgBaCaCuO 体系中出现了 −43 ~ −3 ℃的超导现象，如果这一结果得到其他实验室的独立证实，那将是一种非常接近室温超导的材料。与此同时，法国科学家利用分子束外延技术在 $SrTiO_3$ 单晶上一层一层叠加 Bi，Sr，Ca，Cu，O 时，当 CuO_2 层长到 8 层，Sr 和 Ca 作为夹层嵌进 CuO_2 层中，获得了 T_c 为 250 K 的高温超导体。这场迅猛发展的高温超导氧化物材料的研究和探索远未结束，新的更高 T_c 的超导材料的探索还在继续和深入。

自铜氧化物高温超导体问世以来，这一重大的科学发现在科学和技术上都已取得很大的进展。目前，Bi 系或 Y 系超导材料有可能获得实际的应用，但寻找有更高 T_c 或有更好物理性能的超导材料仍然是人们关注的目标，同时寻找不同结构、不同成分的高温超导材料亦是十分重要的。1991 年 Bell 实验室将 C_{60} 固态和钾蒸气按一定量混合反应制成了 K_3C_{60} 超导体，其 $T_c=18$ K。2000 年，有科学家报道采用在场效应晶体管结构下通过栅极诱导的空穴掺杂使 C_{60} 的空穴密度显著增大，从而在很宽的空穴密度范围内观察到超导电性，T_c 随空穴密度逐渐变化，并且 T_c 的峰值为 52 K。2001 年，有人报道的确在空穴掺杂的 $C_{60}\cdot2CHBr_3$ 样品上获得了高 T_c（<117 K）的超导体。C_{60} 超导体与铜氧高温超导体不同，前者是三维有机超导体，其主要性质与传统低温超导体相类似，而后者则具二维性质。目前还有一些科学家从事有机超导电性和非铜氧化物的新超导材料研究。最近，科学家发现在很低的温度和很高的压力下，氧具有超导性。2001 年 1 月，研究报道发现了一种新的超导材料 MgB_2，它是简单的二元金属化合物，$T_c=39$ K 左右。在非铜氧化物和没有 C_{60} 基的超导材料中，其 T_c 已相当高，并且制作方法简单，因此在全世界范围内激发了对其基础性质和实际应用进行研究的极大兴趣。

5.4　超导材料的应用与前景

超导的应用,基本上可以分为超导磁体应用和超导电子学应用两大类。超导磁体的应用是基于超导体的零电阻特性和完全抗磁特性,以及非理想的第二类超导体所特有的高临界电流密度和高临界磁场。而超导的电子学应用则是在约瑟夫森效应的基础上发展起来的。

5.4.1　超导磁体的应用

(1)超导磁体在电力领域中的应用

人类进入21世纪以后,超导技术应用已成为电力科技领域最具发展潜力的技术之一。目前超导技术在电力系统中的应用已取得长足的进步,正迅速地由实验阶段转入实际的工程应用,今后必将把电力科技的发展带入一个崭新的阶段。

1)超导电缆

超导输电主要通过超导电缆来实现,它具有载流能力大、损耗低和体积小的优点,是解决大容量、低损耗输电的一个重要途径。随着大城市用电量的日益增加,高压架空线深入城市负荷中心又受到许多因素的影响,因此往往需要采用大容量电力电缆将电能输往负荷中心。目前采用的常规高压充油输电电缆,由于受其容量和临界长度的限制,很难满足日益增长的电能传输要求,在这方面超导输电就显现出巨大的优越性。

1986年发现高温超导体后,许多国家如日本、美国等相继提出高温超导输电的研究计划,并相应开展高温超导输电电缆模型的研究。美国第一条实用高温超导电缆已于2000年1月投入使用,并将已经开发出的30 m长、3 000 A的铋系电缆在电力公司满负荷运行了半年多时间。据悉,美国已开始在底特律福瑞斯比变电站地下敷设了360多米长的超导电缆,这是世界上首条实用超导输电线路。近几年,我国高温超导电缆的研究也取得了较大的进展。2000年7月,中国科学研究院电工研究所开发的6 m长高温超导电缆成功地通过了1 450 A的电流试验,标志着我国已经全面掌握了高温超导电缆的关键技术。

2)超导同步发电机

将常规发电机的转子以超导线圈替代则形成超导同步发电机。与常规电机相比,超导同步发电机具有效率高(比常规电机可提高0.5%~0.8%)、重量轻、体积小(可减小1/3~1/2)、单机容量大(可达1 000 kW)和稳定性能好(如同步电抗可减少1/4)等优点。

国际上认为,超导同步发电机是未来电站的主力,并争相开展研制工作。已研制完成的最大容量的为前苏联和法国的30万kW发电机。美国和日本并不急于开发百万千瓦级的发电机,它们已研制完成的发电机容量分别为3万kW和5万kW。日本计划研制国内最大的20万kW的发电机。

3)超导储能系统

超导储能的全称是超导磁场能量储存,它是将电网的交流电流经交直流转换装置转换为直流电流,该直流电流在超导线圈中建立磁场,超导开关将磁体线圈短路,电流在线圈中循环流动。由于超导体电阻为零,所以,这个电流可以无限期地循环下去,这个过程是将电能转换为磁能储存起来的过程。在需要的时候打开超导开关,经交直流转换装置将直流变成交流向电网输电,所储磁能转变为电能。这种转换和储存的过程都是超导的,所以总的损耗很小,而且效率高。

超导储能是当今高新技术的前沿,是当前超导应用研究的热点。超导储能利用超导磁体的低损耗和快速响应来储存能量的能力,通过现代电力电子型变流器与电力系统接口,组成既能储存电能(整流方式)又能释放电能(逆变方式)的快速响应器件。从而达到大容量储存电能、改善供电质量、提高系统容量和稳定性等诸多目的。

超导储能有着广阔的应用前景,比如说在舰船电力系统中,利用超导技术制成的超导储能装置可以提高系统运行的稳定性,改善电能质量。

4)超导变压器

早在20世纪60年代实用超导材料出现后,国际上就开展了对超导变压器的研究。由于超导线的交流损耗较大,超导变压器的研究没有什么进展。20世纪80年代初,法国首先研制出低交流损耗的极细丝复合多芯超导线。加上低温冷却技术的改善,共同促进了低温超导变压器的发展。1987年以来,随着高温超导带材的开发成功,对超导变压器的研究兴趣开始转向高温超导变压器。德国、日本、美国等分别进行了一系列技术、经济可行性研究和概念设计,对大容量三相高温超导变压器进行了相对价格与性能的评估,并与低温超导变压器与常规变压器相比较。结果表明目前高温超导变压器的经济运行容量可达到30 MW,而低温超导变压器的经济运行容量为300 MW。

随着高温超导材料性能的改进,各种容量的高温超导变压器工业样机也相继问世。如1999年德国西门子公司研制了一台100 kW高温超导变压器。该变压器常温下总的功率损耗为309 W,而同样容量的常规变压器绕组上的损耗达2 kW。可见,高温超导变压器的线圈损耗只有常规变压器绕组损耗的六分之一,其节能是相当明显的。此外,试验还表明,高温超导体经绕制和环氧浸渍没有发生退化。在欧洲,研究人员对于高温超导变压器用于高速列车抱有很大的信心,西门子公司正致力于开发铁路交通用的1 MW高温超导变压器。

5)超导限流器

限流器必须满足三个基本要求,即在正常运行时其阻抗应尽可能小,以减少正常运行时的电能损耗;当系统发生故障短路时应立即呈现出较大的阻抗,以限制短路电流;在系统故障消除后应立即恢复正常运行并能长期、重复使用。利用超导体的超导/正常态转变特性,可以有效地限制电力系统故障时的短路电流,而且它还可以将故障检测、转换和限流集于一身,从而能快速和有效地达到限流作用。超导限流器的限流时间可小于百微秒级,是很有发展前景的电力系统的"保护"装置。

自从法国于1988年研制并试验了世界第一台超导/正常态转变型的超导限流器,首次证明了超导故障限流器的可行性以来,超导限流器的研究已取得很大进展。一些技术先进国家在国家政府有关单位的领导和协调下投入相当的资金和技术力量进行研究开发。1996年底,ABB公司在瑞士水电站安装了一台1 MW的高温超导限流器进行长期运行和性能试验,其屏蔽环筒是用Bi2212超导体做成的。限流器顺利通过60 kA的短路电流试验并表明它有限流作用。该限流器还进行长达6个月的长期运行试验,没有发现重大问题,主要问题是在试验过程中需要补充液氮。之后ABB公司又致力于研制10 MW闭式制冷的限流器。

限流器主要将应用在220 kV以上的电网中,因此还有不少技术问题,包括绝缘问题、恢复时间问题等需要解决。无论如何,超导限流器在目前仍是受到许多国家重视的一个应用研究项目。

(2)**超导磁体在大型科技工程中的应用**

1)高能加速器

高能加速器是用人工办法加速粒子产生核反应以研究物质内部结构的装备。为了使粒子束流能沿闭合环行的轨道上运转加速,必须施加磁场来引导和约束粒子运动。采用超导磁体后,磁场可以提高数倍。在环半径相同的情况下,加速器能量可提高数倍,而且还可大大降低电能损耗和运行费用。

世界上第一台采用超导磁体的加速器是美国费米国家实验室的 Tevahon 加速器,并于 1985 年投入运行。

2)高能粒子探测器

为了研究高能粒子的特性及其相互作用,在对撞机的对撞点上需要安装有大体积、高精度的探测器,如气泡室、谱仪等。随着加速器能量的越来越大,高能粒子探测器的分辨率也要相应提高,这不仅需要探测器有足够大的空间,而且还要求它有足够高的磁场强度和在使用空间内有足够的均匀度。例如,需要在几米直径的空间产生数特量级的磁场,而常规磁体很难达到这一要求,因此这种大型高能粒子探测器都采用超导磁体。

3)核聚变装置

实现核聚变反应的一个关键技术是要约束高温等离子体。目前通常采用两种办法,即磁约束和惯性约束。磁约束是通过强磁场将高温等离子体约束在一定的真空空间内;而惯性约束是利用大功率的高能粒子束,如激光束或电子束来实现核聚变。

要建立核聚变反应堆,利用核聚变能量发电,必须在数十米空间产生 10 T 以上量级的磁场,只有用超导磁体才有可能达到这个要求。但是要达到这个要求,超导磁体不仅要承受巨大的电磁力,而且结构十分复杂,同时线圈储能之大,也是前所未有的。例如,一个 2 000 MW 的核聚变电站,其磁体直径将达 20 m,储能达 200 GJ。因此,对超导磁体本身来讲,有许多技术问题是需要解决的。

4)磁流体发电装置

磁流体发电技术是一种新型、高效的发电技术。其基本原理就是利用导电流体高速通过发电通道切割磁力线,由法拉第定律可知,能产生感生电流而发电。

磁流体发电装置包括燃烧室、发电通道、磁体、逆变换器和余热锅炉等部件。其中,磁体是一个关键部件。磁流体发电机工质的电导率约在 10 S/m 量级。为了有效地实现能量转化,磁场必须达 4 ~6 T,如用常规磁体不仅要消耗巨大的励磁功率,而且在技术上亦有相当难度。超导磁体不仅能产生强磁场而且无焦耳热损耗,因此,要实现磁流体发电,超导磁体是唯一可取的方案。

磁流体发电技术上个世纪中期蓬勃发展,上世纪末逐渐走向低谷,目前大规模磁流体发电的研究已经停止。但是,许多科学家并没有放弃这种新型、高效的发电技术,而是总结经验,从不同的角度来改进和解决这项技术应用中遇到的问题。

(3)**超导磁体在交通和工业领域中的应用**

1)超导磁悬浮装置

磁悬浮列车是最早研究的超导磁悬浮装置,它利用磁悬浮作用使车轮与地面脱离接触悬浮于轨道之上,并利用直线电机驱动列车运动的一种新型交通工具。

日本为实现超导磁悬浮列车计划进行了长期的艰苦工作，并取得了重大突破。日本中央铁路公司、铁道研究院和日本铁路技术研究院，在2003年12月2日联合宣布磁悬浮列车在Yamanashi线上试验速度达到581 km/h。

超导磁悬浮装置还可应用到飞机、弹道导弹的风洞实验上，传统的支架与飞机之间、支架与导弹之间有摩擦阻力，这样长期下去会对飞机和导弹的表面造成磨损，而用超导磁体做成一个磁悬浮系统，用该系统后，飞机和导弹磁悬浮在支架上，飞机和导弹的表面造成的磨损将被大大减小，这对飞机和导弹的表面将起到很好的保护作用。

2）超导电磁推进船舶

超导电磁推进船舶是利用电磁力推动船舶运行的一种新颖的船舶推进技术。为了使电磁推进船达到高速度的目的，就需要有足够高的磁场。根据实验研究和分析，当电磁推进器磁场达15～20 T时，其推进效率可达40%～58%，船舶航行时速可达40海里，因此要实现高速电磁推进就必须采用超导磁体。

近几年来，随着超导技术的发展，超导电磁推进技术日益受到世界各国的关注，美国、日本、俄罗斯和韩国等均投入大量人力、物力开展这方面的研究。日本研制了世界上第一艘超导电磁推进船“大和一号”，船长30 m，船宽10.4 m，排水量185 t，设计航速8海里/h，推力2×8 000 N，供电功率3 600 kW，载人数10人。该船于1992年在日本神户下水试航，运行参数基本达到设计要求。这是电磁推进船舶发展史上一个重要的里程碑，引起世界各国的普遍重视。电磁推进技术的实际应用必将引起船舶推进技术的重大变革，同时对潜艇等国防军事用途，也具有重大的实用意义。

3）超导磁分离装置

磁分离是利用磁力进行物质的分离。

超导技术的发展给磁分离技术带来广泛的应用前景。超导磁体可以在较大的分选空间产生很高的磁场，这样不仅可大大提高分选速率，使超导磁分离机处理量增大，而且由于强磁场的产生，使磁力密度大幅度提高，如可达10^{12} N/m^{3}量级。另外，采用超导磁体还可获得多种所需的梯度磁场，从而大大改善磁分离机的性能和拓宽其应用范围。

4）超导磁拉单晶生长炉

在磁场中生长单晶是20世纪80年代发展起来的一项新技术，目前广泛用于直接生长单晶硅、砷化镓和蓝宝石等晶体。

磁拉单晶生长炉采用超导磁体有许多优点，如线圈体积小、重量轻、耗电小，可以根据要求设计成形状复杂的磁场，且磁场集中、漏磁小等。

目前已有采用超导磁体的磁拉单晶生长炉出售，如英国牛津公司、日本三菱电气公司、德国Interatom公司等，其磁场形式有水平、垂直或倾角的。最大中心磁场达0.5 T，热负载在4.2 K下为0.2～0.7 W，磁体室温孔径最大可达2 m。

（4）超导磁体在医学领域中的应用

1）核磁共振成像

其原理是基于被测对象的原子磁场与外磁场的共振现象来分析被测对象的内部状态。目前，核磁共振成像装置已广泛应用于医学诊断中，具有能准确检查发病部位、无损伤和无辐射作用、诊断面广等优点。

核磁共振成像装置的核心部件是磁体系统，核磁共振成像对主磁体的要求是在一个大范围空间内产生高均匀度和高稳定性的磁场。采用超导磁体不仅能完全满足这要求，而且在磁场强度方面比常规磁体也有明显的优势。

2）核磁共振谱仪

利用核磁共振原理制成的核磁共振谱仪已广泛应用于物理、化学、生物、遗传和医药学等领域的研究中。核磁共振谱仪除对磁场强度有明确要求外，还要求在一定有效空间内（如 ϕ20 mm）的磁场均匀度优于 10^{-7}，磁场稳定度优于 10^{-7}/h。采用超导磁体完全可以满足这些要求。

近年来，美国、日本和德国正致力于研制 1 GHz 的核磁共振谱仪，其关键技术还是超导磁体。

（5）超导磁体的其他应用

1）超导扫雷具

布设在海床上通过感应而非通过接触触发的水雷是现代战争中的一种常用武器。常用于封锁商业港口和海军基地，切断敌方海上运输，消灭重型战舰和商船，目前最广泛使用的水雷是磁引信。

磁扫雷是对抗磁性水雷的有效方法之一。其原理是采用两根大电流电缆在海水中形成电极并与海水组成闭合电路产生磁场，或者在船上安装一个电磁体产生磁场引爆磁水雷。

第二次世界大战后，许多反坦克和反登陆雷也都采用磁引信。而一般坦克或装甲运输车很难安装需要大电源的常规磁体以产生磁场进行扫雷，因而美、前苏联等国就积极研究采用超导磁体产生模拟船只的磁场进行远距离扫雷的技术。

2）“磁窗”用超导磁体

当高速飞行物体重返大气层时，飞行物体与大气摩擦，在周围将形成一层等离子体，通常称之为等离子体鞘套。这层等离子体鞘套可使飞行器与地面无线电联系产生障碍。目前，从理论和实践上已初步证明，引起通讯中断的原因是飞行器重返大气层时所形成的等离子层内自由电子与无线电波相互作用的结果。为此，人们提出了各种解决的办法，如设法减少防热材料中碱金属杂质并加入亲电子物质，以降低等离子层内的电子密度；提高信号工作频率以及施加恒定强磁场，束缚电子与无线电波的相互作用，即所谓“磁窗”法等。

理论计算指出，若在飞行器外壳附近微波天线的周围，施加一个与微波发射方向一致的恒定强磁场，“冻结”表层等离子体中的自由电子，可以改善或克服信号传输的衰减，使信号透过“窗口”到达接收天线。但实际上，由于飞行器对磁体及其电源的体积、重量的限制极其苛刻，在飞行器上建立一个强磁场的设想至今尚未实现。

近年来，随着超导技术的发展以及高温超导材料的发现，“磁窗”研究又被提到日程上来，有关国家开展了利用超导磁体在飞行器上产生强磁场的研究和飞行器重返大气层通讯中断的地面模拟原理实验。

5.4.2 超导在电子学技术中的应用

在约瑟夫森效应和磁通量子化效应的基础上发展起来的超导量子干涉器和超导数字电路等超导特有的电子学器件，其性能远远超过常规的器件，它们已逐渐发展成颇具特色的超导电子学技术领域。

(1)超导量子干涉器件

超导量子干涉器(简写为SQUID)是根据超导量子干涉效应发展起来的。超导量子干涉器件的应用主要有以下几个方面:

1)实验室应用

实验室中常用的SQUID仪器主要有超导磁强计、超导磁梯度计、磁化率计、高灵敏度检流计和电压计、噪声温度计等。

2)地球物理应用

20世纪70年代,磁强计和磁化率计已成功地应用于岩石矿样的剩磁、磁化率的测量。最近几年,已开始在野外利用SQUID三轴磁强计进行大地电磁的探测,了解大地的地质构造,寻找石油、地热、矿藏等资源。SQUID磁强计和磁梯度计还在航空地质勘测、近海海底勘测、地震预报等应用领域展示出诱人的前景。

3)生物磁学应用

生物磁场信号很微弱,用常规磁强计和磁梯度计是很难测量出来的。SQUID磁强计出现之后,局面发生了明显的变化。SQUID磁强计的灵敏度足以测量任何微弱的生物磁场信号。

4)基础物理研究中的应用

利用SQUID及超导体迈斯纳效应而构成的超导引力计和引力梯度计已成功地应用于引力常数的测量以及引力常数异常变化的研究之中。同时,用SQUID磁强计可以检测磁单极子。

5)空间磁测应用

利用放在人造卫星或人造飞行器上的磁强计可以在较短的时间内获取整个行星上空空间磁场变化的大量数据。SQUID磁强计的频响特性能够提供这种时间变化磁场测量的最高分辨率。

(2)超导高频器件

1)超导无源微波器件

超导体的微波表面损耗远低于正常金属,利用这一特性制成的超导微波无源器件,性能优于常规器件。特别是高温超导无源器件,对于制冷技术的要求远比低温超导低,更具有实用性。高温超导谐振器、滤波器、天线以及射频线圈已经开始应用在通讯领域和NMR仪器中。

2)约瑟夫森高频器件

约瑟夫森结是一种宏观量子器件,结电流与位相差有关,而位相差随时间的变化与结电压有关。利用约瑟夫森结独特的高频性质,可以制成许多性能优良的高频器件。比如约瑟夫森振荡器和约瑟夫森参量放大器。

3)超导混频器

低噪声有源半导体器件(如HEMT放大器)的频率极限为40～80 GHz,在这个频率以上,通常用超外差式接收机来放大信号。超外差式接收机的核心是混频器,超外差式接收机是灵敏度高、选择性好、调谐方便的接收机,用超导混频器构成的接收机,噪声电平比半导体探测器小好几倍。

(3)计量测试中的应用

由于约瑟夫森效应与若干基本物理量(电压、频率、普朗克常数、磁通量等)相联系,并实现高精密度的测量与比对,导致它在计量测试科学中得到了若干重要的应用。例如物理常数

2e/h 的精确测量、精细结构常数 a 的精确测量以及电压基准、电阻量子基准、磁通量子 Φ_0 的绝对测量、远红外和红外波段的频率精确测量等。

(4)**超导数字电路**

早期用正常态-超导态的转变表示"0"和"1"两个开关状态,称冷子管。这种器件的工作速度不快,超导-正常相变中存在潜热和在成核区之间相边界的有限传播时间两个因素限制了它的运转速度。超导冷子管的运行特征时间在几十微秒范围。在约瑟夫森效应发现以后,人们利用约瑟夫森结在零电压态和能隙电压态之间的快速转换来实现二元信息。这种器件在操作时不涉及超导-正常态相变问题,运转速度可以低于 rps。用约瑟夫森结的零电压态表示逻辑"0"态,能隙电压表示"1"态,来组成约瑟夫森结电压态逻辑 VSL。

随后在单磁通量子 SFQ 概念的基础上提出快单磁通量子 RSFQ 的概念。RSFQ 电路用面积为磁通量子 Φ_0的电压脉冲来表示逻辑"1"态,无脉冲表示"0"态,这种电路无反冲问题,并且用同样的脉冲作为内部时钟信号,从而大大简化了电路设计,进一步提高了系统运转速度,降低了功耗。正由于结工艺的突破性进展和超导数字电路设计思想的创新,超导数字电路真正成为有竞争力的数字电路技术,开始进入实用化研究的新阶段。

(5)**超导粒子探测器**

超导隧道结在高能粒子辐照下(能量大于超导体能隙),电子对被破坏,产生额外的准粒子,使得在能隙电压以下的隧道电流有明显的增加。一个典型的用途是作为 X 射线探测器,X 射线的能量范围从 0.1 ~10 keV,在光子能量 6 keV 时,有可能达到的能量分辨率为 10 eV。

(6)**超导三端器件**

半导体三极管放大器奠定了半导体电路的基础,使电子学从电子管技术发展成为半导体技术。从这个意义看,人们比较关心超导三端器件的发展。低 T_c超导体三端器件没有明显的优点,主要原因可能是低 T_c 超导体的载流子浓度受场的影响比较小。高 T_c氧化物超导体发现以后,人们很快就注意到它们的载流子浓度约为 10^{20} cm^{-3},远低于低 T_c超导材料,电场效应可能会比较明显。在高 T_c材料发现以后,人们对高 T_c超导三端器件进行了大量的探索。

高 T_c超导三端器件主要有电场效应器件、电荷注入器件以及磁通流器件三类。

第6章 智能材料

6.1 概 述

材料对科技进步和社会发展起着至关重要的作用,在世界经济高速发展的今天更是如此。纵观材料的发展,经历了松散型,如金属材料、无机非金属和高分子材料;到复合型和杂化型,如金属基、陶瓷基和高分子复合材料及生物杂化材料;进而是异种材料间不分界的整体化融合型材料。而智能材料则是近年来引起世界各个国家高度重视的新材料高技术体系。设想一下,如果玻璃能够根据环境光强的变化而自行改变透光率,使进入室内的光线变亮或变暗;混凝土能发现自身的裂缝并在破裂前报警;墙纸可以变化颜色以适应不同的环境;空中飞行的飞机能自行诊断其损伤状态并进行修复等,这就是给这些材料赋予了特殊的功能,使它们具有了"智能",这类新兴的材料就称为智能材料。

6.1.1 智能材料的概念

智能材料是近年来兴起并迅速发展的材料科学的一个新领域,其概念是由日本和美国科学家首先提出来的。1989 年日本高木俊宜教授将信息科学融于材料的特性和功能,提出了智能材料(Intelligent Materials)的概念,它是对环境具有可感知、可响应等功能的新材料。美国的 R. E. Newnhain 教授提出了灵巧材料(Smart Materials)的概念,这种材料具有传感和执行功能,他将灵巧材料分为主动灵巧材料、被动灵巧材料和很巧材料三大类。

智能材料是多门学科交叉的一门学科,与物理、化学、计算机、电子学、人工智能、信息技术、材料合成与加工、生物技术及仿生学、生命科学、控制论等诸多前沿科学及高新技术领域紧密相关。智能材料的研究刚刚开始,定义尚不统一。比较科学的定义是:材料系统微结构中集成智能与生命特征,达到减小质量,降低能耗,并产生自适应功能。即材料能够感知外界环境刺激或内部状态发生的变化,通过自身的信息处理和反馈机制,实时地改变材料自身的性能参数,做出恰当的响应,同变化中的环境相适应。智能材料具有或者部分具有四个基本特性,即敏感特性、传输特性、智能特性和自适应特性。

6.1.2 智能材料的仿生构思与设计

自然永远是人类的灵感之源，其中许多生物结构系统经过亿万年的演变和进化，事实上是一个不断选择和优化的过程，因而造就了种种优良结构形式和特性。例如，贝壳是由层层坚硬的碳酸钙构成的，在每层碳酸钙间夹有一层柔软的有机质。贝壳的这种结构特点使其不易碎裂，而一旦损伤，破损部位可发生钙化，能巧妙地进行自我修复。

智能材料的性能是组成、结构、形态与环境的函数，它具有环境响应性。生物体的最大特点是对环境的适应，从植物、动物到人类均是如此。细胞是生物体的基础，可视为具有传感、处理和执行三种功能的融合材料，因而细胞可作为智能材料的蓝本。

生物结构系统独特的宏观和微观结构形式及功能机制，其对环境的自适应性和生存能力及自诊断和自修复等能力，给人们以深刻启迪，值得认真研究、学习和借鉴，模仿其原理建造智能材料系统，通过对生物结构系统的研究和考察，智能材料有了可借鉴的设计及建造思想、模型和方法。从仿生学的观点出发，智能材料应具有或至少是部分具有以下一些生物智能特性：

①感知；

②反馈；

③信息积累和识别；

④学习能力和预见性；

⑤响应性；

⑥自维修；

⑦自诊断；

⑧自动动态平衡及自适应等。

一种新的概念往往是各种不同观点和概念的综合。智能材料设计的思路与以下几种因素有关：

①材料开发的历史，结构材料—功能材料—智能材料；

②人工智能计算机的影响，也就是生物计算机的未来模式以及学习计算机、三维识别计算机对材料提出的新要求；

③从材料设计的角度考虑智能材料的制造；

④软件功能引入材料；

⑤对材料的期望；

⑥能量的传递；

⑦材料具有时间轴的观点，如寿命预告功能、自修复功能，甚至自学习、自增殖和自净化功能，因外部刺激时间轴可对应做出积极自变的动态响应，即仿照生物体所具有的功能。

在传统情况下，设计结构时，应根据使用要求，从设计手册中选用材料进行力学分析与计算，以确定其尺寸，完成最终设计，然后选择相应的加工工艺制造出结构件，故其材料的选择、制造与结构设计、制造是完全分开进行的，但目前智能材料与结构设计主要采用复合材料，而许多复合材料的材料与结构是同时制造的，而且智能材料在合成和制造中还需要埋入或复合进许多其他的智能材料或器件，因此智能材料的设计与制造和传统材料的设计与制造相比有很大不同，它还有许多需要解决的关键技术问题，这些问题既富有挑战性，又意义重大。目前智能材料设计还没有统一的模式与程序，尤其是近几年，自组装智能材料的发展更给智能材料与结构带来了一些全新的概念,它使智能材料设计、合成与制造可以在纳米大小的尺度来进行。但智能材料设计的一些共性问题和基本内容还是存在的,图6.1是智能材料设计与合成的路线框图。

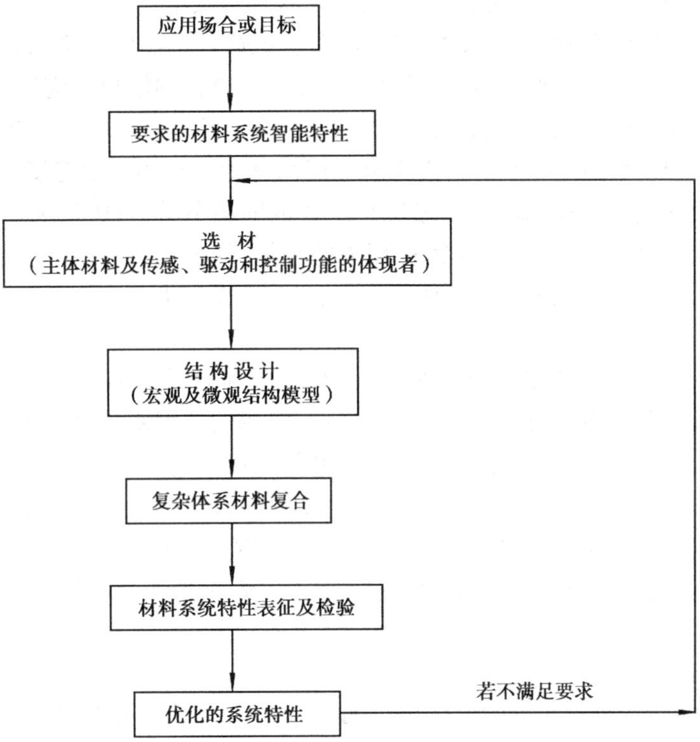

图6.1　智能材料设计及合成路线框图

6.1.3　智能材料的组成及研究内容

智能材料包括感知材料和驱动材料。感知材料是一类对外界或内部的应力、应变、热、光、电、磁、化学量和辐射等具有感知或驱动的材料,可以用它们制成各种具有传感功能的结构。驱动材料则是能对外界环境条件或内部状态变化做出响应或驱动的材料,可以用它们做成各种驱动器。智能材料结构系统则是集传感、控制和驱动于一体的材料或结构系统,通过自身的感知,进行信息处理,发动指令,并执行和完成动作,从而实现自诊断、自修复和自适应等多种功能。智能材料和结构主要具有以下特性:敏感特性、传输特性、智能特性、自适应特性。一般来说,一种单一的材料很难具备以上各种特性,所以往往要由多种材料组元复合或组装构成智能材料和智能结构系统。

从解剖学角度看,智能材料应具有传感(神经元)、控制(大脑)及执行(肌肉动作)三个基本要素,通过自身的感知,做出判断,发出指令,并执行动作,实现自检测、自诊断、自监控、自校正、自适应和自修复等诸多功能。

(1)执行器——人造肌肉

在智能材料中,驱动器一般采用具有输出特性的功能材料,如形状记忆材料、压电材料、电/磁流变体、磁致伸缩材料等,它们对温度、应力、电、磁、辐射等外界刺激的影响,能改变系统形状、刚度、位移、固有频率、阻尼、摩擦、速度等机械特性。

1)形状记忆材料

形状记忆材料是一类具有形状记忆功能的材料,其产生形状记忆效应的最根本原因是马氏体相变。这类材料包括形状记忆合金、记忆陶瓷以及形状记忆高分子等。它们在特定温度下发生热弹性马氏体相变或玻璃化转变。Ni-Ti 形状记忆合金的电阻率高,因此可用电能(通电)使其产生机械运动,与其他驱动材料相比,Ni-Ti 记忆合金的输出应变很大,达 8% 左右,同时在约束条件下,也可输出较大的恢复力。形状记忆合金的驱动一般由加热和冷却控制,因此其响应速度慢。与形状记忆合金相比,由于形状记忆陶瓷的电场改变速度和范围比温度大得多,因而响应速度快,使用范围宽,不足之处是应变范围还不够大(0.08% ~1%)。形状记忆高分子材料有着与聚合物的特有性能密切相关的轻量、易加工性、不生锈及电气绝缘性等特征,另外与形状记忆合金相比还有价格便宜,形状变化率大等优点。

2)压电材料

压电材料是一类具有压电效应的材料。压电效应是指电介质在机械应力的作用下将产生极化并形成表面电荷,若将这类电介质置于电场中,电场的作用将引起电介质内部正负电荷中心发生相对位移而导致形变。压电材料包括压电陶瓷(如 $BaTiO_3$, $Pb(ZrTi)O_3$, $K(Na)NbO_3$ 等)及压电高分子。压电材料通过电偶极子在电场中的自然排列而改变形状,响应外加电压而产生应力或应变。压(电)陶瓷的输出应变小,仅为 200 ~300 微应变,但响应速度快。压电陶瓷已广泛应用于光学跟踪装置、磁头、自适应光学系统、机器人微调器、喷墨打印机和扩音器等方面。

3)电/磁流变体

这类流体的特征是在不导电的流体中分布着细小的悬浮状可极化粒子,在电/磁场作用下,悬浮的粒子发生极化而形成静电结合力很强的链,液体变粘,甚至固化。因此在施加电/磁场过程中液体刚度发生很大变化,去除电/磁场后,又恢复成液态。电/磁流变体可应用于调谐减振器、振动隔离系统、离合器、制动器、摩擦装置及机器人手臂等方面。磁流变体也是智能材料家族中新兴而重要的一个分支。它在越来越多的领域,如电子、仪表、汽车、航空、机械制造、医疗等方面受到了广泛的关注。

4)磁致伸缩材料

磁致伸缩材料受到磁场作用时,磁畴发生旋转使其磁化方向与磁场方向排列一致,导致材料产生变形,是一种可将电磁能转变为机械运动的驱动材料。磁致伸缩材料通常分为金属磁致伸缩材料和稀土-铁(RFe_2)超磁致伸缩材料两大类。其中稀土-铁(RFe_2)超磁致伸缩材料的机械响应快、能量密度高、耦合系数大,具有传感和驱动功能,因而在智能材料领域得到了越来越广泛的应用和发展。目前这类材料已广泛用于声纳系统、大功率超声器件、精密定位控制、各种阀门和驱动器件等。

(2)**传感器——人工神经**

传感器能探测并识别应力、应变、热、电、磁、光、温度和核辐射等的变化,犹如生物的神经系统。它是智能材料要求具备的最为关键的功能之一,无论是智能处理还是驱动控制都要求感知网络提供描述系统的准确信息。用于人工神经网络的材料主要有光导纤维、压电陶瓷和压电高分子以及其他各类特种传感器材料。在传感材料中,光导纤维作为信息传输材料的优异性能是其他任何材料无法比拟的。光导纤维是利用两种介质对光的反射原理而制成的光导元件,近年来通过添加稀土元素等方法使其综合性能进一步提高。通过分析光的传输特性(光强、位相等)可感知光纤周围的应力、压强、X射线和γ射线等因素的变化,因而光导纤维广泛用作传感元件或智能材料系统中的“神经元”,具有反应灵敏、抗干扰能力强、耗能少等优点。

(3)控制系统——大脑

信号处理、通讯和控制构成控制系统。利用它接收神经网络的感知信号,进行分析处理、并按预定软件系统程序对驱动网络发出指令,并使其执行动作,从而完成整个材料结构系统智能化。

本章主要介绍形状记忆智能材料、电/磁流变液智能材料及磁致伸缩智能材料,有关其他类型的各种智能材料可以参考本书其他章节或其他书籍。

6.2 形状记忆智能材料

提起形状记忆材料,许多人一定感到很神秘,更多的人感到陌生。但是当你使用手机通话时;当你购买漂亮的文胸时;当你乘坐汽车外出旅游或出差享受豪华宾馆的住宿条件时,你也许就在同形状记忆材料打交道了。形状记忆是指具有某一原始形状的制品,经过形变并定型后,在特定的外界条件下能自动恢复原始形状的现象。具有该现象的材料被称作形状记忆材料。

1951年美国的Read等人在Au-Cd合金中首先发现了形状记忆效应。1953年在In-Ti合金中,也发现了同样现象,但当时并没有引起人们的注意。直到1964年,美国Buehler等人在Ti-Ni合金中发现形状记忆效应后,才受到世界瞩目。20世纪60年代中期出现了Ti-Ni合金制造的人造卫星天线和能量转换热机。1970年在形状记忆合金历史上有两项重大突破:一是Ti-Ni合金管接头在F-14飞机油压管路连接上大量应用,这是形状记忆合金的第一个批量产品;二是日本大阪大学对所发现的形状记忆合金进行综合研究后发现,这些合金有共性,它们都有热弹性马氏体相变,并以此为据预言,凡具有热弹性马氏体相变的合金呈形状记忆效应。

自发现Ti-Ni合金具有形状记忆功能以来,形状记忆材料以其独特的性能在全球引起了广泛的重视,其种类与应用领域得到极大的发展。形状记忆合金是形状记忆材料的一种,除此之外,一些非金属和高分子材料也具有形状记忆效应,并且在许多领域得到了广泛的应用。

6.2.1 马氏体相变及形状记忆效应

马氏体相变属结构改变型相变,即材料经相变时由一种晶体结构改变为另一种晶体结构。可以简单地将马氏体相变定义为:替换原子无扩散切变(原子沿相界面作协作运动)使材料形状改变的相变;其中“相变”泛指一级(具有热量突变,如放热,和体积突变,如膨胀)、成核-长大型(马氏体形成经核心形成和长大阶段)相变。可见马氏体相变的主要特征是:替换原子无扩散(成分不改变,近邻原子关系不改变)、切变(母相和马氏体之间呈位向关系)和形状改变(抛光面显示浮凸)。

多数材料的马氏体,经加热至一定温度将转变为母相,这称为逆相变。逆相变也具有马氏体相变型特征。

马氏体相变是产生形状记忆效应的最根本原因。在冷却具有马氏体相变的合金的过程中,高温下保持稳定晶体结构的母相,将由于热诱发而转变为低温下保持稳定晶体结构的马氏体相。相变开始温度为 M_S,相变终点温度为 M_f,最终全部母相转变为马氏体相。若逆向加热,则马氏体相逆变为母相,其起始温度和终点温度分别为 A_S 和 A_f。在马氏体相变及其逆相变的结构相变中,各个原子不是独立移动而是母相(或马氏体相)中一部分体积的原子作为整体一个接一个地连带运动,即沿着母相和马氏体相的界面发生切变。根据热力学观点,母相与马氏体相的化学自由能在 T_0 温度时相等,不发生转变,只有当温度低于 T_0 时,母相才有转变为马氏体的趋势。实际上这种转变还要克服非化学自由能增量和相变时发生的切变阻力,故只有当温度冷到 M_S 时马氏体相变才开始进行。随着温度下降,马氏体量逐渐增加,当温度达到 M_f 时,马氏体转变终止。同样,马氏体相逆转变为母相时,加热温度应高于 T_0,而实际要加热至 A_S 时,母相才开始形成,当温度达到 A_f 时逆变完成。

具有热弹性马氏体相变的合金,除显示形状记忆效应外,还呈现另一种重要性质,即伪弹性或力学形状记忆。当合金经受应力,由母相经应力诱发(应力提供相变驱动力)发生相变,形成马氏体;当除去应力后,部分应变因应力诱发马氏体逆变为母相而回复,称为伪弹性(应力-应变曲线上所呈现的弹性由相变引起);当应力全部回复时称为超弹性。对不同合金或对同一合金在不同温度下施加应力后,卸载后会出现不同的应变回复情况,有的呈现伪弹性-应变部分回复。

形状记忆效应(Shape Memory Effect,简称 SME)是指某些具有热弹性或应力诱发马氏体相变的材料处于马氏体状态,并进行一定限度的变形后,在随后的加热并超过马氏体相消失温度时,材料能完全恢复到变形前的形状和体积。根据材料记忆功能的不同,可分为单程形状记忆效应、双程形状记忆效应、全方位形状记忆效应。其分类示意图如表 6.1 所示。①单程形状记忆效应:样品在高温下定形后,将母相冷却或加应力相变成马氏体,然后经弹性形变,改变形状,再加热使其发生逆转变,当马氏体完全消失时,样品完全恢复母相形状。②双程形状记忆效应:有些合金材料不但对母相有记忆效应,而且当它从母相再次冷却成马氏体时,它还可恢复马氏体的形状,即材料能可逆地记忆相变点高温侧和低温侧两种状态的形状。③全方位形状记忆效应:还有一些合金材料在实现双程记忆的同时,继续冷却到更低的温度,可呈现与高温时完全相反的形状,即具有全方位 SME。

表 6.1　形状记忆效应分类示意图

	初始形状	低温变形	加热	冷却
单程	∪	—	∪	∪
双程	∪	—	∪	—
全方位	∪	—	∪	∩

6.2.2　形状记忆合金

形状记忆合金(Shape Memory Alloy,简称 SMA),是具有形状记忆效应的合金。它是一种特殊的新型功能材料,集传感、驱动和执行机构于一体,其制件具有结构简单,成本低廉和控制方便等独特的优点。金属中发现形状记忆效应较早,但真正引起人们的重视是到 20 世纪

60年代，当时美国海军军械研究所的 Buehler 发现了 Ti-Ni 合金中的形状记忆效应，才开创了“形状记忆”的实用阶段。在20世纪80年代初，科研工作者们终于突破了 Ti-Ni 合金研究中的难点。从此，形状记忆合金开始广泛应用在生产、生活的各个领域。形状记忆合金在应用开发中申请的专利也逾万件，在市场中付诸实际应用的例子已有上百种。同时，智能机构研究的兴起，又将形状记忆合金的应用推向更广泛的领域。

（1）**形状记忆合金的研究**

1）Ti-Ni 系形状记忆合金

Ti-Ni 系合金由于其优良的形状记忆效应和超弹性、高的耐磨耐腐蚀性能，而成为形状记忆合金家族中的佼佼者，是当今最具实用性的形状记忆合金系列。为满足实际应用对 Ti-Ni 系合金提出的各种要求，近年来，我国研究者对合金相变、相变热力学及第三、第四合金元素的添加等进行了大量的研究工作。

为提高 Ti-Ni 合金使用温度，人们通过在 Ti-Ni 合金中添加 Pd，Pt，Au，Zr 和 Hf 来提高合金的相变温度。其中，Pd，Pt，Au 的加入使合金的造价极为昂贵，Zr 提高合金相变温度的作用又不十分显著，因而 Ti-Ni-Hf 合金以其价格低、相变温度高的优势受到高度重视。对 Ti-Ni-Hf 合金的研究表明，该合金的设计准则是：在保持 Ni 含量低于 50wt% 的情况下，通过调整 Hf 的含量，使合金获得所需的相变温度及尽可能好的加工性能。与此同时，可添加其他合金元素，在不显著影响合金相变温度的前提下，改善合金的加工性能。

在生物医用多孔 Ti-Ni 合金研究方面也取得了较大的进展。采用燃烧合成工艺可以制出性能优良的多孔 Ti-Ni 形状记忆合金。

2）铜基系形状记忆合金

铜基合金是继 Ti-Ni 合金之后的又一种实用性较强的形状记忆合金。与 Ti-Ni 合金相比，它易于加工、成本低，但也存在一些问题，主要是晶粒粗大，热稳定性差以及记忆性能易衰退等问题。为克服以上不足，人们希望通过添加合金元素或改进工艺来细化组织，阻止马氏体的稳定化。

在 Cu-Zn-Al 合金中添加微量复合稀土（0.01wt% ~0.08wt%），能有效细化合金组织，改善力学性能，防止合金发生马氏体稳定化现象，并能减小马氏体相变温度滞后。在 Cu-Al-Be 合金中添加微量硼可以显著细化合金的晶粒和组织，改变合金的组织形态，且在高温下能有效抑制晶粒长大，改善合金的记忆性能和力学性能。硼的加入量以 0.05wt% ~0.10wt% 范围效果最好。

在铜基高温形状记忆合金方面也有进展。研制出的具有高强、高塑性，同时又有较好单向形状记忆效应的 Cu-Al-Mn-Zn-Zr 合金的 A_S 点达到 300 ℃。Zr 的加入使合金的组织得到细化，提高了强度和塑性。合金的强度达 250 MPa 以上，延伸率达 7% 以上。

3）铁基系形状记忆合金

Ti-Ni 基合金虽然有优良的形状记忆效应，但价格较贵，加工困难。铜基合金价格低但性能却不稳定，因而铁基合金以其价格低廉、强度高、加工方便等特点引起工业界的重视。从实用的观点来看，Fe-Mn-Si 系形状记忆合金最具有应用前景。

一般情况下，Fe-Mn-Si 记忆合金的最大回复应变量为 2%，超过此应变量将会产生不可回复的应变。显然，低的回复应变量是制约铁基记忆合金工程应用的难点之一。为提高材料的回复应变量，热机械处理或训练（即使材料经历一定变形，在高于 A_f 温度加热后再冷却到 M_S 以上，如此反复多次）工艺的研究目前受到关注。它可以显著降低诱发马氏体相变的应力，抑制滑移变形，提高回复应变量。

4）其他合金

哈斯勒合金（Ni_2MnGa）是同时兼有铁磁性和热弹性马氏体相变特性的金属间化合物，是为数不多的铁磁性形状记忆合金之一。目前我国研究者对它的研究主要集中在提高磁感生应变和形状记忆功能方面。研究中发现，如果在 Ni_2MnGa 材料中适当地掺加一些 Fe 元素，在保持材料的 $L2_1$ 晶体结构不变的情况下，其机械性能可以得到很大程度的提高，而且材料仍具有完全的双向形状记忆效应和较大的磁感生应变，这非常有利于应用。

Co-Ni 系合金是另一种磁控形状记忆合金。对该合金的相变和微观组织研究表明，Co-Ni 系合金的马氏体组织呈有规则的多片状，经透射电子显微镜观察发现其母相中存在层错。Co-Ni合金中母相的饱和磁化强度达 124 $Am^2 \cdot kg^{-1}$，是典型磁控形状记忆合金材料 Ni_2GaMn 的近两倍，马氏体相变温度随 Ni 含量的增加而降低。

（2）形状记忆合金的应用

形状记忆合金除了具备金属所具有的强度、刚度、塑性、延展性和传导性之外，还具有许多独特的性能，其中最主要的是形状记忆效应、伪弹性效应、类橡皮性。形状记忆合金对温度和应力的变化很敏感，其变形和回复力较同样条件下受载的普通材料要大得多，其弹性模量随着温度的升高而增大，这与普通材料正好相反。另外形状记忆合金的电阻率大并且电阻率会随着温度的改变而变化，其抗疲劳性也较其他普通材料强得多。利用这些特性，目前形状记忆合金已在机械、电子、航空航天、建筑、化学、运输、医疗、能源以及人们日常生活中得到了广泛的应用。

1）机械电气产品中的应用

1970 年，美国用形状记忆合金制作了 F-14 战斗机上的低温配合连接器，随后形状记忆合金作为低温配合连接件在飞机的液压系统中及体积较小的石油、石化、电力工业产品中得到应用。另一种连接件的形状是焊接的网状金属丝，可用于制造导体的金属丝编织层的安全接头。这种连接件已经用于密封装置、电气连接装置、电子工程和机械装置，并能在 −65 ~ 300 ℃下可靠地工作。已开发出的密封系统装置可在严酷的环境中用作电气件连接。

形状记忆合金在早期的自动化方面的应用是一个可打开和关闭快门的弹簧，它可用作保护雾灯免受飞行碎片的击伤。另一项应用是 BENZ 汽车自动的形状记忆合金弹簧驱动器，它是控制液体流向的。最近在发动机中应用的是柴油机喷嘴的密封件，加工中需要在喷嘴外壁和内壁钻一个小孔连接两个汽缸，完成后需要密封外壁孔，以往用铜焊密封塞子不够可靠，现已用预拉伸和精密研磨的具有恢复形状的销子插入孔中是很成功的。这一技术使装配过程十分容易，用 Ni-Ti-Nb 合金制作的销子，在 200 ℃以下形状恢复都非常有效，而且避免了铜焊引起的变形。

2）宇航工业中的应用

由于直升飞机高震动和高噪声，其使用受到限制，其噪声和震动的来源主要是叶片涡流干扰，以及叶片型线的微小偏差。这就需要一种平衡叶片螺距的装置，使各叶片能精确地在同一平面旋转。目前已开发出一种叶片的轨迹控制器，它是用一个小的双管形状记忆合金驱动器控制叶片边缘轨迹上的小翼片的位置，使其震动降到最低。

在太空方面，俄罗斯制作的形状记忆合金装置已达到了实用水平，如用于空间计划的大型天线和MIR空间站天线的连接与装配。在美国，太空计划应用形状记忆合金的驱动插销释放发射后的有效载荷，也已证实是成功的。脆性插销用在预压气缸中，当形状恢复时引起有凹口的插销断裂，它比常规的爆炸释放装置要安全得多。另外，在卫星中使用一种可打开容器的形状记忆释放装置，该容器用于保护灵敏的锗探测器免受装配和发射期间的污染。

3)卫生医疗中的应用

用于医学领域的记忆合金，除了具备形状记忆或超弹性特性外，还应该满足化学和生物学等方面可靠性的要求。一般植入生物体内的金属在生物体液的环境中会溶解形成金属离子，其中某些金属离子会引起癌病、染色体畸变等各种细胞毒性反应或导致血栓等，称之为生物相容性差。在现有的实用记忆合金中，只有与生物体接触后会形成稳定性很强的钝化膜的合金才可以植入生物体内，其中仅 Ti-Ni 合金满足使用条件，是目前医学上主要使用的记忆合金。在医学上 Ti-Ni 合金应用较广的有口腔牙齿矫形丝，外科中用的各种矫形棒、骨连接器、血管夹、凝血滤器等。近年来，在血管扩张元件中也应用了 Ti-Ni 形状记忆合金。

4)日常生活中的应用

①防烫伤阀　在家庭生活中，已开发的形状记忆阀可用来防止洗涤槽中、浴盆和浴室的热水意外烫伤。如果水龙头流出的水温达到可能烫伤人的温度(大约 48 ℃)时，形状记忆合金驱动阀门关闭，直到水温降到安全温度，阀门才重新打开。这些阀门也可用于旅馆和其他适宜的地方。

②眼镜框架　由于 Ti-Ni 合金所具有的柔韧性已使它们广泛用于眼镜界，在眼镜框架的鼻梁和耳部装配 Ti-Ni 合金可使人感到舒适并抗磨损。用超弹性 Ti-Ni 合金丝做眼镜框架，即使镜片热膨胀，该形状记忆合金丝也能靠超弹性的恒定力夹牢镜片。这些超弹性合金制造的眼镜框架的变形能力很大，而普通的眼镜框则不能做到。

③移动电话天线和火灾检查阀门　使用超弹性 Ti-Ni 金属丝做蜂窝状电话天线是形状记忆合金的另一个应用。过去使用不锈钢天线，由于弯曲常常出现损坏问题。使用 Ti-Ni 形状记忆合金丝移动电话天线受到人们的普遍欢迎。火灾中，当局部地方升温时阀门会自动关闭，防止了危险气体进入。这种特殊结构设计的优点是，它具有检查阀门的操作，然后又能复位到安全状态。这种火灾检查阀门在半导体制造业中得到应用，在半导体制造的扩散过程中使用了有毒的气体，这种火灾检查阀也可在化学和石油工厂应用。

5)其他方面的应用

在工程和建筑领域用 Ti-Ni 形状记忆合金作为隔音材料及探测地震损害控制的潜力已显示出来。已试验了其在桥梁和建筑物中的应用，它作为隔音材料及探测损害控制的应用已成为一个新的应用领域。

6.2.3 形状记忆陶瓷

在电场作用下，陶瓷材料中同样存在着位移和马氏体相变，在相变过程中伴随着体积的变化，从而产生形状记忆效应。与形状记忆合金相比，由于形状记忆陶瓷的电场改变速度和范围比温度大得多，因而响应速度快，使用范围宽。不足之处是应变范围还不够大(0.08% ~ 1%)。依据其形状记忆机理的不同，形状记忆陶瓷可分为粘弹性形状记忆陶瓷(类似于高聚物形状记忆材料)、马氏体形状记忆陶瓷(类似于形状记忆合金)、铁电形状记忆陶瓷(电场引起晶格变化)、铁磁性形状记忆陶瓷(顺磁、逆磁引起晶格变形)。

(1)**粘弹性形状记忆陶瓷**

某些云母陶瓷有明显的形状记忆现象,即在高温塑性变形后,在受载下冷却到室温而后再重新加热时,几乎能完全恢复可达0.5%的预应变。这类材料具有典型的多相组织,云母作为主要晶相分布在连续玻璃相中,其形状记忆现象是由于重新加热时刚性基体上的弹性能驱动弥散晶相反向粘塑性应变所致。当温度高于573 K时,云母能沿基面产生塑性变形,但其周围的玻璃相维持弹性状态。由于云母在低温下位错滑移不可能发生,致使材料在高温下的变形,甚至在受载下冷却到室温,卸载后仍然保留。因此,玻璃相中储存的弹性应变能是恢复原始形状的驱动力。如果变形过的云母重新加热到高温,则储存的弹性应变能足以激活位错滑移,多相混合物将恢复原来的塑性变形。

粘弹性形状记忆现象不仅限于在云母玻璃陶瓷,其他陶瓷中也可以见到,β-锂辉石玻璃陶瓷、$2ZnO\text{-}B_2O_3$玻璃陶瓷,以及各种含少量玻璃相的烧结陶瓷,如云母、氮化硅、碳化硅、氧化锆、氧化铝中也有形状记忆现象,只是陶瓷的恢复应变很小(约为0.1%)。由于这些材料是粘弹性的和热激活的,因此,形状恢复率和恢复力与预应变、预变形温度、预变形速率、再加热温度和保持时间等因素有关。

(2)**马氏体形状记忆陶瓷**

纯的氧化锆晶体有低温型单斜相($m\text{-}ZrO_2$)、中温型四方相($t\text{-}ZrO_2$)和高温型立方相($c\text{-}ZrO_2$)三种晶型。当加热到950 ℃随后冷却就会发生四方相(t)向单斜相(m)的转变,再次加热到1 150 ℃,就会发生逆转变。氧化锆陶瓷中,由于相变塑性和韧化的存在,都能激发四方相(t)向单斜相(m)转变,而且是可逆变化。这就意味着马氏体形状记忆效应的出现。相变过程中伴随有3% ~5%的体积膨胀。据报道,MgO、部分稳定ZrO_2(Mg-PSZ)、CeO_2和稳定的四方ZrO_2(CeO_2-TZP)就发现有形状记忆效应。$t\text{-}m$相变是在冷却至一定温度时发生的,并且该温度与晶粒大小有关。在$t\text{-}m$相变温度以上,施加应力亦可诱发相变,同时产生类似"塑性"的变形。随后再加热时,因发生$m\text{-}t$可逆相变,使应变恢复。在陶瓷中,单向压缩总应变量在1.05% ~2.0%,几乎能完全恢复,但要注意产生晶界开裂和其他不可逆损伤,使形状记忆性能恶化和发生早期断裂。这种记忆陶瓷可用来制造高温形状记忆装置,而一般形状记忆合金是不能用于高温的。

(3)**铁电性形状记忆陶瓷**

钙钛矿型氧化物陶瓷的晶体结构有立方系、四方系、菱形系和正交晶系。根据材料实际成分和外加条件(温度、应力和电场)不同,它们可能处于顺电态、铁电态或反铁电态。在不同结构之间的相转变,如由顺电态转变为铁电态、反铁电态转变为铁电态,可能伴生显著应变,这种应变是由相转变时的自发应变和铁电畴转向或再取向所产生的应变两部分构成。一般电子陶瓷在去除电场后,将回到其原始状态,即典型的铁电行为。但是,有些陶瓷在零电场时,无论是铁电状态或反铁电状态都是不稳定的,当去除电场后,它们将回复到铁电状态。将电场极性快速反向,或者缓慢加热使铁电态可逆转变为反铁电态,就能回到原始状态,从而产生类似于形状记忆合金的形状记忆效应。

实验已经观察到,在钙钛矿类氧化物,如(Pb,La)(Zr,Ti)O_3,Pb(Zr,Sn,Ti)O_3,(Pb,Nb)(Zr,Sn,Ti)O_3和(Sr,Ba)NbO_6等中确有形状记忆效应。这种形状记忆陶瓷的记忆应变比记忆合金小,但因其记忆效应可用电场诱发,电场很易快速变化,故最大响应速度快,仅为微秒级。

(4)**铁磁性形状记忆陶瓷**

有些过渡族金属氧化物,其原子磁矩排列能发生有序-无序转变,并使材料由顺磁性转变为铁磁性,或由顺磁性转变为反铁磁性。这种可逆转变也伴有可逆点阵畸变。在四方尖晶石型氧化锰和正交氧化锰中,原子磁矩有序相和无序相可以在较宽温度范围内共存,如发生短程铁磁性(或反铁磁性)有序化,则将出现形状记忆效应。对这种记忆效应目前研究较少。

形状记忆陶瓷主要用在空间光学望远镜,如哈伯望远镜、日冕仪等的自适应调整装置上,另外还有希望用作能量储存执行元件。

6.2.4 形状记忆聚合物

高分子材料以其优异的性能广泛应用于各个领域。与第一代聚合物材料(塑料薄膜、管、制品)和第二代聚合物材料(代替金属的结构性塑料)不同,第三代聚合物材料是具有各种功能用途的材料,例如高效高分子分离膜材料,导电聚合物等。目前正在研制开发具有多种用途的有形状记忆功能的高分子聚合物材料,可应用于制造管道、电线的连接件、容器的外包层及衬里、医用器材和玩具等。形状记忆聚合物材料有记忆最初热加工成型形状的特点,无论制成品冷却变为何种形状,只要再加热到某一温度即可恢复到最初的形状。由于形状记忆合金材料的成本高、加工难,高分子聚合物材料作为后起之秀的形状记忆材料正迅速发展。

(1)**形状记忆聚合物的形状记忆效应**

形状记忆聚合物的结构具有两相结构,即保持成型品形状的固定相(或称冻结相)与随温度变化会发生软化-硬化可逆变化的可逆相。固定相用来记忆最初成型时的形状,可逆相则保证成型品可以改变形状。固定相和可逆相具有不同的软化温度。固定相可为聚合物的交联结构,部分结晶结构,聚合物的玻璃态,或者超高分子链的缠绕等。可逆相可以是产生结晶与结晶熔融可逆变化的部分结晶相,或发生玻璃态与橡胶态可逆转变(玻璃化温度 T_g)的相结构。大多数高聚物的聚积态均是结晶与无定型两种状态的共存体系。高聚物未经交联时,加热温度超过结晶熔点,表现出暂时的流动性、无记忆特性,但高聚物经交联后,原线形结构变为三维网状结构,加热到熔点以上时,不再熔化,而是在很宽的温度范围内表现出高弹形变的弹性体性质。高弹形变是指高聚物处于玻璃化温度或熔点以上时,高分子链及链段受外力作用能很快伸展开来,外力去除后可恢复形状的特性。高分子链及链段运动产生的高弹形变是高分子材料具有记忆效应的先决条件,高弹形变靠大分子构象的改变来实现。

形状记忆聚合物形状记忆效应的实质是:如果将赋型的高分子材料加热至高弹态,并施加应力使高弹态产生形变,在该应力尚未完全达至平衡时,使用骤冷方法使高分子链结晶或变到玻璃态,尚未完成的可逆形变必然以内应力的形式冻结在大分子链中。若将高分子材料再加热到高弹态,高聚物结晶部分熔化,高分子链及链段运动又重新出现,未完成的可逆变形会在内应力的驱使下完成,导致材料自动恢复到原来的状态。

因此,形状记忆聚合物材料必须具备以下条件:①聚合物材料本身具备固定相和可逆相的两相结构,且比例适当;②在玻璃化温度或熔点以上较宽温度范围内呈现高弹态,且具备一定强度,以利于实施变形;③在较宽的环境温度条件下具有玻璃态,以使在储存状态下冻结应力不会释放。

形状记忆高聚物材料的记忆特性与材料的弹性模量成正比,故交联度越大,缠结点越多,密度越大,分子量越高,弹性模量和形变回复力也就越大。表征形状记忆效应的物理量主要包括形变回复率、形变回复速率、回复应力、形变回复温度、扩张比、形变保持率等。

(2)几种主要的形状记忆聚合物

具有形状记忆功能的高分子聚合物材料可以是单一组分的聚合物,也可以是软化温度不同、相容性良好的两种组分的嵌段或接枝共聚物或者多种共混物。下面主要介绍一下几种主要的形状记忆聚合物材料。

1)聚降冰片烯

法国煤化学公司于1984年开发的环戊烯橡胶,是由乙烯和环戊二烯在狄尔斯-阿尔德催化条件下合成降冰片烯,然后开环聚合得到含双键和五元环交替结合的无定形聚合物。平均分子量300万以上,比普通塑料高100倍。日本杰昂公司首先将它作为形状记忆树脂投入市场。树脂中超高分子链的缠绕为固定相。玻璃化温度 T_g 为35 ℃,在 T_g 上下发生玻璃态与橡胶态可逆变的结构为可逆相。

除聚降冰片烯外,降冰片烯与它的烷基化、烷氧基化、羧酸衍生物等共聚得到的无定形或半结晶共聚物也有形状记忆功能。其分子量30万至400万,玻璃化温度-90~200 ℃,并可调节共聚单体比以控制 T_g 的范围。

2)反式1,4-聚异戊二烯

由日本可乐丽公司于1988年开发,采用烷基铝-三氧化钒系列齐格勒催化剂,经溶液聚合得到接近100%反式1,4结构的聚异戊二烯,熔点为67 ℃,结晶度为40%。用硫磺或过氧化物交联得到的网络结构为固定相,能进行熔化和结晶可逆变化的部分结晶相为可逆相。其二次变形和形状恢复温度为67 ℃,可通过配料比例进行调节。

3)苯乙烯-丁二烯共聚物

日本旭化成公司于1988年开发出由聚苯乙烯和结晶性聚丁二烯组成的混合聚合物。固定相为高熔点(120 ℃)的聚苯乙烯结晶部分,可逆相为低熔点(60 ℃)的聚丁二烯结晶部分。将树脂加热到120 ℃以上时可用一般成型工艺制得所需的形状。制品变形和形状恢复温度为60 ℃。该树脂变形容易,成型加工性能优良。

4)聚氨酯

日本三菱重工业公司于1988年开发的形状记忆树脂是由异氰酸酯、多元醇和链增长剂三种单体原料聚合而成。该树脂的部分结晶相为固定相。在 T_g 发生玻璃态与橡胶态可逆变化的聚氨酯柔软段为可逆相。形状恢复温度 T_g 为-30~70 ℃,可在宽广范围内选择适宜的原料种类和配比以调节 T_g。

三洋化成工业公司开发的液态聚氨酯系列形状记忆树脂可模塑成薄膜或片材,还可在130~200 ℃下制备铸塑产品,产品外形可通过折叠、模压等方式改变,在40~90 ℃范围内可再现原形。

5)氯乙烯型树脂与聚酯型热塑性弹性体的混合物

日本杰昂公司于1989年开发出由氯乙烯型树脂、聚酯型热塑性弹性体和增塑剂组成的混合物。氯乙烯型树脂为含氯乙烯单元50 mol%以上的氯乙烯树脂或共聚树脂,能与氯乙烯共聚的单体包括羧酸乙烯酯、不饱和羧酸酯、不饱和磺酸酯、烯烃、苯乙烯等。聚酯型热塑性弹性体是由二元羧酸或二元酸的卤化物、酯或酐与二元醇等经缩聚反应制得。通过改变组成可调节形状恢复温度。其制品的强度、形状保持性和形状恢复性均很好。

6)其他具有形状记忆功能的高分子聚合物材料

一般通过交联可赋予很多聚合物以形状记忆功能。如交联的聚氯乙烯,交联的聚乙烯,交联的共聚物弹性体,如至少含 70 mol% 乙烯的乙烯-丙烯共聚物,乙烯-丁二烯嵌段共聚物,乙烯-醋酸乙烯共聚物等。此外,还有聚氟代烯烃、聚乙酸内酯、聚酰胺,以及具有生物降解性的乙交酯或丙交酯的均聚物或共聚物等。

(3)**形状记忆聚合物的应用**

1)热收缩套管

这是开发最早和应用最广泛的形状记忆聚合物材料。所谓热收缩管是指在加热时能在径向收缩的管子。以聚乙烯热收缩管为例,其制作方法是先将聚合物与交联剂及其他添加剂按要求配料后用适当的成型工艺制成要求的管材,然后通过高能辐射使制品内部结构产生局部交联,起记忆管材形状的作用。随后将加热的管用机械法、差压法或其他方法进行径向膨胀,并快速冷却固化。应用时将此套管套在需要包覆或连接的物体上(如欲连接的电缆上),用加热器将膨胀的管加热到软化点以上(低于一次成型温度),膨胀管便收缩到初始形状,紧紧包覆在被包物体上。热收缩管应用广泛,主要用于绝缘、密封、防腐等方面,如高压电线、电缆的连接、端部密封、输气输油管道的防腐等。其中氟塑料热收缩管以其优越的性能已在军事国防工业中得到应用。

2)异径管接合材料

先将该材料加热软化成管状,并趁热向内插入直径比该管子内径大的棒状物,以扩大口径,冷却后抽出棒状物,得到的制品为热收缩管。使用时,将直径不同的金属管插入热收缩管中,用热水或热吹风加热,套管即收缩紧固。此法广泛用于仪器内线路集合,线路终端的绝缘保护,通讯电缆的接头防水,以及钢管线路接合处的防护等工程。

3)包装材料

利用形状记忆高分子材料制备成热收缩膜可应用于包装领域,如对产品的紧缩包装等。用形状记忆高分子材料制备容器外包装层时,为便于印刷,可先将其成型为筒状,加热使其变形为容易印刷的扁平状,冷却后印刷,然后加热扩大管径使其套在容器上,最后再进行加热,使其在无外力作用下恢复初始形状从而紧贴容器上。图 6.2 为用形状记忆 TPI 作容器外包层的示意图。

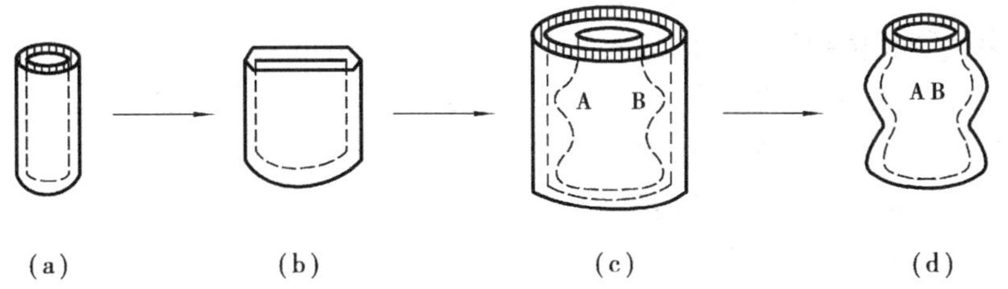

图 6.2　用 TPI 作容器外包层的示意图

4)医疗器材

在医疗方面,将形状记忆材料用作固定创伤部位的器材可代替传统的石膏绷带。其方法是将形状记忆聚合物加工成创伤部位形状,用热水或热吹风使其软化,施加外力变形为易于装配形状,冷却后装配到创伤部位,再加热便可恢复原状起固定作用。同样加热软化后变形,取下也十分方便(参见图 6.3)。

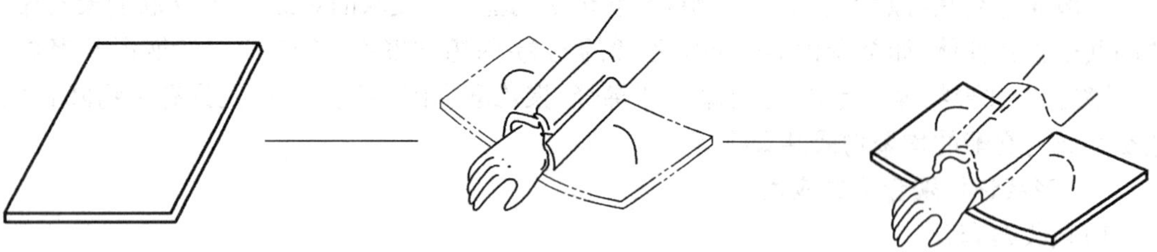

图6.3　形状聚合物的医疗应用

此外，形状记忆材料还可用作血管封闭材料，如止血钳、医用组织缝合器材等。

5)其他方面

形状记忆聚合物材料可用于变形物的复原，如飞机部件、领带、汽车保险杠，还可用做玩具、火灾报警装置、自动开闭阀门、紧固铆钉等。此外，也可用于日常生活用品，如制作汤勺的把手等。

6.3　电/磁流变液智能材料

6.3.1　电流变液及电流变效应

在20世纪发明的众多新材料中，有一种性能独特的智能流变材料-电流变液(Electrorheological Fluid，简称ERF)。1947年，美国的Winslow最早报道了电流变(ER)效应。他发明了一种由介电固体颗粒和绝缘性能良好的基础液组成的悬浮液，在电场作用下，其表观粘度比没有外加电场时高几个数量级，并且呈现出固化趋势。他给这种液体命名为电流变液体。电流变液通常是由一种高介电常数、低电导率的电介质颗粒(分散质)分散于低介电常数的绝缘液体(分散相)中形成的悬浮体系。介电微粒一般为天然有机化合物粒子、金属氧化物粒子、无机盐粒子、有机高分子粒子、有机半导体材料粒子和复合材料粒子等。作为分散相的基础液应具有高电阻、高绝缘、高密度、低粘度、高沸点、低凝点和良好的化学稳定性。基础液一般采用硅油、矿物油、卤代物和植物油等。添加剂具有增加介电微粒的表面活性、极化性和基础液的稳定性等功能，一般常用的添加剂为水、酸、碱和盐类等表面活性剂和稳定剂。稳定剂的加入可使液体中微粒与基础液之间的作用力得以增强，使电流变液体稳定。

电流变液在外电场作用下可以表现出明显的电流变效应。电流变效应是指电流变液体在电场作用下，流体的表观粘度和剪切应力急剧变化和增加，在一定的电场强度条件下，由液态转化为固态，当电场消失后又可由固态向液态转化的过程。关于产生电流变效应的机理有不同的解释。一般认为，电流变液体在未加电场时或所加电场强度不致发生电流变效应时，电流变液体中介电微粒遵循布朗运动的基本规律，电流变液体一般表现为牛顿(Newton)流体的性质，介电微粒在基础液中无序排列。当施加足够强度的电场后，分布于基础液中的介电微粒在电场作用下产生极化，介电微粒的相互作用使得所有的介电微粒按电场方向排列，集结形成连接两电极间的链状结构，链状结构的方向与电场方向一致，并且链状结构的链间横向连接成网状结构，此时由电场引起的剪切应力急剧增大，流体表现为宾汉(Bingham)流体的性质。当电场强度逐步增大到某一临界值时电流变液体的粘度增加,流体由液态逐步稠化转化为固态,具有抗剪切的静态最大应力。

6.3.2 电流变液的影响因素

(1)分散质

组成电流变液的分散颗粒的粒径一般在1～100 μm。如果颗粒过小,布朗运动的力就会与导致ER效应的极化力相竞争,而使流体失去ER效应。在电场作用下,颗粒越大,屈服应力越大,颗粒的极化能力就越大,ER效应也就越明显。然而颗粒太大,在重力作用下,颗粒沉淀加剧,使得电流变液的响应效率下降,从而降低了ER流体对电场的灵敏性。此外,悬浮颗粒的体积分数、介电性质及电导率也是影响ER效应的重要因素。颗粒的体积分数对ER流体的屈服应力、表观粘度等影响很大,流体的屈服应力基本上与体积分数的平方成正比关系。颗粒的介电常数越大,ER效应也越明显。颗粒的电导率太大或太小,ER效应均不理想。

(2)基液

任何基液只要能同悬浮颗粒产生介电失配,它们组成的流体都应该具有电流变效应。实际上,基液一般采用的是具有高电阻、高绝缘、高密度、低粘度、高沸点、低凝点和良好化学稳定性的绝缘油类。基液除可以影响悬浮体的沉降性和电流变液的零场粘度外,某些基液还可以对电流变效应有促进作用。

(3)含水量

水在电流变液中的作用是增加颗粒的"有效"介电常数,使颗粒紧密连接;水也可以作为一种连接剂,把颗粒连接起来;水还可以促进离子的界面极化,形成双电层。所以对于含水的ER体系,含水量增加,ER活性增加。其缺点是工作温度区域窄,水量太大将引起悬浮液不可逆絮凝。此外水的存在会导致介质击穿,电能损耗增大。

(4)添加剂

添加剂可以改善电流变液的某些性能。从目前来看几乎所有的电流变液都或多或少地加有添加剂。表面活性剂是应用较多的一种添加剂,它受温度的影响较小,还可以明显减小颗粒与基体的表面张力,改善颗粒的团聚,适量含量的表面活性剂对ER效应也有促进作用。对电流变液有温度影响的水或其他添加剂目前已很少采用。

(5)温度

温度不仅可以影响颗粒的极化强度,而且还会影响颗粒的运动状况。电流变液体中介电微粒的运动随着温度的增高呈增大的趋势,温度升高增强了介电微粒的活性,有利于电流变效应。但当温度达到一定值时,ER效应下降,其原因是含水体系中水的蒸发或介电常数对温度的敏感性使粒子未得到充分极化。而且,温度升高,布朗运动加剧,破坏ER流体的结构,引起ER活性降低。因而适当的温度有利于电流变性,过高的温度会使电流变性下降。

(6)电场频率和电场强度

电流变效应在一定程度上依赖于所加电场的频率,可以通过改变交流电场频率的方法来控制电流变液的粘度。电场强度对静态屈服力有着一定的影响,随着外加电场强度的增加,静态屈服力增加。

6.3.3 电流变液的应用

电流变液的粘度及屈服应力可由外加电场控制,当电场强度达到一定值时,它从可流动的牛顿流体转变为屈服力很高的粘弹塑性体，在这种转变过程中粘度的变化是连续的，在固态和液态之间进行的转化是可逆的，转变极为迅速，仅需几毫秒，并且转变所需的电能很少。通过改变外加电场可以改变电流变液体的许多流体特性。正是电流变液具有这些优良的特性，使其越来越受到各行各业的重视。

(1)流动模式的典型 ER 元件——阀、减振器、发动机支座

这类装置的原理是：ER 流体在静止的管道中流动，用电压改变流体的粘度，从而实现控制流体运动速度的目的。智能化的液压阀是这一类器件的典型例子。减振器是目前已有较好试验结果的 ER 装置。ER 减振器具有减振幅度大，可调范围宽等优点。由于减振并不要求 ER 有很大的屈服应力和非常快的响应及很宽的工作范围，因而 ER 减振器可以早日走向市场。美国 Lubrizol 公司已制造出半主动型电流变汽车悬挂系统，并已在福特公司的汽车上进行了道路试验。结果表明，装备 ER 减振器的汽车的减振效果明显。

这类装置还有 ER 发动机支座。这种减振装置所需的 ER 屈服应力仅为 1 ~2 kPa，因而目前的 ERF 是可以满足的。通过调节 ERF 粘度，从而可以有效地调节其动态刚度，达到减振的目的。

(2)剪切模式的典型 ER 元件——离合器、制动器

这类装置原理是把电流变液放在有相对运动的机械部件之间，通过控制电压，改变电流变液的粘度，从而控制机械部件传递力和力矩的大小。这类典型的 ER 装置有离合器和制动器。与传统离合器相比，该离合器的主要优点是：结构简单、机械磨损小、噪声低、响应快、无级可调、无传统的齿轮传动系统等。

(3)ER 复合梁

ER 复合梁是把 ERF 夹在结构的两夹层之间，通过控制电压，调节 ER 的粘度，使其在瞬间改变结构的刚度和阻尼的大小，以达到减振目的。据报道，这种梁的自然频率可以变化 25%，而阻尼比可以变化 45%。

(4)低温 ER 流体与火箭燃料

一种高能燃料是把铝粉放在液态氧中制成的悬浮液，铝粉外层自然形成的氧化膜使铝粉不会在电场中短路。由于铝的介电常数大，液态氧的介电常数小，两者相差极大，故其 ER 效应较强。由于这种燃料可通过计算机迅速精确地控制流动，不需要机械传动部分，因而对于低温的应用具有特殊的意义。它的另一个诱人的应用就是利用 ER 材料固态与液态变化的可逆性，在运输时使其固化，而在燃烧时再把它变为液体。无疑，这给火箭燃料的发展带来新的突破点。还有一方面，利用电压大小调节可以有效地控制燃料的粘度。另外，为了避免氧引起燃烧事故，还可以用液态氮作为代替。

(5)ER 隔声材料

ER 材料用于隔声的原理是通过电场强度的变化，改变 ER 材料的粘度以减少振动或噪声的谐波，从而达到隔声的目的。美国海军部所资助的电流变研究课题其主要目的就是将电流变流体制成多孔的吸声材料应用于核潜艇的吸附式保护层中，以抵抗声纳的搜索。

(6)ER 触觉屏装置

目前盲人识字是凸字符号识字(Braill 法)。随着个人电脑和 CD-ROM 数据图书馆的发展，有大量信息存入磁盘、光盘，而盲人无法接触这些信息。NASA 报告的 ER 触觉屏装置使触觉输出系统又翻开了新的一页。这种装置利用 ER 效应，在电场作用下使 ERF 固化，在装置外屏上形成盲人可以触及的点、线，从而使盲人可以靠触觉来辨字。

(7)ER **材料的其他应用**

ER 材料在生物医学工程方面、光学开关、润滑、抽丝、高压电源和流体密封等领域也有广泛应用前景。

但是，电流变液也有缺点，最主要的是需要极高的外加电压(通常高达数千伏)才能获得所需的流变性质的改变，这就使它的应用受到了限制，尤其在航空航天领域，使用如此高的外加电压无疑是非常危险的。另外，它的耐久性、强度和使用温度范围仍需进一步提高。

6.3.4 磁流变液概述

磁流变液(Magnetortheological Fluid，简称 MRF)是一种具有发展前途和工程应用价值的新型智能材料。性能良好的磁流变液在磁场的作用下能产生明显的磁流变效应，即在液态和固态之间进行快速可逆的转化，这种转化是在毫秒量级的时间内完成的。在该过程中，磁流变液的粘度保持连续、无级变化，整个转化过程极快，且可控，能耗极小，可实现实时主动控制。

磁流变液的研究是在电流变液的基础上发展起来的，一般认为 Winslow 在 20 世纪 40 年代末期发现了电流变现象，并把这种现象解释为由电场诱发固体颗粒相互作用所构成的链状结构阻碍了剪切流动。同时他也提到了与电流变现象相类似的“磁流变液”。磁流变液是将微米尺寸的磁极化颗粒分散溶于绝缘载液中形成的特定非胶性悬浮液体，因而其流变特性随外加磁场变化而变化。未加磁场时，磁流变液的流变特性与普通牛顿流体相似，若加一中等强度的磁场作用时，其表观粘度系数增加两个数量级以上，当磁流变液受到一强磁场作用时，就会变成类似“固体”的状态，流动性消失。一旦去掉磁场后，又变成可以流动的液体。这种可逆转变可以在毫秒量级内完成。其变化的微观机理可以描述为：当没有外加磁场时，粒子悬浮在载液中，呈自由分布状态；加上外部磁场后，液体中的粒子在磁场的作用下产生偶极矩，偶极子相互作用形成链状，呈规则排列；当磁场增强时，这种链状结构加强，并聚集成复杂的团簇结构。

磁流变液一般由三部分构成：铁磁性易磁化固体颗粒、载液油和稳定剂。磁性固体颗粒一般用球形金属及铁氧体磁性材料(颗粒尺寸为 5 ~ 50 μm)。而作为连续载体的载液油一般是非磁性能良好的油，如矿物油、硅油、合成油等。好的载液油具有低的零场粘度，高的温度稳定性，不污染环境等特性。稳定剂是用来确保颗粒悬浮于液体中。与磁流变液相关的稳定性有团聚稳定性和沉降稳定性，前者阻止颗粒粘结在一起，而后者确保颗粒随时间推移不往下沉淀。稳定剂必须有特殊的分子结构，一端有一个对磁性颗粒界面产生高度亲和力的钉扎官能团，另一端还需一个极易分散于某种基液中去的适当长度的弹性基团。

6.3.5 磁流变液的应用

磁流变液在磁场作用下，液体的流变性能发生了明显的变化，液体的粘度增大并渐渐缺乏流动性，当磁场强度大到一定值时，磁流变液由液态向固态转化。这是磁流变液最吸引人的特征，而且这种过程快速可逆，所需电能很小，非常适用于实时控制。其次，磁流变液有较大屈服应力，在 240 kA/m 时可达 100 kPa，是电流变液的 20 ~ 50 倍。由于磁流变液优良的物理特性和力学特性，近几年来，应用研究较晚的磁流变液有较强劲的发展势头，在 Load 公司率先提供的几种商业化电磁流变液器件中，几乎都是磁流变液应用器件。

（1）**磁流变液应用于阻尼元件**

这类装置是磁流变液的典型应用。由于磁流变液能够产生强大的阻尼力，而且磁流变液阻尼器可以根据外部的振动环境不同调节磁场强度，很容易改变减振系统的阻尼和刚度，可以达到主动减振的目的。

（2）**磁流变液应用于控制元件**

磁流变液可以做成优良的敏捷控制元件，应用于汽车、航空航天、机械制造、矿山等工业中，在可控机械部件间传递力或力矩。在这一类的磁流变液元件中，离合器、制动器都是典型的例子。

图6.4给出了两种离合器的原理图，图6.4(a)是单级同心圆形式，图6.4(b)是多级平行盘式。由图可知，在主动轴与从动轴的端部，有一间隙很小的容腔，其外壳和内盘分别与主动轴和从动轴相连，在容腔中装入磁流变液，内盘的外端绕有电磁线圈。在未加电源时，没有磁场作用的磁流变液的粘度较低，主动轴转动而没有较大的力矩传给从动轴，因而从动轴保持静止。当加入电源后，磁流变液受磁场的影响变粘直至固化，从而产生足够的剪切屈服应力将主动轴的力矩传给从动轴。在单级同心圆离合器中，磁流变液与周围结构的作用面积小，因而在零场情况下阻尼力小，从而有较高的机械效率，但传动力矩也较小，可应用于小扭矩及高转速的情况。多级平行盘式离合器能产生较大扭矩，可用于大功率的情况。在这种新型离合器中，放弃了传统的离合传动系统，具有控制简单、无机械冲击、机械磨损小和噪声低的特点。

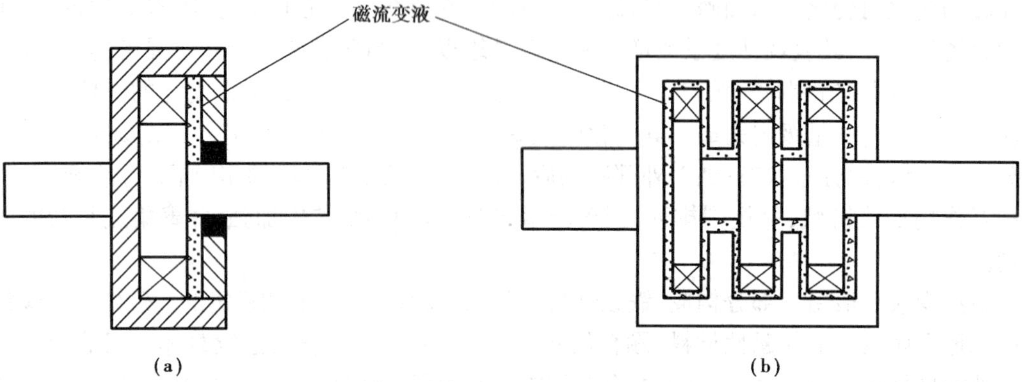

图6.4　磁流变液离合器的简易原理图

另外，磁流变液还可以做成磁流变可控阀门，利用磁流变液在磁场作用下在液态-固态可逆变化的特性，控制液压回路的开合，从而控制整个液压系统。利用该特征，可设计成固定特殊形状物体的柔性夹具和控制阻力大小的伸缩缸等。

（3）**磁流变液用于光学加工**

目前，高精度的表面加工是利用计算机控制的金刚石磨削技术，其在加工后仍会留下几个微米的表面损伤，因而，高精度的精加工对于光学镜头的最后形成和微表面粗糙度是十分必要的。20世纪80年代以来，由于磁流变液的兴起发展，许多人考虑将其应用于光学精加工行业。如图6.5所示，磁流变液对工件的精加工中，一个凸形被加工工件固定在移动壁上的某一位置上，于是该工作表面与移动壁形成一个汇集间隙。一个电磁线圈置于移动壁的下方，通电后在间隙处产生磁场。磁流变液分布于移动壁的电磁线圈上方，随着磁场的变化，它们逐步固化，并由移动壁的运动获得速度。在进入汇集间隙前，变成弹性宾汉物质。于是，弹性的磁流变液剪切流就在此间隙形成。这个位置就被称为“抛光点”,该抛光过程运用一个计算机程序来控制抛光的位置,由于它们的流体-固体可控特性,这种精加工可完成复杂的表面形状的抛光,并可得到非常高的表面光洁度。

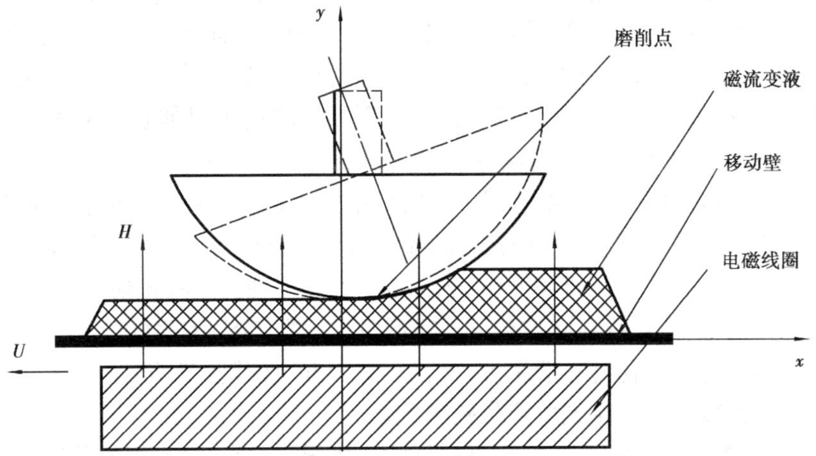

图6.5 磁流变液光学加工

(4)磁流变液用于机械密封

Kordonsky通过试验研究了旋转轴以磁流变液为密封介质的密封技术。它是通过改变磁场强度控制密封间隙里磁流变液的粘度,从而达到密封的目的。根据这种原理研制出来的MR密封圈,使用静态剪应力为5 Pa的磁流变液,当轴承处于静态,线圈电流为2.5 A,产生150 kA/m的磁场强度时,密封圈可以承受180 kPa高压力;当轴承处于动态时,密封圈可承受的压力与转速有关,先是迅速上升,在35 r/min时达到最高值330 kPa,然后缓慢下降,在240 r/min时仍可达250 kPa。这种密封装置结构简单,密封性能好,配合件磨损很小,适合于低速转动或静止场合,已在制备磁流变液的设备上得到了应用。

此外,磁流变液还可以用于微型机械装置和平版印刷技术等方面。

磁流变液也存在一些缺点,其中最主要的就是它在去磁场后恢复无序慢,这对它的应用非常不利。另外,用传统方法制备的磁流变液性能较差,不能满足实用的需要。因此,必须寻求克服磁流变液上述缺点的方法,以使它更好地应用于实际当中。

6.4 磁致伸缩智能材料

磁致伸缩智能材料是一类磁致伸缩效应强烈,具有高磁致伸缩系数并具有电磁能/机械能可逆转换功能的材料。磁致伸缩材料通常分为金属磁致伸缩材料和超磁致伸缩材料两大类。磁致伸缩材料在智能材料与结构领域中具有较好的应用前景,目前,这类材料已广泛用于声纳系统、大功率超声器件、精密定位控制、各种阀门和驱动器件等。

6.4.1 磁致伸缩效应及其机理

磁致伸缩效应是指磁性物质在磁化过程中因外磁场条件的改变而发生几何尺寸变化的效

应。一般来说,较弱磁场下磁性物质在各方向上的几何尺寸发生变化时,会保持总体积不变,即在某方向上伸长(或缩短),并同时在其垂直方向上相应缩短(或伸长),这就是所谓的线磁致伸缩效应。而与此不同的是,强磁场下磁性物质在各方向上尺寸发生变化的同时,其总体积也会发生膨胀(或收缩),这就是所谓的体磁致伸缩效应。由于体磁致伸缩效应发生在很强的磁场下,故这类材料很难在实际中应用,所以通常所说的磁致伸缩都是特指线磁致伸缩效应。

磁致伸缩是磁性材料的一种可逆性弹性变形。材料磁致伸缩效应的相对大小一般由磁致伸缩系数 λ 来表示。即 $\lambda=\Delta l/l_0$,这里 Δl,l_0分别为材料的绝对伸长和原长。若材料发生收缩,则 Δl 为负值,λ 也为负值。λ 是磁场和温度的函数。在一定的温度下,λ 的绝对值随磁场的增加而增大;达到饱和磁化时,λ 达到一稳定的饱和值,称为饱和磁致伸缩系数,以 λ_S表示。对于一定的材料 λ_S是个常数。材料的磁致伸缩系数不仅与化学成分有关,而且与材料的热处理状态有密切关系。这主要是磁畴分布、磁化过程与热处理工艺有密切关系。

对于磁致伸缩物质,还存在磁致伸缩逆效应现象,即当外加应力使材料产生应变时,材料的磁化曲线发生可逆性变化。一般来说,材料在应力方向(或垂直方向)上将产生磁化强度的变化。磁致伸缩逆效应也叫压磁效应或磁弹性效应。

当磁性材料的磁化过程改变时,自身的形状和体积要发身改变,以使总能量达到最小。产生磁致伸缩的主要原因可以归结为下述两方面:

①自发磁致伸缩(或称自身变形)。磁铁由高温时顺磁状态冷却,通过居里温度(T_c)变为铁磁(或亚铁磁)状态,由于交换作用使其自发磁化形成磁畴,伴随着体积和形状的改变。

②磁场磁化过程的磁致伸缩(又称场致形变)。一般所说的磁致伸缩即是指磁致形变。在磁化未达到饱和状态之前,主要是磁体长度的变化,即线磁致伸缩,体积几乎不变;饱和磁化以后主要是体积的变化,即体磁致伸缩。体磁致伸缩是由交换作用引起的。线磁致伸缩与磁化过程有关。线磁致伸缩和磁晶各向异性有相同的起源,是晶格上原子磁矩间的磁相互作用引起的,即与晶格场对电子轨道运动的束缚有关:一方面,电子轨道平面受晶格场的作用,另一方面电子的轨道运动与自旋运动间存在耦合作用。这两方面的作用叠加在一起,引起线磁致伸缩。这种线磁致伸缩是各向异性的。这也是磁致伸缩的主要来源。

6.4.2 磁致伸缩智能材料

(1)传统磁致伸缩智能材料

目前,较成熟的磁致伸缩材料还是纯镍以及一些铁基、镍基合金(见表6.2)等金属磁致伸缩材料。

表6.2 金属磁致伸缩材料的性能

材料	电阻率 ρ /($\times10^{-6}\Omega\cdot$m)	饱和磁致伸缩系数 λ_S /($\times10^{-6}\Omega\cdot$m)	机电耦合系数 k_m
Ni (99.9%)	7	−28	0.30
Ni50-Fe50	40	+28	0.32
Ni95-Co5	10	−35	0.50
Co49-Fe49-V2	30	−65	0.30
Fe87-Al13	90	+30	0.22

纯镍的疲劳强度高,耐腐蚀性能好,但电阻率低,因而必须轧制成0.1 mm或更薄的带材使用,以降低涡流损耗。含铝13%的铁铝合金,其磁致伸缩系数绝对值比纯镍要高、电阻率则比纯镍高12倍,可以使用较厚的带材。该合金的缺点是耐腐蚀能力差,表面容易氧化,在腐蚀性介质环境中使用时需要在材料表面涂上特殊的保护膜。Co49-Fe49-V2合金具有更高的磁致伸缩系数,但钴的含量大(49%),成本高,且电阻率低,耐腐蚀能力差。Ni50-Fe50合金的磁致伸缩特性和机械性能与纯镍相似,但具有较高的电阻率。

在金属磁致伸缩材料制备过程中,材料轧制成形后的热处理是十分关键的,它可直接影响材料的许多性质。

传统的金属磁致伸缩材料(如镍、铁等金属或合金)由于磁致伸缩值较小、功率密度不高,故应用面较窄,主要用于声纳、超声波发射等方面。这些材料的力学性能好,承受功率高,还可用于应力传感,但电阻率低,不适用于高频场合。而传统的非金属磁致伸缩材料(铁氧体)电阻率高,适用于高频场合,但力学强度低。

(2)稀土-铁(RFe_2)超磁致伸缩智能材料

20世纪60年代人们发现,一些稀土元素在低温时具有特别巨大的磁致伸缩值,比传统的磁致伸缩材料(镍等)大100~1 000倍。但稀土纯金属的居里温度很低,因而稀土纯金属作为磁致伸缩材料不具有实用价值。

20世纪70年代,A. E. Clark等人在美国表面武器研究中心(Naval Surface Weapon Center,NSWC)和依荷华州立大学(Iowa State University,ISU)的联合支持下,率先开展了具有实用意义的稀土-铁(RFe_2)超磁致伸缩材料的研究与探索。实验发现:RFe_2立方Laves相化合物,不仅室温磁致伸缩应变大(为传统材料的10~100倍,其中以$TbFe_2$的最大),而且居里温度高,物理化学性能稳定。

RFe_2的磁晶各向异性常数相当大。一方面,大的磁晶各向异性导致了大的线性磁致伸缩;另一方面,这种各向异性阻碍了畴内磁化方向的转动,使饱和磁化变得困难,需要相当强的外磁场才能使材料达到饱和磁化状态,因此给实用带来了困难。把磁晶各向异性常数反号的两种RFe_2材料组合起来而形成的赝二元RFe_2则在保持大磁致伸缩的同时,大大降低各向异性常数,从而降低饱和磁化所需的外磁场强度。赝二元RFe_2中以$Tb_{1-x}Dy_xFe_2$(通常称为Terfenol-D)的λ值最大,机电耦合系数也高,所以一直是超磁致伸缩材料中研究的重点。

6.4.3 磁致伸缩智能材料的应用

磁致伸缩智能材料的应用与电致伸缩智能材料类似,可用作超声和水声换能器件(如超声探伤、声纳)、电信器件(如振荡器、延迟线)、测量传感和控制驱动器件等。此外,稀土-铁(RFe_2)超磁致伸缩材料具有比传统磁致伸缩材料大得多的磁致伸缩值,并且机械响应快、功率密度大、耦合系数高,在智能材料结构领域具有较好的应用前景。这种材料已经被广泛地应用于声纳系统、大功率超声器件、精密定位控制、机械制动器、有源减振系统等方面,还可制成各种阀门、驱动器件等等。

(1)磁(电)-声换能器

1)大功率低频发射声纳

电磁波在液体和固体中因衰减过快而无法利用。而声信号则是液体和固体进行探测、通讯、侦察和遥控的主要媒介。发射和接受声信号的器件称为声纳,其核心元件是由压电陶瓷或磁致伸缩材料制成的。声纳的发射频率一般都在 2 kHz 以上,而低于此频率的低频声纳有特殊的优越性:频率越低,声信号在水中衰减越小,传送距离越远,同时频率低受潜艇涂层噪音的干扰也小。稀土超磁致伸缩材料功率密度大,低频(<2 kHz)响应好,频带宽,是制作大功率、小体积、低频、宽频带发射型声纳驱动元件的理想材料。已得到实际应用的稀土超磁致伸缩材料声纳有:

①水下声纳　用于通讯、侦察、诱饵等军事目的和海洋科学、海洋工程、渔业等。

②陆地声纳　用于地质工程和地质科学,如矿脉勘探,大坝、桥梁、铁路的基础勘探以及地质、地震和考古研究等。

③工业声纳　用于石油测井,输油管堵塞定位和油田二次采油等。

图 6.6 是一种用 Terfenol-D 材料设计的环状声纳示意图。每个单元中用永磁体产生偏磁场,用螺线圈产生交变磁场,六个单元组成一个环。随着磁场的变化,环就膨胀或收缩,将声波发射出去。美国海军使用的这类预警系统,其探测距离可达数千千米。

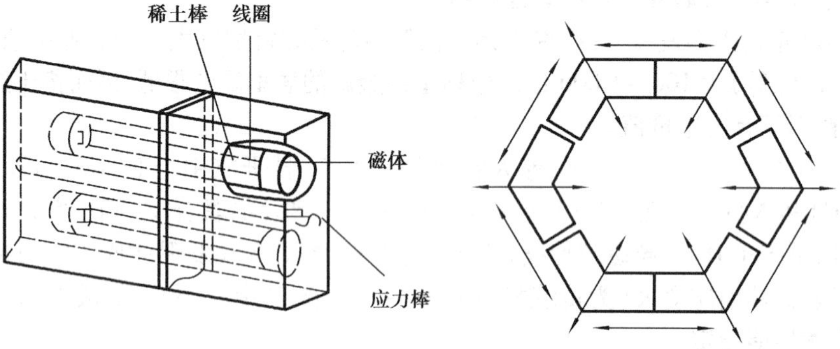

图 6.6　低频声纳示意图

2)大功率超声换能器

在声纳领域成功应用的基础上,又用稀土超磁致伸缩材料制作了大功率超声换能器。驱动元件用薄片叠层方法制成的 Terfenol-D 超声换能器,克服了高频下的涡流损耗,被广泛地应用于清洗、除垢、分离、乳化、破碎、机加工、探伤和医学等方面。

(2)**磁(电)-声换能器**

1)精密定位装置

稀土超磁致伸缩材料精密定位装置用于精密和超精密加工,精密仪器定位,计算机磁头定位,光通讯相调制,造纸、塑料金属加工定尺以及印刷制版控制等。ETREMA 公司研制的 Terfenol-D磁头定位装置,使计算机磁带存储的数据增加了 10 倍。用 Terfenol-D 雕版头,可使制版速度提高 1 倍。

2)微型马达

稀土超磁致伸缩材料驱动器向高速、大行程发展就成为微型马达。按驱动原理,这种稀土超磁致伸缩马达主要分为两类:位移累加马达(英寸蠕动马达)和振子型马达(弹性波马达)。稀土超磁致伸缩马达主要用于自动操作器、机械手、机器人、大行程阀门操作器及工具、造纸、塑料、金属加工的大行程精密定位系统等。

3)流体控制系统

稀土超磁致伸缩材料阀结构简单、响应快、精度高,可进行流量精密控制。图6.7是一个用磁致伸缩棒作为驱动元件的燃料注入系统的示意图。该燃料注入阀用一根负的磁致伸缩棒顶住阀芯,将燃料流关闭。一旦施加外磁场,磁致伸缩棒收缩,从而打开阀芯,使燃料流出。该结构设计简单,而且能提供迅速、精确和无级的流量控制,并为实现燃烧过程的优化提供了可能。

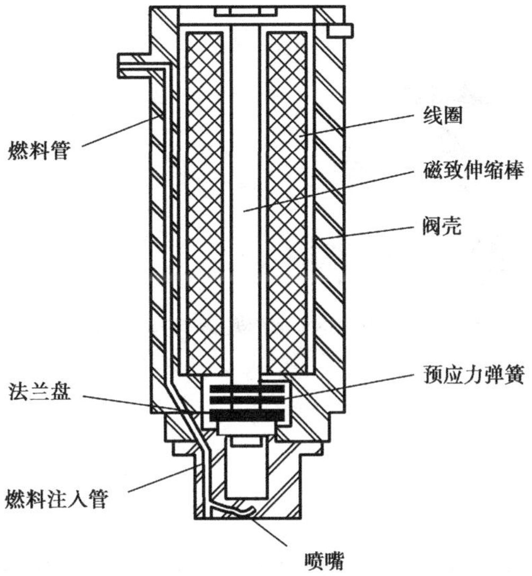

图6.7 燃料注入系统

瑞典ABB公司用Terfenol-D为驱动棒和阀设计的流体泵,直接装在海底液压驱动器旁边,驱动器操作油、气生产阀。该泵功率大,效率高,泵速快,输出压力大,结构简单,可靠性高,几乎不用维修,免除了从海面到海底的液压管道。

4)主动降噪减振系统

这种系统是将传感器检测设备的振动位移信号经控制器处理后反馈到设备底座的驱动器,由驱动器产生大小相等、位移相反的位移来抵消振动。稀土超磁致伸缩材料主动降噪减振系统在汽车、飞机、精密机床、电子-光学设备、太空望远镜、人造卫星及宇航器等方面已经得到了广泛的应用。如ETREMA公司将一个咖啡杯大小的稀土超磁致伸缩驱动器装入飞机引擎底座,可使机舱内噪音降低20 dB,噪音水平与豪华汽车相当。

5)其他方面

此外,稀土超磁致伸缩驱动器还可以用在自适应光学领域及电力工业(开关、接触器及继电器等)等方面。

(3)**其他应用**

利用稀土超磁致伸缩材料在磁场中产生应变的原理,可以用来设计制造袖珍测磁仪;利用稀土超磁致伸缩材料变形或受力可引起磁场及线圈输出信号的相应变化,可以设计制造探测位移、力、加速度的传感器以及可调控的表面声波器件。由于稀土超磁致伸缩材料在磁场中的弹性模量(E)变化极大(150%),所以声速(V)变化也很大(声速V正比于$E^{1/2}$),这一特性可用来设计可调谐的声波器件、声纳的相位传感器、振荡器等;可变延迟性可用于雷达、声纳的相位传感器和电子计算机的存储元件等。

第 7 章 光学材料

光学材料所涉及的范围极其广泛,包括了从最古老的光学材料——玻璃到最新的有机电致发光材料。而在应用方面,则从日常生活中的眼镜到最新的情报技术器械中的液晶显示器,无不存在着光学材料的影子。

光学材料广义上指在光学仪器和装置中起光学作用(效应)的材料。光学效应有线性和非线性两种,利用材料的非线性光学效应起功能作用的光学材料,一般称非线性光学材料。狭义上讲光学材料是指利用线性光学效应,传输光线的材料,也称为光学介质材料。这些材料以折射、反射和透射的方式,改变光线的方向、强度和位相,使光线按照预定的要求传输。也可以吸收或透过一定波长范围的光线而改变光线的光谱成分。

光学材料的分类有多种,按其材质进行分类,可将其分为无机材料、半导体材料和有机高分子材料等。按其结构与形态来分类,有晶体材料、液晶材料、无定形材料、薄膜材料等。按其特性与功能来分类,则可将其分为基础材料、发光材料、光显示材料、光记录材料、光电能量变换材料、光控制材料、光传播材料和非线性光学材料等。

本章主要介绍光纤材料、光色材料以及红外材料。

7.1 光纤材料

7.1.1 光纤通信与光纤

光纤是信息社会通信技术使用的关键材料,也是进一步发展光电子技术的重要材料。现在的光纤通信就是用半导体激光器作光源、将电信号变为光信号,传输介质是超高纯、低损耗的光学玻璃纤维,再由接收元件恢复为电信号,使受话机发出声音。光通信比电气通信的通信容量大得多,一根比头发丝还细的光纤就可以传输几万路电话或上千路电视。而且,光纤不怕电磁干扰,保密性强,耐腐蚀,柔软而易于铺设,还能节省大量有色金属铜和铅。

要实现光通讯,必须有光元件、组件及信号加工技术和光信号的传输介质。20 世纪 60 年代发现了激光,这是人们期待已久的信号载体。早在20世纪40年代,人类就发明了玻璃纤维,但由于透光玻璃纤维的光损耗太大而无法作为光信号的传输介质。1966年,英国标准电信实验室英籍华人高琨博士发表了一篇论文,提出改进材料的纯度可将光导纤维中的光损耗减到20 db/km左右,这一创见立即引起各国科学家的极大关注。1970年,美国康宁公司首先拉制出长200 m、光损耗为20 db/km的石英光纤(光损耗是1966年的1/50),这是世界上制成的第一根对光纤通讯有实用价值的光纤。5年后,康宁公司建立了第一个生产光纤的工厂。十多年后,石英光纤的损耗又降低了两个数量级,约为0.2 db/km,几乎达到了材料的本征光学损耗。1985年2月,一条横贯日本北海道与九洲之间长达3 400 km的通信光缆建成并投入使用。现在横跨大西洋、太平洋的海底光缆已投入使用。因为光纤损耗恒定,所以可以很容易满足系统高参量传输的需要,将别是对传送声、数据和图像信号。另外,光纤不只是作为通讯载体介质,还可以作为传感器材料,在各学科领域中都得到应用,如用于医疗、遥感、遥测技术。有人估计飞机上的测试设备及自动驾驶系统都可实现光控过程,以减轻重量,并使信息传递保密性更强。

7.1.2 光在光纤中传输的基本原理与光纤的结构

入射到折射率分别为n_1和n_2的两种折射率不同的介质界面上的光,一部分反射,另一部分经折射透射过去。入射角θ_1与折射角θ_2之间服从折射定律$\sin\theta_1/\sin\theta_2=n_2/n_1$,当入射角$\theta_1$逐渐增大时,折射角$\theta_2$也相应增大,增大到90°时,入射光线全部返回到原来的介质中,这种现象叫光的全反射。此时的入射角$\theta_1=\arcsin(n_2/n_1)$,为临界角。光纤通信就是利用这种内全反射的原理。当入射到光纤芯子中的光与光轴线的交角小于一定值时,光线在界面上发生全反射。这时,光将在光纤的芯子中沿锯齿状路径曲折前进,但不会穿出包层,这样就避免了光在传输过程中的折射损耗,如图7.1所示。

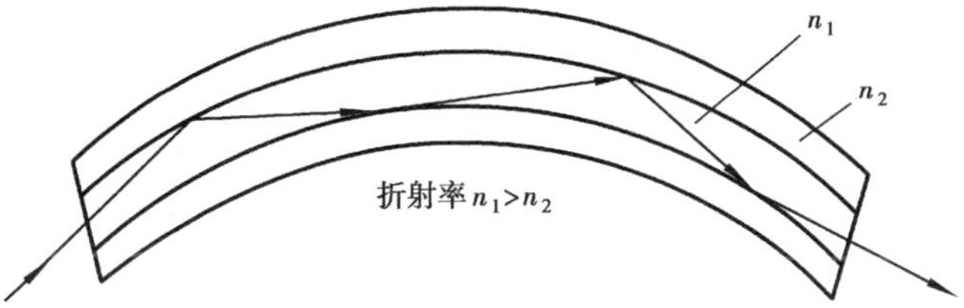

图7.1 光在光纤中的传输原理

光纤一般分三部分构成:芯部、包覆层和保护套,如图7.2所示。芯部用于传递光,根据设计变化成分获得必要的折射率;包覆层的折射率要与芯材匹配,用以改善强度、降低污染、减少光损失;保护套基本由尼龙做成。按芯部折射率的变化,光纤结构有阶跃型(SI型)和梯度型(GI型)两类。阶跃型光纤的芯与包层间折射率是阶梯状的改变,入射光线在纤芯和包层的界面产生全反射,呈锯齿状曲折前进。梯度型光纤的纤芯折射率从中心轴线开始沿径向逐渐减小(约以半径的二次方的反比例递减),因此入射光线进入光纤后,偏离中心轴线的光将呈曲线路径向中心集中传输。由于光束在梯度型光纤中传播时,形成周期性的会聚和发散,呈波浪式曲线前进,故梯度型光纤又称聚焦型光纤,通常利用离子交换使光纤有梯度折射率。表7.1所示为部分商品光纤的特性。

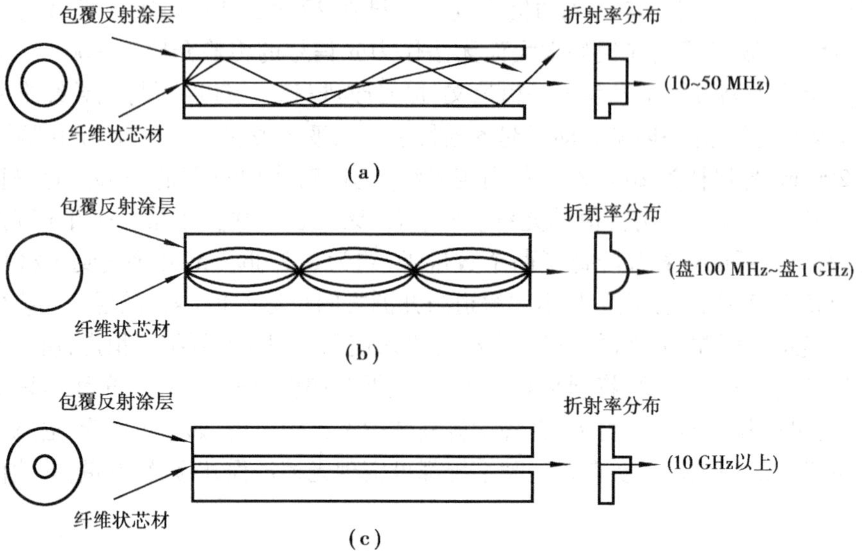

图 7.2　各种光学纤维的结构与光传输模式

表 7.1　部分商品光纤的特性

芯　材	结　构		光纤口径		传输特性		NA	主要用途
	折射率分布	传输模量	芯材直径 /μm	涂层厚 /μm	损耗 /(db·km^{-1})	带域 /(MHz·km^{-1})		
塑料	SI	M	100 ~ 3 000	7 ~ 15	≥160(0.65)	≥6	0.5	近距离通讯
多组分玻璃	SI	M	100 ~ 400	20 ~ 50	≥25	≥5	0.25 ~ 0.55	近距离通讯
石英	SI	M	60 ~ 100	15 ~ 25	3 ~ 6(0.85)	≥10	0.18 ~ 0.24	中距离通讯
石英	GI	M	50	36 ~ 39	约 3(0.85) 约 1(1.3)	100 ~ 1 000	0.18 ~ 0.24	中距离通讯
石英	SI	S	9 ~ 11	56 ~ 59	约 0.5(1.3)	数千以上		远距离大容量通讯

传输模式是光学纤维最基本的传输特性之一。若光纤只允许传输一个模式的光波，则称它为单模光纤；如果光纤允许同时传输多个模式的光波，这种光纤为多模光纤。光学上把具有一定频率，一定的偏振状态和传播方向的光波叫做光波的一种模式，或称光的一种波型。

多模光纤直径为几十至几百微米，与光波长相比大很多。因此，许多模式的光波进入光纤后都能满足全反射条件，在光纤的输出端可以看到光强度分布的不同花样，即在输出端出现多个亮斑，一个亮斑代表多模光纤所传输的一种模式的光波。

单模光纤的直径非常细，只有 3 ~ 10 μm，同光波的波长相近。在这样细的光纤中，只有沿着光纤轴线方向传播的一种模式的光波满足全反射条件，得到正常的传输。其余模式的光波由于不满足全反射条件，在光纤中传送一段距离后很快就被淘汰。

多模光纤的传输频率主要受到模式色散的限制，所以传输的信息量不可能很高。单模光纤不存在模式色散，所以传输频带比多模光纤宽，传输的信息容量大。20 世纪 80 年代以来，各国均采用标准的单模光纤（芯径 9 μm，外径 125 μm）制成通信的光缆来建设光纤通信线路。

7.1.3 光纤材料的分类

光纤按传送模数分,可分为单模光纤和多模光纤;按使用波长分,可分为紫外光纤、可见光纤、近红外光纤和远红外光纤;按材料组成分,可分为无机材料光纤和塑料光纤。塑料光纤一般直径较大(1 mm),传输距离较近,在几十米以内,大孔径,光耦合效率高。

生产光纤的方法目前很多,主要有气相轴向沉积法(VAD)、改进的化学气相沉积法(MCVD)、气相外涂法(OVD)和等离子体化学气相沉积法(PCVD)等。现在世界上使用最多的是 MCVD 法。

(1)无机光纤材料

1)石英系玻璃与多组分玻璃

用于制作 0.8 ~ 1.6 μm 波长范围光纤的基础材料为两类光学玻璃:第一类是石英系玻璃,SiO_2为主要成分,掺杂材料为 P_2O_5,B_2O_3,GeO_2中任一种或几种的组合;第二类为多组分玻璃,是由一种或多种玻璃形成体(SiO_2,B_2O_3或 P_2O_5)通过引入网络修饰体(Na_2O,CaO,MgO等)及中间体(Al_2O_3)等共同组成的玻璃,主要用作透镜、光波导等的光学玻璃。目前,通信用光纤都是石英系玻璃光纤。典型的多组分玻璃光纤的组成为钠钙硅玻璃,这种玻璃用作光纤的特点是玻璃态稳定、色散低和瑞利散射衰减小。

石英系玻璃主要通过气相沉积工艺形成,很容易以卤化物原料制得高纯度的玻璃,将过渡金属杂质、$-OH$ 控制在 10^{-6}量级内,且很容易实现折射率与掺杂浓度的精确控制。多组分玻璃光纤的制备一般采用双坩埚法,通过玻璃中的 Na_2O 含量或芯包熔体界面的离子交换方法调整折射率,但该法不如气相法精确可靠。另外由于引入了网络修饰体,且其材料难以提纯,以及均匀性差,因此多组分玻璃光纤比石英系玻璃光纤的化学稳定性和机械强度要低得多,最低损耗仍相当大,约为 4 db/km。综上所述,石英系玻璃光纤的综合性能比多组分玻璃好,因此在光纤玻璃材料中占据很大比重。多组分玻璃光纤则限于用作图像传导和某些短距离信号传输。

2)晶体光纤材料

晶体光纤具有良好的强度、硬度及化学稳定性和独特的几何结构。最近人们利用定边馈膜等方法,研制出了 Al_2O_3,ZrO_2,AgBr,KCI 和 CsI 等晶体光纤。晶体光纤能用作耐高温、抗腐蚀的高温探测元件及用于激光能量传输。人们还研究了用单晶光纤作为黑体辐射型温度传感器的耐热光纤材料,单晶光纤的材料可以采用蓝宝石、掺 Cr 蓝宝石、YAG(钇铝石榴石)、Nd-YAG等。

3)红外玻璃光纤

现在通信用的最好的石英光纤的光损耗为 0.16 db/km,已接近其理论极限值。能否有光损耗更低的光纤呢?这就是非氧化物红外玻璃光纤。它们是由氟化物等卤化物或硫化物以及硫卤化物为主要成分的玻璃光纤。这种光纤的特点是透红外性能好、理论光损耗小、光纤的性质和结构可按设计要求在较大范围内变化,制造工艺简单。

卤化物玻璃光纤中较为突出的是氟化物光纤。氟化物玻璃光纤的最大特点是超低光损耗,在理论上它的光损耗比石英光纤的最低光损耗要低 1 ~2 个数量级。氟化物光纤的主要组成是氟化锆-氟化钡-氟化镧三元系玻璃。在此基础上,又引入氟化铝、氟化钠等,已经制成了性能最好的氟化锆-氟化钡-氟化镧多元系氟化锆酸盐玻璃光导纤维。

4)掺稀土光纤材料

在玻璃中掺入不同的稀土元素能提高材料的磁光、电光和非线性系数,而且掺稀土光纤还具有温度敏感特性(热敏吸收带和荧光特性),并且能构成光放大器和激光器。

目前,人们采用低蒸汽压掺杂剂输送的 MCVD 法,蒸汽和溶液浸渍的 VAD 法,凝胶技术和旋转铸造技术等,将 Nd,Er,Dy,Tb,Ho,Ce,Eu,Yb 及 Pr 等稀土元素单独或混合掺入光纤芯中构成稀土元素玻璃。掺杂浓度在 $2\times10^{-7}\sim3\times10^{-3}$ 之间,掺稀土光纤具有损耗与常规光纤相当的水平,只是在附近有很高的掺杂剂吸收带,适合于作分布式传感器、光纤激光器和超亮度光源的有源增益介质及其他非线性器件。

(2)有机光纤材料

利用高分子材料制作光纤的工作最早由美国杜邦公司(Du Pont)开始于 1964 年,此后日本电信电话公司(NTT)也进行了一系列的基础研究,三菱人造纤维公司(Mitsubishi Rayon)于 1978 年成功地将 PMMA 的塑料光纤进行了工业化,在此之后各种不同类型的塑料光纤被相继开发成功和使用。

用作光纤芯材使用的高分子,具有优异的透明特性是其最基本与最重要的必要条件。芯材的其他光学特性及芯材与涂层的界面特性也对其性能有极大的影响。影响其透明性的最主要因素是高分子材料的分子结构。在可见光领域显示共轭吸收的高分子材料显然不适合用作光纤。通常当分子中含有双键等带 π 电子的结构时,紫外光领域的吸收极易产生红移而使材料带色。当分子有 OH 或 NH 等取代基时,由于这些基团在近红外领域会产生吸收,也会使拥有近红外线波长激光在传播中产生较大的损失。另一方面,若材料中存在着不同折射率的区域,由于瑞利散射的增大也可使传播中的损失增加。因此结晶性高分子、嵌段共聚物甚至无规共聚物等有显著的组成分布的高分子显然不适合作为塑料光纤材料。高分子合金等两种以上的高分子的共聚物在微观结构上存在着密度及折射率不同的区域,在光学特性上也不适合用作塑料光纤材料。现在用作纤芯的塑料主要有聚甲基丙烯酸甲酯、聚苯乙烯、聚碳酸酯和聚甲基硅氧烷等。

用作包层的高分子,其折射率应比芯材高分子的折射率小 2% ~3% 以上,并具备以下必要条件:①具有较低的折射率;②非晶性高分子;③与芯材高分子界面的良好粘结性;④良好的材料强度。用作包层的高分子主要有氟树脂、聚甲基丙烯酸甲酯、聚 4-甲基 1-丁烯等。

与玻璃光纤相比,塑料光纤具有纤维状芯材直径、大易耦合、包覆反射涂层薄、易弯曲、抗电磁干扰等特点,同时还具有优异的加工性能和加工费用较低等优点。由于塑料光纤材料本身具有良好的可弯曲性,因此大口径的塑料光纤即可同时与数量众多的光源和检测器进行连接。此外,由于塑料光纤的制造费用低、重量轻以及在可见光领域内光损耗低,可以使用廉价的 LED 系统,从而可大大降低整个通讯系统的成本。但是,与玻璃光纤相比,塑料光纤也存在着光传输损耗较大,耐热性差等问题。

塑料光纤的用途主要在短距离光通讯领域,如运动物体内的光信号通讯、机器间的光信号通讯;光传感器领域,如光电开关、探伤检测用光传感器、医用内窥镜与显示器件的画像传输;导光器领域,如汽车的局部照明、医疗器械用照明;显示器领域,如大型广告牌用显示器、交通信号与表示用显示器。

(3)其他特殊用途的光纤及其材料

通信用光纤的包覆层主要用作光纤的机械保护。在传感器应用中,利用不同的包覆结构和包覆材料可以使光纤对外界环境的影响增敏或脱敏,从而扩展光纤的功能及应用范围。如光纤中利用涂磁致伸缩材料的护套能响应外界磁场,用于磁场的传感测量;在光纤上镀镍后,利用其高弹性模量使光纤对压力或声的敏感性降低,可制成声或压力脱敏光纤;在光纤上涂覆铝层可制成分布式光纤温度传感器,涂钯光纤用于检测氢气等气体的传感器等。

7.1.4　光纤的应用

光纤最广泛的应用是在通信领域,即光导纤维通信。自20世纪60年代以来,由于在光源和光纤方面取得了重大的突破,使光通信获得异常迅速的发展。作为光源的激光,方向性强、频率高,是进行光通信的理想光源;光波频带宽,与电波通信相比,能提供更多的通信通路,可满足大容量通信系统的要求。因此,光纤通信与卫星通信一并成为通信领域里最活跃的两种通信方式。

光纤在非通信光纤的应用领域相当广泛,归纳起来,其功能性应用在以下三方面,即传光、传像和传感。

(1)传光

1)光纤照明

光纤照明是由光源发生器、光纤束和各款兼具功能性和装饰性的(水晶)尾件所组成,见图7.3。利用卤素灯泡或HTT灯泡发出的光线,经过发生器内特殊设计的反射罩及连接的导光光纤,把不带电的冷光传送至设计好的光纤位置,产生既安全又美观的照明效果。其基本特征是光源可以放置在远离被照明区域的其他地方,光纤本身不带电、不怕水、不易破损,而且体积小、柔软可挠性好,使用起来很安全,因此特别适用于物体内部和易燃易爆等危险环境照明及游泳池、喷泉等潮湿场合的照明。也可用于博物馆照明,免除红外线和紫外线对展品的损伤。另外,光纤照明系统的使用寿命长,维修工作量很小。

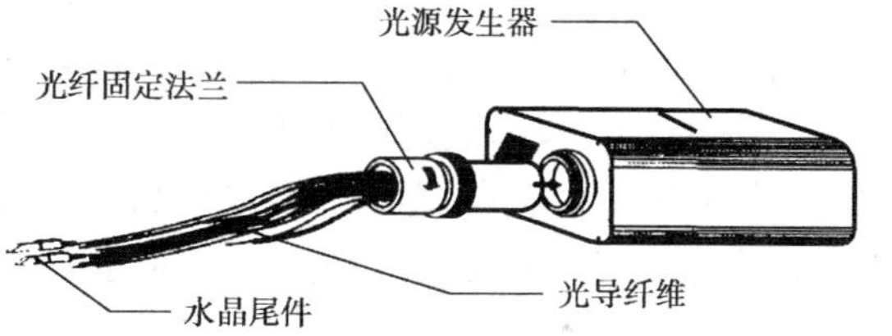

图7.3　光纤照明系统结构图

2)光纤装饰

通过光纤输出的光,不仅明暗可调,而且颜色可变,是动态夜景照明比较理想的选择。塑料光纤柔软性好,不易断,成本低;丽彩柱状光纤,色彩鲜艳,视角开阔;线性光纤柔软、亮丽。这些光纤被广泛用于商品展示、广告标志、娱乐场所、建筑物等方面的装饰,它们也可用来制作各种光纤工艺品,如壁画、光纤花篮、插花、工艺灯等。

3)医用光纤

传统的医疗用灯泡照明缺点是光有阴影、亮度不足和操作不便,而采用光纤传光束可将光直接引入到需要观察或治疗部位,光纤照明具有体积小、操作方便和冷光照明的特点,使得它在冷光乳腺检查仪、牙固化机、外科、妇科、五官科等手术器械上得到了充分应用。光纤传光束直径多在0.50~6 mm之间,其长度视操作要求而确定,多在20~5 000 mm之间,典型的有牙科照明器、纤维导光头灯、光纤手术床灯、脑外科光纤照明器、耳鼻喉眼科等用的传光束。在各种内窥镜的光学系统中包括传光系统和传像系统,其传光系统也主要由多组分玻璃光纤或石英光纤构成。

光纤为医用激光开辟了广阔的前景，作为食道、直肠、膀胱、子宫、胃等深部探查内窥镜（胃镜、血管镜等）的光学元件，可不必切开皮肉就直接插入身体内部进行手术。切除癌瘤组织的外科手术激光刀即由光导纤维将激光传递至手术部位，能做到在做外科手术时既不出血、无外伤或无较大的切口，又没有尖锐物触痛病人。在激光血管造形术方面，激光束经过光纤可传送到阻塞部位，从而把阻塞动脉血栓清除。

（2）**传像**

柔性传像束主要用于制造各种医疗内窥镜、工业内窥镜及内窥监控仪器。柔性传像束的可挠性强，自由度大，比较容易实现一米以上较长光路的结构需要，与传统光学透镜光路比较，其结构简单、质量轻、不需要复杂的机械结构，因此被广泛用于航空、航天、汽车制造、工农业机械、石油化工、电子、建筑、钢铁、军事等领域。

硬性传像束（也称刚性相干纤维束）可用于制作医用和工业用硬管内窥镜。内窥镜传像系统主要用来采集身体器官图像，便于医生进行医学诊断。其优点是光路方向改变不用棱镜。大截面光纤传像束在军事上的应用广泛，如用于侦察兵装备的光纤潜望镜，其核心部件都是像元素超过40万个的大截面传像束。

（3）**传感**

光纤传感器一般由光源、光导纤维、光传感器元件、光调制机构和信号处理器等部分组成。光源发出的光经光导纤维进入光传感元件，在光传感元件中受到周围环境场的影响而发生变化的光再进入光调制机构，由其将传感元件测量检测的参数调制成幅度、相位、偏振等信息，实现光电转换过程，最后利用微处理器如频谱仪等进行信号处理。光纤传感技术具有光学测量和光纤传输的一些优点，即具有灵敏度高、电绝缘、抗电磁干扰、抗化学腐蚀、安全性强、形状可塑性等传统传感器无法比拟的特点，能制成各种传感器用于测量压力、温度、流量、位移、光泽、颜色、产品缺陷等。在军事应用方面包括水下探测的光纤传感器、用于航空监测的光纤传感器、光纤陀螺、用于核辐射检测的光纤传感器等。在民用领域的应用，如运用光纤传感器监测电力系统的电流、电压、温度等重要参数，监测桥梁和重要建筑物的应力变化，检测肉类和食品的细菌和病毒等。在医学及生物领域的应用包括医学临床用光纤辐射剂量计、呼吸系统用气流传感系统、氧气浓度及其他生物参数测量用生物传感器等。日本生产的小型光纤氧浓度传感器可装在人工心脏中。美国、英国、意大利、瑞典、荷兰等国都推出了光纤血压计。

7.2 光色材料

光色材料也叫光致变色材料。光致变色材料的最主要特性就是光敏组分的光致变色性质。即一个物质A在受到一种波长光（波长λ_1、频率v_1）照射时，结构发生变化，形成物质B，而当用另一种波长光（波长λ_2、频率v_2）照射或在热的作用下，B又可逆地回到A。A和B具有完全不同的颜色，这种光诱导的颜色变化称为光致变色现象，简单表示如下式：

$$A(\lambda_1)\underset{hv_2\&kT}{\overset{hv_1}{\rightleftharpoons}}B(\lambda_2)$$

一般从A变为B的辐射能频率为紫外区波长，而从B变为A大多为可见光区波长。光致变色组分经紫外光照射,在时间短于毫微秒的瞬间会发生结构上的变异,从而引起颜色的变化而记录信息。还可以通过受到另一波长的光或热的作用恢复到原来结构和颜色,从而可实现重复使用。整个记录过程包括光照、激活反应、发色和消色反应等。

光致变色材料包括有机和无机两大类。

7.2.1 无机光色材料

无机光致变色材料主要包括掺有杂质的各种变价金属氧化物、金属卤化物和金属盐水合物等。无机光色材料主要是光色玻璃。光色玻璃,俗称变色玻璃,是在紫外光或可见光中的蓝紫光辐照下产生光吸收而着色,去除辐射后又可逆地回复其原始状态的一种玻璃。这里仅对实际应用较多的光色玻璃作简单介绍。

(1)含卤化银玻璃

将质量分数为0.2% ~0.7%的卤化银AgX(AgCl,AgBr,AgI或者它们的混合物)加到硼硅玻璃中熔化,待玻璃熔化后,在适当条件下进行热处理,析出直径为40 Å的AgBr微晶,光照这种玻璃时产生下式所示的光化学反应:

$$AgX \underset{kT\&hv_2}{\overset{hv_1}{\rightleftharpoons}} Ag^\circ + X^\circ (X^\circ = Cl^\circ, Br^\circ, I^\circ)$$

Ag°或其原子团成为着色中心,感生吸收范围包括整个可见光区域,玻璃变色范围为灰至褐色。在原理上它与照相底片的银盐系感光材料一样。但在玻璃中,X°被关在基体中而不至于向系统外扩散,所以当光照射停止时就产生逆反应而回到原始状态。加热或用长光照射可以加快其恢复原状。感光波长为从只添加AgCl时的3 000 Å到添加AgCl + AgI时的6 000 Å。

所以,有宽的光响应波长范围和着色-复明永久可逆性是含卤化银光色玻璃的特性。

(2)还原性碱金属硅酸盐玻璃

碱金属元素中Li,Na,K的硅酸盐玻璃在强还原气氛下熔化,再经紫外线照射,就产生作为着色中心的结构缺陷。如果在这种玻璃中加入微量的经光照射后很容易释放出电子的离子(如Eu^{2+}及Ce^{3+}),就成为对日光响应灵敏的光色玻璃。例如掺有氧化铈和氧化镁的硅酸盐玻璃中,能变价的铈离子在紫外光辐照下产生4f-5d的电子跃迁,形成能吸收蓝紫色光波的亚稳态色心,使玻璃在太阳光照射下逐渐由浅黄色变深黄褐色。这种变暗了的光色玻璃在弱光照射时,室温的热运动就能使铈离子色心恢复原来的电子态,使玻璃恢复高透明状态。

7.2.2 有机光色材料

有机光色材料,是一种新型的功能材料。它的研究和开发,将对电子工业,尤其是信息产业,产生不可估量的作用。目前对于有机光色材料的研究大都集中在二芳基乙烯、俘精酸酐、螺吡喃、螺恶嗪、偶氮类以及相关的杂环化合物上,同时也在继续探索和发现新的光致变色体系。

不同类型的光致变色高分子其变色机理是不同的。一般可将变色机理归纳为七种类型,即键的异裂、键的均裂、顺反互变异构、氢转移互变异构、价键互变异构、氧化还原反应、三线态-三线态吸收。例如,螺吡喃及其衍生物通常情况下只吸收紫外线而不吸收可见光,因而不显色。在加热或紫外线照射下,螺吡喃中的碳氧键发生异裂,生成带颜色的异构体——异喹啉,此时在断键处产生共轭现象,共轭的异喹啉强烈地吸收可见光而显色。这个过程完全可逆，在改变温度的条件下，异喹啉可以闭环重新回到螺吡喃的无色状态。

7.2.3 光色材料的应用

对所有的光致变色材料而言，实用化的重要因素至少包括下列两点：第一是呈色体必须具有足够的热稳定性；第二是光致变色化合物具有抗疲劳性。

光致变色材料的应用范围可归纳为以下几个主要方面：

(1)光的控制与调变

眼科学和强光防护用光色玻璃以传统的 AgX 光色玻璃为主，已经获得了广泛的应用，如用来制作变色镜。其突出优点是：光色变化幅度大，变暗度可达 50% ~60%；耐疲劳，在经历数十万次反复变色后无明显疲劳现象。对于强光的突然变化，AgX 光色玻璃反应较慢，因而研究快速响应的光色材料具有较大的实际意义。

汽车玻璃应用光色玻璃材料一直是人们的梦想，因为光色玻璃可有效地阻止紫外线对人体及其他物品的照射，又可以保温节能。但由于传统的 AgX 玻璃价格昂贵，制成大面积平板玻璃比较困难，且易形成色差；另一个缺点是由于褪色速度较慢，汽车突然进入黑暗地带会使司机前面光线昏暗，极易发生危险。因而汽车用光色玻璃一直没有真正开发出来。就目前而言，主要是应用传统的光色玻璃材料作汽车尾部和侧面的挡风玻璃。

在建筑物上装饰光色玻璃将大大提高建筑质量，能自动调节居室的亮度，能防止大量紫外线长时间照射，能使建筑保温节能，因此是一种环保节能材料。虽然变色眼镜早已制造出来，但要用同样的方法制作一块大面积、材质均一的变色玻璃目前尚难办到。采用有机变色材料制作的夹层调光窗，由于极易疲劳衰变，也未能商品化。目前，主要是光色玻璃的昂贵价格限制了它在建筑业的发展。

光色玻璃可用于强闪光防护。原子弹和氢弹爆炸时形成的强脉冲辐射，会造成人眼的损伤。首先被考虑受到保护的是飞机驾驶员和领航员，其次是海面舰艇驾驶员和领航员，最后是地面装甲车驾驶员和指战员。因为飞机驾驶员眼花三秒钟要比地面司机眼花三十秒造成的危害性更大。解决的办法是研制光致变色护目镜。

目前，英国国防服装及纺织品局科研中心正在研制使用光致变色染料，其对非激活光的透过率高，在高强光下透过率明显减少。由于这类光致变色染料对紫外光的应激性高，因此，在紫外光大量存在的核爆炸初期，能大量吸收爆炸产生的可见光。

(2)信息存储元件

光致变色材料的显色和消色的循环变换特性可用于信息存储元件。预计未来的高信息容量、高对比度和可控信息储存时间的光记录介质就是一种光致变色膜材料。

光色材料在光的辐照下具有反复变色的特性，所以一直被认为是最有前途的存储材料。由于光色材料的颜色在光照下发生可逆变化，所以产生两种型式的光学存储，即“写入”型与“消除”型。“写入”型是用适当的紫光或紫外线辐射来“转换”最初处于热稳定或非转换态的材料；消除型是用适当的可见消除光对预先在转换辐射下均匀曝光而变黑了的材料进行有选择的光学消除。通常记录全息图都采用消除型。当样品材料在干涉型消除光下曝光时，就形成吸收光栅。入射光最弱的地方为最大吸收(消除效果差)，入射光最强的地方为最小吸收(消除效果好)。信息读出时，照明光通过吸收光栅，光栅衍射以再现所存储的信息。为消除全息图，只需用光照射晶体使其重新均匀着色，恢复到原来的状态。

将有机光致变色小分子与高聚物相结合可形成军事信息的存储与传输。利用光致变色材料在不同波长光照射下的显色-褪色反复循环变色的可逆性,可用于军事信息的存储。由于有机材料是利用分子的变化来记录信息的,从理论上说可以实现分子记忆,所以存储密度高,存储容量大。ITEK公司用光致变色材料制作的计算机光学存储器元件,可以处理多达十亿个信息单位,其存储信息的能力,可以将一本1 245页的圣经书记录在一块5 cm的光色片上。利用光致变色的可逆性,在光致变色膜上用紫外光蚀刻的办法存储军事信息,用绿色光照射的方式显示信息,用蓝色光照射的方式清洗信息,清洗后的膜还可以再使用,这是一种可以重复使用的信息存储介质。对于大量的军事和外交秘密急件,可以压缩成光致变色的缩微像,隐藏在很小的空间,以最轻便、最秘密的方式传递。据报道,早在第二次世界大战期间,德国就用“微点技术”传送军事情报,进行间谍工作。一张标准大小的纸上所记载的军事情报被压缩到只有0.05英寸的缩微像,就是利用光致变色的原理。对于宇宙飞行器来说,进入太空时至少需要携带192 000张外层空间资料和太空航行图,体积和重量都很可观,用光致变色缩微像技术,则可大大减少负荷。

(3)用作热防护或强光辐射剂量

一些光致变色材料也是热防护材料,如果在宇航器的表面涂敷光致变色材料,还可以调节温度。光致变色材料对强光特别敏感,因而用它制作强光辐射的计量计,能测量电离辐射,探测紫外线、X射线、γ射线等的剂量。如将光致变色材料涂敷在宇宙飞船的外部,能快速精确地计量出高辐射的剂量。

7.3 红外材料

每种处于0 K以上的物体均辐射特征电磁波,并主要位于电磁波谱的红外区域。它的波长范围很宽,从0.7 μm到1 000 μm。红外线波长可分为三个光谱区:近红外(0.7 ~ 15 μm)、中红外(15 ~ 50 μm)和远红外(50 ~ 1 000 μm)。

红外线同可见光一样在本质上都是电磁波,与可见光不同之处在于:①红外线对人的肉眼是不可见的;②在大气层中,对红外波段存在着一系列吸收很低的“透明窗”。如1 ~ 1.1 μm,1.6 ~ 1.75 μm,2.1 ~ 2.4 μm,3.4 ~ 4.2 μm等波段,大气层的透过率在80%以上。8 ~ 12 μm波段,透过率为60% ~ 70%。这些特点促使了红外线在军事、工程技术和生物医学上的许多实际应用。现在,几乎在国民经济各个领域都可以找到它的应用实例。概括讲,主要有以下四个方面:①辐射测量、光谱辐射测量。如非接触温度测量,农业、渔业、地面勘察,探测焊接缺陷,微重力下热流过程研究。②对能量辐射物的搜索和跟踪。如宇航装置导航、火箭、飞机预警、遥控引爆管等。③制造红外成像器件。如夜视仪器、红外显微镜等,可用于火山、地震研究,肿瘤、中风早期诊断;军事上的伪装识别;半导体元件和集成电路的质量检查等。④通信和遥控。如宇宙飞船之间进行视频和音频传输,海洋、陆地、空中目标的距离和速度测量。这种红外通信比其他通信(如无线电通讯)抗干扰性好,也不干扰其他信息,保密性好,而且在大气中传输,波长愈长,损耗衰减愈小。

红外仪器设备系统主要是两部分:一是红外光学系统;二是红外探测器。红外光学材料主要指用于红外光学系统中的窗口、整流罩、透镜、棱镜、滤光片、调制盘等,要求有良好的红外透明性与较宽的透过波段。一般来说,红外光学材料的透过波段和透过率与材料内部结构,特别是与能级结构及化学键有密切关系。例如,对于晶体材料,其短波吸收限主要取决于禁带宽度,而长波限取决于声子吸收即晶格振动吸收。而晶格振动的频率 v 与吸收长波限相关,即振动频率 v 越低,长波限值越长。对于玻璃及塑料,其透过波段及透过率与原子及分子结构有关,但由于其结构的长程无序,它的短波及长波吸收限与禁带宽度及声子吸收的对应关系较为模糊。玻璃与塑料的应用与研究是近年来活跃的领域。

目前实用的红外光学材料有几十种,可以分为单晶、多晶、玻璃、塑料等四大类。

7.3.1 红外单晶材料

单晶材料是人们最早使用的一类红外光学材料。在红外技术中作为光学材料较为常用的单晶大约有十几种,主要有半导体晶体、碱卤化合物晶体、碱土-卤族化合物晶体及氧化物晶体。单晶材料主要优点是制备技术相对成熟,材料具有良好均一性,材料结构完整,可避免材料内部结构缺陷(如气孔、夹杂)等对红外光学性能的影响。

(1)半导体单晶

在半导体材料中,有些晶体具有良好的红外透过特性。锗单晶为金刚石结构,在红外波段有良好的透明性。锗不溶于水,化学性质稳定,在透射波长范围内其折射率 $n \approx 4.0$,色散很小。25 ℃时禁带宽度为0.69 eV,对应的吸收短波限为1.8 μm,透射波长范围1.8 ~25 μm,是一种优良的红外材料,广泛地用于制造红外透镜、窗口、棱镜等。但随着温度升高其透过率下降,在300 ℃条件下,8 ~12 μm 波段几乎完全失透,3 ~5 μm 波段透过率仅为25 ℃时的20%左右,故锗不宜在高温下使用。

与锗类似,硅也是一种金刚石结构的半导体单晶材料,化学性质稳定,不溶于水,而且不溶于大多数酸类。硅的禁带宽度1.1 eV,对应的吸收短波限为1.1 μm。硅的红外光学性能良好,且机械强度较好及红外性能受温度影响小于锗。

碲化镉(CdTe)是一种Ⅱ ~Ⅴ族化合物,其透过波段为1 ~30 μm,在8 ~14 μm 波段内,折射率约为2.67,熔点1 045 ℃,化学及物理性质稳定,是一种性能优良的红外材料,但碲化镉单晶生产成本高,特别是 $\phi \geq 100$ mm 单晶生长较为困难,限制了碲化镉的应用。

砷化镓(GaAs)是一种Ⅲ ~Ⅴ族化合物半导体,其透射波段为1 ~18 μm,在8 ~15 μm 范围内,其折射率为2.73 ~3.34。砷化镓熔点为1 238 ℃,不溶于水,有良好机械性能,化学性质很稳定,目前已用于红外窗口材料和透镜等,如 CO_2 激光器窗口。但从经济和成本角度考虑,在红外用途上,砷化镓多晶材料显得更有前途,其透过率已达单晶材料的95%以上。

(2)碱卤化合物单晶

碱卤化合物晶体属离子型晶体,如氯化钠(NaCl)、氟化钠(NaF)、氟化锂(LiF)、氯化钾(KCl)、溴化钾(KBr)、碘化铷(RbI)、溴化铯(CsBr)、碘化铯(CsI)等。一般情况下,碱卤化合物晶体具有从可见光到红外光的透过特性,且透过率比较高,具有较好的红外光学性能。这一类材料熔点不高,培育大尺寸单晶较容易,也容易实现光学均匀性。然而大多数碱卤化合物极易溶于水,在空气中易潮解,因而使用时需蒸镀保护膜。同时它们硬度较低,机械强度差,很容易解理损坏,故一般情况下,碱卤化合物晶体仅用于一些精密仪器,如在红外分光光度计、红外光谱仪中作分光棱镜及窗口材料。

KRS-5(TlBr-TlI 混晶)、KRS-6(TlBr-TlCl 混晶)是目前已广泛应用的红外材料,其具有很宽的透射波段，仅微溶于水，可在较低温度条件下使用，是一种性能良好的低温窗口材料。但KRS-5、KRS-6有冷流变的特点，不能在无支撑情况下长期使用。

(3)**碱土-卤族化合物单晶体**

目前使用的几种碱土-卤族化合物晶体，包括氟化钙(CaF_2)、氟化钡(BaF_2)、氟化锶(SrF_2)和氟化镁(MgF_2)。碱土-卤族化合物晶体的特点是透射长波限较短，一般在10 μm左右，折射率也比较低，反射损失小，一般无需镀增透膜，与碱卤化合物晶体相比较，碱土-卤族化合物晶体硬度要高得多，机械强度也好得多，且几乎不溶于水。碱土-卤族化合物晶体红外透过率受温度影响较小，因而可以在较高温度条件下使用，如作为导弹热寻头的整流罩及飞行红外吊舱的窗口等。

氟化镁(MgF_2)是目前用途较广的材料，具有很高的机械强度及抗热冲击性，可做为红外制导系统的红外整流罩及窗口。但由于长波限为8 μm，不能用于长波范围。培育$\phi>100$ mm尺寸的MgF_2单晶体仍是较困难的，且在经济上也是不划算的。因此，目前大多使用热压多晶MgF_2材料。

(4)**氧化物单晶**

氧化物单晶也是目前广泛使用的一类晶体，其中蓝宝石(Al_2O_3)、石英(SiO_2)、氧化镁(MgO)和金红石(TiO_2)被广泛用于导弹、卫星等领域。氧化物单晶材料的特点为：具有耐高温、抗热冲击、机械强度高、坚硬等特点，很适合作窗口材料。但氧化物单晶一般透过长波限≤6 μm。

蓝宝石是3~5 μm近红外波段的优良材料，广泛用于窗口及整流罩等。蓝宝石是三方晶系各向异性晶体，显示有双折射性，在600 ℃温度下，其红外透过性能下降不大，在液氮及液氦温度下，红外特性略优于室温情况，与玻璃也有很好封接特性。

红宝石是掺有铬的氧化铝单晶，其光学和其他理化性质与蓝宝石相似，目前培育的蓝宝石单晶直径$\phi\geq180$ mm。

石英晶体与红、蓝宝石晶体有许多相似性，也是一种较好的近红外材料，但目前融熔石英(也称石英玻璃)应用似乎更广泛一些。

氧化镁晶体，其禁带宽度很大，使用温度达400 ℃时，红外特性也无明显变化，是一种耐高温的近红外材料，但氧化镁熔点很高(2 800 ℃)，用传统直拉法与区熔法很难制备大型单晶以满足需要。

金红石是一种双折射晶体，熔点1 820 ℃。金红石的一个重要特点是在1~5 μm波长范围内，折射率为2.5~2.3，同时约等于几种常用探测器材料(InSb，PbS，PbSe)的折射率的几何平均值。因此用金红石作这些探测器元件窗口可使反射损失减少。

7.3.2 红外多晶材料

对于多晶材料，除了单晶材料的吸收因素外，杂质及缺陷是影响红外性能的重要因素。若不考虑杂质与缺陷(气孔等)，从理论上讲，大多数多晶材料与单晶材料红外透明性能几乎一致。由于多晶制备技术，特别是多晶热压(HP)、物理及化学气相沉积法(PVD，CVD)制备技术得到了长足发展，使得多晶的性能与单晶相差无几。另外，多晶材料不存在解理面，其机械强度、抗热冲击性、经济性等优于单晶，可以做到很大尺寸，因此在一些领域已取代了单晶材料。红外多晶材料种类较多，几乎前面提到的单晶材料均可制备为多晶材料。

降低多晶材料气孔率，可以提高红外透射性能，同时也可以提高材料机械强度。HP，PVD，CVD 是目前制备多晶材料常用的技术。HP 技术始于 20 世纪 50 年代，最早由美国柯达公司、Bausch & Lomb 公司等应用，并于 1960 年制成热压 MgF_2。热压 MgF_2红外性能与单晶基本一致，且机械性能优于单晶材料，目前已广泛应用于红外窗口及透射材料。

硒化锌热压多晶制备则比氟化镁需要更高的压力与温度，但硒化锌有 0.48 ~ 21 μm 的透射波长范围，较高的折射率 2.44（5 μm 处），较小的色散和较低的吸收系数等一系列特性，是一种十分优异的红外材料。除热压工艺外，国内外较多采用 PVD，CVD 法制备硒化锌材料，并广泛地用于透镜及窗口材料。

此外应该指出，由于目前 ZnSe，ZnS，MgF_2等多晶材料制备技术的完善，已可制造出性能接近理论值的多晶材料，其性能与同类材料的单晶体一致，但在机械性能、热性能和加工性能方面优于单晶，而且成本也低于单晶材料。

7.3.3 红外玻璃

红外玻璃与其他类型红外光学材料，特别是和单晶材料比较，具有光学均匀性好，制备工艺简单，可以熔铸成各种形状、尺寸，易加工，价格低廉等优点。缺点是透过波长较短，使用温度低于 500 ℃。红外光学玻璃主要有以下几种：硅酸盐、铝酸盐、镓酸盐和硫属化合物玻璃。氧化物类玻璃的有害杂质是水分，硫属化合物玻璃透过红外波长范围较宽，但加工工艺比较复杂，而且常含有有毒元素。

（1）氧化物玻璃

通常的氧化物玻璃，即由 SiO_2，B_2O_3，P_2O_5，PbO 等组成的玻璃，这种玻璃可以透过可见光到 3 μm 红外光，使用 CeO_2，TeO_2，TeO_3，Sb_2O_3，Al_2O_3，Ga_2O_3，Bi_2O_3，TiO_2等替代 SiO_2从而获得了铝酸盐、锑酸盐、碲酸盐、镓酸盐、钛酸盐类玻璃，这一类玻璃在透射长波限方面有所改善，但其透过波长不超过 7 μm。

以铝酸钙为主要成分的玻璃红外透射长波限为 6 μm ，目前大量使用的 BS39 B，BS37 A 就属于铝酸钙玻璃，它们的透射性能与蓝宝石近乎相同，在 800 ℃下仍有良好的热机械性能。

镓酸盐玻璃与 BS37 的性质类似，但退火温度略低，约为 670 ℃，透射长波限为 6.65 μm。

碲酸盐玻璃透射长波限与之相同，但退火温度为 320 ℃，其使用温度一般低于 250 ℃。碲酸盐玻璃等适合作 InSb，PbS 型探测器的窗口。

在磷酸盐玻璃中添加氧化镧（La_2O_3），氧化铈（CeO_2），氧化钕（Nd_2O_3）等可改善玻璃红外透过特性，降低吸收系数。

（2）硫属化合物玻璃

由于元素氧化学键对大于 6 μm 波长的光有强烈吸收，故用Ⅵ元素中硫代替氧作为玻璃的基本组分，研制出硫属化合物玻璃，较之氧化物玻璃透过红外波长范围加宽，一般透射波长限大于 10 μm。最早研制的是三硫化二砷玻璃，其长波限为 11 μm，10.6 μm 处折射率为 2.4，但三硫化二砷玻璃冷流变及最高使用温度≤110 ℃，限制了其应用。其后，以锗、硒、镓、碲为组分的玻璃相继出现，这些材料具有更长的波限、更高的使用温度。

硫属化合物玻璃中锗砷硒及硒锑锗是两种较好的材料，锗砷硒透射波段为 1 ~ 16 μm，包括了 3 ~ 5 μm，8 ~ 14 μm 两个大气窗口，软化点 474 ℃，使用温度 400 ℃。例如，$Ge_{30}As_{30}Se_{40}$玻璃，可以透过波长为 13 μm 的波。硒锑锗软化点 328 ℃，使用温度 250 ℃。

硫属化合物组分元素大多带有毒性和易爆性,加之融熔和淬火方面的困难,使得制备大型高质量硫属化合物玻璃材料成品率较低。

7.3.4　红外塑料

塑料是一种无定形态高分子聚合物,一些塑料在红外或远红外波段有良好的透过率,因而可以用来制备红外窗口、透镜等。目前塑料已广泛地用于红外报警、红外监控及传感等民用或警用领域。由于塑料分子结构复杂,导致非常多的晶格振动吸收带和旋转吸收带,因此透过率相对不是很高,尤其是中红外波段。

最常见的红外塑料包括:丙烯酸酯和2-甲基丙烯酸酯有机玻璃,聚乙烯、聚丙烯塑料,聚四氟乙烯、聚四甲基戊烯塑料等。丙烯酸酯可透过3～4 μm波段的红外光及可见光,在常温下,大量用于红外发光二极管等的封装材料。聚乙烯在可见光波段不透明,但在24～37 μm有较高透过率,但使用温度较低。高密度聚丙烯塑料透射波长为16～21 μm,可作为窗口材料使用。聚四氟乙烯是另一种常用塑料,透射波长为2～7 μm,9～15 μm,覆盖了两个大气红外窗口,具有很高的化学、物理稳定性,使用温度－260～＋260 ℃,可作为保护膜材料和小型民用红外激光器窗口材料等。由聚四甲基戊烯组成的一种商业牌号为TPX的塑料,其透过波长为16 μm直至毫米,它具有良好机械强度和抗腐蚀性,可在200 ℃温度下使用,TPX在可见光至远红外光的折射率几乎一致(1.43),所以它的可见及远红外成像在光谱上兼容,这是其优良特性之一。

第 8 章 新能源材料

8.1 概　述

目前世界能源经济的基础是化石燃料，作为不可再生能源，对其过度开采，不仅造成了资源的枯竭，而且其利用过程中伴生的污染物及温室气体的排放严重破坏了自然生态环境，不利于社会的可持续发展。太阳能、生物能、核能、风能、地热、潮汐能等一次能源和二次能源中的氢能等，被认为是新世纪有望得到广泛应用的新能源。新能源的发展不仅依靠利用新的原理来发展新的能源系统，同时还必须依靠新材料的开发和应用，才能使新能源系统得以实现，并进一步提高效率、降低成本等。因此，当前的主要任务应着眼于改善已有材料的性能，开发新的环境友好材料。本章将围绕储氢和制氢材料、燃料电池和太阳能电池用材料展开论述。

8.2 储氢材料和制氢材料

8.2.1 氢能源概述

氢是世界上最简单、储量最丰富、分布最广的元素。它可以从水、化石燃料、生物质等化合物中制取。有资料报道，单单海水中的氢蕴含的能量就是地球上化石燃料总能量的 9 000 倍。而且氢是清洁能源和优良的能源载体。基于上述背景，越来越多的科学家认为世界将向氢经济社会过渡。但是非常遗憾的是，现在的氢工业并不是把氢作为能源载体加以利用，而是把它作为化工原料，比如：利用氢分解原油制取汽油和柴油等。现在美国、欧盟和日本等发达国家纷纷制定自己的氢经济战略，把氢作为未来主要能源之一，为氢经济社会的到来做准备。氢经济是一项系统工程，它包括：制氢、储氢、输氢、用氢、基础设施建设、氢安全法规等。一旦氢经济社会建立起来，就会给人类的生产和生活带来巨大的变革。

氢能是人类未来的理想能源。一是因它具有较高的热值，如燃烧1 kg的氢气可产生

1.25×10^{6} kJ 的热量，相当于 3 kg 汽油或 4.5 kg 焦碳完全燃烧所产生的热量；再是氢资源丰富，我们知道，地球表面接近 3/4 是被水覆盖的，水中含氢量达到 11.1%。氢最大的优点是燃烧后的产物是水，不会产生环境污染问题。但氢能的开发利用不是一件容易的事，它需要解决两个关键性的问题：氢气的制取和氢气的储存。下面对近年来储氢材料和制氢材料的发展作简要的介绍。

8.2.2　制氢材料

目前，世界各国的制氢技术主要以石油、天然气的蒸汽重整和煤的部分氧化法为主。在美国和欧洲，石油和天然气的重整制氢占到 90% 以上，而我国的能源结构比较特殊，主要以煤为主，所以煤的部分氧化法占了相当的比重。蒸汽重整法是目前最为经济的方法，被用于集中式大规模制氢。其研究的重点在于提高催化剂的寿命和热的优化利用。传统的电解水制氢也占一定的比例，其氢产量约为总产量的 1% ~4%。氢经济发展战略中制氢是重要环节，未来发展的重点在于：以天然气为主要原料的小型重整炉制氢；以可再生能源为一次能源的生物质制氢、高级电解水制氢；以太阳能为一次能源的光分解水制氢；以核能为一次能源的热化学循环分解水制氢。其中利用太阳能的生物制氢和半导体催化制氢近年来成为研究热点。

(1) 半导体催化制氢

1972 年，Fujishima 和 Honda 描述了第一支 TiO_2 半导体电极所组成的电化学电解槽，它通过光解水的方法把光能转换成氢和氧的化学能。继他们的研究之后，很多人对其他的氧化物半导体进行了研究，如掺铂 $KTaO_3$ 和 $SrTiO_3$，但其光电转换效率明显低于 TiO_2。M. A. Butter 等人研究了 WO_3 半导体，结果表明它没有电荷转移时所必需的耗尽层，在不施加额外电压的情况下，WO_3 单独作为光阳极进行光解水是不可能的。N. Giordano 等人报道了使用 Fe_2O_3 作为光催化材料，它和 TiO_2 相比，需要消耗更多的能量。经过对多种半导体特性的研究之后，TiO_2 又再次为人们所关注。现今广泛使用的半导体光催化剂主要是以 Ti 为主的过渡金属氧化物和硫化物。

光催化制氢发生的条件是：半导体的导带电位低于水的还原电位，价带电位大于水的氧化电位(1.23 V)。以 TiO_2 为例解释半导体光解水的原理：TiO_2 的禁带宽度为 3.2 eV，在波长小于 370 nm 的光照下，TiO_2 的价带电子被激发到导带上，产生高活性的电子-空穴对，电子和空穴被光激发后，经历多个变化途径，主要存在俘获和复合两个相互竞争的过程。光致空穴具有很强的氧化性，可夺取半导体颗粒表面吸附的有机物或溶剂中的电子，使原本不吸收光而无法被光子直接氧化的物质，通过光催化剂被活化氧化。光致电子具有很强的还原性，能使半导体表面的电子受体被还原，这两个过程均为光激活过程。同时迁移到体内和表面的光致电子和空穴又存在复合的可能，此为去激活过程，对光催化反应无效。水在这种电子-空穴对的作用下发生电离，生成 H_2 和 O_2。几十年来，人们对半导体多相催化作了大量的研究，在已研究过的催化剂中，可以分为以下四类：

1) TiO_2 基半导体光催化剂

TiO_2 是较理想的半导体催化剂，它无臭、无毒，化学稳定性好，几乎无光腐蚀。在 Fujishima 和 Honda 的研究之后，研究者们对 Ti 位和 O 位的改性进行了大量的研究。对于 Ti 位改性，研究发现，TiO_2 的晶型、掺杂金属离子、催化剂载体等都对光催化活性有影响，其中过渡金属的掺杂研究较多。以上研究虽然取得一定的进步，但是结果都不够理想。对于 O 位的改性，

R. Asahi等人认为:①杂质应该在 TiO_2 的禁带中提供吸收可见光的能态;②导带底位置,包括杂质的能态都应该高于 H_2/H_2O 电位,以保证光还原的活性;③杂质能态和 TiO_2 的能带充分叠加,这样使得光生载流子可以有效的传输到催化剂表面。转而研究对 TiO_2 的 O 位取代来对其改性,通过在 N_2,Ar 的混合气体中溅射 TiO_2 的方法,得到 $TiO_{1-x}N_x$ 薄膜和粉末。在可见光照射下(<500 nm),光吸收和光催化活性均得到提高。Shahed U. M. Khan 等人也用 O 位取代方法,将 Ti 金属在天然气火焰中热解,通过控制氧和天然气的流速、反应时间,得到黑灰色的 CM-n-TiO_2(化学修饰的 n 型氧化钛)。该材料的禁带宽度为 2.32 eV,将光响应范围扩大到 535 nm,在 40 mW/cm^2 照射下获得了 8.35% 的转换效率。

2)层状金属化合物

结构类似云母、粘土的某些层状半导体金属氧化物,由于其层间可以进行修饰,使其作为反应场,可以具有较高的光催化活性。吴季怀等人合成出一种新的层状纳米复合材料 $HNbWO_6$/Pt,研究结果表明,$HNbWO_6$/Pt 有两个能隙,分别为 3.1 eV 和 2.25 eV,该材料的层间高度为 0.3 ~0.5 nm,具有较高的光催化活性。Tsugio Sato 等人在 $HCa_2Nb_3O_{10}$ 层状化合物中载入 TiO_2 和 Pt,使原本光催化活性很低的 $HCa_2Nb_3O_{10}$ 催化活性大大提高。层状化合物的多元素、复合型结构,为材料的修饰和改进提供了更为广阔的空间。

3)钽酸盐半导体材料

钽酸盐的 Ta5d 轨道位置比钛酸盐的 Ti3d 和铌酸盐的 Nb4d 更负,这样高的导带电位应更有利于光解水制氢,因此,碱金属、碱土金属钽酸盐对水分解产生 H_2 和 O_2 表现出较高的活性。在无任何掺杂的情况下,$LiTaO_3$ 使水分解的产 H_2 效率可达 430 μmol/h,La 掺杂可使 $NaTaO_3$ 的催化活性大幅提高,量子效率可高达 50%。$Sr_2Ta_2O_7$ 和 $Sr_2Nb_2O_7$ 一样,都具有层状钙铁矿结构,但其催化性能比 $Sr_2Nb_2O_7$ 要高一些。该特性的差异主要是由于它们的能级不同(Ta 5d, Nb 4d)以及 MO_6 八面体连接中的形变不同引起的。其他钽酸盐光催化材料还有 $KTaO_3$、层状结构的 $RbNdTa_2O_7$ 和钨青铜结构的 $K_2LnTa_5O_{15}$ 等。

(2)**生物制氢**

生物制氢是利用某些微生物代谢过程来生产氢气的一项生物工程技术,所用原料可以是有机废水、城市垃圾或者生物质,来源丰富,价格低廉。其生产过程清洁、节能,且不消耗矿物资源,正越来越受到人们的关注。生物制氢有四种方法:

1)光合生物产氢

能够产氢的光合生物包括光合细菌和藻类。目前研究较多的产氢光合细菌主要有深红红螺菌、红假单胞菌、液胞外硫红螺菌、类球红细菌、夹膜红假单胞菌等。光合细菌属于原核生物,催化光合细菌产氢的酶主要是固氮酶。光合细菌只含有光合系统 photosystem Ⅰ(PSⅠ),一般认为光合细菌产氢的机制是光子被捕获到光合作用单位后,其能量被送到光合反应中心,进行电荷分离,产生高能电子,并造成质子梯度,从而合成同化力 ATP。产生的高能电子从 Fd 通过 Fd-$NADP^+$ 还原酶传至 $NADP^+$ 形成 NADPH,固氮酶利用 ATP 和 NADPH 进行 H^+ 还原,生成 H_2。失去电子的光合反应中心必须得到电子以回到基态,继续进行光合作用。光合细菌以还原型硫化物或有机物作为电子供体,并且在光合成过程中不产生 O_2。一般而言,光合细菌产氢需要充足的光照和严格的厌氧条件。许多藻类(如绿藻、红藻、褐藻等)也能进行氢代谢,目前研究较多的主要是绿藻。这些藻类属真核生物,含光合系统 PSⅠ和 PSⅡ,不含固氮酶,H_2 代谢全部由氢酶调节。放氢反应可由两条途径进行。一条途径是葡萄糖等经分解代谢产生还原剂作为电子供体，电子传递途径是：电子供体-PS Ⅰ-Fd-氢酶，同时伴随着 CO_2 放出；另一条是生物光解水产 H_2，电子传递途径是：H_2O-PS Ⅱ-PS Ⅰ-Fd-氢酶-H_2，同时伴随着 O_2 的生成。生物光解水产氢牵涉到太阳能转化系统的利用，其原料水和太阳能来源十分丰富且价格低廉，是一种理想的制氢方法。但是，水分解产生的 O_2 会抑制氢酶的活性，并促进吸氢反应，这是生物光解水制氢中必须解决的问题。利用光合细菌和藻类相互协同作用发酵产氢可以简化对生物质的热处理，降低成本，增加氢气产量。另一种能够进行光合产氢的微生物是蓝藻。蓝藻又称蓝细菌，与高等植物一样含有光合系统 PS Ⅰ 和 PS Ⅱ，但其细胞特征是原核型，属于原核植物。蓝藻中含有氢酶，能够催化生物光解水产氢。另外，有些蓝藻也能进行由固氮酶催化的放氢，固氮酶主要存在于异形胞中。异形胞是蓝藻丝状体中的一种特化细胞，是在缺氮条件下由普通细胞经过细胞壁加厚而形成的没有内含物的细胞，这种加厚的细胞壁能够防止 O_2 的进入，使异形胞中保持近乎无氧状态，从而使固氮酶发挥活性。异形胞的组成中不含 PS Ⅱ，只含 PS Ⅰ，因此，与光合细菌一样，异形胞不能进行 CO_2 的固定和光合放 O_2，但仍然能进行光合磷酸化，为固氮酶提供所需的能量。对有固氮作用的念珠藻进行的连续培养（500 ml）中，最大产氢率为 35～38 ml/(g·h)。

2）发酵细菌产氢

能够发酵有机物产氢的细菌包括专性厌氧菌和兼性厌氧菌，如丁酸梭状芽孢杆菌、大肠埃希式杆菌、产气肠杆菌、褐球固氮菌、白色瘤胃球菌、根瘤菌等。与光合细菌一样，发酵型细菌也能够利用多种底物在固氮酶或氢酶的作用下将底物分解制取氢气，这些底物包括甲酸、乳酸、丙酮酸及各种短链脂肪酸、葡萄糖、淀粉、纤维素二糖，硫化物等。一般认为发酵细菌的发酵类型是丁酸型和丙酸型，如葡萄糖经丙酮丁醇梭菌和丁酸梭菌进行的丁酸-丙酮发酵，可伴随生成 H_2。

3）光合生物与发酵细菌的混合培养产氢

光合生物与发酵型细菌可利用的底物在工业有机废水和城市垃圾中大量存在，因此，生物制氢技术的发展对废物的利用以及环境建设都会有很大的促进作用。由于不同菌体利用底物的高度特异性，其所能分解的底物成分是不同的。要实现底物的彻底分解处理并制取大量 H_2，应考虑不同菌种的共同培养。例如，采用丁酸梭菌，产气肠杆菌和类红球菌共同培养，从甜土豆淀粉残留物中制取 H_2，可连续稳定产氢 30 天以上，平均产氢量为 4.6 mol/mol 葡萄糖。而单独利用丁酸梭菌则产氢量均仅为 2.46 mol/mol 葡萄糖，且必须向培养基中添加聚胨和酵母抽提物作为 N 源。因此，将多菌种混合使用，可使生态系统稳定性提高，产氢量大大增加。

4）利用生物质制氢

降低生物制氢成本的有效方法是应用廉价的原料，常用的有富含有机物的有机废水，城市垃圾等，利用生物质制氢同样能够大大降低生产成本，而且能够改善自然界的物质循环，很好地保护生态环境。在生物技术领域，生物质又称生物量，是指所有通过光合作用转化太阳能生长的有机物，包括高等植物，农作物及秸秆，藻类及水生植物等。通过陆地和海洋中的光合作用，每年地球上所产生物量中约含 3×10^{21} J 的能量，是全世界人类每年消耗量的 10 倍。生物质的使用为液态燃料和化工原料提供了一个有充足选择余地的可再生资源，只要生物质的使用跟得上它的再生速度，这种资源的应用就不会增加空气中 CO_2 的含量。就纤维素类生物质而言，我国农村可供利用的农作物秸秆达 5 亿～6 亿 t，相当于 2 亿多吨标准煤。林产加工废料约为 3 000 万 t，此外还有 1 000 万 t 左右的甘蔗渣。这些生物质资源中，有 16%～38% 是作为垃圾处理的，其余部分的利用也多处于低级水平，如造成环境污染的随意焚烧、采用热效率仅约为10%的直接燃烧方法等。开发生物质制氢技术将是解决上述问题的一条很好的途径。

生物质制氢包括两种方法：一是如上所述的生物转化制氢法。以秸秆为例，秸秆主要由纤维素、半纤维素和木质素通过复杂的方式连接形成，这三种物质的基本成分都是小分子糖类。但由于天然纤维素的结晶结构十分复杂，难以降解，因而很难被微生物所利用。发酵方式采用压力脉动固态发酵法，能够充分利用原料，且大大降低废水排放量，在环境保护方面具有极大的优势，为生物质制氢技术开辟了新途径。二是生物质气化法。将生物质通过热化学转化方式转化为高品位的气体燃气或合成气，产品气主要是 H_2，CO，少量 CO_2，水和烃，相对来说，生物质气化技术已比较完善，但存在着制取成本高，气体净化困难，副产物（煤焦油等）污染环境等缺点，还有待工艺的进一步改进。

利用廉价的有机基质产氢，是解决能源危机、实现废物利用、改善环境的有效手段。随着对能源需求量的日益增加，对氢气的需求量也不断加大，改进旧的和开发新的制氢工艺势在必行。基因工程的发展和应用为生物制氢技术开辟了新途径，通过对产氢菌进行基因改造，提高其耐氧能力和底物转化率，可以提高产氢量。就产氢的原料而言，从长远来看，利用生物质制氢将会是制氢工业新的发展方向之一。

8.2.3 储氢材料

高压和液氢储氢是比较传统和成熟的方法。它不需要任何材料作载体，只要耐压和绝热的容器就行。而利用储氢材料进行储氢是近二三十年才发展起来的。主要包括：金属储氢材料、非金属储氢材料和有机液态储氢材料。金属储氢材料主要以钛系 AB 型合金和镁系 A_2B 型合金为研究热点。非金属储氢材料中以碳纳米管最被看好。利用甲基环已烷作氢载体储氢是有机液态储氢材料的研究热点，其最大特点就是储氢量大、设备简单。未来的储氢技术需要既可以便携式使用，如：移动通信、笔记本电脑、手机；又可以小型和中型化使用，如：燃料电池汽车；还可以大型化使用，如：燃料电池电站、燃氢电站。金属储氢材料的规模化应用是近期的发展目标，碳纳米材料储氢则作为更长远的规划。

就储氢材料的发展方向而言，大致可分为碳系列储氢材料和金属合金系列储氢材料，下面将就这两个系列的储氢材料逐一介绍。

（1）金属合金系列储氢材料

1）金属合金系列储氢材料的储氢原理

金属合金系列储氢材料实质上是指金属合金或金属间化合物。有些金属、合金或金属间化合物可以与氢反应生成金属氢化物，并释放出热量；金属氢化物受热时又释放氢，循环过程可用下面式子表示：

$$\frac{x}{2}H_2(g) + M(s) \rightleftharpoons MHx(\alpha)\ \text{固溶体}$$

$$[H]_M \propto P_{H_2}^{\frac{1}{2}}$$

$$\frac{2}{y-x}MHx + H_2 \rightleftharpoons \frac{2}{y-x}MHy(\beta) + Q$$

$$\frac{y-x}{y} \times 100\%\ \text{即为储氢效率}$$

研制储氢合金时应坚持的配方原则:将放热型金属与吸热型金属组合在一起,使金属具有适宜的分解压力和生成热。

2)金属合金系列储氢材料的合成方法

储氢合金的合成目前主要有三种方法:机械研磨法、融炼法和共沉淀法。其中最常用的就是机械研磨法,它适用于熔点相差较大的金属之间的合成。机械研磨法又有机械合金化法(mechanical alloying)和机械研磨法(mechanical milling)的区别。机械合金化法是指研磨金属或金属和非金属的混合物以制得储氢合金的方法;机械研磨是指粉碎合金粉末或块状合金,以期得到特殊晶粒结构的方法,具体可参照文献[4]进行操作。在研磨过程中,为了实验的需要,可以加入一些有机附加物质以提高其氢化活性,如在研磨镁/碳组合时,就可以加入四氢呋喃、环己烷或苯等。此外还要充入 Ar 气等保护气体,以避免合金被氧化。同时,为防止金属粉末之间、粉末与磨球及容器壁间的粘连,一般还需加入庚烷等。此法最终可得到均匀的亚稳结构,它是一种很容易吸氢的结构。融炼法是将工业用纯金属按照合金的化学计量比混合,放置于充有 Ar 气(或隔绝空气)的电弧炉或感应炉中熔融数次,直到组分分布均匀为止,再粉碎到所需粒度就可得所需要的合金。共沉淀法比以上两种方法的操作稍为复杂一些,但也不失为一种好方法。它是以无机盐类作为原料,先按合金的化学计量比配制溶液,再加入 Na_2CO_3 溶液把金属离子共沉淀下来,然后还原为金属的一种方法。它避开了纯金属的融炼或研磨过程。此外还有像镁基置换扩散法,就是以镁来还原其他金属(如铁、铜等),从而制得 Mg-Ni-Fe, Mg-Ni-Cu 等系列的储氢合金的方法;燃烧合成法,这是20 世纪 70 年代就已出现的一种合成方法,Li Liquan 等用燃烧合成法制得了 Mg_2NiH_4 等储氢合金。至于在实际操作中具体用哪种方法要视情况而定,也和实验条件有关。

3)金属合金系列储氢材料的表面处理

储氢合金的主要用途是储氢及作为燃料电池的电极,当然还有其他的一些重要应用。储氢合金作为电极时,在充放电过程中暴露出易粉化、易氧化、难活化、不耐腐蚀等问题,这些问题严重影响了电池的各项性能。为减少这些现象的发生,人们提出对合金表面进行适当的处理(即表面修饰),以期得到性能更优良的合金,并取得了一定的成果。

4)金属合金系列储氢材料的分类

对于储氢合金的分类,许多论文中都有所提及,虽然各自的看法并不完全相同,但大都大同小异。比较一致的分类为:稀土系列、钛系列、镁系列以及锆(钒)系列。各系列的优缺点在许多文献中都有所报道,这里重点要提出的是镁系列储氢材料。众所周知,MgH_2-M 系列储氢合金的储氢量最大(7.65wt%,理论值),并且镁的价格也相对较为低廉,所以镁的应用前景十分诱人。但遗憾的是,镁系列储氢合金的氢化-脱氢动力学特征却严重阻止了它的广泛应用。目前,储氢合金还没得到大规模的使用,原因很简单,一是储氢量不够,二是氢的氢化-脱氢历程还必须在较为苛刻的条件下才能进行。此外,在减少储氢合金的激活时间和滞后效应等方面也有困难,可见发展储氢合金还有很远的路要走。

(2)碳系列储氢材料

对碳系列储氢材料的研究是20 世纪 90 年代兴起的一个热门课题,目前对碳系列储氢材料的研究主要集中在活性碳、纳米碳管和纳米碳纤维上,下面将对这些材料的研究做一简单的介绍。首先是活性碳,它对氢气的吸附能力不太明显,吸附量也相对较低,大约在 3 ~ 6wt% 之间,且条件苛刻,温度为 78 K,压力为 4 MPa。但活性碳便宜且很容易制得,假如采用适当方法能改善其性能的话,会有一定的应用前途。其次是纳米碳管和纳米碳纤维。它们之所以成为一种热门的储氢材料,是因为以下2个原因:①储氢量大,一般可达到10wt%,有的甚至达到60wt%以上。虽然此前有人检验过碳系储氢材料(主要是纳米碳管)的储氢量难以达到50wt%,但其储氢量高于储氢合金却是不争的事实。②质量相对较轻,便于携带。但目前这种材料还未得到广泛的应用,主要是因它的合成比较困难,性质也没有明确的确定,至少目前还没有统一的说法。

储氢材料种类繁多,除前面列举的金属合金系列储氢材料和碳系列储氢材料外,还有其他系列储氢材料。如玻璃微球类储氢材料、有机液体氢化物储氢材料等。不管什么储氢材料,要达到有实用价值的目的都必须符合以下特点:①储氢量要大;据美国能源委员会报道,一种储氢材料要能达到应用程度的话,其储氢量必须达到6.5wt%以上。②吸氢-脱氢效果好,且可在常温常压下进行;③要有良好的可逆循环性;④容易活化;⑤滞后效应小;⑥具有良好的抗中毒能力;⑦成本低。但目前所研制出来的材料都不完全符合以上特点,所以很难推广应用。考虑到前面介绍的两系列储氢材料各有优缺点,如果把它们结合起来,扬长避短,是否能得到一种更为理想的储氢材料呢?其实这也是制备复合储氢材料的问题。因为大部分储氢材料的性能都有加合的特点,而单一的储氢材料的性质也较多地为人们所认识。所以,制备复合储氢材料是未来储氢材料制备的一种走向。

8.3 燃料电池

8.3.1 燃料电池的基本概念

燃料电池是一种基本的电化学装置。它的工作过程是通过燃料和氧化剂分别在两个电极上发生反应,由电解液和外电路构成回路,将燃烧中的化学能直接转化为电能。例如:质子交换膜燃料电池(PEMFC)将氢气送到负极,经过催化剂作用,氢原子中有2个电子被分离出来,这2个电子在正极的吸引下,经过外部电路产生电流,失去电子的氢离子(质子)可穿过质子交换膜,在正极与氧原子和电子重新结合成水。由于氧可以从空气中获得,只要不断地给负极供应氢,并及时把水(蒸汽)带走,燃料电池就可以不断地提供电能。燃料电池的优点是:①转化效率高。由于受能量卡诺循环的限制,一般内燃机的效率比较低,汽车发动机的效率仅为20%左右,而燃料电池的理论效率可达100%,现在实际效率可达到60%~80%,是一般内燃机的2.3倍。②无污染物排放或极少污染物排放。例如:氢氧燃料电池的反应产物只有清洁的水。③燃料电池工作时不产生噪音及机械振动,且寿命较长。由此可见,燃料电池是一种近乎零排放的动力源,它的上述优点将会引发21世纪新能源与环境的绿色革命。

8.3.2 燃料电池技术及产品类型

燃料电池是近年来发展最快的产业之一,各国政府都在增加研发资金,推动燃料电池的商业化发展进程。目前,国外容量为3 kW,5 kW,7 kW等热电联用的燃料电池正在源源不断地进入家庭,数百kW的燃料电池也正在源源不断地进入旅馆、饭店、商厦等场所。燃料电池的主要类型见表8.1。

表8.1　燃料电池的主要类型

燃料电池类型	工作温度/℃	燃　料
磷酸盐燃料电池	180～210	氢气、天然气、气化煤
固体电解质燃料电池	60～110	氢气、甲醇
碱性燃料电池	50～120	氢气
熔融碳酸盐燃料电池	650	天然气、气化煤
固体氧化物燃料电池	700～1 000	氢气、天然气
甲醇直接氧化燃料电池	40～80	甲醇

磷酸燃料电池(PAFC)采用200 ℃高温下的磷酸作为其电解质,很适合用于分散式的热电联产系统。

固体电解质燃料电池又称质子交换膜燃料电池(PEMFC)(图8.1),它采用极薄的塑料薄膜作为电解质,这种电解质具有高的功率-重量比和低的工作温度,是适用于固定和移动装置的理想材料。近几年,固体电解质燃料电池发展非常迅速,它是应用在电动车辆上最可取的一种燃料电池。降低质子膜的成本、膜的水分维护和CO毒化等问题是目前的主攻方向。

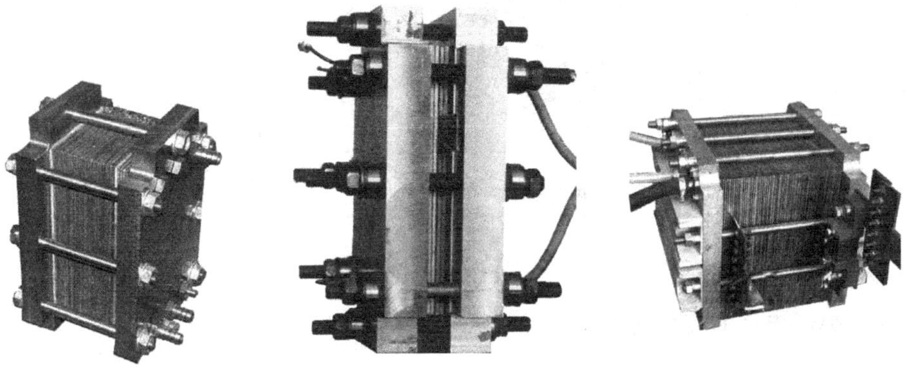

图8.1　质子交换膜燃料电池组件

碱性燃料电池是最早发展的燃料电池,最初成功地用于航天飞船。碱性燃料电池(AFC)采用氢氧化钾溶液作为电解液。这种电解液效率很高(可达60%～90%),但对影响纯度的杂质(如CO)很敏感,并且CO会污染碱性电解质,因而运行中需采用纯态氢气和氧气。由于这一限制,使其仅应用在宇宙飞行等领域。熔融碳酸盐燃料电池(MCFC)的工作温度可达650 ℃。这种电池的效率很高,但对材料的要求也高。

固体氧化物燃料电池(SOFC)采用的是固态电解质,性能很好。它需要采用相应的材料和处理技术,因为电池的工作温度约为1 000 ℃。它具有高效、环境友好的特点,不存在材料和电解液腐蚀等问题。在高的工作温度下电池排出的高质量余热可以充分利用,使其综合效率可由50%提高到70%以上。它使用的燃料范围广,不仅能使用氢气,还可直接使用CO、天然气(甲烷)、煤气化气,碳氢化合物等作燃料,这类电池最适合于分散或集中发电。

现在的燃料电池主要以氢气为原料。燃料电池发电容量可根据需要来组合,基本上是模块式的。小型燃料电池(如质子交换膜燃料电池、固体氧化物燃料电池)的功率在 1 ~5 kW (图 8.2),可适合于 1 个家庭的应用;磷酸型燃料电池、熔融碳酸盐等燃料电池可以根据需要组合成数百万千瓦的电站。现在我国直接采用氢气做燃料的燃料电池技术已基本成熟,中国科学院大连化学物理研究所、北京富源公司等均开发出 kW 级的燃料电池。

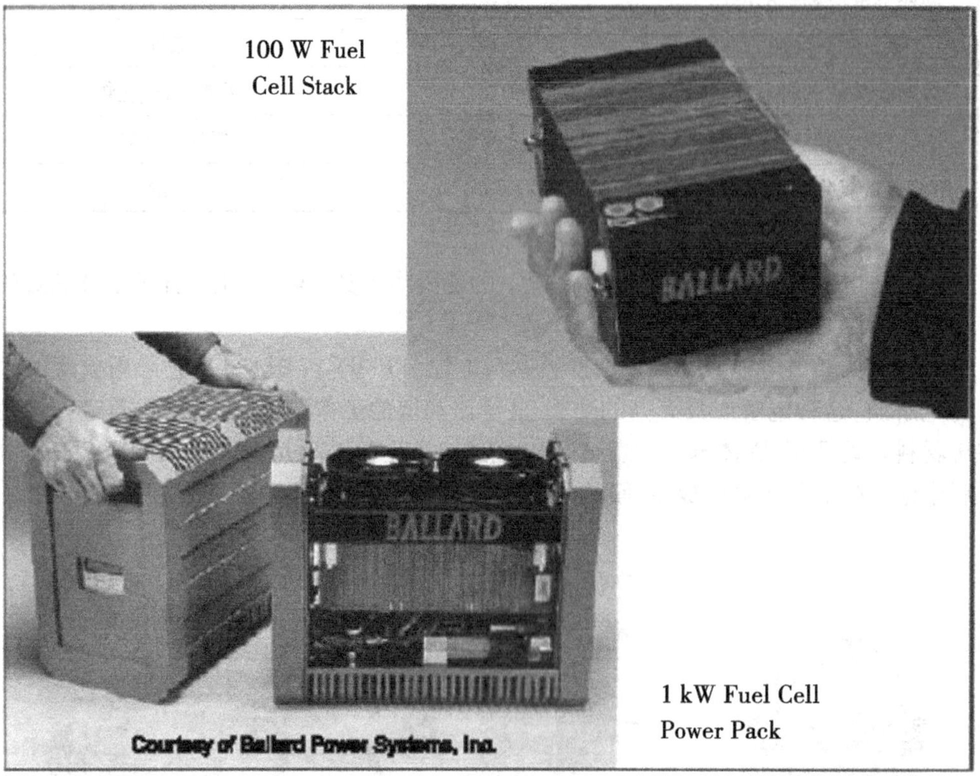

图 8.2 便携式燃料电池系统

8.3.3 燃料电池的应用前景及发展趋势

燃料电池最早和最成功的应用始于 20 世纪 50 年代,它被用作航天飞船的动力源。由于燃料电池相对于其他动力有很高的效率,因而可极大的减少体积和重量。对于航天器来说,减轻重量是很重要的。燃料电池没有同时在其他方面得到应用,主要的原因是当时的燃料电池造价昂贵。因此,降低燃料电池的造价是多年来研究和开发的主要内容。燃料电池有很多优点,它的应用范围很广阔,归纳起来可以分为下面几个方面:

①大规模发电站 如果一个国家的电力主要是由那些大规模的中心电站生产的话,那么燃料电池终将占领这一市场。现在国外已有 MW 级的燃料电池发电站。

②中等规模组合发电站 能充分利用燃料电池的组合发电电站(规模约 2MW)在城市应用中有很多优点,比如能在使用地点比较经济地生产电力,余热可以得到充分地利用,总效率可高达 85% 以上,噪音小、灵活方便。

③规模组合发电站 此类发电站规模不大于 20 kW,普通发电厂难以做到这么小的规模,在家庭、商业设施方面将有广泛的应用前景。

④仪器和通讯设备电源 燃料电池寿命长,体积非常小,因此有可能代替二次电池或太阳

能电池(受阳光限制)用于消费类电子产品(如摄像机、无线电话、计算机等)。

⑤交通运输　由于城市的空气污染主要来源于车辆排放的尾气,电动车的发展势在必行。电动车的心脏是电源,目前的二次电池容量不够大,充电时间长,必然会限制车辆的行驶范围。在实际应用中,还需要充电设备等配套设施,并且仍存在间接污染问题。燃料电池无污染物或极少排出污染物,无机械噪音,只要燃料供应充足,车辆行驶范围不受限制,是电动车辆非常理想的电源。燃料电池的需求量将不断增加。据预测,到2010年,将有250万户家庭使用燃料电池,将有60万台燃料电池车行驶,占世界汽车产量的1%。从长远发展趋势来看,驱动汽车将是燃料电池的主要用途。微型燃料电池终将成为移动电话、便携仪表等设备的电源,甚至可用于吸尘器、手提式发电机、家用发电、社区发电的固定电源。家庭用燃料电池将首先工业化。Ballard公司计划将燃料电池引入美国数条街道的家庭,进行为期一年的试验性研究。该公司将向每条街道提供250 kW的燃料电池。目前,车用类型的燃料电池还没有达到市场化,主要原因是它还存在着尺寸、重量、性能和成本方面的重要障碍。

燃料电池的高效率、无污染、建设周期短、易维护以及低成本的特点,将会引发21世纪新能源与环保的绿色革命。燃料电池的造价昂贵,因此,降低其造价是燃料电池研究攻关的重点。我们应努力加快燃料电池的研发速度,使其快步进入工业化生产、大规模应用的阶段,使其尽快成为继火电、水电、核电后的21世纪第四代能源。

8.4　太阳能电池

据专家估算,以现在的能源消耗速度,可开采的石油资源将在几十年后耗尽,煤炭资源也只能供应人类约200年。能源问题已成为世界关注的一个重大问题。同时,随着环境污染的日趋严重,也促使人们努力去开发新能源,特别是可再生能源。风能和潮汐能等虽属可再生能源,但受地理环境等条件的限制。唯有太阳能辐射到地球的每个角落,因而成为21世纪最具大规模开发潜力的新能源之一。我国幅员辽阔,太阳能资源丰富,太阳能利用条件较好的地区占国土面积的2/3以上。特别是在西部地区,人口密度低,距离骨干电网远,交通不便,显然太阳能是这些地区能源的最佳选择。太阳因内部发生着核反应,温度高达1.5×10^7 K,会辐射出大量的热能。照射到地球上的太阳能非常巨大,大约40 min照射到地球上的太阳能就足以满足全球人类一年的能量需求。而且,利用太阳能还可减少环境污染。目前太阳能的利用主要集中在热能和发电两方面,对于工业和其他产业部门,后者则是最理想的方案。

利用太阳能转换为电能有两种基本途径:一是把太阳辐射能转换为电能,即“太阳热发电”;另一种是通过光电器件将太阳光直接转换为电能,即“太阳光发电”。太阳热发电,全世界以以色列的技术最为先进。方法是采取一种装置把太阳光集中对水加热,将水转换成为高温水蒸气,以蒸汽涡轮机发电。也可以采用抛物面型的聚光镜将太阳热集中,使用计算机让聚光镜追随太阳转动。太阳辐射的光子带有能量,当光子照射半导体材料时,光能便转换为电能,这个现象叫“光生伏打效应”。太阳电池就是利用光生伏打效应制成的一种光电器件。虽然太阳光一照射太阳电池就能发电,但它与一般的发电机大相径庭,它无旋转和磨损,能静悄悄地发电。

8.4.1 第一代太阳能电池

1954年,美国贝尔实验室研制出第一块半导体太阳能电池,开启了利用太阳能发电的新纪元。由于太阳能电池价格昂贵,因此其发展缓慢,当时主要用于航天科技工程。20世纪70年代,由于石油危机,使人们对于可再生能源的兴趣越来越浓厚,太阳能电池也进入了快速发展的阶段。近几年太阳能电池市场以每年30%的速度递增。

目前,第一代太阳能电池约占太阳能电池产品市场的86%。第一代太阳能电池基于硅晶片基础之上,主要采用单晶硅、多晶硅及GaAs为材料,转换效率为11%~15%。

单晶硅生长技术主要有直拉法和悬浮区熔法。直拉法是将硅材料在石英坩锅中加热熔化,使籽晶与硅液面接触,向上提升以长出柱状的晶棒。直拉法的研究方向是设法增大硅棒的直径(目前硅棒的直径已经达到100~150 mm)。用区熔法生长单晶硅技术是将区熔提纯和制备单晶结合在一起,可以得到纯度很高的单晶硅,但成本很高。目前,在所有太阳能电池中此种硅片的效率是最高的,因此,采用低成本的方式改进区熔法生长太阳能电池用单晶硅也是目前的发展方向。为了进一步提高太阳能电池效率,近年来大力发展高效化电池工艺,主要有发射极钝化及背面局部扩散工艺、埋栅工艺和双层减反射膜工艺等。

多晶硅材料生长主要运用定向凝固法及浇铸法工艺。定向凝固法是将硅材料在坩锅中熔融后,使坩锅形成由上而下逐渐下降的温度场或从坩锅底部通冷源以造成温度梯度,使固液界面从坩锅底部向上移动而形成晶体。浇铸法是将熔化后的硅液倒入模具内形成晶锭,铸出的方形硅锭被切成方形硅片做成太阳电池。目前使用最广泛的是浇铸法。此法简单,能耗低,利于降低成本,但容易造成错位、杂质等缺陷,导致光电转换效率低于单晶硅太阳能电池。还有一种用于制作太阳能电池的多晶硅材料是片状硅(又称硅带)。片状硅是从熔体硅中直接生长出来,可以减少切片的损失,片厚约100~200 μm。目前比较成熟的制作片状硅的方法有限边喂膜法(Edge-Defined-Film-Fed Growth)、枝蔓蹼状晶法(WEB)、边缘支撑晶法(ESP)、小角度带状生长法、激光区熔法和颗粒硅带法等,其中以限边喂膜法技术最为成熟。限边喂膜法是从特制的模具中拉出筒状硅,筒状硅用激光切割成单片来制作电池,目前已能拉出每面宽10 cm的10面体筒状硅,硅片厚度达300 μm。由于多晶硅太阳能电池存在杂质问题,光电转换效率比单晶硅电池低,但成本有所降低。目前阻碍太阳能电池推广应用的最大障碍就是成本问题,为进一步降低成本,基于薄膜技术的第二代太阳能电池登上了历史舞台。

8.4.2 第二代太阳能电池

第二代太阳能电池是基于薄膜技术之上的一种太阳能电池。在薄膜电池中,很薄的光电材料被铺在衬底上,大大地减小了半导体材料的消耗(薄膜厚度仅1 μm),也容易形成批量生产(其单元面积为第一代太阳能电池单元面积的100倍),从而大大地降低了太阳能电池的成本。薄膜太阳能电池材料主要有多晶硅(Multicrystalline silicon)、非晶硅(α-Si)、碲化镉(CdTe)以及CIS(Copper Indium Diselenide)。多晶硅薄膜太阳能电池技术较为成熟。澳大利亚新南威尔士大学太阳能电池研究小组对薄膜电池进行了大量研究;Pacific Solar公司也于1998年开始多晶体硅薄膜太阳能电池的生产,并计划于2005年进行全面生产。目前多晶硅薄膜生长技术主要有液相外延生长法、低压化学气相沉淀法、快热化学气相沉淀法、催化化学气相沉淀法、等离子增强化学气相沉淀法、超高真空化学气相沉淀法、固相晶化法和区熔再结晶法等。薄膜电池在很大程度上解决了太阳能电池的成本问题,但是效率很低,目前商用薄膜电池的光电转换效率只有 6%~8%。为了进一步提高太阳能电池的光电转换效率,各国学者开始研究太阳能电池的效率极限和能量损失机理,并在此基础上提出了第三代太阳能电池的概念。

8.4.3　第三代太阳能电池

太阳能转换成电能的卡诺循环效率可以达到 95%,而目前标准太阳能电池的理论转换效率上限为 33%,这说明提高太阳能电池的效率还有很大的空间。为了进一步提高太阳能电池的转换效率,新南威尔士大学对太阳能电池中能量损失机理进行了研究。结果表明,造成太阳能电池的能量损失主要是热损失,光生载流子对流很快将能带多余的能量以热的形式损失掉;另一主要的能量损失是由电子-空穴对的重新结合引起的;还有一部分能量损失是由 PN 结和接触电压损失引起的。为减少热损失,可以设法让通过太阳能电池的光子能量刚刚大于能带能量,使得光子的能量激发出的光生载流子没有多余的能量可以损失。为减少电子-空穴结合所造成的损失,可设法延长光生载流子的寿命,这可以通过消除不必要的缺陷来实现。减小 PN 结的接触电压损失,可以通过聚集太阳光,加大光子密度的方法来实现。基于以上分析,澳大利亚和美国分别提出了第三代太阳能电池的概念,当然,目前第三代太阳能电池主要还在进行概念和简单实验研究。第三代太阳能电池主要有前后重叠电池(Tandem Cells)、多能带电池(Multiple Band Cells)、热太阳能电池(Thermophotovoltaics solar Cells)、热载流子电池(Hot Carrier Cells)和冲击离子化太阳能电池(又叫量子点电池 Quantum Dot Solar Cells)等。

前后重叠电池的基本原理是设法使光子的能量刚好高于电池能带,这是通过使用多层电池来实现的。每层电池的能带都不同,最高能带的电池位于最高位置,往下能带依此降低。随着能带降低,被吸收的太阳光子能量可以得到很好的过滤,能量高的光子被能带高的电池吸收,能量低些的光子被能带低的电池吸收,有效地提高了太阳能电池的效率。据分析,依此方法无限增加太阳能电池的层数,理论上可获得的最高效率为 86.8%。

多能带电池也被称为不纯能带电池,最简单的就是三能带电池。不同能量的光子被吸收后可以将电子激发到不同的能带,从而有效利用了太阳光子的能量。据分析,三能带太阳能电池的极限效率可以达到 63.2%,随着能带数的增大,效率还可以进一步提高,这取决于掺杂能带的性质。

在太阳能电池能量损失机理分析中,高能量的电子-空穴对会很快以热的形式将高出能带的能量损失掉,如果将这部分能量利用起来去冲击别的电子,以产生更多的电子-空穴对,将会大大地提高光子能量的利用率和电池的转换效率,这就是冲击离子化电池(量子点电池)的机理。据分析,采用冲击离子化产生多个电子-空穴对的极限转换效率为 85.9%。

热载流子电池(Hot Carrier Cells)则是采用避免光生载流子的非弹性碰撞的方式来减小能量的损失,达到提高效率的目的,其极限效率约为 86.8%。热太阳能电池则是利用加热体作为光源而非太阳光,这种电池的效率可达 85.4%。

8.4.4　新型太阳能电池

(1)纳米晶化学太阳能电池

纳米晶化学太阳能电池(简称 NPC 电池)是由一种窄禁带半导体材料修饰、组装到另一种大能隙半导体材料上形成的，窄禁带半导体材料采用过渡金属 Ru 以及 Os 等有机化合物敏化染料，大能隙半导体材料为纳米多孔 TiO_2并制成电极，此外 NPC 电池还选用适当的氧化-还原电解质。纳米晶太阳能电池工作原理是，染料分子吸收太阳能跃迁到激发态，激发态不稳定，电子快速注入到紧邻的 TiO_2导带。染料中失去的电子则很快从电解质中得到补偿，进入 TiO_2导带中的电子最终进入导电膜，然后通过外回路产生光电流。纳米晶 NPC 太阳能电池优点在于它低廉的成本和简单的工艺及稳定的性能。但由于此类电池的研究和开发刚刚起步，走上市场估计还需要相当长的时间。

（2）**有机太阳能电池**

目前太阳能发电量只相当于全球总发电量的0.04%。要使太阳能发电得到大规模推广，就必须降低太阳能电池材料的成本，或找到更廉价的太阳能电池材料。有机小分子及聚合物材料（即塑料）是人们正在考虑的一类替代材料。目前用有机材料制备太阳能电池是国际范围内的研究热点之一。黑格等人因发明导电塑料而获 2000 年诺贝尔化学奖。改善太阳能电池的性能，降低制造成本以及减少大规模生产对环境造成的影响是未来太阳能电池发展的主要方向。有机太阳能电池制备工艺简单，可采用真空蒸镀或涂敷的办法制备成膜。并且可以制备在可卷曲折叠的衬底上形成柔性的太阳能电池。用有机材料制备太阳能电池与硅太阳能电池相比具有制造面积大、廉价、简易、柔性等优点。目前有机太阳能电池在特定条件下光电转换率已达9.5%。人们预期，未来 5 ~ 10 年，第一代有机太阳能电池可进入市场。目前，虽然在改善太阳能电池的性能方面取得了一些进展，但其太阳能转换效率与无机太阳能电池相比仍然有一定的差距。在今后的研究中，还应该更加深入地研究新的材料和新的结构，从而提高电池的能量转换效率，创造出适合应用的新颖的光电池。

第9章 生物医用材料

生物医用材料是用来对生物体进行诊断、治疗、修复或替换其病损组织、器官或增进其功能的新型高技术材料。随着生物技术的蓬勃发展和重大突破,生物材料已成为各国科学家竞相研究和开发的热点。生物医学材料应用广泛,全世界仅高分子材料在医学上应用的就有90多个品种、1 800余种制品。西方国家在医学上消耗的高分子材料每年以10% ~20%的速度增长。生物医用材料作为高新技术重要组成部分,已进入一个快速发展的新阶段,其市场销售额正以每年16%的速度递增,预计20年内,生物医用材料所占的份额将赶上药物市场,成为一个支柱产业。随着现代科学技术的发展,尤其是生物技术的重大突破,生物材料的应用将更加广泛。目前,生物材料的发展不仅强调自身理化性能和生物安全性、可靠性的改善,而且更强调赋予其生物结构和生物功能,以使其在体内调动并发挥机体自我修复和完善的能力,重建或康复受损的人体组织或器官。一种新型生物材料的研制成功,往往可以拯救大批人的健康,而其中一个至关重要的课题,就是了解这些植入物与周围活组织的相互作用,或称之为材料的生物性能。

材料的生物性能包括两个方面:

①材料反应

材料反应即材料在生物活体中的响应,主要包括材料在生物环境中被腐蚀、吸收、降解、磨损和失效。腐蚀主要是体液对材料的化学浸蚀作用,特别是对于金属植入体有较大的影响;吸收作用可改变材料的功能特性,如使材料的弹性模量降低,屈服应力增高;降解作用可使材料的理化性质退变,甚至解体而失效,对高分子和陶瓷材料影响较大。材料失效还可以通过多种其他机制产生:如构成修复体的部件之间的磨损;应力的作用,如固定修复体的骨水泥破裂;聚合物中低分子量成分如增塑剂的滤析,也可导致其力学性质的变化。生物系统对材料也可能产生积极作用,如新骨长入多孔陶瓷中的孔隙而对其补强增韧。

②宿主反应

宿主反应即生物医学材料存留于生物系统期间所引起的活体系统对材料的反应。包括材料植入部位的邻近组织对材料的局部反应,以及远离材料植入部位的组织和器官,乃至整个活体系统对材料的全身反应。宿主反应是由于构成材料的元素、分子或其他降解产物(微粒、碎片等)在生物环境作用下,被释放进入邻近组织甚至整个活体系统而造成的,或来源于材料制品对组织的机械、电化学或其他刺激作用。可能发生的宿主反应包括:局部反应、全身毒性反应、过敏反应、致突、致畸、致癌反应和适应性反应。按程期又可分为近期反应和远期反应。宿主反应可能是消极的反应,如细胞毒性、溶血、凝血、刺激性、全身毒性、致敏、致癌、诱变性、致畸性以及免疫等反应,其结果可能导致对组织和机体的毒副作用和机体对材料的排斥作用;宿主反应也可能是积极的反应,如新血管内膜在人工动脉表面生长、韧带假体对软组织的附着、组织长入多孔材料的孔隙以及硬组织依托植入体重建等,其结果有利于组织的生长和重建,一种成功的生物医学材料所引起的宿主反应必须保持在可接受的水平。

按照材料的成分和性质,可将生物医用材料分为医用金属和合金、医用高分子材料、生物陶瓷,以及它们结合而成的生物医用复合材料;经过处理的天然组织,由于其来源特殊,另成一类生物衍生材料;根据在生物环境中发生的生物化学反应水平,又可将生物医用材料分为近惰性的、生物活性的以及可生物降解和吸收的材料;还可根据临床用途,分为骨、关节、肌腱等骨骼-肌肉系统修复和替换材料,皮肤、乳房、食道、呼吸道、膀胱等软组织材料,人工心脏瓣膜、血管、心血管内插管等心血管系统材料,血液净化、分离、气体选择性透过膜等医用膜材料,组织粘合剂和缝线材料,药物释放载体材料,临床诊断及生物传感器材料,牙科材料等。

本章主要介绍目前研究比较活跃的两类生物医用材料:组织工程材料和血液净化材料。由于生物降解高分子材料在生物医用领域的重要地位,在此也作为一节单独对其介绍。

9.1　组织工程材料

9.1.1　组织工程材料概述

组织工程是应用生命科学与工程的原理和方法,构建一个生物装置,来维护、增进人体细胞和组织的生长,以恢复受损组织或器官的功能。它的主要任务是实现受损组织和器官的修复或再建,延长寿命和提高健康水平。其方法是:将特定组织细胞“种植”于一种生物相容性良好、可被人体逐步降解吸收的生物材料(组织工程材料)上,形成细胞-生物材料复合物。生物材料为细胞的增长繁殖提供三维空间和营养代谢环境,随着材料的降解和细胞的繁殖,形成新的与自身功能和形态相适应的组织或器官,这种具有生命力的活体组织或器官能对病损组织或器官进行结构、形态和功能的重建,并达到永久替代。近10年来,组织工程学发展成为集生物工程、细胞生物学、分子生物学、生物材料、生物技术、生物化学、生物力学以及临床医学为一体的生物交叉学科。

组织工程生物材料的开发研究是组织工程发展的关键。生物相容性材料是构成组织工程化组织或器官的基衬。基于组织工程材料主要是构成支架,起着为细胞的增殖提供适宜环境的作用,因此,为了保证组织细胞能按设计的形状要求增殖,最终长成所需的组织,组织工程材料必须达到以下要求:

①无毒,具有良好的生物相容性和组织相容性;

②具有生物可降解性和生物可吸收性,并且材料在机体内的降解及吸收的速度能与细胞增殖及组织生长的速度相匹配;

③具有可加工性,能被加工成既可为组织细胞提供营养物质,又可进行气体交换、排除废物,使细胞能按一定形状要求生长的三维空间结构;

④具有一定的力学性能(硬度、强度、弹性)以及可消毒性等;

目前研究较多的组织工程材料主要有天然生物大分子材料、合成聚合物材料、金属材料、陶瓷材料和有机/无机复合材料等,下面对近年来研究较多的天然生物大分子和合成聚合物作一简要介绍:

(1)**天然的生物大分子材料**

天然大分子材料,如胶原、明胶、透明质酸、壳聚糖和海藻酸钠及其衍生物,其优点在于可以作为组织填充物而长期存在,有较好的组织相容性和亲合性。完整的天然大分子材料内可能存在着某些复合生长因子,可诱导调节细胞的生长、繁殖、分化等。但生物大分子材料一般由植物、动物或人体组织分离获得,价格昂贵而且不同批次材料之间的性质还会有所差异,因此不适于大规模的批量生产。另外生物大分子材料的物理机械性能较差,不能满足根据组织工程需要而对降解时间等性能进行设计的要求。

(2)**合成聚合物生物材料**

人工合成的高分子材料由于具有良好的物理机械性能,可以精确控制其分子量,设计制造过程中能对材料的许多性能进行控制以及易加工成不同的形状等特点而被广泛用作生物材料。合成聚合物材料的研究主要集中于脂肪族聚酯、聚氨基酸、硅橡胶、聚酯类、聚磷酸酯、聚酸酐、聚氧化乙烯、聚氧化丙烯、聚醚(Pluronic)和聚乙烯醇(PVA)等,可分为可降解和不可降解两类聚合物。可降解的合成聚合物材料尤其适合于组织工程的实际应用,包括聚酯(如聚乳酸)、聚氨基酸、聚酸酐和聚原酸酯等,这些材料在组织再生功能完成之后,可以降解被人体吸收或排出体外,从而避免长期异物反应,并形成新的自然组织。

聚乳酸是组织工程应用最为广泛的合成可降解聚合物材料之一,广泛应用于生物医用领域,如手术缝线、药物控制释放载体、骨科植入物等,具有优异的物理机械性能和良好的生物可降解性,但相对天然大分子材料来说,其生物相容性远远不能满足组织工程和其他生物医用领域飞速发展的需要,尤其是材料表面缺乏可用于键接生物活性因子的官能团,这为其进一步生物相容化增加了难度。一般通过表面改性的方法在聚乳酸材料表面引入活性官能团,并进一步固定生物活性因子,如蛋白质、多肽和多糖等,在保持聚乳酸材料本身所具有的物理机械性能的同时赋予材料表面良好的组织和细胞相容性。因此,材料的表面改性对组织工程的发展起着越来越重要的作用。

9.1.2　生物材料的细胞相容性

生物相容性问题长期以来一直是影响大多数生物医用材料临床应用的主要问题。由于组织工程材料不但要求具有一般生物材料所具有的生物相容性,而且还要求材料对细胞具有好的亲合性、不会引起细胞变性、以及不对细胞的生长、传代产生影响等要求,因此问题就显得更为突出。例如聚乳酸是已经在外科手术中得到临床使用的生物降解高分子材料,但是它在组织工程中反映出的会导致无菌性炎症的问题,成为阻碍该材料得以临床应用的主要原因之一,因此材料的细胞相容性成为其能否进入实际应用的关键。

细胞表面在细胞的社会性活动中占有十分重要的地位。细胞表面存在各种受体,可以接受来自细胞外的各种信息,包括可溶性的信息分子(如激素、递质、细胞因子、生长调节因子、分化因子、迁移因子等等）和不溶性的信息分子（即细胞外基质中的一些组成成分）。细胞表面还存在各种细胞粘附分子，能够介导细胞之间的相互识别、结合及相互作用。已发现的上百种细胞粘附分子（cell adhesion molecules）中大部分都是细胞膜结构中的跨膜糖蛋白，主要可分为整合素、钙粘素、选择素和免疫球蛋白等。其中，整合素介导细胞与细胞间及细胞与细胞外基质间的识别作用，与细胞在聚合物表面的粘附、生长、分化过程密切相关。另外，聚多糖和蛋白多糖同样也可以发挥细胞粘附受体的作用，但其特异性相对整合素要低得多。

把细胞外基质成分视为信息分子是近年的事。细胞外基质（Extracellular Matrix. ECM）是由大分子构成的结构精细而错综复杂的网络，可以作为支持细胞的骨架，存在大量的可溶性蛋白配体，包括纤维蛋白原、纤维粘连蛋白等。细胞相容性的影响因素非常多，概括起来可从生物学观点和材料学观点两方面进行分析。从生物学观点分析，对一特定细胞种类而言，细胞相容性主要与细胞膜的组成和性能有很大的关系。细胞膜是由蛋白质、脂类、少量的糖及核酸组成。细胞膜外被覆的是具有分支的亲水性寡糖链，因而细胞膜具有一定的亲水性，又由于此寡糖链分支末端是带有负电荷的岩藻糖和唾液酸，故哺乳动物细胞膜一般带负电荷。糖链与细胞识别、细胞免疫、细胞生长调节及细胞增殖抑制等有关，这也是细胞生长需要支架材料的原因。一般说来，细胞的代谢状态、细胞与材料的接触时间、细胞的亲疏水性、细胞的表面电荷、细胞膜分子的侧向运动、细胞膜的柔韧性等可影响细胞相容性。从材料学观点分析，影响生物材料细胞相容性的因素主要涉及：材料表面物理形貌、表面亲疏水性与表面自由能、表面电荷性质、表面化学结构等。

材料表面的粗糙程度对细胞相容性的影响与其对材料表面所吸附的蛋白质种类和数量的影响有关。一般说来，粗糙表面有利于细胞的粘附，因为表面性质对生物膜的形成有影响，粗糙有利于生物膜的迅速再生长；而且微粗糙表面结构与人体管腔内壁凹凸不平的形貌相似，这种表面可能影响了细胞桥的方向，使其具有多种倾斜角度，进而使邻近细胞采取相似的桥取向，促进了交织附着结构的形成。该结构是提高微粗糙表面细胞层机械稳定性的一个因素。利用细胞形态和生长模式的超微评估方法发现，与光滑表面相比，上皮细胞和成纤细胞更易附着于微粗糙表面（10 ~ 50 nm），而且在该表面生长更快，表现出更密集的细胞生长现象，说明微粗糙表面能增强细胞的粘附。多孔结构也有利于细胞的粘附和生长，因为多孔结构有利于营养物质的渗透，有利于细胞的正常代谢，且孔结构的大小对于细胞的生长也有影响。Steele等对比了上皮细胞在无孔聚碳酸酯以及含有直径为0.1 μm的微孔的聚碳酸酯表面的迁移现象，认为微孔可以刺激上皮细胞在材料表面的迁移。

生物材料表面的亲疏水性对材料表面蛋白质的构象有着重要影响，因而与细胞相容性有着密切的联系。根据目前较为认可的粘附机理，细胞与材料之间的作用是以蛋白质为介导而发生，细胞膜上的受体能特异性地识别材料上粘附的蛋白质，因而材料必须具有一定的疏水性才能吸附蛋白质；而大量研究又表明，亲水性的表面有利于细胞的粘附生长，因为细胞膜具有一定的亲水性。而由于过于良好的亲水性表面又不利于蛋白质的吸附，因此要使吸附蛋白质层与材料之间有一定的粘附强度，保证材料表面达到一定的亲疏水平衡值才最有利于细胞生长。Wachem等利用气泡法测定了多种具有不同亲水性的聚合物的液相接触角，并考察了人体内皮细胞在这些聚合物上的粘附行为，结果表明内皮细胞在液相接触角为30° ~ 50°之间的材料上具有最高的粘附率，而在疏水性的聚-L-乳酸PLLA（接触角为71°）和亲水性的玻璃纸（接触角为16°）上的粘附率都很低。与亲疏水性相对应，材料的表面能对细胞相容性也有重要影响。一般认为高表面能的材料表面更有利于细胞的粘附与铺展，而对于某种特定的细胞，同样要求在合适的表面能状态下生长情况才比较好。因为低表面能材料与活体组织之间大部分处于分离状态，表面粘附的细胞呈现球形或近球形，粘附作用极弱；而高表面能材料的表面则可被活体细胞完全覆盖，并呈现出扁平拉长的形态，粘附作用很强。

哺乳动物细胞膜表面带有分布不均的负电荷，一般可认为带正电荷的材料表面与带负电荷的细胞之间的静电作用有利于细胞的粘附，而带负电荷的材料表面与带负电荷的细胞会由于静电排斥而不利于粘附。在细胞培养中采用带有正电荷的多聚赖氨酸涂层表面以促进细胞的粘附已是一种常用的方法，有研究表明带有氨基正电荷的表面有利于细胞的粘附和铺展。表面带何种性质的电荷细胞都能在其表面生长，但形貌有很大区别，细胞膜与带正电荷的材料表面之间是紧密粘附的，细胞呈扁平状态；而细胞膜与带负电荷的材料表面之间则出现较明显的间隙，当负电荷量较多时细胞也呈扁平状，当负电荷量较少时细胞则呈站立状，细胞由大量微突所支持。这表明材料表面的正电荷对细胞粘附和铺展有促进作用，但同时也说明了材料表面的细胞相容性往往是多种因素共同作用的结果。对于负电荷的表面也能很好支持细胞的生长，认为可能是因为培养基中含有阳离子，通过阳离子的媒介作用使得带负电荷的细胞在带负电荷的材料表面也能较好地生长。

材料的化学结构是影响细胞相容性的一个重要因素。细胞的亲和性要求所用的生物材料必须既能支持细胞的粘附，又能使粘附细胞在材料上很好生长，二者缺一不可。此外，作为组织工程用的生物材料，还必须考虑到其降解产物对细胞没有毒性。

不同的生物材料有不同的表面化学结构。研究发现，在材料表面引入羟基、氨基、羧基、羰基、酰胺基、磺酸基等可通过调节表面的亲水性和表面电荷而促进细胞的粘附和生长，而砜基、硫醚、醚键等对细胞生长影响不大，刚性结构如芳香聚醚类则不利于细胞的粘附。采用等离子体技术将磺酸基引入材料表面，可使其能模拟肝素的生理活性而提高材料的抗凝血性。

材料表面引入生物活性因子是提高材料细胞相容性的最有效手段之一。细胞外基质(ECM)及血清中含有许多对细胞的粘附、生长和增殖有促进作用的活性因子，通过各种方式将这些活性因子引入到材料表面可明显地改善细胞的粘附和生长。常见的活性因子包括各种贴壁因子如 Fn，Ln，Vn，胶原，多聚赖氨酸，各种生长因子如成纤维细胞生长因子和促进骨与软骨组织形成的骨形态发生蛋白等。由于细胞膜表面的整合素受体与其配体(如 Fn，Vn，Ln 和胶原等)的相互作用，实质上是与配体分子中的某些肽段如 Fn 中的 RGD 序列和 Ln 中的 YIGSR 序列的相互作用，因此在高分子生物材料表面固定 RGD，YIGSR 等粘附肽段(Adhesion peptide)是提高其细胞亲和性的有效手段。

基于以上细胞和生物材料相互作用机理和细胞相容性的影响因素，设计高细胞亲合性的生物材料界面大致有以下三个途径：

首先，可通过调节聚合物材料表面亲疏水性、表面物理拓扑结构、表面电荷性质和固定部分对于细胞外基质有选择性吸附的官能团，从而调节细胞外基质吸附层的组成、构象，以利于细胞在材料表面的粘附、增殖、生长、分化等过程的发生。由于细胞外基质是一个复杂的多组分体系，上百种不同分子可在材料表面竞争吸附，并各自可能以从天然到高度变性的不同构象形式存在。因此，目前的研究只能通过表面修饰在一定程度上改善细胞相容性，其研究也多停留在表面修饰-相容性评价循环的"试误法"筛选研究中。

其次，可采用在生物材料表面直接固定细胞生长因子的方法，在材料表面覆盖一层细胞外基质，诱导细胞的行为，这种方法简化了材料表面的作用形式。采用人为的方式形成材料-细胞外基质复合层，可通过选择特定细胞外基质(如促进细胞粘附的纤维粘连蛋白、胶原等)，改善材料表面的细胞亲合性。但是，在材料表面直接固定细胞生长因子，是一种化学组成上的模拟，无法实现对表面构象的模拟。由于化学键合和表面效应的影响，表面固定细胞生长因子对细胞行为的诱导活性远小于天然细胞生长因子。因此，通过合理的负载方式，形成尽可能高天然构象的细胞生长因子层是该途径的主要研究问题。

另外，还可依据整合素识别配体肽链中的短序列肽的原理，通过剪切整合素配体中具有生物活性的短肽序列(如 RGD 三肽)，复合在材料表面，形成材料-类细胞外基质功能复合层，通过材料表面活性功能基与细胞膜表面细胞粘附分子的特异性识别来诱导细胞行为。由于短肽序列减小了构象影响，并具有较高的稳定性，因此，可采用多种方式对表面进行设计。例如，可依据细胞膜糖质衣作用原理，将短肽复合在高度惰性的亲水链上，在材料表面形成以短肽链为末端基的亲水"梳状"表面，通过亲水"梳状"链排斥材料表面的非特异性吸附；通过短肽序列与细胞膜表面细胞粘附分子的特异性识别实现对细胞行为的调控。在对聚合物表面进行设计时，不仅仅要考虑激发细胞的特殊受体作用，还要考虑避免在聚合物表面发生非特异性蛋白吸附作用，这在体内环境时尤为重要。因为这种非特异性作用往往会掩盖聚合物表面，从而使其无法发挥特异性作用。因此，在组织工程的应用设计中，需要考虑如何平衡这两种作用。这种平衡可以通过在聚合物表面引入聚氧化乙烯(PEO)链段来实现。PEO 对蛋白质的非特异性阻抗作用来源于其链段的高运动性，蛋白质分子挤压 PEO 链时需要能量与熵的补偿，这就导致了 PEO 链对蛋白质的非特异性阻抗作用。事实上，基材表面只要具有一定堆积密度的 PEO 寡聚体，就可以实现对蛋白质的有效阻抗作用。在这种情况下，再将生物活性因子(如多肽 RGD)键接到 PEO 链的端基，而不是键接在聚合物主链上的化学基团上，形成 PEO 桥联的聚合物-多肽杂化体系。这种 PEO 桥联方式的优点在于：首先，PEO 的蛋白阻抗作用，可有效降低妨碍细胞粘附因子的非特异性吸附过程；其次，PEO 链在液态环境中的高效运动性使 PEO 可以提供极好的桥联作用，使细胞粘附因子具有足够的运动性，充分发挥其受体-键合体反应的功能。

9.1.3 生物材料的表面改性

在组织工程中用作细胞支架的生物材料要求具有优良的物理机械性能和良好的生物相容性，而物理机械性能是由材料的本体性能所决定，生物相容性则与材料的表面化学性质和结构密切相关。如前所述，天然高分子虽然具有良好的生物相容性，但材料的重现性差，力学性能也不易满足要求。例如，藻酸盐水凝胶是一种生物相容性较好的生物材料，但会由于环境介质的作用而发生离子交换而导致力学性能损失。合成高分子虽然重现性及力学性能都较好，但其细胞亲和性一般不如天然高分子而有待改进。例如聚乳酸(PLA)是较好的也是较多使用的生物相容性材料，其降解产物乳酸是人体代谢产物，曾用于周围神经的修复，但由于聚乳酸表面的疏水性影响了细胞在其表面的粘附。因此，表面改性对于合成高分子生物材料来说具有十分重要的意义，它能有效地改善材料的生物相容性，同时保持其优良的本体性能，可以更好地满足材料在组织工程上的应用。

目前，材料表面改性手段众多，应根据特定的应用环境来优化生物材料的表面性质(如润滑性、蛋白阻抗性、抗凝血性、降解保护、耐磨性、抗细胞粘附、促细胞粘附性以及抗菌性等)来选择材料的表面改性技术。目前常用的生物材料表面改性技术主要有：化学改性法、低温等离子体法、物理吸附或涂层、分子自组装法、表面截留法以及微图案化表面修饰技术等等。

9.2　血液净化材料

血液净化是通过血液透析、血浆滤过、血液灌流、血浆置换等方法，将血液中积蓄的有害成分去除，矫正血液中某些成分质量和数量上的异常，以达到治疗和抢救危重患者的目的，其基本原理是透析、过滤和吸附。根据其基本原理，使用的净化材料主要是分离膜和吸附剂。膜分离依赖于膜的通透性即膜孔的大小；而吸附净化则取决于吸附剂对目标物质的亲合性。利用人工合成的高分子材料通过血液净化疗法去除人体内的有害物质，是当前生物医用血液净化材料的研究热点之一，临床应用前景十分广阔。高效医用血液净化材料的研制，是决定血液净化疗效的关键因素，以下将对血液净化材料的发展现状及应用研究进展进行简要介绍。

9.2.1　血液净化膜材料

由于血液净化疗法在治疗和挽救人类生命中所显示的巨大成效，长期以来，血液净化用膜的研究一直受到世界各国的重视。目前，已研究和开发用于制备血液净化高分子膜的材质多达数十种，但是由于临床对血液透析、血浆滤过和血浆置换用高分子膜的要求非常苛刻，实际已获得临床使用的只有以下几种，即纤维素类膜、聚丙烯腈膜、聚碳酸酯膜、聚砜膜、聚烯烃膜和聚乙烯醇膜。虽然以上血液净化用膜已经产业化并已应用到临床，但仍存在许多问题需要解决，如毒物的去除效率问题、血液相容性问题等。缩短透析和滤过的时间，提高毒害物质的清除率和血液相容性是临床治疗的要求和血液净化膜材料研究者追求的主要目标。随着科技水平的日益提高，性能优良、携带方便的体内埋入式人工肾将成为研究者们下一步的研究目标，开发研制新的膜体系和对现有的膜体系进行改性，使其性能接近或达到生物膜的水平是实现这一目标的基础。

9.2.2　血液净化吸附材料

虽然血液净化膜材料在血液透析和血浆滤过中得到了广泛应用，但其治疗原理决定了膜材料在应用中存在以下缺陷，即：①对血液中的致病物质缺乏选择性；②尽管对血液中小、中分子的滤过清除效果较好，但是对于相对分子量较大、脂溶性好或与蛋白质结合的毒物，透析和滤过的清除效果不佳；③在血浆滤过后，往往要向患者体内输入大量新鲜的置换血浆，费用较高，且有传染疾病的危险。为了弥补膜材料的不足，提高血液净化过程中毒物的清除率，减少副作用，研制具有高选择性的专一性吸附材料成为临床治疗的迫切需要。目前已有很多专家学者致力于血液净化吸附材料的研究，开发研制了多种新型吸附材料，部分吸附材料已经在临床上得到了应用。

（1）活性炭类吸附剂

活性炭是一类研究最多的广谱医用吸附剂。Yatzidis 等在 1946 年首次报道了用活性炭对尿毒症患者代谢产物进行血液灌流实验。结果表明活性炭可以有效地清除如肌酐、尿酸、尿兰母、酚类、胍类等内源性毒物，但由于存在严重的血液相容性问题，直接用活性炭进行的血液灌流实验失败。1957年,Chang TMS开创性地提出人工细胞概念,并由此制备了包埋活性炭,从而改善了活性炭吸附剂的血液相容性,使得活性炭血液灌流在医疗领域中的应用成为可能。1970年,Chang率先用白蛋白火棉胶包埋活性炭制成微胶囊用做血液灌流,既提高了血液相容性又防止了炭微粒的脱落,而且包埋后的活性炭吸附性能并无明显改变,这才使活性炭吸附剂的血液灌流进入了临床实用阶段。此后,经过许多学者的不断努力,陆续开发出了许多新的包埋材料和包埋方法。目前,已使用的包埋材料有白蛋白火棉胶、聚丙烯酸水凝胶、聚甲基丙烯酸羟乙酯、聚甲基丙烯酸、聚乙烯醇缩丁醛、醋酸纤维素、尼龙及明胶等。活性炭吸附剂现已广泛应用于吸附血液中的各种内源性和外源性的有害物质,如肌酐、尿酸、酚类、脂肪酸、中分子物质、胆红素、安眠药、农药等,虽然活性炭类吸附剂具有价格低廉、应用范围广、解毒效果好等优点,但仍存在如下问题:①对血液中的多种有机小分子均具有较强的吸附作用,因而对目标物的吸附选择性较差;②对水、电解质、尿素及中分子物质的清除率低;③机械强度差、易破碎,需要进行包埋并对包埋技术要求较高。为了克服活性炭的上述缺点,在20世纪80年代初,研究者们开始对人工合成活性炭即炭化树脂进行了研制和开发,该材料不仅提高了吸附性能,也具有良好的机械强度,同时不需要包埋,血液相容性较好,而且又具有大孔结构及可调节孔径大小分布等特点,对血液中有毒物质的吸附有一定的选择性,从而使活性炭类医用吸附剂的研究大大向前推进一步,赋予了其良好的应用前景。

(2)合成树脂类吸附剂

合成树脂是另一类有实际使用价值的医用吸附剂,这类吸附剂是网状结构的高分子聚合物,可根据需要进行人工合成,使其具备特定的吸附性能。树脂类吸附剂可分为离子交换树脂和吸附树脂两大类。离子交换树脂吸附剂是一类带有可离子化基团的三维网状交联聚合物,属于化学吸附剂,包括中性、阴离子、阳离子交换树脂,其两个基本特性是:①骨架或载体是交联聚合物,耐受有机溶剂性能强;②聚合物上所带的功能基可以离子化。吸附的主要原理是根据同电荷相斥、异电荷相吸的原理,对带相反电荷的分子进行选择性吸附。1948年,Muirhead和Reidl首次利用Amberlite(其骨架为二乙烯苯)IR-100H树脂进行血液灌流,并提出了树脂型人工肾的概念,1956年至1963年,Bmnnim等用Amberlite IRA-900类离子交换树脂对尿毒症、急性肝衰竭患者进行血液灌流治疗,发现对尿素氮和血氨有明显的清除效果,并证明离子交换树脂对非结合性胆红素及巴比妥类药物有良好的吸附性能,但离子交换树脂存在吸附量低、选择性差、血液相容性差等缺点,同时又能吸附体内的钙、磷等重要电解质成分,对人体的电解质平衡有破坏作用,因此在临床应用不多,仅处于研究阶段。

吸附树脂又分为极性吸附树脂和非极性吸附树脂两大类,通常情况下,极性吸附树脂具有酰胺、亚砜、腈等基团,因此容易吸附极性的水溶性物质;非极性吸附树脂一般是指电荷分布均匀,在分子水平上不存在正负电荷相对集中的极性基团的树脂,如由二乙烯苯(DVB)聚合而成的吸附树脂Amberlite XAD-4(美国)、X-5(中国)等。吸附树脂对一些脂溶性物质具有更好的吸附作用,在制备过程中,可以人为控制其化学结构和物理结构,并具有化学稳定性好、机械强度高、不易脱落等优点。目前,合成吸附树脂已经被应用到临床治疗中,主要用来吸附安眠药、胆红素与胆酸、肌酐与尿酸以及中分子物质。改变吸附树脂的载体及其上的功能基团都可以增加对目标物的吸附能力。

(3)免疫吸附剂

在生物体系中,存在着许多类型的专一性相互作用,如抗原-抗体、酶(受体)-底物、互补

DNA链等,将产生互补作用的一方(如抗原)固定在载体上,可专一性地吸附另一方(如抗体)。利用将抗体或抗原固定化的方法合成的吸附剂,被称为免疫吸附剂。由于免疫吸附剂对致病物质具有吸附速度快、特异性强、治疗效果好、副作用小等优点,使其成为血液净化临床治疗的首选吸附剂,同时,专一性免疫吸附剂的研究也成为血液净化材料领域的研究热点。免疫吸附剂的研究主要集中在特异性吸附功能基的选择和载体骨架的合成上。

(4)**生物型人工肝脏**

以上所述的用于血液净化的膜材料和吸附材料均具有一定的局限性,在治疗尿毒症和肝衰竭的过程中,膜材料和吸附材料只能滤过或吸附除去部分毒性物质,起到缓解病情的作用,很难替代真实器官的功能,这种情况在用吸附材料治疗肝衰竭时表现得尤为突出。所以在体外建立更接近肝脏功能的模拟体系对于延长患者的生命尤为重要。生物型人工肝目前主要通过以下两种模式发挥作用:① 以培养肝细胞为基础,将肝细胞置于体外循环装置即生物反应器内,当患者的血液或血浆流过生物反应器时与其内的肝细胞发生作用,起到对血液内毒物分解代谢的功能;② 将肝细胞包裹在微载体内。然后移植到患者体内的脾脏及腹腔内。植入的肝细胞能定植、增殖,同时具有活跃的生物学功能。由于人工培养的肝细胞仍然具有其母体的解毒、合成、生物转化等生理功能,因而利用体外培养的肝细胞制成的人工肝支持系统比人工合成的吸附剂具有更好的治疗效果。目前,生物型人工肝的体外治疗模式主要以第一种为主,其基本方法是在体外生物反应器中培养肝细胞并使其达到一定数量,让患者的血液流过反应器并同时通过半透膜或直接接触的方式与肝细胞进行物质交换,从而达到支持和治疗的目的。目前采用的生物反应器以中空纤维膜反应器较为成熟,也有人研究多层平板式、包装床式等血液灌流器。到目前为止,生物型人工肝脏的研究已基本完成动物实验,进入Ⅰ期临床,该系统无论是在肝衰竭动物模型实验研究中,还是在对肝功能衰竭患者的支持治疗方面均取得了令人瞩目的成果,很可能成为治疗肝功能衰竭的重要手段。但要完全替代肝脏,还必须具备两个条件:第一,要有高度分化的肝细胞;第二,要有足够数量的肝细胞以满足患者的要求。虽然肿瘤肝细胞的繁殖速度较快,但其恶性来源使人们对它的使用极不放心。而正常肝细胞对体外培养条件的要求又十分严格,使用中很难保证其活性,其应用受到了很大限制。目前,利用猪肝细胞或人肝胚细胞瘤的生物型人工肝脏已在美国成功地用于临床研究。最近报道了一项灌流培养系统的研究,该系统将猪肝细胞置于胶原凝胶的三维中空纤维模块内,通过这种新技术有望产生一种实用的生物人工肝辅助系统。此种生物人工肝每一小室内所含肝细胞数量约为全肝的4%,可达到适当的代谢功能,如清除氨,从而改善试验动物的存活率。

医用血液净化材料的发展历史虽然并不是很长,但在生物医学领域内已显示出强大的生命力,并且会随着化学、生物医学工程等学科的不断发展而取得更大的进步。改善血液净化材料的生物相容性和特异性吸附等性能,以进一步提高选择性及安全性,将是医用血液净化吸附材料近期研究的重点内容。

9.3　生物降解高分子材料

生物可降解材料,指那些在自然环境中,在酶作用或者化学反应作用下,能逐渐被分解或破坏的材料。目前,生物可降解高分子材料已被广泛地应用于生物医学各领域中,作为疫苗、蛋白和多肽类药物、激素、基因控制释放体系的载体材料，体内埋植材料，神经导管材料，组织工程用支架材料，手术缝合线，骨支撑修复材料和外科手术的伤口护膜材料等等。国外一些发达国家已将生物可降解材料列为本世纪重点发展的材料之一，它必将成为一类新型的特种材料而备受关注，下面对一些常见的体内可降解吸收的高分子材料及其降解机制作一简要介绍。

9.3.1 体内可降解吸收的高分子材料

体内可生物降解高分子材料按其来源可分成三类：天然的多糖和其他生物高分子、生物合成高分子和化学合成高分子。

(1)天然的多糖和其他生物高分子

天然材料是指来源于动植物或者人体内天然存在的大分子。天然高分子材料是人类最早使用的医用材料，具有良好的生物相容性，几乎都可降解，且降解产物无毒。典型的天然材料有胶原蛋白、纤维蛋白、甲壳素、壳聚糖以及纤维素衍生物，它们主要可用作可吸收缝线、药物控释载体、人工皮肤、术后防粘连膜以及组织工程材料等。此外，文献中还有海藻酸钠、葡聚糖、明胶、淀粉和蛋白质等用作药物控释载体的研究报道。天然的医用生物材料，一般都必须经过物理、化学或物理化学的加工处理，使其符合医药用途的特殊需要，有的还须经一定的化学修饰，以形成特殊的性能。天然医用高分子材料的种类和数量较多，这里仅介绍以下几个品种：

1)胶原　胶原是从动物骨骼、腿筋中经浸煮、水解等多道工序提炼得到的一种纤维蛋白，它是由三股螺旋多肽链结构组成，每一个链有 1 050 个氨基酸，一级结构富有脯氨酸和羟脯氨酸，第三个氨基酸总是甘氨酸。由于有规整的螺旋结构，所以它的免疫原性较温和。它还具有良好的生物相容性，可参与组织愈合过程，在止血、促进伤口愈合、作为烧伤创面敷料、骨移植替代材料、组织再生诱导物方面得到广泛应用。

2)甲壳素、壳聚糖及其衍生物　甲壳素是一种天然多糖，广泛存在于节足动物的甲壳和细菌细胞壁中，常与蛋白质以共价键形式结合。壳聚糖是生物合成的多糖，是甲壳素脱乙酰化后的产物。壳聚糖里的氨基带正电荷，经化学修饰可制成强度不同的纤维。取向的壳聚糖纤维具有很强的湿拉力，与透明质酸一样，它不具有免疫原性，因此也是很好的植入材料。壳聚糖是智能性材料，利用它的带电性能可以调节和控制产品的物理和化学性质。甲壳素、壳聚糖及其衍生物具有良好的生物相容性和生物降解性，还有广谱抗菌、抗感染和很强的凝血作用，以及促进伤口愈合、调节血脂和降低胆固醇、增强免疫和抗肿瘤等多种生理活性，因而它在生物医学领域有着极广阔的应用前景。

3)纤维蛋白　纤维蛋白是最早使用的医学材料之一，也是应用较多的生物材料。作为天然细胞外基质成分，它有较好介导细胞间信号传导及相互作用的性能。纤维蛋白凝胶和纤维蛋白三维固定支架能很好地维持软骨细胞的表型，促进细胞增殖和细胞外基质形成，因此，它在组织工程支架材料的应用方面有潜在的优势。

(2)生物合成高分子

生物合成高分子是一类由细菌发酵产生的聚酯高分子，其最具代表性的例子是聚(羟基丁酸酯)(PHB)，它的物理性能与聚丙烯类似，是热塑性材料，熔点为 175 ℃，玻璃化转变温度取决于它的结晶度，大致为 −4 ~ 10 ℃，它比聚丙烯脆，具有高度结晶性和光学活性，并且是憎水的。为了对它进行改进，使之与 β-羟基戊酸酯(PHV)共聚，降低结晶度，使其结构变得柔软,易于加工,而具有较高的应用价值。PHB/PHV共聚物已经有产品出售,商品名为Biopol。Biopol是一系列不同组成比的材料,其中PHV的含量最高不超过30%。PHB/PHV为89/11共聚物的强度和韧性已达到最佳匹配,能满足许多不同应用的需要。该材料的降解速率与一种称为PHB降解酶的存在密切相关,在海洋、土壤等富含PHB降解酶的自然环境下,材料能够被较快地降解。但是,在与体液相似的缓冲溶液中,因为缺乏PHB降解酶,而PHB又是一种疏水性强的材料,其降解速率就非常缓慢,因而限制了它在生物医学方面的应用。

(3)**化学合成高分子**

天然降解材料虽然具有某些优良性能,但存在一些不足,如力学强度较差,性能随批次不同而有差异,且降解速度不易控制。与之相比,化学合成高分子具有原料来源丰富、结构和性能可人为调整和调控、易于加工、降解速度也可通过调节其组分比例和分子量等来加以控制等优点。以下简要介绍一些常用的化学合成高分子及其特点。

1)脂肪族聚酯

内酯(含交酯),如己内酯、乙交酯、丙交酯等,通过开环反应均聚或共聚可以得到一系列具有优良生物相容性、可生物降解的脂肪族聚酯。它们已被广泛的应用于生物医学各领域和环境友好材料中。

聚羟基乙酸(PGA)结晶度高、熔点高、溶解度低,由它制成了世界上第一个合成、可降解吸收的缝线"Dexon"。用PGA制成的内固定骨钉已有商品(Biofix)。

聚乳酸(PLA)是一种无毒、有较好生物相容性的可生物降解高分子,它能在体内先降解为小分子乳酸,然后进一步分解成二氧化碳和水而排出体外。PLA分子中有一个不对称的碳原子,因此有两种光学异构体,可形成四种不同构型的聚合物:D-PLA, L-PLA, D, L-PLA和meso-PLA。L-PLA是半结晶性聚合物,具有优良的力学强度,降解吸收时间很长(一般为3~3.5年),适用于承载的装置,是制作骨内固定装置的较好材料。D, L-PLA是一种无定形材料,有利于药物均匀分散在基质中,适用于做药物控制释放的载体和软组织的修复材料。超高分子量的D, L-PLA也是一种制作骨内固定装置的较好材料。

为了改善PGA的物理性能,可以将乙交酯与其他内酯单体共聚,最成功的例子是乙交酯(GA)与丙交酯(LA)(9∶1)共聚形成的无规共聚物PLGA。与PGA相比,它的熔点和结晶度大大降低,可在较低温度下加工成纤维,更有利于做手术缝线。研究表明:单体GA和LA组成在25%~70%的PLGA共聚物都是无定形材料,是药物控释的理想载体材料。

2)聚氨基酸及其衍生物

聚酯在体内的降解会导致高度的酸性环境,不利于抗原的稳定,因此应开发蛋白、肽类衍生物和氨基酸衍生物等中性生物降解载体材料。将化学合成的聚氨基酸用作生物医学材料是一个合理的选择。聚氨基酸具有像蛋白质一样的酰胺主链,是一类有良好生物相容性和可以完全生物降解的高分子材料。目前,在生物医学领域中使用较多的聚氨基酸主要是聚谷氨酸、聚天冬氨酸和聚-L-赖氨酸等。均聚氨基酸具有高度的结晶性并且分子间(或内)氢键相互作用,不仅使得它们难以加工,而且致使其溶解性和降解性变差;聚氨基酸的主链上含有三种以上氨基酸,因此其抗原性也使得它们不适用于体内释放,这些缺点就限制了聚氨基酸的使用。为了克服这些缺点,可用一些氨基酸的衍生物来合成改性的假聚氨基酸,如由酪氨酸衍生的聚碳酸酯,由于其具有高强度而被用作矫形外科手术。在药物的传递体系中,将聚醚和聚氨基酸共聚物作为可生物降解聚合物载体,也有不断的报道。

3)聚酸酐

聚酸酐是一类生物降解新材料,最突出的优点是它的降解属于表面溶蚀机制且降解速率较快。聚酸酐是单体通过酸酐键相连的聚合物,酸酐键具有水不稳定性,能水解成羧酸。目前,已经合成的聚酸酐的种类很多,如脂肪族聚酸酐、芳香族聚酸酐、杂环族聚酸酐、聚氨酯酸酐等。早在1909年,Bucher和Slade首先采用熔融缩聚法合成了聚对苯二甲酸酐(PTA)等芳香族聚酸酐。20世纪30年代,Hill和Carothers采用同样的方法合成了一系列的脂肪族聚酸酐。进入20世纪80年代,随着生物医学材料研究的广泛深入,脂肪族聚酯PGA, PLA相继实现商品化,聚酸酐的水解性引起人们的广泛注意。Domb和Langer等人采用传统的熔融缩聚法,在非均相催化剂如乙酸镉、氧化钡、碳酸钙、氧化镁等作用下合成一系列高分子量的脂肪族、芳香族聚酸酐。S. Gouin和Domb等人用天然的脂肪酸如芥酸、胆汁酸合成了新一类的聚酸酐,研究表明这类聚酸酐有优良的生物相容性,而且降解速度可控,它已广泛应用于化疗剂、抗生素药物、多肽和蛋白等药物的控制释放研究,并于1996年获得美国食品与药物管理局(FDA)批准应用于复发恶性脑瘤的术后辅助化疗。

4)聚磷腈

聚磷腈是一簇由交替的氮磷原子以交替的单键、双键构成的主链高分子,通过侧链衍生化引入性能各异的有机基团可以得到理化性质变化很广的高分子材料,适用于制备多种药物控释系统。它的生物相容性极好,甚至超过硅橡胶,能够生物降解。20世纪70年代美国的Allcock小组首次将生物降解性聚磷腈引入药物控释领域,随后日本、韩国、意大利也相继开展了这方面的工作。

5)聚原酸酯

聚原酸酯是通过多元原酸或多元原酸酯与多元醇类在无水条件下缩合形成原酸酯键制得,为疏水性聚合物。它在体内的降解属于表面溶蚀机制,且降解产物无毒副作用,主要用作药物控释载体。其优点如下:聚原酸酯链对pH值是敏感的,在中性pH值条件下它是相当稳定的,然而随着pH值的降低,它的降解速度逐渐增加。因此,通过在基材中加入酸性或碱性赋形剂,它的降解时间可以在几小时到几个月这个范围内变化。

6)脂肪族聚碳酸酯

具有亚甲基段数目$n=2\sim14$和18的脂肪族聚碳酸酯通常按照1930年报道的方法由一个相同系列的碳酸乙二醇酯来制备。近年来,为了满足其在医学中的使用,科学家们开始探索和设计新的聚酯结构的脂肪族聚碳酸酯。环状碳酸酯的开环聚合就是一种较好的合成方法,尤其对于取代和未取代的六元环碳酸酯。聚合机理有阳离子聚合,也有阴离子聚合。酶催化环状碳酸酯开环聚合则代表了一种有高度选择性、清洁的合成方法。目前,研究较多的脂肪族聚碳酸酯是聚三甲基碳酸酯(PTMC)。高分子量的PTMC是在60~100 ℃,用猪胰腺的脂肪酶作催化剂,通过本体聚合反应24小时制得,它的玻璃化温度($T_g=-17$ ℃)较低,因而在室温下呈橡胶态,与许多脂肪族聚碳酸酯一样,PTMC也在40~60 ℃明显变软,这些特点使它容易被加工且适合在温和条件下包裹一些敏感性的药物。

脂肪族聚碳酸酯在体内的降解产物是一些小分子二醇和二氧化碳,使得它的降解缺乏自催化作用,因此降解速度不甚理想。为了改善它的生物降解性能,常用的方法是将它与其他单体(如己内酯、丙交酯等)共聚。

9.3.2　可生物降解高分子材料的降解机制

作为支架材料的聚合物,其降解过程要有一定的时间性,既要起到金属支架持久的支撑作用,又要避免支架长期存在带来的并发症。聚合物的降解,从物理角度考虑存在均相和非均相降解两种机制。当降解反应仅发生在聚合物表面时,为非均相降解(亦称表面降解);均相降解则是降解反应在整个聚合物内发生。均相降解是亲水或非晶体结构聚合物的主要降解方式,但这种方式一方面会造成药物释放不均匀,另一方面会使聚合物内的机械强度不一,易造成断裂;而非均相降解是疏水的或高度晶格结构的聚合物的主要降解方式,这种方式中药物释放率与聚合物的侵蚀率成正比,且聚合物的机械强度渐进性下降,不易断裂。从化学角度考虑,聚合物的降解存在下列三种机制:

①疏水性聚合物通过主链上不稳定键的水解变成低分子量、水溶性分子。

②不溶于水的聚合物通过侧链基团的水解、离子化或质子化变成水溶性聚合物。

③不溶于水的聚合物水解掉不稳定的交联键,变成可溶于水的线型高分子。

聚合物的降解最好发生在血管内表皮化后,因为充分的内表皮化可以稳定血管的内环境,既可将组织反应减至最小,又可克服支架的血栓源性及降解过程带来的不利影响。生物可降解材料的降解不仅与其本质特征(如聚合物的结构与构象、分子量大小及其分布、聚集态和结晶度等)有关,还与外部条件(如辐射和化学处理、降解液的 pH 值及温度等)密切相关,因此只有详细分析材料降解的各种因素,才能把握降解的本质特征。

聚合物链结构是影响降解的主要因素,一些常见化学结构的生物降解能力由强到弱的顺序为:脂肪族酯键、肽键 > 氨基甲酸酯 > 脂肪族醚键 > 亚甲基。有些聚合物容易降解,如:天然高分子蛋白质、淀粉和多糖类,因其主链的亲水性和易于菌类的滋生,因而容易水解和生物降解;与此类似结构的聚酯尤其是聚羟酸酯,也有良好的降解性;聚乙烯、聚丙烯等则因其主链和侧链均无亲水基团,而且也不利于菌类的繁殖,因而很稳定,只能发生老化及光降解等。另外,聚氨酯、聚酰胺等链的稳定性介于以上二者之间,其降解性也介于二者之间。聚乳酸、聚乙酸及其共聚物,因其降解最终产物为 CO_2 和 H_2O,可以排出体外,而且降解中间产物也是人体代谢的中间产物,对人体无毒,降解速度又可以调节,因而成为应用最为广泛的医用可降解材料。

通过研究 PGLA 的降解发现,晶态结构的聚合物比非晶态的聚合物降解的慢得多,因此,可以通过调节聚合物的结晶度来控制材料的降解时间。高分子量的聚合物比低分子量的聚合物降解慢,分子量分布窄的聚合物比分布宽的降解慢,这是因为高分子量和分布窄的聚合物链结构紧密,不利于水分子等小分子的进攻,因而降解速度慢。对聚合物进行射线照射处理,将产生自由基和离子,从而导致链的断裂,因此加速了降解的进程。对于 PLA 类聚合物,由于其降解产生羧酸,使 pH 值进一步下降,因而形成自催化降解,加快了降解的进行。

9.3.3　生物降解的测定方法

生物降解材料的用途广泛,诸如医用、药物释放、农用薄膜和包装材料等等。不管用在哪一领域,为了有效地使用该种材料,都必须确切地知道材料的降解时间和降解速度。因此,详细地了解材料降解的测定方法是合理使用生物降解材料的前提。正如有多种关于生物降解材料的定义一样,其降解测定方法也较多。如 ASTM 中的机械强度法、外观法、分子量法、残量测定、霉菌法和酶处理法;模拟体液测试法及体内测试;改进的 Sturm 测试法;密闭瓶测试法和土埋测试法等等。对于不同用途的材料,采取不同的测试和评价方法。作为医用的可降解材料,关于生物降解的测试方法也只讨论与之相关的方法,主要是生物材料的体内、体外降解测试方法。

(1)**体外(In vitro)测试方法**

体外测试是指把待测材料置于模拟的体液中,即37 ℃,pH为7.4的磷酸盐溶液,然后观察材料的形态和结构的变化(SEM),测定溶液的pH值变化和测定材料的力学性能等方法,从而得到材料的降解性能。

(2)**体内(In vivo)测试方法**

体内测试是指把待测材料置于动物体内,一定时期后取出,测定材料的分子量和力学性能、观察材料的表面情况,从而得到材料的体内降解性能,为材料的最终应用打下坚实的基础。

第10章 抗菌材料

10.1 概述

抗菌材料是国际上20世纪90年代兴起,并迅速发展起来的新一代功能材料,具有自主抑制或杀灭其表面微生物的功能。随着人们生活水平的提高和对健康卫生要求的提高,对抗菌材料的需求也越来越高。在日本等发达国家,人们对抗菌材料已经进行了较为系统的研究,并使其得到十分广泛的应用。近几年,我国的抗菌材料研究、开发和应用也获得了长足的发展,国内许多科研院所从事抗菌材料研制,在抗菌塑料、抗菌陶瓷、抗菌纤维等各种抗菌材料方面都取得了较好的成果,并在家电、建材、包装等领域得到了较广泛的应用。

抗菌材料的兴起与发展,有其必然的原因。病原微生物(致病性细菌、病毒)在我们周围无处不在,在空气、水与固体材料表面繁殖,几小时内繁殖速度高达1亿倍。公共设施例如医院病房、车站、公交车、民航客机等人流量非常多的地方,通常的消毒措施采用的是普通化学或物理技术,只能达到一次性消毒目的,消毒后的物体表面容易形成二次污染。又由于近年来环境的恶化,地球变暖和大气污染,促使细菌繁殖,各种传染病增加,2003年"非典"期间SARS病毒的流行一度引起了全世界的恐慌。因此,大力开发各种抗菌制品,有效解决与人接触的所有部位,即空气、水、衣物、家具、生活用品、建筑材料表面等的细菌污染问题,是提高人们生存环境质量所需,是今后促进健康发展的必然趋势。

10.1.1 抗菌的概念

目前在介绍抗菌材料中经常会接触部分与抗菌性能直接相关、表征材料抗菌性能程度的系列提法,现将有关主要提法的具体概念介绍如下。

灭菌(sterilization):指将待处理体系中的所有微生物包括微生物的孢子等生态形式都完全除去或使之丧失活性的过程。

杀菌(microbiocide):指将待处理体系中的微生物营养体和繁殖体杀死的过程。

消毒(disinfection):指破坏待处理体系中微生物的过程。但消毒过程一般对微生物孢子无效,消毒不需要杀灭体系中所有微生物,只需要达到预定的处理要求,一般需要将体系中的致病和条件致病的微生物除去或使之丧失活性。

抑菌(bacteriostasis):抑制微生物生长繁殖的作用,抑制待处理体系中微生物的活性,使之繁殖能力降低或停滞繁殖的过程。

防腐(antisepsis):指采取一定措施防止物品性能因微生物的破坏而下降的过程和技术。

抗菌(anti-microbial):是一个泛指名词,包括灭菌、杀菌、消毒、抑菌、防霉、防腐等。

抗菌材料(antibacterial materials 或称 antimicrobial materials):对于能够杀灭或妨碍微生物生长、繁殖及其活性的材料称为抗菌材料。同时具有抗菌、净化空气和有益于健康的功能材料定义为健康环境功能材料,又称保健型抗菌材料。

抗菌剂(antibacterial agent):高效能抗菌材料,添加少量到其他材料中即可产生抗菌功能的物质称为抗菌剂,或称为抗菌外加剂。

图 10-1 表示出了抗菌剂的添加对微生物不同程度的抑制情况。

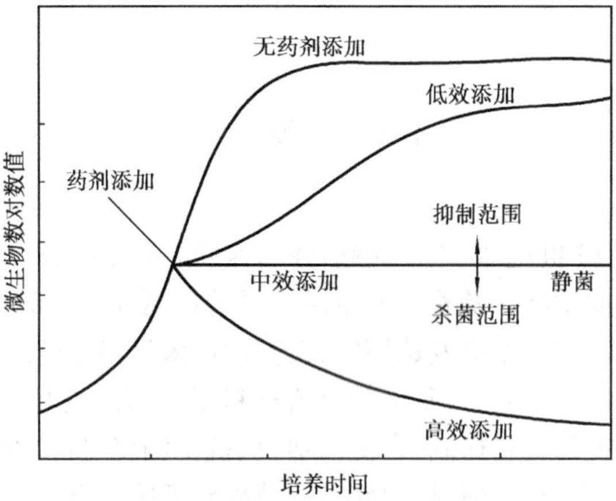

图 10.1 抗菌剂对微生物抑制情况示意图

我们在日常生活中使用的各种抑菌的方法有:冷冻、干燥、调节渗透压(盐、糖等腌制品)、限制氧气供应(真空)、控制 pH 值和使用抗菌材料。其中抗菌材料具有表面自洁、不使用能源、不消耗药品、功能长效、使用方便等优点。

10.1.2 抗菌材料的发展

抗菌剂的使用自古就有,早在四千年前,古埃及就开始利用特殊草药对尸体进行抗菌防腐处理。两千年前使用辰砂 HgS 作为抗菌防腐剂,使木乃伊保存到现在。第二次世界大战中,德国军队采用含季铵盐的抗菌材料处理军服后,大大降低了士兵受伤后的二次感染率,同时在军马饲料中加入银抗菌材料,防止军马的感染。在我国,抗菌材料的起源则可追溯到古人用的银或铜的容器,用这种容器留存的水不易腐臭。

抗菌材料研制和应用最为发达的是日本。日本在 20 世纪 80 年代开始集中研究银系无机抗菌剂及其在各种材料中的应用,很快取得了进展。当时 O—157 的流行和食物中毒事件更是大大促进了日本抗菌剂和抗菌材料的研制和应用。1983 年品川燃料株式会社首先实现了无机抗菌剂的工业化,1984 年锺纺也推出了自己的抗菌剂。直到 1990 年石冢硝子加入到抗菌剂生产厂家的行列,才打破了品川和锺纺在日本抗菌剂及抗菌制品的垄断地位。1991—

1995年是日本抗菌行业发展最快的时期,在这短短的几年中共有100多家企业进入了抗菌剂和抗菌材料的生产领域。1994年日本无机抗菌剂的市场为100 t,1996年为250~260 t,1997年为400 t,而1998年仅品川燃料株式会社生产能力就达1 000 t。东亚合成株式会社1998年生产了400 t银系纳米抗菌剂。目前品川燃料、锺纺、石冢硝子及东亚合成等都是世界上规模较大的无机抗菌剂生产企业,年产无机抗菌剂在1 000 t以上。到1998年抗菌制品技术协会成立时,参加协会的抗菌剂和抗菌材料制造商和用户多达250家,抗菌剂市场年销售额达到300亿~350亿日元,有机抗菌剂占70%以上,无机抗菌剂占20%,天然抗菌剂小于10%,而所有抗菌制品的生产总额高达6 000多亿日元。

目前,日本抗菌材料主要应用在家庭用品、家用电器、玩具及其他一些领域。具体用途和制品见表10.1。

表10.1 日本抗菌材料的用途和制品

分 类	制 品
纤维	袜、睡衣、内衣、浴巾、毛巾、绷带、消毒棉、白大衣、被褥、窗帘、地毯等
家电	洗衣机、吸尘器、冰箱、洗碗机、电热水器、空气清洁机、电饭锅、电话机、电动剃须刀、磁带等
建材	地板、壁纸、瓷砖、铝合金建材、涂料等
住宅设备机器	温水洗净便座、净水器、卫生陶器、浴缸等
厨房用品	海绵、菜刀、砧板、水漏袋、食品保鲜膜、三角水漏、洗菜刷、垃圾桶、饭盒等
浴室、洗手间用品	浴室地垫、清洁用刷子、香波容器等
生活用品	牙刷、剃须刀、染发剂、鞋(鞋垫)、纸巾、口罩、抗菌喷雾剂、首饰(18 K合金)等
文具	圆珠笔、自动铅笔、铅笔、橡皮、磁盘等
玩具	布制玩具等
汽车	方向盘、变速器手柄、空气清洁机、车内装置等
其他	砂场用抗菌剂、银行卡、棺木等

随着日本抗菌材料研制和生产的发展,各种抗菌制品大量涌入市场。为了规范市场,促进抗菌行业的健康发展,日本于1993年成立了"银等无机系列抗菌剂研究会",成员主要为制造和使用无机系列抗菌剂的厂家。1998年6月,吸收了更多的生产和应用抗菌剂厂家及相关专家学者,日本正式成立了"抗菌制品技术协会"。该协会以保护消费者利益为宗旨,制订了相关的产品标准和测试标准,以保证抗菌制品的使用安全性。1998年7—12月,由日本通产产业省主办,由有关专家、消费者代表、抗菌相关产业团体代表和抗菌制品技术协会代表共同参与举办了"生活关联新功能制品研讨会",会议讨论总结了"抗菌制品基准",并以此为基础,制订了系列抗菌材料行业标准,并设立了SIAA标识。从2001年起,日本开始实施"日本抗菌制品标准[JIS Z2801抗菌制品抗菌性能测试方法和抗菌性能判定标准及JNLA制度(实验所认定制度)]"。

欧美在抗菌材料的开发和应用的进程中比日本落后。有资料推测,以2001年为准,如果日本抗菌材料用量为100,则欧洲为5,美国为1,而我国仅为0.1~1。欧美使用的主要是有机抗菌剂。由于有机抗菌剂相对耐热性能较差，只适用于聚乙烯（PE）等加工温度较低的塑料和其他加工温度不高的材料，如制备塑料菜板等。近年来，又推出抗菌高密聚乙烯（HDPE）菜板、抗菌墙纸和地板、抗菌玩具专用塑料及抗菌聚丙烯酸类树脂、乙酰纤维素等材料，同时还推出了无机抗菌剂。

我国现在已有一大批企业和大专院校、科研机构密切合作，使无机抗菌剂、复合抗菌剂及抗菌材料的应用开发和产业化等得到了飞速发展。目前我国从事抗菌材料研究开发和生产比较著名的企业有：海尔科化、江苏泰兴、浙江舟山明日等。据不完全统计，1998 年全国塑料抗菌剂产量为 40 t，销售额 300 万元，抗菌制品产值 100 亿元；2000 年抗菌剂产量达到 200 t，已形成了一个产业，到 2005 年已经发展到 500 t 的生产规模，抗菌制品产值达 400 亿元。随着我国抗菌材料行业的迅速发展，近三年，一系列抗菌产品的行业标准如抗菌陶瓷、抗菌塑料、抗菌冰箱、抗菌纤维、抗菌家电等相继制定，为抗菌材料的健康发展提供了保证。2002 年，中国抗菌材料和抗菌制品行业协会成立，设立抗菌制品的标识为 CIAA（中国抗菌材料及制品行业协会的英文缩写），为抗菌材料行业的自我约束、自我管理提供了基础。我国抗菌材料行业正朝着规范化、有序化的方向发展。

抗菌材料作为一种新型功能材料经过十多年的发展，在材料开发和应用方面都已取得了很大的进展，未来的发展趋势主要为：

①质优价廉新型抗菌剂。例如：有机/无机复合抗菌剂，兼具二者优点；纳米无机抗菌剂和纳米复合抗菌剂性能优异，少量添加，即可制得高效抗菌材料。

②抗菌产品的多样化。目前抗菌剂主要用于塑料、陶瓷等制品领域，开发适合于纤维、透明塑料件、薄膜、纸张、油漆、粘合剂等领域中应用的抗菌剂将会成为下一阶段研究开发的重点。

③拓宽现有抗菌剂的应用领域，进一步开发现有抗菌材料的用途。

④光催化型抗菌剂。由于光催化抗菌剂具有良好的抗菌、净化空气、降解有机物作用，而且不需要电能，因此被认为是 21 世纪利用太阳能净化环境的一次新技术革命，应用前景广阔。

⑤保健型抗菌材料。如稀土激活无机抗菌剂集抗菌、防霉、净化、红外保健功能于一体，代表了未来生态环境材料多功能化的发展趋势。

10.1.3 抗菌剂的特征及其分类

抗菌剂是高效能抗菌材料，目前大多数抗菌材料是通过添加抗菌剂制成的。因此抗菌材料的研制和生产的核心是抗菌剂的研制和生产。随着抗菌材料行业的迅速发展，抗菌剂的研制开发已成为近年来材料科学中最具活力的领域之一。

（1）抗菌剂的特征

评价和选择抗菌剂应充分考虑以下因素：

1）最低抑菌浓度（minimum inhibitory concentration，MIC）和最低杀菌浓度（minimum bactericidal concentration，MBC） MIC 是指抑制所有受试菌株发育所需的最低抗菌剂溶液或浊液的浓度，MIC 表征抗菌剂阻止微生物繁殖发育的能力，也就是评价抗菌剂的静菌能力。MBC 是指能使受试微生物菌株总量减少 99.9% 或以上所需的最低抗菌剂溶液或浊液的浓度，用于评价抗菌剂的杀菌能力。MIC 或 MBC 越小，抗菌剂的抗菌效果越好。日本抗菌协会制定的《银等无机抗菌剂的自主规格及其抗菌试验法》和我国制定的《无机抗菌剂》行业标准中规定，无机抗菌剂的抗菌性能要求对大肠杆菌和金黄色葡萄球菌的最低抑制浓度(MIC)小于800 μg/ml。

2)广谱抗菌性

微生物的种类极其繁多,能对许多种微生物同时表现抗菌活性的抗菌剂称广谱抗菌剂。选择抗菌剂一般希望抗菌剂具有广谱抗菌性,但在实际使用过程中不同场合对抗菌剂的抗菌谱要求不完全相同,如金属加工液、野外使用的各种制品中使用的抗菌剂要对各种微生物都具有良好的抗菌性,但纸张中使用的抗菌剂就不要求对酵母菌、放线菌等有效,而希望对霉菌、细菌各种属都有良好的抑制作用。所以在实际使用过程中可根据实际要求选择合适的抗菌剂。

3)抗菌持久性、耐候性

抗菌材料和抗菌制品经常是在居室、办公室或露天场合使用,受气候影响较大。部分抗菌剂在光、热等作用下可能会逐渐分解或衰解而逐渐失去抗菌作用,导致抗菌制品在使用一段时间后很快出现抗菌性能的改变或在物理性能、外观等方面出现显著变化,致使制品无法使用或功能下降。有些材料中抗菌剂在使用过程中还要经历洗涤、溶出等因素引起抗菌材料中抗菌剂浓度的变化,从而导致材料抗菌性能的变化,甚至导致抗菌性能不能满足使用要求。因此在抗菌剂品种和用量的选择上要充分考虑材料的使用场合和使用寿命,保证抗菌材料在使用期内能够经受光、热及重复洗涤等作用,保证制品在使用过程中的抗菌性能。

4)加工适应性

一般抗菌剂都需要结合材料才能制备成相应制品使用,所以选择的抗菌剂要和相应基材有良好的相容性,稳定性,尤其是热稳定性。如塑料加工温度一般在150~300 ℃,用于塑料的抗菌剂就需要能够耐受如此温度而不变性。陶瓷的加工温度往往在800 ℃以上,应用在陶瓷中的抗菌剂就需要能够经受800 ℃以上的高温而不挥发和分解,也不能发生化学反应而失去抗菌效果。除此还要求抗菌剂在加工过程中具有反应惰性,不与基材物质发生物理和化学反应,既保证材料的抗菌效果,又不影响材料的使用性能。

5)安全性

抗菌剂的安全性包括两方面:一方面是抗菌剂在使用过程中的安全性;另一方面是使用过程中根据使用场合所需的生物安全性。使用过程的安全性要求抗菌剂在使用过程中对人和环境无毒无害,加工过程中不产生毒烟、毒雾等物质,对加工人员的皮肤、眼睛没有刺激作用。生物安全性是评价选择抗菌剂的另一个重要的指标,包括抗菌剂的急性毒性、亚急性毒性、慢性毒性、对皮肤致敏性、致癌性、遗传毒性等。

6)价格

适宜的价格是针对使用对象的价值和使用价值相对而言。如在药物等高附加值产品中价格在每千克数千元甚至几万元的抗菌剂也会有市场,但对建材等低附加值产品可以接受的抗菌剂的价格则要低得多。

(2)抗菌剂的分类

目前抗菌剂已经基本形成了有机抗菌剂、无机抗菌剂、天然抗菌剂和高分子抗菌剂四大类。各类抗菌剂除了抗菌剂共有特征外各具特色,且都有自己比较适合的应用领域。有机抗菌剂耐热性较差、易分解,天然和高分子类抗菌剂耐热性差、加工困难,目前应用最为广泛的是具有耐热性好、抗菌谱广、有效期长的无机抗菌剂。无机抗菌剂可归纳为:金属离子掺杂型、金属氧化物型、光催化型、稀土激活保健型。其中以金属离子掺杂型的无机抗菌剂品种最多,用途最广，产量最大。表 10.2 对上述四类抗菌剂主要品种及特点进行了简单的归纳。

表 10.2 抗菌剂的分类及其特点

抗菌剂类别	主要品种举例	优　点	缺　点
无机抗菌剂	金属离子掺杂型如银沸石、银活性炭、银硅胶、银玻璃珠、银羟基磷灰石基抗菌剂、磷酸钛盐、磷酸锆盐、银陶瓷；金属氧化物如氧化银、氧化铜、氧化锌、氧化镁、氧化钙；光催化材料如二氧化钛、二氧化锆等	耐热性好、抗菌谱广、有效抗菌期长、毒性低、不产生耐药性，金属氧化物型同时具有保健作用，光催化型抗菌剂具有抗菌、除臭、净化空气等多种功能	银系抗菌剂易变色、制造困难、在塑料中使用工艺复杂；光催化型抗菌剂产生催化活性条件苛刻，使其应用范围受到限制，对部分厌氧菌的抑制很困难
有机抗菌剂	季铵盐、酚醚类、苯酚类、双胍类、异噻唑类、吡咯类、有机金属类、咪唑类、吡啶类、噻唑类	杀菌速度快、抗菌效能高、部分抗菌剂无毒、加工方便、颜色稳定好	耐热性差、易在溶剂环境中析出、易产生耐药性、分解产物经常有毒
天然抗菌剂	壳聚糖、山梨酸等	抗菌效率高、安全无毒	加工困难、耐热性差
高分子抗菌剂	聚苯乙烯己内酰脲、聚吡啶、聚噻唑等	长效、广谱、安全无毒、颜色稳定好	研究刚刚起步

材料的种类五花八门，性质各异，应用目的也差别很大。从开发抗菌材料及其制品的角度而言，最关心的问题是，采用何种抗菌剂或方法，且如何与材料结合，才能赋予材料抗菌功能组分，从而可获得既不损害材料固有性能、又具有抗菌功能的新材料。抗菌剂的选用、材料加工工艺、材料的抗菌性和安全性及理化性的有效评价等问题是制造抗菌材料的关键。现有抗菌剂应用的领域一般为塑料、纤维、陶瓷、金属材料等，本章将在以下部分分别进行介绍。

10.1.4 抗菌材料的评价

抗菌材料发展时间较短，对其评价标准的研究尚处于初级阶段，目前尚无统一的评价标准。由于不同抗菌剂抗菌性能间的比较缺乏规范标准，因此有较大的随机性。国内外众多研究显示，对抗菌材料评价的研究主要是从材料抗细菌和抗真菌（主要是霉菌）作用效果两方面着手，通过对抗菌剂及各种抗菌制品进行微生物（主要是细菌和真菌）试验，定性或定量的评价其杀死或抑制微生物的作用效果，并需要根据材料的具体使用环境进行毒理试验，评价材料的安全性。同时，在必要的情况下，要依据同类非抗菌加工处理的材料理化性能测试标准，评价抗菌材料的理化性能。

目前国内外涉及抗菌材料的相关检测标准有 30 余项，涉及化工、纺织、材料、电子、卫生等领域。表 10.3 将抗菌材料抗菌性能评价的相关标准进行了简单汇总和分析。

表10.3 常用抗菌材料国内外评价标准一览表

编号	名称	制订国别、部门	试验方法	方法类别	适用范围
ISO 846	塑料在微生物作用下的评价	国际标准	法A、法B/B′:平板培养法	定性法	不能清洗干净的塑料(如泡沫塑料)以外的所有塑料抗霉菌评价(包括理化性能评价)
			法D:土壤填埋法		
			法C:奎因法	定性法	适用材料同上;塑料抗细菌评价
AATCC 90—1982	纤维的抗细菌性测定方法	美国染化工业者协会标准	平板培养法	定性法	测定多种织物材料的抑细菌作用,除不吸水或防水型、非溶出型、长绒不平整型外
AATCC 100—1993	后整理抗菌织物的抗细菌性评价	同上	浸渍法	定量法	有明显杀菌作用的织物抑菌率测定
AATCC 147—1993	织物的抗细菌性评价	同上	平行划线法	定性法	测定溶出型抗菌剂处理织物抑细菌性,抑制抗菌剂溶出或含有中和剂的材料不适合
AATCC 174—1993	地毯抑制微生物生长行为的评价	同上	单线划线法	定性法	未使用的新地毯的抗细菌作用
			浸渍法	定量法	测定新地毯的抑菌率,即抑制细菌生长的程度
AATCC 174—1993	抗真菌行为的评价-抑制地毯的霉变	同上	平板培养法	定性法	在不接触土壤或热带气候使用的含纤维素的织物抗霉菌评价
AATCC 30—1993	织物抗真菌性的评价-抑制织物霉变的试验	同上	试验1:土壤填埋法	定性法	在土壤中使用织物抗霉菌评价
			试验2:平板培养法(球毛壳)	定性法	在不接触土壤或热带气候下适用的含纤维素的织物抗霉菌评价
			试验3:平板培养法(黑曲霉)	定性法	在不接触土壤或热带气候下适用的不含纤维素的所有织物抗霉菌评价
			试验4:保湿培养瓶(混合孢子悬液)	定性法	在户外(不接触地面)适用的织物抗霉菌评价
ASTM G21—1996	合成高分子材料的耐真菌性测定	美国材料与试验协会标准	平板培养法	定性法	各种用于模塑、纺丝成型的型材、管材、线材、板材、膜的高分子材料的抗霉菌评价

续表

编号	名称	制订国别、部门	试验方法	方法类别	适用范围
ASTM G22—1996	塑料耐细菌的测定	同上	操作A:平板培养法 操作B:奎因法	定性法	适用材料同上;塑料抗细菌评价
BS1982 Pt	部分建材对抑制霉菌的测定	英国国家标准	暴露法(培养箱/容器)	定性法	测定各种板材特别是建材的抑制霉菌生长
BS 6085—1992	织物对微生物腐蚀的抑制性的测定	同上	部分2:土壤填埋法 部分3:培养平板法	定性法	织物抑制霉菌以及抑制长效性评价
			部分4:平板培养法	定性法	织物抑制细菌以及抑制长效性评价
JIS L1902	纤维制品的抗细菌性的试验方法	日本工业标准	平板培养法	定性法	适用于所含抗菌剂易于扩散的抗菌防臭纤维制品的抗细菌评价
			浸渍法	定量法	溶出型和非容出型抗菌防臭制品的抑细菌率测定
JIS Z 2801—2000	抗菌加工制品-抗菌性能试验方法和抗菌效果	同上	纤维制品的试验方法	同JIS L1902	
			塑料制品等的试验方法:薄膜密着法(贴膜法)	定量法	纤维以外的塑料、金属、陶瓷等抗菌制品对细菌的抗菌力评价
GB 15979—1995	一次性使用卫生用品卫生标准	中国国家标准	涂布法	定量法	一次性使用卫生用品对细菌的抑菌率测定
FZ/T 01021—92	织物抗菌试验性能试验方法	中国纺织行业标准	浸渍法	定量法	各类抗菌整理的吸水性织物对细菌的抑菌率测定
HG/T 3663—2000	胶鞋抗菌性能的试验方法	中国环境保护行业标准			
JC/T897—2002	抗菌陶瓷制品抗菌性能	中国建材行业标准	薄膜密着法(贴膜法)	定量法	抗菌陶瓷砖、抗菌卫生陶瓷和抗菌日用瓷等陶瓷制品杀抑菌率测定

续表

编　号	名　称	制订国别、部门	试验方法	方法类别	适用范围
QB/T2591—2003	抗菌塑料抗菌性能试验方法和抗菌效果	中国轻工行业标准	附录 A 抗细菌性能试验：贴膜法	定量法	适用于具有抑制/杀死细菌作用的抗菌塑料，不适用于抗菌泡沫塑料和添加光触媒抗菌剂的抗菌塑料
			附录 B 抗霉菌性能试验：平板培养法	定性法	适用对象同上，评价该材料的抗霉菌作用
卫生部《消毒技术规范》(2002 版)		中国卫生部	烧瓶震荡法	定量法	非溶出型材料

10.2　抗菌机理

抗菌剂的抗菌作用必须在有足够的浓度与微生物直接接触的情况下才表现出来。抗菌剂的抗菌作用在于影响微生物菌丝的生长、孢子萌发、各种子实体的形成、细胞的透性、有丝分裂、呼吸作用、细胞膨胀、细胞原生质体的解体和细胞壁受损坏等，使微生物细胞相关的生理、生化反应和代谢活动受到干扰和破坏，杀死或抑制微生物的生长繁殖。

抗菌剂的抗菌作用分为杀菌和抑菌作用。同一抗菌剂往往在低浓度时表现抑菌作用，高浓度则是杀菌的。抗菌作用机理对于不同的抗菌剂是不同的。同一种抗菌剂在不同的环境条件下，甚至可能呈现不同的抗菌作用机理。

10.2.1　金属离子掺杂型无机抗菌剂抗菌机理

金属离子掺杂型无机抗菌剂主要由银、铜、锌、稀土等抗菌性金属及其离子与各种载体复合制得，其中载体主要是合成的或天然的沸石、活性炭、磷酸复盐、硅胶等。目前对金属离子抗菌的作用机理流行着以下两种解释。

(1)接触反应机理

金属离子接触微生物，使微生物蛋白质结构破坏，造成微生物死亡或产生功能障碍。当微量金属离子(例如 Ag^+)接触到微生物的细胞膜时，因细胞膜带负电荷而与金属离子发生库仑吸引，使两者牢固结合，导致金属离子穿透细胞膜，进入微生物内，与微生物体内蛋白质上的巯基发生反应：

$$\text{酶}\Big\langle\begin{matrix}\text{SH}\\ \text{SH}\end{matrix} + 2\text{Ag}^+ \longrightarrow \text{酶}\Big\langle\begin{matrix}\text{SAg}\\ \text{SAg}\end{matrix} + 2\text{H}^+$$

此反应使蛋白质凝固,破坏微生物合成酶的活性,并可能干扰微生物 DNA 的合成,造成微生物丧失分裂增殖能力而死亡。同时金属离子和蛋白质的结合还破坏了微生物的电子传输系统、呼吸系统和物质传输系统。由于金属离子一般负载在缓释性载体上,在使用过程中具有抗菌性能的金属离子逐渐释放,而在低浓度下抗菌金属离子就有抗菌效果,因此通过抗菌金属离子的缓释,无机抗菌剂可发挥持久的抗菌效果。

金属离子杀灭和抑制细菌的活性按下列顺序递减:

$$Ag^{+} > Hg^{2+} > Cu^{2+} > Cd^{2+} > Cr^{3+} > Ni^{2+} > Pb^{2+} > Co^{4+} > Zn^{2+} > Fe^{3+}$$

(2)**活性氧机理**

活性氧机理假说认为,加入抗菌剂后,材料表面分布着微量的金属元素,能起到催化活性中心的作用。该活性中心能吸收环境的能量,激活吸附在材料表面的空气或水中的氧,产生羟基自由基(·OH)和活性氧离子(O_2^-),它们具有很强的氧化还原能力,能破坏细菌细胞的增殖能力,抑制或杀灭细菌,产生抗菌性能,从而使材料具有持久的抗菌效果。

10.2.2 光催化型无机抗菌剂抗菌机理

光催化型无机抗菌剂主要为锐钛型 TiO_2 抗菌剂,其抗菌机理是基于光催化反应,使包括微生物在内的各种有机物分解而具有抗菌性能。锐钛型抗菌剂 TiO_2 的禁带宽度为 3.2eV,当 TiO_2 吸收波长小于等于 387.5 nm 的光子后,价带中的电子就会被激发到导带形成带负电的高活性电子 e_{cb}^-,同时在价带上产生带正电的空穴 h_{Vb}^+,在体系内电场的作用下电子与空穴发生分离,迁移到粒子表面的不同位置。根据热力学理论,分布在粒子表面的 h_{Vb}^+ 可以将吸附在 TiO_2 表面的 OH^- 和 H_2O 分子氧化成羟基自由基(·OH),而吸附或溶解在 TiO_2 表面的 O_2 则易俘获 e_{cb}^- 形成 O_2^-。由此产生的大量羟基自由基和活性氧离子,都具有极强的化学活性,能使各种微生物发生有机物质氧化反应,从而在较短时间内就能杀灭微生物。因为羟基自由基和活性氧离子与微生物内有机物反应没有特异性,所以光催化型抗菌剂具有广谱抗菌性。实验也表明光催化型抗菌剂对细菌、霉菌、病毒等多种微生物都有较好的抑制和杀灭作用。同时也发现这两种基团除了可以杀死细菌外,也能将许多挥发性有机物和 NO_x,SO_2,NH_3 等无机物分解,起到净化空气的作用。

10.2.3 有机抗菌剂抗菌机理

有机抗菌剂品种繁多,各种微生物的菌体间也各不一样,其作用机理也随种类而异。一般可通过如下途径:

①降低或消除微生物细胞内各种代谢酶的活性,阻碍微生物的呼吸作用。微生物在呼吸时消耗糖类物质、释放能量维持细胞内各种成分的合成和利用、能量贮存及转化都涉及酶类物质。酶是一种大分子蛋白质,带有巯基、氨基或微量金属离子。如果抗菌剂进入菌体后能和酶类物质结合,并在一定程度上影响酶的活性,能量代谢体系的运转就会受到影响,呼吸作用也就被抑制或停止。如硫氰酸酯类化合物进入菌体后就可和菌体内酶分子中的巯基、氨基起作用,使之失活而产生抗菌效果:

$$R—NH—\overset{O}{\overset{\|}{C}}—S— + HS—\text{酶} \rightarrow R—NH—\overset{O}{\overset{\|}{C}}—S—\text{酶} + HS^-$$

一般铜、汞、砷制剂、有机硫等具有这种作用机制。

②抑制孢子发芽时孢子的膨润,阻碍核糖核酸的合成,破坏孢子的发芽。这一机理对抑制产生孢子的微生物有重要意义,尤其是对于抑制霉菌生长和繁殖有重要意义。有机锡抗菌剂能通过该机理抑制微生物。

③加速磷酸氧化体系,破坏细胞的正常生理机能。醌类抗菌剂通过该机理抑制微生物的生长繁殖。

④阻碍微生物的生物合成,干扰微生物生长和维持生命所需物质的产生过程。微生物在生长、繁殖过程中需要很多特定的物质,以维持生命,形成新细胞,其中小分子化合物如氨基酸、膘呤、嘧啶和维生素等生物合成在细胞质内进行,而蛋白质的合成主要在核糖体上完成,无数个蛋白质能够按一定排列顺序准确无误地复制,主要受核酸控制。核酸是生命物质的基础,储存复制生命信息,部分有机抗菌剂能够破坏核酸的正常生成,这当然也就破坏了酶等蛋白质分子产生的物质基础,进而破坏了微生物的生长和繁殖。

⑤破坏细胞壁的合成。部分微生物如真菌有一层细胞壁,它是真菌等同外界进行新陈代谢、保持内部环境恒定的一种屏蔽物质。真菌的细胞壁由几丁质(甲壳素)组成,部分有机抗菌剂对UDP-乙酰葡萄糖胺转化酶起抑制作用,使待聚合的乙酰葡萄糖胺不能形成几丁质,细胞壁的形成受到破坏,导致细胞内物质外泻,使微生物死亡。

⑥阻碍类酯的合成。部分有机抗菌剂对以蛋白质为基质的微生物呼吸作用影响不大,但对醋酸酯基的夺取有阻碍作用,其作用点为抑制微生物的类酯类化合物的合成系统,达到抑菌或杀菌的目的。

10.3 抗菌塑料

抗菌塑料是指在塑料中添加抗菌剂,使塑料制品具有内在抗菌性,在一定时间内能将沾污在制品表面的细菌杀死或抑制其繁殖,保持自身的清洁状态。抗菌塑料的抗菌时效长,其抗菌性能与材料使用寿命可以同步设计。应用抗菌塑料生产健康型塑料制品,可以达到"一劳永逸"的目的,既经济又方便。

国外抗菌塑料的研究始于20世纪80年代初。欧美开始主要集中研究有机抗菌剂,应用仅集中于塑料日用品。抗菌塑料研制和应用最为发达的是日本。日本在20世纪80年代开始集中研究银系无机抗菌剂及其在塑料中的应用,很快取得了进展。目前已广泛应用于家电、家庭日用品、建材及装饰材料、汽车部件等方面。我国自20世纪90年代开始研究抗菌材料,目前也已取得了很大的进展。以家电行业为代表的抗菌塑料应用迅速发展,中国科学院化学研究所工程塑料国家工程研究中心近年来成功地开发了复合型无机抗菌剂,解决了抗菌剂的变色问题和价格昂贵问题,并开发了母粒化技术,先后向市场推出了一系列抗菌塑料专用母粒,提高了我国企业产品科技含量。

10.3.1 塑料用抗菌剂及抗菌母粒

塑料制品可能经常在户外或水周边环境使用，所以在选择塑料中使用的抗菌剂时要充分考虑制品在使用过程中洗涤和溶出的可能，要保证制品在使用过程中抗菌性能能够保持足够的时效。耐候性和抗菌剂加工与使用过程中的稳定性也是选择塑料抗菌剂时应该考虑的因素。在选择塑料抗菌剂时还要根据塑料制品的具体使用环境和要求选择高效低毒的抗菌剂，达到规定的卫生安全性，并使最终的抗菌塑料成品达到无毒、无异味、对环境无害的要求。

(1)塑料用抗菌剂

日本是抗菌塑料开发和使用最普遍的国家，目前已经形成了使用无机抗菌剂、光催化型抗菌剂、有机抗菌剂和天然抗菌剂等几个体系。表10.4和表10.5分别列举了日本市场上常见的几类塑料用无机抗菌剂、有机抗菌剂及其生产厂家。

表10.4 日本市场常见塑料用无机抗菌剂

抗菌体系	基体	抗菌组分	厂家举例
溶出型金属离子抗菌剂	沸石	银,锌 银 银,锌,铜	シナネンビオミック,日本化工 锺纺,产业振兴 ユニチカリサチラポ
	硅胶	银,锌,铜 银络合离子	ゲルテクノロジ 松下电器,富士シリシア
	玻璃	银,锌,铜 银	石冢硝子 兴亚硝子
	磷酸钙	银	鸣海制陶
	羟基磷灰石	银	サンギ,新东Vセラックス
	磷酸锆	银 银,锌	东亚合成 东亚合成
	硅铝酸盐	银,锌	触媒化学合成
	氧化锌晶须	银	松下アムテック
	钛酸钾晶须	银	大冢化学
	氧化铝	银,铜	日矿
光催化型抗菌剂	二氧化钛		东陶机器,东芝ライテック,ダイキン工业,松下电器,三菱制纸,石川岛,播磨重工业等

表10.5 日本市场常见塑料用有机抗菌剂

类别	抗菌剂	商品名(简称)
有机碘类化合物	3-碘-2-丙基丁基酰胺	IPBC,TROYSAN,POLYPHASE
苯并咪唑类化合物	2-(4-噻唑基)苯并咪唑	TBZ,塞菌灵
	苯并咪唑氨基甲酸甲酯	BCM,多菌灵
噻唑类化合物	2正辛基-4-异噻唑啉-3-酮	OIT
腈类化合物	2,4,5,6-四氯-1,3-间苯二腈	TBN,百菌清
吡啶类化合物	2,3,5,6-4-甲磺酰基吡啶	道维希尔
卤代烃类化合物	N-(三氯甲基硫代)-4-环己烯-1,2-二甲基酰亚胺	克菌丹,开普顿
三嗪类化合物	六氢化-1,3,5三乙基三嗪	
有机铜类化合物	双(8-羟基奎啉基)铜	8-羟基奎啉铜
有机砷类化合物	10,10′-氧化二酚噁吡	OBPA

(2)**塑料用抗菌母粒**

抗菌剂在抗菌塑料等抗菌材料的应用中新发展起来的工艺是抗菌母粒制造技术。抗菌母粒是抗菌剂与塑料用基材树脂或和基材树脂具有良好相容性的树脂混配,制成颗粒状的浓缩物,其中抗菌剂含量较高(质量分数为10% ~50%)。成型加工抗菌制品时,只需在塑料中加入1% ~10%的抗菌母粒即可方便地应用这一技术。通过抗菌母粒技术,不仅使抗菌剂分散效果得到大幅度提高,而且免去大量共混造粒工作。同时,可以进一步平衡各类无机、有机抗菌剂的优缺点,有效控制无机成分的变色问题。抗菌母粒以其不可替代的产品形式,为越来越多的塑料制品和化纤产品生产厂家所欢迎。

目前市场上抗菌母粒产品主要是以银/锌复合抗菌剂、银系无机抗菌剂、有机/无机复合抗菌剂为基础,通过筛选分散剂和基料配方,针对高分子材料如塑料、纤维及其制品的用途,开发生产的系列抗菌母粒。主要有塑料通用型、涉水塑料部件通用型、聚乙烯流延薄膜专用型、透明聚丙烯注塑制品或压延片专用型,透明聚苯乙烯制品专用型、高光高抗冲聚苯乙烯冰箱板材专用型、给水塑料管专用型等。

10.3.2 抗菌塑料制备工艺

抗菌塑料制品主要通过以下四种工艺路线制得:

(1)**抗菌剂直接添加混炼法**

将抗菌剂添加到塑料中,混合均匀后直接进行成型加工,制备得到相应的抗菌塑料制品。直接添加法操作简单,抗菌剂添加量可以准确控制,但抗菌剂在塑料中分散较差,抗菌剂颗粒容易团聚,抗菌效果较差,抗菌剂利用不充分,使用成本增加。

(2)**抗菌剂母粒化法**

抗菌母粒法的核心技术是抗菌母粒的制造。该工艺首先是制备抗菌母粒,然后将其与塑料一起加工,或与塑料一起再次共混分散,加工成型。这样有利于抗菌剂的分散和抗菌作用的发挥,使抗菌成分与塑料基体有更好的相容性。抗菌剂母粒化法是目前已普遍接受和广为应用的技术途径。

(3)在制品成型工艺中将抗菌剂嵌入塑料表面

具体实施方案有两种:一种是将超细的抗菌剂粒子制成喷雾液,喷涂在塑料模具表面,在塑料注塑成型时抗菌剂就进入到塑料件的表面;另一种是将抗菌剂与塑料制成薄膜,然后将塑膜附在模具表面,在塑料成型时将抗菌塑料膜结合到制品表面。此种工艺可节约抗菌剂的用量,降低抗菌塑料成本。由于抗菌塑料是依靠接触来杀菌,故只有表面部位的抗菌剂才能发挥出抗菌的效果。

(4)后加工处理法

后加工处理法是在塑料制品制备完成后在塑料件表面进行处理,使其具有抗菌性能。目前可以采用的方法有表面喷镀法和真空溅射表面喷镀法。

10.3.3 抗菌塑料应用实例

(1)家电产品

20 世纪 90 年代以来,家电产品健康化已成为国际家电行业发展的潮流,以日本为代表的工业发达国家在研究和开发抗菌塑料方面先行一步,并在家电产品中得以应用。日本抗菌家电应用情况见表 10.6。

表 10.6 日本抗菌家电应用情况

家电	抗菌部件	主要生产厂家
冰箱	门把手、门衬、冷藏室、冷冻室、抽屉、自动制冰机系统整体	松下、三洋、日立、东芝、三菱
洗衣机	控制器面板按钮、控制旋钮、波轮	松下、日立、东芝
空调	出风口、进风口	松下、日立、大金
电话	话筒	松下
小家电	热水器、矿化水壶、微波炉、电饭锅、加湿器、空气清新机、食品加工机、小家电表面制件、果汁机	日立、ZOJIKLSHI、东芝、夏普

中国科学院化学研究所工程塑料国家工程研究中心多年来在抗菌剂、抗菌剂的母粒化技术、抗菌塑料等方面进行了一条龙的研究开发和应用,并率先在海尔集团推广应用于抗菌系列家电产品,例如 BCD-125WA 冰箱内胆、门衬、饰条、搁物架、瓶座、门封条、冰盒,在部分型号的空调、洗衣机、冰柜、洗碗机、吸尘器上均不同程度地使用了抗菌塑料。

(2)其他领域

包装材料经常被用来直接接触包装物,当包装食品、糖果、蔬菜等营养丰富的物品,特别是在仓储过程中空气流通性差,环境湿度大的情况下,容易引起包装材料上微生物的生长繁殖。目前在食品包装领域应用的抗菌塑料主要有抗菌薄膜包装袋、抗菌食品保鲜膜,还有塑料中空容器,食品、果品、菜蔬、渔业产品用周转箱等。

塑料建材具有节能、质轻、耐水、耐化学腐蚀、外观美丽、加工安装方便等优点,再加之抗菌塑料具有杀菌、抑菌功能,所以抗菌塑料越来越多地应用于建筑领域,目前主要应用在给水管系统、排水管系统、雨水管、槽系统、电气护套管系统、塑料门窗、板材、壁纸、塑料地板、地板毡、折叠板系统、防水材料、堵水材料、装饰材料、卫生洁具等。抗菌塑料建材的广泛使用,明显改善了人类的居住环境。

10.4 抗菌纤维和织物

抗菌纤维及织物是指对细菌、真菌及病毒等微生物有杀灭和抑制作用的纤维或织物。纤维能够吸附很多微生物,而这些微生物如果温度适宜,就会迅速繁殖,进而对人体产生种种危害。所以,抗菌纤维同抗菌塑料一样日益成为现代人类追求高品质生活的一种需求。

抗菌纤维及织物产品主要有涤纶、丙纶、锦纶、粘胶纤维、聚丙烯腈纤维、壳聚糖纤维及纺粘法丙纶无纺布等几大类。产品广泛应用于内衣裤、袜子、手套、医疗卫生用品(包括医院专用的无菌手术衣、手术帽、抗菌服和床单等)、鞋垫、地毯、妇女卫生保健用品、各种家用床上用品、包装材料、空调器过滤网等。

10.4.1 抗菌纤维制备方法及其常用抗菌剂

纤维大致分为天然纤维和化学纤维两大类。无论用哪一类制备织物时都需要经过短纤维纺纱工艺加工成纱线,将长纤维并丝或绞丝加工成纱,再将纱织成布然后经过染色、整理等过程,根据需要将布加工成各种织物。如果赋予这些纤维和织物抗微生物功能,即制得抗菌纤维和织物。

抗菌纤维加工的方法分为两种:填充型和后加工型,填充型是将各种抗菌剂的超细粉末以一定的比例(2% ~3%)加入纤维合成原料中去,在合成纤维的制备过程中加入,混纺成纤维;或类似于塑料制备的抗菌母粒化技术,加入纤维专用抗菌浓缩液或直接由母粒经湿法或熔纺制成纤维。用这种方法制得的抗菌纤维由于抗菌剂已经混入纤维的内部,因而耐洗涤性能好,抗菌效果持续时间长。但是,这种方法的技术含量较高,难度大,尤其对抗菌剂的要求高。后加工型又称抗菌防臭后整理技术,是在纤维的后加工过程中,将抗菌剂通过化学键和氢键结合在纤维的表面,使其具有抗菌功能。该法工艺简单,对抗菌剂的要求也相对较低,因此是目前制备抗菌纤维和抗菌织物最常用的加工方法。尤其对用纯天然纤维制成的纺织品而言,后整理法几乎是唯一能提高抗菌功能的技术,只是该技术的不足之处是抗菌成分易流失,制品耐洗涤性(也即抗菌长效性)较差。

抗菌纤维的生产需要用到各种各样的抗菌剂。根据抗菌纤维加工方法及最终使用目的不同,对抗菌剂的要求也不尽相同。一般情况下,纤维及织物用抗菌剂除满足高效广谱抗菌性能外,还特别要求安全性高,安全性要求包括两个方面的内容:一是抗菌剂本身毒性低,无皮肤刺激性和过敏性,对使用者不造成任何不良影响;二是对环境友好,使用过程和使用后不污染环境。此外相容性要好,抗菌剂与纤维或纺织品之间应存在较强的作用力,不致造成使用过程中因过度迁移而造成抗菌剂的流失,影响产品的抗菌效果。

国内外多年研究结果表明,由于有机类抗菌剂不耐高温,还难以用于熔纺(属填充型加工技术),而无机抗菌剂以其特有的耐高温性能在该用途上得到普遍重视,如以日本锺纺为代表的抗菌性沸石,北京崇高纳米科技有限公司研究开发的无机系列纤维纺丝专用抗菌母粒和有机/无机复合抗菌母液。

后加工型纤维织物抗菌卫生整理在美国等国家称之为抗细菌整理和抗微生物整理，在日本称之为抗菌防臭加工。常用的抗菌整理剂主要的种类为有机硅季铵盐类、季铵盐类、双胍类、酚类、金属配合物类以及壳聚糖为代表的天然类等几种。

10.4.2 填充型抗菌纤维加工实例

目前常见的抗菌细旦丙纶低弹丝就是采用填充型加工工艺制备得到的。纳米级抗菌细旦丙纶低弹丝加入的抗菌剂是以特种沸石 SiO_2/Al_2O_3 为载体，并与抗菌的 Ag^+，Cu^{2+}，Zn^{2+} 等重金属离子反应，使沸石与抗菌金属离子具备高交换率，反应后经纳米技术制得的纳米级抗菌粉体具备热稳定性高、不变色、安全可靠、功能持久等特点。

纳米级抗菌细旦丙纶低弹丝具体工艺流程分为抗菌母粒配制、纺丝及牵伸加弹三步法。母粒制备是抗菌纤维生产中很重要的工艺环节，有效解决了纳米抗菌粉体的分散性问题。制备抗菌母粒首先是配制纳米级抗菌粉体，然后选用适当的偶联剂和分散剂一起加入高速混合机内，在一定的温度条件下高速混炼一定时间制成丙纶用抗菌粉体，再将粉体与一定比例的聚丙烯料混合，通过双螺杆挤出机挤出、成形、切粒，即为抗菌母粒。以一定比例的抗菌母粒与聚丙烯共混熔纺成丝，通过牵伸加弹工艺处理最终制得物理机械性能指标和抗菌性能指标合格的功能性抗菌纤维。

纳米级抗菌细旦丙纶低弹丝利用纳米粉体的强吸性、强催化、强杀菌等性能，通过丙纶共混母粒的熔融纺丝所制抗菌纤维对人体安全无害，耐久性好。主要应用于公共场所的纺织用品，如火车上的桌布、卧铺垫单、盖单，医院里病床的床上用品等，以及宾馆、旅店中的床上用品等。

10.5 抗菌陶瓷

厨房、盥洗室、卫生间等场所一般比较潮湿，医院、公共场所等地人员流动大，均易污染并滋生细菌，迫切需要抗菌自洁的墙面材料及卫生洁具，这使得抗菌陶瓷得到迅速发展。日本是研究和开发抗菌陶瓷最早的国家，日本 TOTO 公司于 1993 年开发了光催化抗菌陶瓷，日本 INAX 公司开发了含银抗菌陶瓷。目前 TOTO 公司和 INAX 公司生产的卫生陶瓷中 98% 为抗菌陶瓷。我国自 1998 年广东佛陶集团赛纳公司推出光催化型抗菌建筑陶瓷以后，掀起抗菌陶瓷制品研发与生产热潮，到现在为止，国内日用陶瓷、卫生陶瓷、建筑陶瓷都已有抗菌产品出现。抗菌陶瓷产品既保持了陶瓷制品原有的使用功能和装饰效果，同时又增加了消毒、杀菌、除臭等功能。该产品广泛应用于医院、幼儿园、学校等公共场所，同时也可以用于家庭厨房、卫生间。它能有效地避免细菌的交叉感染，杀死室内的各类细菌，阻止各类细菌繁殖和防止各种微生物生长，消除污垢，净化室内空气等，对促进人体健康有着重要作用。

抗菌功能陶瓷（简称抗菌陶瓷，又称自洁陶瓷）由陶瓷坯体和抗菌功能材料两大部分构成，通过在陶瓷的釉中或釉面上加入或在其表面上浸渍、喷涂或滚印上无机抗菌剂，从而使陶瓷制品表面具有抑制或杀灭微生物生长和繁殖的功能。

陶瓷用抗菌剂的首要要求是能耐高温，因而无机抗菌剂成为抗菌陶瓷用首选抗菌剂，目前国内外抗菌陶瓷产品根据使用的抗菌剂类型分为两类:金属离子掺杂型抗菌陶瓷和二氧化钛光催化型抗菌陶瓷。但由于金属离子掺杂型主要含银、锌、铜等抗菌性贵金属,价格昂贵且容易影响陶瓷表面质量;而光催化型必须有紫外光才能发挥抗菌作用,因此两种应用均受到较大限制。为此中国建筑材料科学研究院利用稀土元素具有的抗菌消炎功能,研制稀土复合磷酸盐无机抗菌材料并成功应用于抗菌陶瓷釉面砖、抗菌自洁卫生陶瓷的生产开发,大大降低了材料成本,有效克服了抗菌材料易变色的难题,同时促进了抗菌陶瓷向多功能化,即集抗菌、净化自洁、保健等多功能于一体的方向发展。

制备抗菌陶瓷的方法通常有两种:一种是在陶瓷釉料中掺入含银等无机抗菌剂烧制而成;另一种是在已烧制好的陶瓷表面用溶胶-凝胶法镀上具有光催化杀菌功能的二氧化钛薄膜。

金属离子掺杂型抗菌陶瓷使用最多的是银系抗菌剂,根据其载体的不同主要有磷酸复盐抗菌剂、膨润土抗菌剂、可溶性玻璃抗菌剂等几种。这些抗菌剂具有持续性、持久性、广谱性,还具有耐热性好、安全性高、不易产生耐药性等特点。

光催化型抗菌陶瓷使用最多的是含 TiO_2光催化剂的抗菌剂。TiO_2等半导体氧化物的光催化作用,不仅杀菌,还可将一些挥发性有机物和 NO_x,SO_2,NH_3等无机物分解,起到除臭净化空气的作用,是一种多功能型抗菌剂。此类抗菌剂的特点是耐热性比一般无机抗菌剂高,但必须有紫外线照射和氧气或水存在才能起杀菌作用。为有效克服 TiO_2类光催化材料在紫外光条件下才能具有较好抗菌功能的不足,中国建筑材料科学研究院首先研究开发出了稀土/纳米 TiO_2光催化抗菌功能材料,实现了 TiO_2在室内光条件下的抗菌功能。最近又有人制成纳米级锐钛型二氧化钛,并巧妙地负载上纳米级银或银化合物,该新型材料具有银强烈杀菌又兼备二氧化钛光催化剂性能,既可杀菌、除臭,又可分解油污并净化环境。

10.6　抗菌金属

古人使用的银铜器是最早的抗菌金属材料。现代抗菌金属材料是在20世纪90年代继抗菌防臭纤维之后出现的。所有的金属本身都具有一定程度的抗菌性,但是随着材料使用时间的延长,材料表面易形成微生物膜,有利于有害细菌的繁殖生长,更重要的是对材料产生腐蚀破坏作用。因此,抗菌金属材料既要抑制材料表面致病菌,又要考虑防止铁细菌、腐生菌和硫酸菌的破坏,这在工业上尤为重要。例如,水利部门的金属结构,电子器件的线路板等都有被微生物破坏的危险,也因此在飞机控制系统上出现过重大事故。有关抗菌金属的研究是从1997年开始的,主要是在金属材料中掺入抗菌功能较好的铜、银、锌及镍、钼、铬。

目前抗菌金属材料主要分为两大类:一类是合金型抗菌金属材料;另一类是涂层型抗菌金属材料。

10.6.1　合金型抗菌金属材料

合金型抗菌金属材料是在材料中添加抗菌性金属如铜或银进行合金化,然后热处理。制备合金型抗菌金属材料是抗菌金属的重要发展方向,但目前具有高度实用价值的主要还是抗菌不锈钢材料。

合金型抗菌金属材料主要为加铜型和加银型。加铜型抗菌不锈钢首先于20世纪90年代在日本开发成功。最初开发成功的是具有良好加工性能和抗菌效果的含铜铁素体不锈钢材料，其中 Cu 含量一般在 2% 以下，广泛应用于全自动洗衣机、食品冷藏车、食品冷库及商业厨房设备等方面。随后含铜马氏体系列抗菌不锈钢和奥氏体系列不锈钢也相继开发成功，前者可用于制备菜刀、厨房用剪刀等家用刀具，后者可广泛应用于厨房器具、食品和医疗设备以及有关的设备，并可加工成各种板材制品和形状复杂的管道和管件制品。银离子是最佳的抗菌金属离子，随着银系无机抗菌剂的广泛应用，设计加银不锈钢的设想也随之产生。近年日本川崎钢铁公司开发成功两类加银抗菌不锈钢材料，材料中含银量在 0.4% 左右。根据日本抗菌制品技术协会制定的贴膜法（J152z801—2000）抗菌性实验评定的结果，证明了这种抗菌不锈钢对部分致病性微生物具有很高的抗菌性，而且具有很快的杀菌速度。加银抗菌不锈钢与加铜抗菌不锈钢的抗菌性相比，具有更加优越的耐表面处理性，用加银抗菌不锈钢加工制成的各种器件经过研磨等表面处理之后仍能保持其优越的抗菌性，而且经过焊接后也能确保其抗菌性和耐蚀性。加银不锈钢可广泛用于厨房用具，洗衣机等家用器具及医疗器械等凡要求具有抗菌效果的各个领域。

10.6.2 涂层型抗菌金属材料

许多金属板材表面在实际使用过程中都需要喷涂表面漆层，涂层型抗菌金属材料是通过在漆层中添加抗菌剂或防霉剂制备而成的抗菌金属板材和其他形式的材料。涂层型抗菌金属材料是 20 世纪末开发成功的新型功能型金属材料，漆层中添加的抗菌剂主要为有机抗菌剂、无机抗菌剂（主要为金属离子掺杂型）、TiO_2 光催化型抗菌剂，最早使用的是有机抗菌剂。有机抗菌剂具有快速抗菌、抗菌效果持续时间长、抗菌谱广、毒性小等优点，在抗菌金属材料的开发早期得到了比较广泛的应用。但有机抗菌剂的耐热性较差，而作为金属材料经常需要经历高热处理，因此带有有机抗菌剂涂层的抗菌金属材料的使用范围受到了严重的限制。而以银离子为代表的无机金属离子通过多孔性无机载体附载后具有抗菌性效率高、毒性低、耐热性好等特点，是十分适合应用于金属材料表面漆膜中的抗菌剂。日本钢管公司利用非银系无机抗菌剂开发了抗菌预涂层钢板，具有良好的耐风雨侵蚀性、耐磨性、耐热性和良好的抗菌和防霉的功能。采用无机抗菌剂替代银离子，避免了银离子在光和热的作用下变色问题，使得抗菌钢板可广泛应用于家用电器、建筑业和其他行业。为了减少微生物对金属材料的严重腐蚀，我国国家电力总公司在“九五”期间专门投入较大的经费研究涂层型抗菌金属材料，开发了以具有内增塑作用的氯醚树脂（MP）改性丙烯酸树脂和聚氨酯为成膜基料，添加抗菌剂并使基料在金属材料表面成膜时形成半互穿网络的抗菌金属材料。该材料具有很好的防腐蚀性能。光催化剂涂层型抗菌金属材料结构一般为不锈钢-粘接层-光催化剂层，最为常见的是锐钛型 TiO_2 光催化剂。日本金属工业株式会社开发了两种含 TiO_2 光催化剂表面涂层的不锈钢板材，一种是以有机涂层为粘接层的钢板，一种是以无机涂层为粘接层的钢板。无机粘结层中的 TiO_2 含量可根据需要提高，所以适合制备高活性材料，其对有机物的分解作用和抗菌效果均优于有机粘接层材料。目前这种含光催化剂涂层的不锈钢板材已广泛应用于厨房、浴室、食品加工厂、医院、家用电器制造等要求具有抗菌、防污效果的各种场合中。

10.7 抗菌材料的应用

抗菌材料的应用与传统的化学灭菌、物理灭菌相比，它的特点在于具有卫生自洁功能，减少了交叉感染、疾病传播，免去了清洗、保洁过程，达到长期卫生、安全的目的。目前抗菌塑料、抗菌陶瓷、抗菌纤维等抗菌材料在家用电器、日用品、纺织服装等领域的应用日益广泛。

10.7.1 抗菌材料在医疗领域的应用

抗菌材料在医疗领域的应用主要是作为生物医用材料和医疗器械及医院洁净设施用材料。

生物医用材料按材料在生理环境中的生物化学活性水平又可以分成生物惰性材料、生物活性材料、可生物降解和吸收材料等。为了避免生物活性材料表面形成菌膜导致植入者的感染，研究人员开始在生物活性陶瓷中添加抗菌物质，制备具有抗菌性能的生物活性陶瓷，用于人体硬组织、软组织的修复和替换。除此，研究人员还在胶原材料中吸附、接枝或共混加入抗菌物质，制成自身具备抗感染功能的生物胶原材料。

在医疗器械及医院设施方面的应用实例如北京埃特玛多功能膜材料有限公司开发了一系列医用抗菌织物，无刺激性，无过敏性，抗菌持久，安全可靠；中国人民解放军总医院成功研制了具有防水、防污、防体液、透气、透湿、抗菌功能的新型纺织材料，制成被褥、床单等可以有效降低医院的交叉感染；中国科学院工程塑料国家工程研究中心开发了适合于医用高分子材料和高分子器械使用的具有无毒、高效、抗感染性能好的抗感染剂，研究了抗感染剂和各种高分子的复合工艺，开发出适合我国实际应用的抗感染医用高分子导管。

10.7.2 抗菌材料在建筑材料领域中的应用

随着环保法规的健全及人们对生活质量的日益追求，绿色化学建材是当今建筑材料发展的主流，抗菌建筑材料与制品也应运而生，在建材领域除了前面提到的抗菌塑料、抗菌陶瓷，还有抗菌建筑涂料、抗菌防霉处理的混凝土、抗菌水泥、抗菌自洁玻璃等建材产品。

抗菌技术在涂料行业中的应用主要为两个方面：一是涂料中添加防腐剂，防止罐内微生物污染而变质；二是针对涂料干膜受环境微生物的侵蚀长霉、发黄、品质下降、造成环境污染的问题而开发应用的。抗菌涂料往往指的是后一种开发目的。目前开发应用的抗菌涂料品种较多。英国液体塑料公司最近利用有机和无机复合杀菌剂开发出了一种可供建筑、装潢等领域使用的抗菌涂料，该涂料杀菌剂不会从涂料中淋滤出来，既能长期有效杀菌又不会对人体健康有害，而且这种杀菌涂料使用方便，施工程序与普通涂料无异。抗菌涂料在我国近年也得到了长足的发展，并取得了丰硕的成果。1994 年开发成功了用于粉状内墙涂料的无机抗菌剂，1996 年开发成功了抗菌耐擦洗乳胶漆和抗菌耐水腻子粉。最近开发了一种新型绿色环保涂料——纳米抗菌涂料，这种纳米抗菌涂料具有如下显著特点：①涂层的耐刷洗性和耐沾污性能均有显著的增强；②能够有效地抑制细菌、霉菌的生长；③净化空气中 CO_2，NO_x，SO_2，NH_3及吸烟产生的其他有害气体；④提高红外辐射率及增加空气中的负氧离子浓度，清新空气；⑤可有效解决建筑密封性增强带来的室内有害气体不能尽快排出等空气污染问题。该产品无毒无味，对人体无任何毒副作用，是新一代环保产品，适用于居室墙面和顶棚的表面装饰，尤其适用于宾馆、饭店、影剧院、医院、学校、幼儿园等公共场所，可以防止疾病传播，保护人们身体健康。

抗菌技术在混凝土中的应用目前更多的是针对材料本身受微生物的侵蚀而变质，性能下降等问题。在密闭的建筑内，由于通风不良，湿度高，微生物尤其是霉菌在混凝土中的滋生已经成为目前混凝土建筑中一个不可忽视的问题。混凝土中微生物的生长情况和混凝土结露现象密不可分，因此，容易结露的混凝土表面、壁橱、衣柜背后等通风不良的地方微生物生长问题就更加突出。抗菌剂在混凝土中的应用为两种方式：制品表面喷洒和直接加入。表面喷洒常用的抗菌剂有多菌灵、噻菌灵、OBPA 等。直接加入的抗菌剂主要是无机金属离子型。抗菌水泥是利用钨、钛具有抗菌功能的特性，直接加入生产水泥的原料中，该种水泥可抑制硫磺的侵蚀活动，在家庭装修中主要用于污水槽、下水道。

抗菌自洁玻璃利用镀膜技术在玻璃表面覆盖一层二氧化钛薄膜。在合适的光照射条件下，这种玻璃不仅杀菌效果显著，还美观、能遮阳，并能防止玻璃在贮存、运输及使用过程中可能出现的发霉现象。它不仅适用于各种公共建筑，如医院，也适合寻常家居装饰使用，可有效地消除室内的臭味、烟味和人体异味。

10.7.3 抗菌材料在精细化学品中的应用

抗菌材料在精细化学品中的主要应用在洗涤用品、牙膏、化妆品、鞋油、墨水、墨粉等很多方面。

在众多的洗涤用品中，液体洗涤剂是抗菌材料应用最具潜力的产品类型。在液体洗涤剂中使用的抗菌剂要具有广谱抗菌性、高效性和很高的安全性，对人体无毒、无刺激、不产生过敏，不影响产品的基本效能和香味。目前国内外常用的抗菌剂主要有尼泊金酯、洗必泰、咪唑烷基脲、三氯生等，市场上常见的抗菌液体洗涤剂或辅助洗涤剂一般都是在体系中添加上述抗菌剂制备而成的。近几年具有抗菌功能的皂类产品也已经在市场中普及，大批可杀灭手上和皮肤微生物的皂类产品已经上市。目前市场上常见的抗菌皂类产品中使用的抗菌剂多为三氯生，如舒肤佳香皂等。

抑制口腔疾病首先要抑制口腔中各种致病性微生物的生长和繁殖，最佳的途径就是使用有抗菌功能的牙膏刷牙，清洁口腔。目前国内外开发的具有抗菌防蛀功能的牙膏中添加的抗菌剂一般为新型有机抗菌剂三氯生。另一种在牙膏中使用的抗菌剂为甘宝素，是 Bayer 公司 1977 年开发成功的高效无毒的新型抗菌剂，对引起人体口腔牙周炎的白色念珠菌等有明显的抑制效果，目前也是中高档牙膏和漱口液等产品首选抗菌剂之一。

抗菌制品作为健康型产品刚一出现就受到社会和消费者的欢迎，但是无论是我国还是抗菌材料发展较好的日本，在抗菌制品刚出现时都出现了利用抗菌材料制备的抗菌制品泛滥的现象，以“概念”宣传为中心，脱离产品具体使用要求和使用环境，出现无秩序的抗菌大潮，引起社会各界的批评。经抗菌材料业界的认真反思，目前在抗菌材料界形成了“在需要之处使用有效的抗菌制品”的原则，使抗菌制品从泛滥无序逐渐走向了有序有效，使抗菌业得到了再次的发展，并重新赢得了社会的承认和好评。目前抗菌制品的开发越来越注重制品对抗菌性能的需要性，并越来越贴近人们的生活，形成了确实能充分发挥抗菌制品健康作用的使用领域，为抗菌材料的进一步发展提供了广阔的空间。

第 11 章 环境材料

11.1 概　述

11.1.1 材料与环境

早在20世纪70年代，罗马俱乐部就指出，人口爆炸式的增长、资源枯竭及环境破坏，必将制约经济的发展。自1992年里约热内卢地球最高级会议以后，关于如何减轻地球环境负荷的问题便成为人类的一个极具挑战性的课题，但直到今天，人们仍生活在更加危险以致不能持续发展的世界中：人口继续增加，资源进一步消耗和废弃，而生物种类、森林面积、可利用的新鲜水资源、可耕地面积等却进一步减少，大气层中的臭氧层还在继续减少。

据统计，在1900—1950年的50年间，全世界主要金属总共生产了约40亿t，而在1980—1990年的仅仅10年间，就生产了58亿t之多。大量金属用于制造汽车和家用电器，但许多稀有金属没有再生利用就被废弃了。如果再不循环再生利用，枯竭即将来临：据推测，铜、锌、铅、金、锡、银等四十多种金属可开采量的50%～70%已被采掘掉了。然而，再生利用需要大量的能源，能源的消耗必然产生 CO_2，NO_x，SO_x等。例如，再生1 t钢铁需用1 t煤炭，同时要排出62 kg CO_2。全球CO_2排放浓度增加1倍，平均气温将升高1.5～4.5 ℃。20世纪最异常的气候，如干旱、洪水、风暴，几乎都发生在20世纪90年代。

从资源和环境角度分析，材料的提取、制备、生产、使用和废弃过程是一个典型的资源消耗和环境污染过程。材料一方面推动着人类社会的物质文明，同时也消耗大量的资源和能源，在生产、使用和废弃过程中向环境排放出大量的污染物。从近几年的环境污染统计数据来看，与材料相关的环境污染占到了很大的比例，其中废水排放占总污染的近三分之一，废气排放占总污染的45%，固态废弃物排放占污染总量的三分之二，严重恶化着人类赖以生存的空间。这些污染物不仅包括直接排放的废气、废水和固体工业废弃物，也包括给环境带来的全球温室效应、区域人体健康影响、噪声、电磁波污染、放射性污染、光化学污染等。例如，白色污染是现代工业文明的副产物，已成为生态环境的一大公害。全世界每年的塑料产量约1.4亿t，其中30%在使用后作为“塑料垃圾”被抛弃，占到了城市固体垃圾总量的10%。因此，人们从20世纪 90 年代,开始了材料与环境关系的研究,追求材料的可持续发展,这是历史发展的必然,也是材料科学的一种进步。

11.1.2 环境材料的提出

传统的材料研究、开发与生产往往过多的追求良好的使用性能,而对材料的生产、使用和废弃过程中需消耗大量的能源和资源,并造成严重的环境污染,危害人类生存的严峻事实重视不够。这反映在 1979 年美国材料科学与工程调查委员会给“材料科学与工程”所下的定义:“材料科学与工程是关于材料成分、结构、工艺和它们性能与用途之间的有关知识的开发和应用的科学。”这一传统的材料四要素体系没有充分考虑材料的环境协调性问题,或者说环境协调性在当时还没那么尖锐突出。1990 年,日本的山本良一教授在“未来科学技术学会”上提出了 Environment Conscious Materials(简写 Ecomaterials,环境材料)的概念,指出应该从科学的高度审视材料的环境负担性、研究材料与环境的相互作用和定量评价材料生命周期对环境的影响,并以此为指导进行具有环境协调性的新型材料的设计、研究和开发。这一新概念从理论上反思和总结了人类在其发展过程中所开发的材料的合理性和科学性,将地球生态环境引入了材料科学,逐渐形成了环境材料学。

11.1.3 环境材料的定义和研究内容

一般认为,环境材料是具有满意的使用性能同时又被赋予优异的环境协调性的一类材料。环境材料应该具备三种特性:一是在今后开发新材料时,必须考虑到其优异的使用性能,这是与传统材料相一致的地方,称之为材料的先进性;二是在材料的生产环节中资源和能源的消耗少,工艺流程中有害排放少,废弃后易于再生循环,即材料在制备、流通、使用和废弃的全过程中必须保持与地球生态环境的协调性;三是材料的感官性质,要求对材料感觉舒服,用户乐于采用,这是材料的舒适性。

环境材料主要包括:环境相容材料(纯天然木材、石材等)、仿生物材料(人工骨、人工器脏等)、绿色包装材料、生态建材、环境降解材料、环境工程材料、环境替代材料等。本章主要介绍绿色包装材料、生态建材和环境降解材料。

从研究内容上来说,环境材料这一主题可以划分为材料的环境协调性评价和具体生态环境材料的设计、研究与开发两大部分。从目前的研究进展来看,生命周期评价(Life Cycle Assessment,LCA)作为一种国际上公认的材料环境负荷评价工具,已被广泛应用于工业部门的环境影响评估(Environment Impact Assessment,EIA)和具体材料的生命周期评价(Materials Life Cycle Assessment,MLCA)这两个重要方面;新型材料的环境协调性设计与开发则是未来环境材料发展的重要方向,也是材料工业可持续发展的根本出路。传统材料环境化改造问题则是当前环境材料研究的重要应用之一。

11.2　材料的环境协调性评价

11.2.1　LCA 评价方法的起源与概念

LCA 的基本思想起源于20 世纪60 年代化学工程中的“物质-能量流平衡方法”,理论依据是利用能量守恒和物质不灭定律,对产品的生产和使用过程中的物质或能量的使用和消耗进行计算。其最初的应用是1969 年美国可口可乐公司对不同饮料容器的资源消耗和环境释放所作的特征分析。20 世纪80 年代,全球固体废弃物问题已成为环境问题焦点,美国和欧洲国家开始制定固体废弃物和能源保护减量目标,要求工业企业对其产品生产过程中的能源、资源及固体废弃物进行全面的监测和分析。从事工艺研究和环境评价的一些大学和顾问公司把“物质-能量流平衡方法”引入到工业产品整个寿命周期中,以考察工艺过程的各个环节,即从原材料提取、制造、运输、使用、循环回收,直至废弃的整个过程(也就是“从摇篮到坟墓”的过程)对环境的综合影响,并且逐步在企业中得到应用。

直到20 世纪90 年代初,国际上提出了一个综合的环境影响评价方法——生命周期评价方法,现已基本为科学工作者所接受,成为全世界通行的材料环境影响评价方法,并已在ISO 14000国际环境认证标准中规范化,是 ISO 14000 的标准系列之一。国际标准化组织(ISO)对 LCA 的定义是:LAC 方法是汇总和评估一个产品(或服务)体系在整个寿命期间的所有投入及产品对环境造成的和潜在的影响的方法。

11.2.2　LCA 实施顺序

ISO 14000 环境认证标准在世界上已全面贯彻实施,目前利用寿命周期评价技术来分析生产过程、工业产品乃至一些生活事件对环境的综合影响,已成为全球范围内的一项常规方法。ISO 14040 对 LCA 的基本框架做出规范,其实施方案可归纳为如下流程:

设定目标与范围 → 清单分析 → 影响评估 → 解释结果

(1)设定目标与范围

其任务是明确开展 LCA 调查的目标和范围,以界定该过程、产品或事件对环境影响的大小。目标主要包括界定评价对象、实施 LCA 评价的原因,以及评价结果的输出方式;范围包括评价功能单元定义、评价边界定义、系统输入输出分配方法、环境影响评价的数学物理模型及其解释方法、数据要求、审核方法及评价报告的类型与格式等。

(2)清单分析

目的是将环境负荷定量化,即收集研究对象对产品和服务相关的,从生产、使用到废弃整个生命过程中所投入的原料、能量和生产的产品、排出的废弃物等各项数据,并制成明细表(如图 11.1 所示),对输入和输出进行以数据为基础的量化。所谓清单指的是这些输入、输出的明细报表。

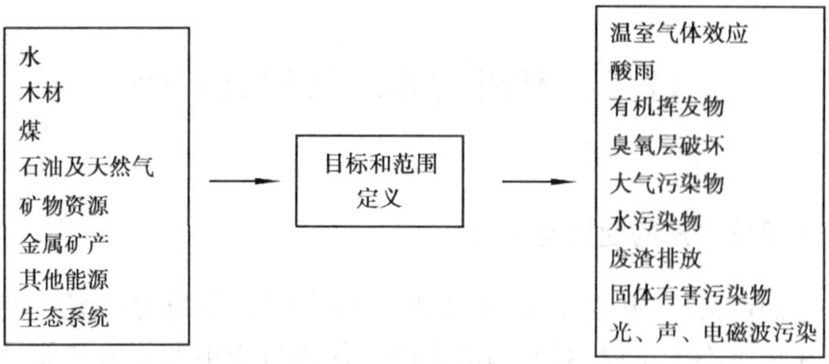

图 11.1　LCA 清单分析示意图

(3)**影响评估**

以清单分析所提供的物料、能源消耗数据以及各种环境负荷数据明细表为基础,分析和评估产品对地球温室效应、资源消耗等各个项目的影响,进而综合不同情况下各个项目的影响,从总体上分析和评价对环境造成的影响。影响分析是 LCA 的核心内容,也是难度最大的部分。目前环境影响分析评价的方法有许多种,但基本上包含 4 个步骤,即分类、表征、归一化和评价,如图 11.2 所示。

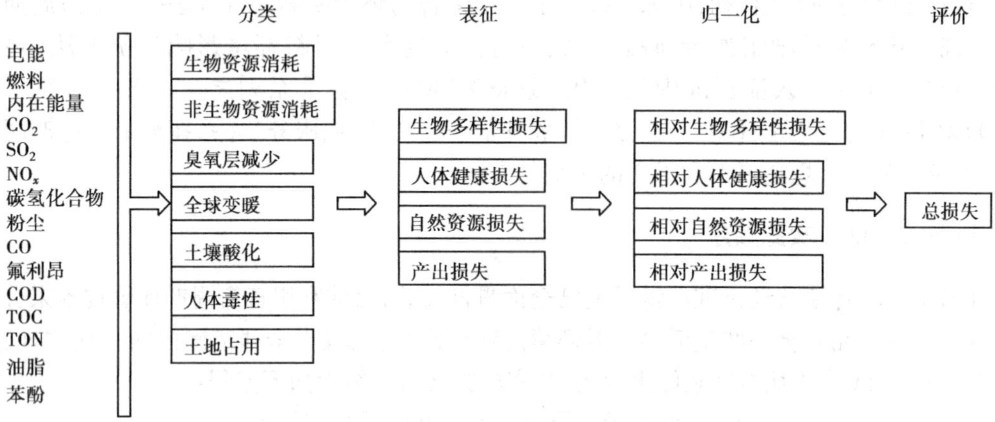

图 11.2　环境影响评价示意图

1)分类

是将清单与环境损害种类相联系并分组排列的过程,它是一个定性的过程。LCA 中将环境损害分为 3 类,即资源消耗、人体健康影响和生态环境影响。进而细分为全球变暖、酸雨破坏、臭氧层减少、沙漠化、富营养化等许多具体的环境损害种类。

2)表征

是对比分析和量化的过程,如二氧化硫和二氧化氮都可以引起酸雨,但同样的气体量所形成的酸雨的程度不同,这就要用表征将其过程量化。

3)归一化

由于环境影响有许多种,每一种影响因素的计量单位都不相同,为了实现量化,通常对清单分析和表征结果数据采用加权或分级的方法进行处理,以简化评价结果。这个量化的处理在 LCA 中被称为归一化处理。

4)评价

是从总体上概括某一系统对环境的影响,比较和量化不同种类的环境损害,并给出最后的定量结果。环境评价是一个典型的数学物理过程,经常要用到各种数学物理模型和方法。由于模型和方法的不同,有时会出现不同的评价结果,因此在环境评价中,应该给出较为详细的所使用数学物理方法、假设条件和判断依据等,以免引起过多的争议。

(4)**解释结果**

将清单分析和影响评价又从整体上进行评价和解释,这是对于最初设定目标的评价结论,并为改善提出建议或指明方向。即对该过程、事件或产品的环境影响进行阐述和分析,最终给出评价的结论和建议。LCA的最终目标是通过确定产品的环境负荷,比较产品的环境性能优劣,为产品进行重新设计提出定性和定量的改进措施,以期待得到产品对环境影响最小程度的方案。

LCA清单分析是一项非常艰难的工作,因此需要研讨各种间接的方法,最重要的是建立公共数据库,熟练使用大家都能够信赖的标准数据。到目前为止,材料类别及用途等方方面面的LCA数据库几乎都在建立。由于LCA数据具有很强的地域性,几乎各个国家和地区都需要建立自己的环境影响数据库。迄今为止,全世界环境数据库已超过1 000个,其中较为著名的是PRE咨询公司的数据库(http://www.pre.nl/lcasearch/)。

11.2.3 LCA的应用案例

通过实施ISO 14000国际环境管理标准,LCA的应用已遍及社会、经济、生产和生活的各个方面。在材料领域,LCA用于环境影响评价更是日臻完善,对钢铁、有色金属材料、铝合金、玻璃、水泥、陶瓷、塑料、橡胶等材料的环境影响评价均有报道。

近年来,LCA的评价应用案例集中在和人们生活密切相关的家居建材以及全新的纳米材料和器件等方面,旨在揭示人类对材料的需求活动引起的生态环境变化以及生态环境变化对人类生存所需材料的质量和数量的影响规律。在建材领域,利用LCA方法研究意大利的地砖产业,比较了大理石地砖和陶瓷地砖的环境影响因子。结果显示大理石材质的地砖有着更好的环境协调性,并指出瓷砖的釉面原材料中含有的砷元素将严重影响其环境协调性。在新材料和器件领域,Helena, Greijer等根据ISO 14040—43的标准,对染料敏化纳米二氧化钛太阳能电池(DSC电池)进行环境影响评估,评价结果显示,DSC电池的主要环境影响在于二氧化硫和二氧化碳的排放,相对于一个天然气发电站,其二氧化碳的排放从450 g/(kW·h),下降到了19~42 g/(kW·h),并且DSC电池的生产过程是产生环境影响的主要来源,其运行过程中对环境的影响几乎为零。在文章的最后,给出了进一步降低DSC电池环境影响的有效途径就是提高DSC电池组件的重复使用效率。

11.3 材料的生态设计

11.3.1 生态设计的基本思想

所有自然环境媒质,如空气、海洋、湖泊、地下水及土壤,都有容纳污染物的限度。过去我们关注环境的着眼点一直放在污染物或特定的废弃物排放到某种环境媒质中是否会影响人类健康和安全的问题上。现在看来,污染治理的传统措施并不能解决污染扩散的深层次问题。许多污染物虽然只有微量,却具有很大的毒性,有些物质的毒性可能会延续很长时间,并积蓄于食物链中。过去处理污染的技术主要是通过称之为末端控制的办法,重点是进行污染物的回收和处理。随着人们对地球环境意识的提高,现在产生防止公害策略的重点已由末端治理或控制转向污染源头的控制,因此生态设计应运而生。

生态设计以一切东西为对象,就产品开发而言,它是指在评价其整个生命周期中给环境造成影响的基础上,提高产品性能的设计和生产。为了从根本上解决污染的问题,必须在产品的生产技术的设计阶段就考虑到环境的因素。事实上,大多数的环境污染在产品设计时就已经决定了。传统设计只依据技术、经济性能、市场需求和相应的设计规范,着重追求生产效率、保证质量、自动化等以制造为中心的设计思想,将使用的安全、环境影响和废弃后的回收处理留给用户和社会;而生态设计的基本思想是在设计过程中考虑到材料和产品的整个生命周期对生态环境的负作用,将其控制在最小范围之内或最终消除。

要理解生态设计,必须以产品的生命周期为中心认识产品的以下三要素,即成本(Cost,用C表示),包括原料成本、运输成本、循环再生成本、处理成本等生命周期全程的费用;环境影响(Impact,用I表示),包括地球温室效应、臭氧层破坏、资源枯竭等给地球环境造成的影响;性能(Performance,用P表示),包括安全性、是否方便实用、是否符合审美观、实施难易程度等产品性能。那么,生态设计产品的综合价值指标可用P/IC表示。因此,设法使P趋于最大、I和C趋于最小就可以实现生态设计。如果排除成本因素C,P/I相当于社会财富和福利除以自然资源的消费,称之为产品的环境效率。如果排除环境影响I只去考虑P/C,即追求产品的性能最好、成本最低,这正是基于传统经济价值的设计方法。

具体来说,生态设计必须做到:在使用资源丰富的材料的同时要有效地利用可再生的资源;要认识到隐含于资源中的物质流存在的问题,尽量使用物质集约度更小的物品;并且要选择材料环境影响值更低的物品;产品再利用与将构成产品的材料再生后再制成产品;由于循环再生要耗能,要排放出造成环境负荷的物质,因此需要产品具有长寿命;对于在使用状态下环境负荷大的产品,必须采取节能省资源等一切可以减轻环境负荷的措施;尽可能不使用有毒物质或者采取替代措施,不得已而使用时必须做到完全循环再生;对尚不清楚的人工化学物质,要彻底贯彻预防为主的原则;彻底推进非物质化,以服务换产品,强力推行非物质化的新式商业。

目前生态设计已经成为推行预防生态环境受到危害的重要手段,是最高级的清洁生产措施和可持续发展的最佳途径。很多国家制定了以“污染者负责原则”为基本思想的相应法律,例如“循环经济法”、“节能法”,要求生产厂家应对产品整个生命周期负责。为扩大市场竞争力,发达国家竭力推行生态设计,并已经应用到众多的材料和产品的设计中。据专家估计,在未来的10年内,生态设计方法将推广到所有新产品设计和传统产品的重新设计中。可以预言,未来若不实行生态设计和清洁生产,产品进入市场的资格将被取消,尤其是国际市场。

材料的生态设计是在生态设计的基本准则下,着重考虑原料选择、制造过程节省资源、节省能源和无污染、废弃后可循环再生。材料生态设计主要分为两方面的内容:

(1)现有材料生态化的再设计

以降低资源、能源消耗,降低环境负荷,通过环境标志标准等为主要目的的设计。目前产品更新换代很快,以现有产品为基础的绿色产品、环境标志产品不断涌现,所以大量的设计需求是生态化的再设计。这一类设计已占有相当多的信息资源，有明确的设计依据，一般较易实现。

(2) 新型生态材料的生态设计

目前尚处于研究发展阶段，还缺乏充分的数据和知识，需要有材料的组成、结构及加工方法与材料环境负荷的内在规律数据的积累。需要建立完善材料生态设计的数据库和知识库，以人工智能、模式识别、计算机模拟等技术作为设计支持体系，初期是以实验-设计-LCA 的反馈来达到生态设计的目标值。

11.3.2　循环再生设计

从生态学角度看，在生态系统中，任何一种物质都有它特有的属性和用途，都可以被人类利用，在一定的生产和消费环节中作为废弃物排除，又能作为资源应用在其他生产和消费环节中参与再生产、再使用。材料生命周期中，废弃物循环再生过程是材料生态系统中的物质流、能量流、信息流、人口流和价值流由运行不合理向比较合理转化的过程。据国外估计，自然资源被采掘后作为原料制造成社会需求的最终产品，其产品只占原料的 20% ~30%，最少的只有 1% ~2%，说明多于 70% ~80% 的资源在其生命周期各个阶段被排放到环境中，这就要求一方面尽量减少废弃物的产生和合理的利用资源；另一方面尽量将废弃物回到再生产的循环中去。因此在材料的生态设计中，废弃物的循环再生设计是一个非常重要的内容。当然，废弃物的循环再生是个庞大的社会系统工程，除了有效的技术基础外，必须采取相应的策略、必要的法律法规、创造良好的社会环境。循环再生设计方法具体有如下几种：

(1) 再使用

是指以其原来形式无需再加工就可以同样或类似的产品使用一次以上。典型的例子是啤酒瓶的回收使用，这是合理的、最优先推荐的再循环方法。再有，对一些产品而言，拆卸后虽然一部分材料被破坏，而另一部分材料经过检验后能重新被使用。

(2) 材料循环再生

这是受到磨损或损坏不能再使用的材料的循环再生方法。如金属、玻璃、热塑性树脂经过熔融再成型。

(3) 化学再循环

由于杂质的混入，再生材料失去利用价值，可采用化学再循环方式，即废弃物经过化学分解以回收原料。如聚苯乙烯、聚丙烯酸酯制品的热解；聚酯、尼龙水解回收单体。

(4) 废弃物的利用

这是通过变更用途的广义再循环，经过一定加工处理可取代某种工业原料，这只是降低利用价值的一种方法。如利用废玻璃、废橡胶铺设道路。

(5) 热能再循环

有机废弃物通过热解或焚烧，回收燃料油，或变换成燃气、蒸汽或电能，一般用于数量大而又难以分离的混合废弃物处理。在材料的生产过程中特别是在钢铁、水泥等高能耗的材料加工行业，能源回收再利用的意义尤其重要和明显。如炼钢过程中的废热再利用，废气再循环；水泥生产中的余热循环利用等。

11.4 绿色包装材料

11.4.1 包装材料对环境的影响

包装材料在材料工业中占据重要地位,据不完全统计,世界每年包装材料销售额约为500亿美元,发达国家的包装工业产值已占到其国内生产总值的2%以上。预计到2010年,我国包装工业总产值将达到4 500亿元,包装制品将达到4 750万t,包装材料的人均年消耗量将达到36.54 kg。

包装材料由于使用寿命短,使用量大,废弃后难以降解,固体废弃物量大并难以集中,对城市环境和人体健康造成严重危害,所以是最早引起公众关注的材料。日本每年城市固体废弃物约为5 000万t,其中包装废弃物为2 100万t。我国每年生产的城市垃圾已达到1.46亿t,包装废弃物在城市垃圾中的比例已占到30%~40%,到1998年,因包装产生的垃圾已超过2 000万t。随着经济的发展,包装材料对环境的影响越来越不可忽视。

11.4.2 绿色包装材料的设计

包装材料要具备保护性、加工性、商品性、适用性、卫生性及经济性等性能,常见的包装材料有纸、木材、塑料、金属、玻璃等,各国的纸包装材料基本在其本国所有包装材料中产值占第一位,其次是金属和塑料。绿色包装指能够循环重复使用,再生利用或降解腐化,且在产品包装的整个生命周期中对人体及环境不造成公害的适度包装。绿色包装必须符合"4R1D"原则,即:①包装材料减量化(Reduce);②包装(或容器)可重复利用(Reuse);③包装材料可回收循环使用(Recycle);④包装废弃物可再生利用(Recover);⑤包装废弃物可降解腐化(Degradable)。

包装设计是要针对具体商品分析其所需的包装功能,通过包装设计引导消费者识别商品,便于消费者携带、保管和使用。发达国家在长期的贸易实践中已对商品的包装成本有自己习惯的定位,有的甚至形成了相应的法律。现代包装设计原则,要增加一个重要概念,即充分重视环境保护和资源利用的要求,从包装材料的设计开始,直至最后废弃物的处理,都要减少包装废弃物的排放,加强再生利用。

11.4.3 可回收再用或再生的包装材料

包装材料的回收再用、再生利用、能源利用是现阶段发展绿色包装材料最切实可行的一步,是保护环境,促进包装材料再循环使用的一种最积极的废弃物处理方法,也是开发绿色包装材料最重要的思维取向。

(1)重复利用材料(制品)

世界上许多国家重视开发制品重复利用技术,并通过押金回收制度,使啤酒、饮料、酱油等玻璃瓶或聚酯瓶多次重复使用。如瑞典等国开发出一种灭菌洗涤技术,使PET饮料瓶和PE奶瓶的重复再用达20次以上;荷兰Welman公司与美国Johnson公司对PET容器进行100%的回收,并且获得FDA批准,可热灌装而不发生降解,且比一般纯净PET或有夹层的PET更便宜,在欧美均可直接用于饮料食品的包装;德国对碳酸酯瓶罐回收后,经水洗和高温灭菌杀毒后,可重复利用100次。日本重视对250 L的钢桶储罐开发翻修整理技术,经翻修、洗涤、烘干、喷漆后,可使储罐多次重复使用。

(2)**再生利用材料**

再生利用是解决固体废弃物的好方法,在不少国家已成为解决材料来源、缓解环境污染的有效途径。但再生树脂的成本一般均高于原生树脂,而且质量和用途也不如原生树脂,多用作一些廉价的材料、塑料薄膜、塑料瓶(特别是PET瓶)等。塑料包装废弃物的再生利用现在已得到了许多工业发达国家大公司的重视,再生利用的比例正逐年增长,如聚酯瓶在回收之后,可用物理和化学两种方法进行再生。物理方法是指直接彻底净化粉碎后回收塑料,不能有任何污染物残留,再直接用于再生生产包装容器,或将聚酯粉碎洗涤后作为夹层材料置于两层原生树脂层中制成一种多层PET包装容器;化学方法是指将回收的PET粉碎洗涤之后,用解聚剂甲醇、水、乙二醇或二甘醇等在碱性催化剂作用下使PET全部解聚成单体或部分解聚成低聚物,纯化后再将单体或低聚物重新聚合成再生PET树脂包装材料。

玻璃和金属包装容器废弃后,一般均是通过回炉熔融或重熔铸锭后作为原材料,重新加以利用。纸和纸板使用废弃后,则通过碎解、疏解、漂白后,获得新纸浆,生产再生纸。据统计,在发达国家,杂志刊物已经100%使用再生纸,包装纸制品也80%使用再生纸浆,书籍用再生纸也达到40%。

11.4.4 天然植物纤维包装材料

由木浆和草浆制作的纸材是人们最熟悉、应用最广泛的纤维包装材料,其原料来源广泛,废弃物既可以回收再生纸张,在自然环境中又容易腐化,是应用最多的绿色包装材料。近年又开发出一些新型的绿色纸包装材料,典型的品种是纸浆模塑和蜂窝纸板制品。纸浆模塑制品以废纸和植物纤维作原料,在模塑机上由特殊的模具塑造出一定形状的制品,是一种立体造纸技术,其制品被用作取代发泡塑料EPS的制品,广泛应用于餐具、禽蛋托盘、鲜果托盘、工业托盘、食品及其半成品包装、医疗器具包装等。近年,利用芦苇、稻草、麦秸、甘蔗渣、竹木等天然植物纤维也开发出了一系列绿色包装制品。西安建筑科技大学应用麦秸秆、稻草等天然植物纤维素材料为主要材料,配合安全无毒物质,开发出可完全降解的缓冲包装材料,在自然界中一个月可全降解为有机肥。

11.4.5 可食性包装材料

可食性包装材料以其原料丰富齐全,可以食用,对人体无害甚至有利,具有一定强度等特点,在近几年来获得了迅速发展,现已广泛地用于食品、药品的包装。可食性包装材料的原料主要有淀粉、蛋白质、植物纤维和其他天然物质。在以玉米、小麦、土豆、豆类、薯类等农作物为基材的可食性包装材料中,以玉米淀粉改性加工成可食性包装材料最为典型,且加工技术与实际应用都较成熟。用蛋白质来制作可食性包装材料,有动物蛋白质与植物蛋白质之分。动物蛋白质取材于动物皮、骨、软骨组织等,此类的可食性材料具有非常好的强度、抗水性,特别适用于肉类食品的包装。由大豆等提取的植物蛋白质,可加工成膜进行包装,具有较好的防潮隔氧能力，并具有一定的抗菌性，适合含脂肪食品的包装，不仅提高保质期，而且保持油性食品的原滋原味。植物纤维类可食性包装材料以农副产品如麦麸、豆渣等和海草、海藻等海生植物为主要原料，这一类材料虽然营养价值不高，但多有减肥与保健的作用。植物纤维可制成各种容器，连同食物在热蒸后一起食用；或用于包装方便面调料时，遇热即化，遇水即溶，可不必拆包。可食性包装材料还可以虾、蟹、蚌、蛎等可食用贝类的壳为主要原料，在自然界中储量十分丰富，产量仅次于纤维素。甲壳素在碱性条件下可从中提取壳聚糖，经改性后具有极好的成膜性，耐油性好，防潮性好，透明，这类包装材料现已用于水果、面包、冰淇淋等食品的包装。

11.4.6 轻量、薄型、无氟的包装材料

这是绿色包装材料发展的一个重要方向，主要是对现有的包装材料进行开发、深加工，节约包装材料资源，减少包装材料废弃物的产生量。例如日本花王公司与狮子公司、美国 Chris Craft 公司等对粉末洗涤剂不再使用较厚的 PE 膜来包装，而采用极薄的含羟基的改性 PVA 和羟基纤维素（GMC）的水溶性薄膜来包装，并且用小包装来分装进行销售，使用时无需打开即可溶于水中。对用量巨大的缓冲包装材料，人们正积极地寻找取代 EPS 的无氟轻量化的包装材料，如采用新型的轻质发泡聚酯或发泡 PP 作包装容器，用于食品、化妆品以及电子产品的包装，对于用来制备缓冲材料的发泡剂，各国纷纷采用新的发泡剂如二氯甲烷等来替代造成环境污染的氟里昂（CFC）。

11.5 生态建材

生态建材一般是指有利于保护生态环境，提高居住质量，性能优异、多功能的建筑材料，是一类对人体、周边环境无害的健康型、环保型、安全型的建筑材料，是相对于传统建材而言的一类新型建筑材料。从广义上说，生态建材不是一种单独的建材产品，而是对建材“健康、环保、安全”等属性的评价，包括对原料采集、生产、施工、使用及废弃物处置等环节的分项评价和综合评价。

11.5.1 建筑材料和建筑工程对环境的影响

在所有的人造材料中，建筑材料产量最大，用量最多，资源和环境负荷最严重。目前，我国建材产品年产量达到 37 亿 ~40 亿 t。据统计，每年生产各种建筑材料要消耗资源约 50 亿 t，消耗能源占全国能源产量的 1/6 以上，每年排放的 CO_2 占全国工业排放 CO_2 的 30% ~40%。建筑材料和建筑工程对环境的突出影响主要有以下几个方面：

①大气污染　在我国，建材工业是仅次于电力工业的全国第二耗能大户，排放出大量的 CO_2，SO_x，H_2S，NO_x，CO 等气体。在水泥、石灰等建筑材料的生产和运输过程中产生大量粉尘。

②可耕土地大量减少，自然环境造成破坏　生产建筑材料需要大量的矿石和粘土，矿石采集造成河床、植被、土壤破坏和水土流失。

③建筑垃圾　建筑垃圾由建筑施工垃圾和建筑物拆除垃圾构成，占用一定的土地和空间，不燃烧、不腐烂，回收附加值低。

④能源消耗　建造一幢建筑物需要的能源总量,建筑工地阶段约占20%,建筑材料的生产和运输占到80%。建筑物的使用和维护也要消耗大量的能源,据估计,要占到全球一次性能源的1/3。

⑤光污染及光化学污染　城市高层建筑群不利于汽车尾气和光化学产物的扩散,使 NO_x 等气体对人体产生光化学作用,危害人体健康。城市高楼的玻璃幕墙产生的光污染现象也相当严重。

⑥放射性污染　有些矿渣、炉渣、粉煤灰、花岗岩等物质放射性超标,造成建筑制品对人体形成放射性照射,影响身体健康。

11.5.2　生态建材的基本特点和分类

虽然一种建材产品是否属于生态建材,要根据生命周期评价方法进行判断,但通常来讲,生态建材有如下基本特点:

①有优异的使用性能;

②在资源与能源使用方面,尽量减少资源与能源的消耗,少用或不用天然资源,尽量使用再生资源;

③采用清洁的生产技术;

④使用过程中对人体健康有益无害,并且功能复合化,如杀菌、防霉、除臭、调温、调湿、调光、隔热、阻燃、消声、消磁、防射线、抗静电等,有利于改善生态环境,与环境相和谐;

⑤弃后可作为再生资源或能源加以利用,或能做净化处理。

生态建材根据材料与环境的相容性和改善环境的作用,可分为以下几种类型:

①天然型　利用天然成分的原材料作为建筑材料,取自大自然,用之于人类。除花岗岩具有放射性影响以外,常见的木、竹及其他天然成分的材料一般对人类和环境都具有相容性。

②节能型　在生产和使用过程中能显著降低能耗的一类生态建材产品。如采用免烧、低温快烧、新预分解及其他新技术、新工艺生产的,或者是采用新型节能原材料生产的产品。

③利废环保型　采用新技术、新工艺,利用工业废渣或生活垃圾及其他废弃物生产的一类生态建材产品,不仅实现了废弃物的再资源化,同时治理了环境污染。

④安全舒适型　具有高强、轻质、防火、防水、保温、隔热、隔音、调温、调湿、调光等多种功能。这种建材作为居室材料使人具有安全感和舒适感。

⑤保健型　具有促进人体健康功能的一类建筑材料,如具有抗菌、调温、调湿、防臭、防霉、提供负离子等功能的建材产品。

⑥特殊环保型　具有适用于恶劣环境的特殊功能的建材产品。例如适用于地下、海洋、河流、沙漠、沼泽等特殊环境的建材产品。这类产品具有超高强、长寿命、抗风沙、抗腐蚀等方面的特殊功能。

11.5.3　生态水泥和生态混凝土

(1)生态水泥

水泥是最主要的建筑材料。如表11.1所示,水泥生产的环境负荷是相当高的,特别是温室气体 CO_2,通常生产1 t水泥熟料要排放1 t CO_2,全球大气中有55%的 CO_2 是由水泥生产排放的。2003 年我国水泥产量达 8.62 亿 t,连续 19 年居世界第一。降低水泥生产和使用的环境负荷极其重要,目前的措施主要有节约能源、减少 CO_2 的排放量、掺加大量固体废弃物作原料等。例如,用矿渣、火山灰等作原料烧制水泥熟料,或者以粉煤灰、石灰石微粉、矿渣作混合材磨制混合水泥。现今国内外绝大多数的粉煤灰、矿渣和硫铁渣等废弃物都是由水泥工业所利用。

表 11.1 生产 1 t 水泥的资源消耗和污染物排放情况

石灰石	煤	CO_2	NO_x	SO_2	粉尘
1.3 t	0.135 t	1 t	1.75 kg	0.86 kg	30 kg

水泥厂处置各种废弃物的方法主要可分为两大类,即废弃物的水泥原料化和废弃物的水泥燃料化。其中下水道焚烧灰、造纸焚烧灰、河道污泥、粉煤灰、高炉矿渣、氟化钙污泥、硅藻土、煤矸石、废石膏等均可作为水泥的代用原料,目前废弃物中最具挑战性的是城市生活垃圾;而废轮胎、废橡胶、废塑料、废油、活性炭污泥、造纸污泥等均可作为水泥的代用燃料。2001 年,日本市原生态水泥株式会社作为世界上第一家生态水泥厂在千叶县开业,每年使用城市垃圾焚烧灰 6.2 万 t,其他产业废弃物 2.8 万 t,生产生态水泥 11 万 t,广泛用于混凝土工程、水泥制品、预制件、土木工程装饰和混凝土平板等,其发展前景得到普遍认同。现在日本水泥厂每吨水泥的平均废弃物利用量在 355 kg 以上。法国 Lafarge 公司回转窑可燃废弃物的燃料替代率达到了 50% 以上,欧洲国家一般的替代率也在 10% ~20% 。

2003 年,澳大利亚生态技术公司宣布开发成功一种能够吸收 CO_2 的新一代生态水泥。这种生态水泥利用氧化镁可回收、低能耗、释放 CO_2 少的特点,消化大量废料。生态技术公司已经证明,生态水泥更能耐硫酸盐、氯化物和其他腐蚀性化学元素的侵蚀,完全可以在强度上与普通水泥相媲美。该公司声称,如果生态水泥能代替世界所产普通水泥的 80% ,将会有 15 亿 t 的 CO_2 被吸收。这种生态水泥制成的砌块等产品是 CO_2 的中和物,当这种砌块与有机废料纤维相结合时,它们甚至还是 CO_2 的吸收物。

(2)**生态混凝土**

现在世界上每年生产和应用混凝土约 30 亿 m^3,约耗费 30 亿 t 粗骨料和 20 亿 t 细骨料。我国每年混凝土的生产约 13 亿 m^3。每立方米混凝土能耗 1 750 MJ,排放 CO_2 0.25 t,产生酸化气体相当于 SO_2 0.763 kg,由此可以算得 30 亿 m^3 的混凝土将消耗 1.8 亿 t 的标准煤,产生 7.5 亿 t 的 CO_2 和 2.29 万 t 酸化 SO_2,对能源的消耗和环境的污染是相当严重的。

生态混凝土为既能减少给地球环境造成的负荷,又能与自然生态系统协调共生,为人类构造更加舒适环境的混凝土材料。生态混凝土特点是具有比传统混凝土更高的强度和耐久性,能满足结构物力学性能、使用功能以及使用年限的要求;具有与自然环境的协调性,减轻对地球和生态环境的负荷,实现非再生型资源可循环性使用;具有良好的使用功能,能为人类构筑温和、舒适、便捷的生活环境。生态混凝土可分环境友好型生态混凝土(减轻环境负荷型)和生物相容型生态混凝土(生态型)两大类。生态混凝土的分类见图 11.3。

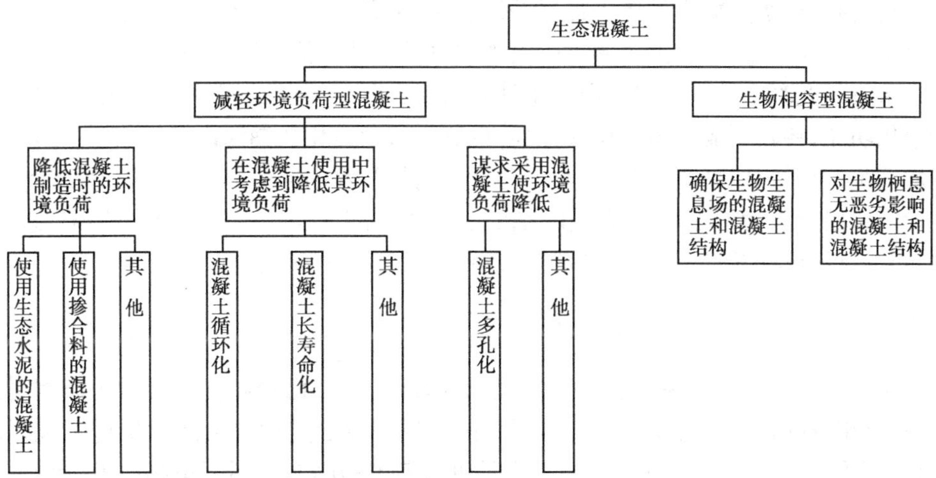

图 11.3　生态混凝土的分类

(3)**环境友好型生态混凝土**

环境友好型生态混凝土是指可降低环境负担性的混凝土。目前,降低混凝土环境负担性的技术途径主要有以下 3 种:

①降低混凝土生产过程中的环境负担性

最大限度地减少原生矿产资源的使用、减少温室气体和有害气体的排放以及减少水泥的用量是实现对混凝土生产过程环境减负的根本。国内外的工作重点在灰渣利用、降低水泥成本、提高混凝土性能、节约天然资源等方面。例如,在生产混凝土时加入火山灰、高炉矿渣等工业副产物;使用城市垃圾、工业废弃物作原料生产的水泥。

②降低使用过程中的环境负担性

以能耗而言,要把水泥熟料热耗从 3 000 kJ/kg 再往下降,难度很大。相比之下,若能延长混凝土建筑物寿命 1 倍,则资源、能源、资金和对环境污染的影响就相应地减少 1/2。因此,提高混凝土材料的耐久性意义重大。

③通过提高混凝土的性能来改善混凝土的环境影响

这种技术途径是通过改善混凝土的性能来降低其环境负担。目前研究较多,并已应用的是多孔混凝土,它有良好的透水性、吸音性、蓄热性。例如,用多孔混凝土铺路,可避免雨季路面大量积水。

(4)**生态型混凝土**

生态型混凝土是指能与动、植物等生物和谐共存的混凝土。根据用途,这类混凝土可分为植物相容型生态混凝土、海洋生物相容型生态混凝土、淡水生物相容型生态混凝土以及净化水质用混凝土等。

植物相容生态混凝土又称为植被混凝土或绿化混凝土,利用多孔混凝土空隙部位的透气、透水等性能,渗透植物所需营养。将其用于河川护堤,种植小草、低的灌木等植物,绿化环境。日本研制的绿化混凝土可使用特殊的工艺技术在其中填充无机培养土、肥料和种子等混合生长基料,施工后种子即在混凝土的空隙中发芽和生长。

海洋生物、淡水生物相容型混凝土是将多孔混凝土设置在河、湖和海滨等水域,让陆生和水生小动物附着栖息在其凹凸不平的表面或连续空隙内,通过相互作用或共生作用,形成食物链,为海洋生物和淡水生物生长提供良好条件,保护生态环境。目前已经实际应用的海洋生物适应型混凝土有人工礁石,能为海藻类的繁殖和海洋小动物提供栖息空间。

净化水质用混凝土是利用多孔混凝土外表面对各种微生物的吸附,通过生物层的作用产生间接净化功能,将其制成浮体结构或浮岛,设置在富营养化的湖河内净化水质,使草类、藻类生长更加繁茂,通过定期采割,利用生物循环过程消耗污水的富营养成分,从而保护生态环境。同济大学研究用于水污染治理的混凝土,研制了一种沉淀、过滤、曝气三合一的预处理装置,在沉淀的同时进行过滤和曝气,使污水中的固体物质可去除 90% 以上。

11.5.4 生态建材的应用与发展现状

20 世纪 90 年代后,生态建材的发展速度明显加快,国外已经建立了各种生态建材的性能标准,并推出相应的环境标志来规范生态建材的发展。德国是世界上最早推行环境标志的国家,1978 年发布了第一个环境标志——“蓝天使”,考虑的因素包括污染物散发、废料产生、再次循环使用、噪声和有害物质等。与之类似,还有加拿大的 Ecologo 标志计划,主要规定材料有机物散发总量。丹麦则依据与建筑并发症有关的厌恶气味和对粘膜刺激制定了两个标准,一个是关于织物地面材料的(如地毯、衬垫),另一个是关于吊顶材料和墙体材料的(如石膏板、矿棉、玻璃棉、金属板)。美国和日本在新的环保建材的研究领域进行了大量的工作。在美国,过去胶粘剂地面长期使用氯化溶剂基胶粘剂,现在向水基胶粘剂过渡;建筑涂料也已过渡到以水性涂料为主,近 75% 由胶乳组成,而且这一趋势还将继续下去。在日本,秩父一小野田水泥(株)已建成了日产 278 吨生态水泥的实验生产线;日本 INAX 公司开发出具有调节湿度、抑制结霜功能,还有抑制细菌繁殖和除臭效果的墙壁装饰材料等。当前绿色建材的发展具有多功能化、复合化、传统建材与绿色功能建材一体化的特点。如有一种新型的绿色建材——自洁玻璃能够实现玻璃的自我清洁,从而解决了高层建筑中玻璃清洁的困难。我国也相继颁布了一些与空气质量和绿色建材相关的标准,比如《室内建筑装饰装修材料有害物质限量》,包括人造板、内墙涂料、木器涂料、胶粘剂、地毯、壁纸、家具、地板革、混凝土外加剂、建筑材料放射性物质等 10 项标准。

目前生态建材应用的展示与推广主要以两种形式,一种是以示范性生态住宅工程为中心来开展,一种是以大量推广利用的某一方面的生态建设。生态建筑住宅工程的推广应用可分为这样几个方面:①用轻质、高强、节能保温、长寿命、无污染的墙体材料,有的外墙和屋面还具有净化大气的功能,可以吸收分解转化 CO_2,NO_x,SO_x 等,净化周围的空气。②具有太阳能发电和太阳能热利用的功能,窗户可以采用太阳能利用的装饰材料,用太阳能作为住宅小区的主要能源。③安装高效节能的窗户材料,夏天减少外面的热量向里面流入,冬天防止里面的热量向外流出。采用中空玻璃、防辐射玻璃和低辐射玻璃都能做到这点,并且还可以做到具有自动调光的功能,比如可以采用智能调光玻璃材料,室内光线可以随室外变化调节,使人们感到更舒适。④内墙材料、天花板,要具有调温、调湿、调光、抗菌、除臭、吸声、吸收有害电视波的功能。地面可以做到具有调温功能的材料。⑤厨房、卫生间的墙壁具有特殊的去油烟、自洁净、抗菌、除臭防霉功能,还有居室的生活净化功能。⑥使用净化水装置,经过净化的饮用水完全可以符合卫生标准直接饮用;采用节水、静音的洁具,提高使用舒适性;采用生活污水、洗用污水的净化和再利用装置,以节约短缺的淡水资源。⑦像小区的停车场、路面材料,可以用新材料,不用水泥,减少热岛效应,保持水分,下雨能把水分储存起来。

11.6 环境降解材料

所谓环境降解材料，一般是指可被环境自然吸收、消化、分解，从而不产生固体废弃物的一类材料。竹、木和天然纤维加工的纸制品，甲壳素、玉米蛋白等天然提取物是自然的环境降解材料。天然成分的材料和人工合成的环境材料，目前主要有两大类，一类是目前产量最大、用途最广的降解塑料，另一类是仿生材料中的生物降解磷酸盐陶瓷材料。这里主要介绍降解塑料。

11.6.1 塑料废弃物对环境的影响

随着高分子材料的迅速发展，人类面临两个难以解决的问题：环境污染和资源短缺。目前，世界塑料的总产量已超过1.4亿t/a，废弃塑料大约4 000万t/a，且每年正以惊人的速度增加。当前在塑料总产量中，约有30%属于使用周期短的一次性包装制品、医疗卫生用品和农用地膜等，它们在使用后一部分成为城市固体废弃物进入垃圾处理系统；一部分被随意丢弃成为有碍景观的垃圾。目前西方发达国家和我国沿海主要城市塑料废弃物占城市固体垃圾的重量比已增到8%～10%，而体积则达到30%以上。由于塑料质轻，体积大，不易降解，不仅增加垃圾处理的难度，又占用许多有限的土地资源，即便是深埋，也需要200年才能化解。埋入泥土的塑料还会污染地下水源，破坏土壤结构，造成粮食作物减产。散落在自然界中的塑料废弃物不仅对陆地、海洋造成景观污染，而且破坏环境生态平衡，甚至危及到野生动物的生命。

为了减少白色污染，近年来各国都投入了大量的人力物力，探索塑料的回收再利用技术，以及研制可被大自然消化的生物降解塑料。目前的技术措施主要有少用塑料、废品回收、化学利用、焚烧、掩埋、发展可降解塑料等。从环境保护和经济价值两方面考虑，研究和发展可降解塑料是塑料发展的必然趋势。对于一些一次性使用的塑料制品，如农用地膜、塑料包装袋等，采用生物降解塑料，是解决白色污染的有效途径。

11.6.2 高分子材料的环境降解机理

高分子聚合物的降解是指高分子聚合物在热、机械、光、辐射、生物及化学物质作用下，分子中化学键断裂，并由此引发的一系列材料老化、性能劣化的过程。该过程包括许多物理的和化学的协同作用。根据其降解机理，大致可将材料的环境降解分为光降解、生物降解以及光-生物共降解等。

(1)光降解机理

光降解是指高分子材料在日光照射下分子链有序地进行断裂而导致其破碎和降解，其实质是材料在紫外线照射下的一种快速光老化过程。能发生光降解的高分子材料含有醛、酮等，其分子中有羰基及双键，吸收光能而分解。例如，聚酮的最大吸收波长在280～290 nm，恰好在太阳光的辐射波谱内。各种聚酮发生光降解反应都是因为分子中的羰基在紫外线作用下发生断键反应，从而生成一些小分子化合物。一些常用的塑料，如聚乙烯等，由于太阳光近紫外线光能(波长300～400 nm)比其共价键的离解能小得多，因而受光的照射不能发生分解，必须在聚乙烯基材中添加光敏剂，由光敏剂吸收光能后产生自由基，然后促使其发生氧化反应而降解。

(2)生物降解机理

生物降解是通过微生物的作用将高分子材料分解成水、二氧化碳及其他低分子化合物。在生物降解过程中,首先是微生物向体外分泌水解酶与材料表面结合,通过水解切断表面的高分子链,生成小分子量的化合物,然后降解的生成物被微生物摄入体内,经过种种代谢路线,合成为微生物体物或转化为微生物活动的能量,最终转化成二氧化碳和水。

(3)光-生物降解机理

高分子材料在光和微生物的共同作用下发生的分解过程称为光-生物降解。此过程中,高分子材料先在日光、热等作用下发生光氧化降解,分子量下降到能被微生物消化的水平,最终变成水、二氧化碳及其他低分子化合物。

11.6.3　环境降解塑料

从降解程度出发,可将环境降解塑料初步分为完全生物降解塑料和崩解性降解塑料两大类。从引起环境降解的条件划分,又可分为光降解塑料、生物降解塑料、生物崩解型降解塑料、化学降解塑料等几大类。

(1)光降解塑料

光降解塑料分为合成型光降解塑料和添加型光降解塑料。已工业化生产的合成型光降解塑料主要有乙烯与一氧化碳共聚物和苯乙烯与乙烯基酮共聚物。例如,美国和加拿大合作开发的 Ecolyte 光降解高分子聚合物就是乙烯基甲酮与乙烯、苯乙烯的共聚物。添加型光降解塑料是在塑料中加入光引发剂或光敏剂,前者能被光能激发并分解产生可引发聚合物分子降解的自由基,后者则在激发后将吸收的能量转移给聚合物分子。光敏剂的种类主要有:过渡金属化合物、芳香酮类化合物、二茂铁及其衍生物等。

光降解塑料虽已在饮料瓶、购物袋、垃圾袋、地膜等领域获得了应用,但光降解产物是否存在二次污染尚未得到确认。另外,光降解速率同光照、天气、环境等因素有关,较难控制降解时间和周期。

(2)生物降解塑料

生物降解塑料在自然界中能被酶或微生物(如细菌、霉菌和藻类)及其分泌物分解。目前,欧、美、日等发达国家把它作为21世纪高新技术产品,投入了大量人力和资金进行研究。生物降解塑料的合成方法主要有微生物法、化学合成法(掺混法)和天然高分子改性法等3大类。

1)微生物法

通过用葡萄糖或淀粉类对微生物进行喂养,使它在体内吸收并发酵合成出两类高分子,一类是微生物多糖,一类是微生物聚酯,它们都具有生物降解性。由于微生物多糖具有良好的物理性能和生物降解性,以及特殊的分子结构,所以它已被用于医疗和食品领域。微生物聚酯是由于微生物吞噬多种碳源后发酵合成不同结构单体的共聚酯,并将它们作为蓄能物质积存于体内,在这个过程中可以由改变喂养碳源的混合比例来发酵合成出共聚物。由于结构的不同,因而获得的产物物性也各有不同。微生物聚酯具有良好的物理性能、成型性能、热稳定性能等,可以制成薄膜、丝纤、容器等。

聚羟基脂肪酸酯(PHA)是细菌合成的一种胞内聚酯,是一类β-羟基脂肪酸聚酯的总称,其中聚3-羟基丁酸酯(PHB)是最典型的微生物聚酯。到目前为止,已有约80多种不同的脂肪酸可作为PHA的单体,已在约300多种细菌中被发现。PHA具有生物可降解性、生物相容性、光活性等许多优良性能。PHA首先是作为一种由微生物合成的性能类似于聚丙烯的可降解“塑料”而引起人们关注的,所以它的应用范围也包括与塑料有关的领域。

2)化学合成法

普通法合成的高分子材料不具备像天然高分子或微生物法产生的高分子那样的易环境降解性,所以生产生物降解型塑料需采用能够被自然微生物吞食的有机小分子化合物,经过新的合成技术将它们聚合成能够生物降解并与天然高分子类似的高分子化合物。

聚乳酸(PLA)是一种利用乳酸为原料生产的新型聚酯材料,有良好的物理机械性能,可像聚氯乙烯、聚丙烯、聚苯乙烯等热塑性塑料那样加工成各种产品,如薄膜、包装袋、包装盒、食品容器、一次性快餐盒、饮料瓶、药物缓释包装剂等。美国Cargill公司是世界上最大的以玉米为原料的生产PLA的企业。欧美日等国已经开发出多种以PLA为原料的包装材料。德国一家公司采用PLA作原料,成功地开发出具有快速自然分解功能的绿色食品杯,解决了以往一次性塑料包装物难降解的问题。

聚乙烯醇(PVA)为可生物降解树脂,是一种生产可降解塑料的原料,故淀粉基聚乙烯醇塑料可完全生物降解。日本合成化学工业公司开发出具有热塑性、水溶性、生物降解性的聚乙烯醇树脂,可熔融成型,其熔点为199 ℃,可在214~230 ℃下采用挤塑、吹塑、注塑等工艺成型,产品的透明性、水溶性、耐药品性均十分优越,可用于涂布复合成型容器和包装材料。

聚ε-乙内酯(PCL)是一种结晶型聚合物,熔点60 ℃,具有良好的柔韧性和加工性,其力学性能与聚烯烃类似。美国Dow公司已建成4.5 kt/a的生产线,商品名为“Tone Polymer”。

3)天然高分子改性法

利用可生物降解的天然高分子如淀粉、纤维素、甲壳素、蛋白质等均可制得生物降解塑料。

淀粉降解塑料经历了3代技术的发展:填充型淀粉塑料、淀粉共混型塑料和热塑性淀粉塑料。早期发展的填充型淀粉塑料,即通过原淀粉和树脂简单混和制得,淀粉质量分数在5%~10%。20世纪90年代开发了淀粉共混型塑料,通过对原淀粉进行物理或化学改性处理后再与树脂共混或接枝,形成淀粉共混型塑料或塑料合金,淀粉质量分数在30%以上。从减量化意义上讲,这两类淀粉基塑料的应用在一定程度上减轻了塑料对环境的污染,但是从使用的情况看,依旧存在着不能完全生物降解的问题。近几年,人们开始了热塑性淀粉塑料的研究开发。所谓热塑性淀粉塑料是指材料除加工助剂外,80%~90%(质量分数)全部由淀粉组成,具有塑料树脂的性质,可以进行热塑加工,又能快速、完全地在自然环境中降解。作为一种新型的全生物降解材料,它是降解塑料领域的热门课题。

美国Warne Lamber(现为Novon Internationa1)公司采用100%(质量分数)淀粉为原料经异构化改性制得质量组成为70%支链、30%直链结构的新型塑料,制得的生物降解塑料商品名为“Novon Specialty”,性能类似普通塑料,光学性能与PE相似,拉伸性能优于透明PS,在堆肥化设施或下水道处理设施等生物降解活动的环境中可完全生物降解,可与食品直接接触。

(3)崩解型降解塑料

崩解型降解塑料是指塑料的一部分受光、氧或微生物作用,而力学性能劣化并失去原有形状的一类塑料,这类塑料属部分生物降解塑料。这类塑料由于在短期内能崩解成易被环境消纳的碎片,更重要的是其性能和价格接近普通塑料,因此易被市场接受,可起到垃圾减量化和减轻环境污染的作用。

1)淀粉添加型降解塑料

崩解型淀粉降解塑料是指国外称之为第一、第二代淀粉添加(共混、接枝)降解塑料。第一代淀粉添加型降解塑料是指20世纪70年代英国开发的以颗粒状淀粉为原料,以非偶联方式与聚烯烃结合,添加量小于15%(质量分数)的淀粉添加型降解塑料。第二代淀粉添加型降解塑料对淀粉进行物理或化学改性,开发改性淀粉,制品中淀粉质量分数可提高到40%~60%。

2)光(氧)-生物降解塑料

这类塑料具有光降解性,同时又具有生物降解性。它是以光降解为基础,通过添加热氧化剂和生物诱发剂等使不直接受光作用的部分塑料继续降解,促使大分子链加速断裂,降解成可以为微生物吞噬的低分子化合物碎片。这类塑料是从淀粉填充型降解塑料出发,同时又引入微生物培养基、自氧化剂、光敏剂、光促进剂等,以加快降解速率。光-生物共降解塑料不仅克服了光降解塑料无光或光照不足的不易光降解和降解不彻底的缺陷,还克服了生物降解塑料加工复杂、成本高、不宜推广的弊端,因而是近年来应用领域中发展较快的一类可降解塑料。美国Ampact公司为了满足地膜、垃圾袋等产品快速降解的需要,采用该公司生产的光降解母料"Polygrade Ⅰ"和改性淀粉母料"Polygrade Ⅱ",复配成具有光降解和生物降解双重作用的降解母料"Polygrade Ⅲ"。据报道,由光降解母料和淀粉母料复配成的"Polygrade Ⅲ"母料可控制在3~4个月内分解,其降解速率比"Polygrade Ⅱ"快1~2倍。

第12章 梯度功能材料

12.1 梯度材料的定义及分类

所谓梯度材料,从严格意义上讲,应该称作"梯度功能复合材料"(Functionally Gradient Materials或Functionally Graded Materials,简称FGM),又称倾斜功能材料。它是指两侧材料具有不同的性质或功能,两种材料通过某些方法结合在一起。结合部位组成或结构连续、平稳的变化,从而具有优异性能(耐热性、机械强度)。广泛意义上讲,梯度功能材料无处不在,例如自然界中动物骨头、竹子都可以认为是梯度功能材料。根据不同的梯度性质变化,梯度材料可分为密度梯度材料、成份功能梯度材料、光学功能梯度材料和精细功能梯度材料。根据不同的应用领域,梯度功能材料可分为耐热功能梯度材料、生物功能梯度材料、化学工程功能梯度材料和电子工程梯度材料等。

人类最早应用梯度功能原理是在几千年前金属的冶炼。例如中国古代战国时期的青铜剑。剑脊和剑刃用不同成分配比的青铜合金分别浇铸。剑脊采用含锡量较低的青铜合金,韧性强,不易断折;剑刃采用含锡量较高的青铜合金,硬度高,锋利,从而达到刚柔相济的效果。

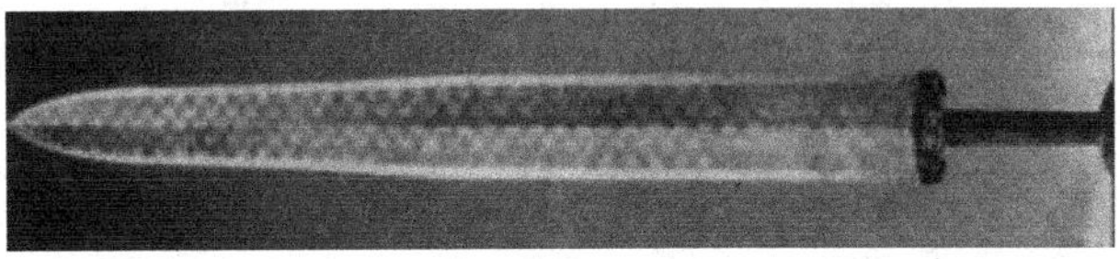

图12.1 中国古代的青铜剑

作为一个规范化的正式的概念,"功能梯度材料(Functionally Graded Materials,FGM)"这个词起源于20世纪80年代的日本。当时在以航天飞机为重点的航天研究中遇到了材料方面的困难,例如航天飞机的超音速燃烧冲压式发动机推进系统:发动机燃烧气体的温度超过2 000 ℃;而燃烧室壁的另一侧又要经受燃料液氢的冷却,通常温度为 -200 ℃左右。整个燃烧室壁厚度不能大于10 mm。这样的温差对燃烧室会产生强烈的热冲击,一般均一耐热材料满足不了要求。人们想到将金属和耐高温的陶瓷结合起来,但是金属和陶瓷热膨胀、弹性模量等系数差异较大,结合界面匹配差,在极大的热应力下易发生剥离断裂破坏甚至引起重大事故。在这种背景下，人们希望找到或设计一种新的材料解决这个问题。日本科学家平井敏雄等人提出了梯度功能材料的设想和概念：根据要求选择两种具有不同性能的材料，通过连续地改变两种材料的组成和结构，从而消除了金属、陶瓷等复合材料之间的界面，材料的力学、热学和化学性能等从材料的一侧向另一侧连续地变化，减小结合部位的性能不匹配造成的不良影响。对上述的燃烧室壁，在陶瓷和金属之间连续地改变内部组成和结构，使两种材料之间不出现界面，从而使整体材料具有良好的耐热应力强度和机械强度。

从1987年开始，日本制定了主要针对结构梯度材料的庞大计划。该计划包括适合于金属和陶瓷功能梯度变化的各种无机复合材料体系的制备、设计、评估。工艺重点是粉末冶金法、化学或物理气相沉积法、等离子喷涂和自蔓延高温燃烧合成法。该计划在1991年完成，到1993年又提出针对功能材料的梯度材料研究计划。到目前，除大学和国立研究所以外，日本不少有名的公司参加了FGM材料的研究开发，主要针对热障涂层材料为主的高温耐热材料、刀具材料、热电转换材料等。另外，从20世纪80年代末到90年代初，美国、德国、中国、俄罗斯等国家也有相应的功能梯度材料研究计划。

下表中介绍了一些常见的梯度材料制备方法。

表12.1　梯度功能材料的一些制造方法

制造方法	分类		
基于传输的制备方法	物质传输法	表面扩散	钢渗碳、渗氮
		其他表面物质传输产生梯度的方法	离子注入、高能离子渗镀
		互扩散	熔渗法
	热过程沉降和离心分离		激光非晶化法
			共沉淀法（Co-sedimentation）
			离心铸造法
构造法	浸渗、宏观偏析，离析的Darcy流动法	基于传输的多孔预制块制备方法	化学气相渗入法（CVI）
		宏观偏析和离析的Darcy流动法	共晶结合法
		自蔓延合成SHS与浸渗相LPS结合	自蔓延高温合成（SHS）
	粉末致密法	传统的粉末固相烧结方法	微波烧结法、三维印刷颗粒梯度排列法
		液相形成法	液膜直接成法、薄膜浸渗成型法、溶胶-凝胶法
		粉末反应法	粉末冶金
	涂层法	等离子喷涂成型	高能离子喷涂（HPS）、等离子喷涂（PS）、低压等离子喷涂（LPPS）
		热喷涂沉积	高速火焰喷涂（HVOF）
		激光熔覆	直接金属熔覆（DMD）
		电成型	电镀、电泳、电铸、化学镀
		气相沉积	化学气相沉积（CVD）、物理气相沉积（PVD）
	形变/马氏体相变		表面激光相变硬化

现在,随着FGM研究和开发,其用途已不局限于宇航工业上,已扩大到核能源、电子、化学、生物医学工程等领域,例如用功能梯度材料制造低损耗的通信光导纤维、核反应堆用抗辐射材料、抗磨衬里、火箭防热瓦、热交换管、热电产生器、热能组件、绝缘连接器等。

12.2　热防护梯度功能材料

前文所述,随着科技的不断发展,航空发动机向高流量比、高推重比、高进口温度方向发展,燃烧室中的燃气温度和压力不断提高。普通合金使用温度已达到了材料的极限,例如普通金属镍钴超合金最高温度不能超过950 ℃。而陶瓷材料具有优越的耐高温、耐腐蚀、耐磨损和绝热等性能,在高温和腐蚀极限环境中也可以保证部件的长寿命。但陶瓷存在成本高、缺乏延展性、脆性大及机械性能分散大等问题,机械性能远不如金属材料。通过在金属基体上制备一层钇稳定氧化锆(Yttria Partially Stabilized Zirconia, YSZ)或莫来石(Mullite, $3Al_2O_3 \cdot 2SiO_2$)等的陶瓷热防护层(Thermal Barrier Coating,TBC),把金属的强度、弹性、断裂韧性和陶瓷的耐热性能结合在一起,使零件达到隔热,抗氧化,防剥离、抗高速燃气冲刷腐蚀、提高使用温度、降低冷却要求、提高燃气轮机效率、节约燃油、延长使用寿命的目的。自1976年TBC首次应用到燃气轮机叶片开始,世界各国纷纷投入资金与人力进行研究。当前热障涂层制备工艺有许多,如等离子喷涂法(PS)、电子束-物理沉积(EB-PVD)、CVD、激光熔敷法等方法。另外还有一些技术可用来制备热障材料,如粉末冶金法、自蔓延高温合成、离心铸造、电沉积法等。

由于陶瓷涂层和金属基体的热膨胀系数、杨氏模量、导热率等物性参数始终有一定的差异,涂层在使用过程中会产生较大的热应力,从而导致材料性能降低。为了改善涂层和基体的物理相容性,传统上会在基体和陶瓷涂层间加金属粘结层。粘结层可以形成具有保护性粘性的金属氧化物,可以缓解陶瓷层与金属之间的热应力。

随着技术的发展,又出现了梯度涂层材料。梯度涂层与传统涂层不同,它是将热障涂层和梯度材料这两个概念结合在一起,制备出的复合涂层结构中陶瓷和金属成分梯度变化。金属与陶瓷宏观界面消失,有较强的隔热性能,同时缓和金属和陶瓷间的热膨胀系数的差异引起的热应力,使材料的抗热振性能提高,减少表面裂纹。梯度粘结层强度比传统的粘结层高一倍。日本的一些研究者对梯度材料的残余应力进行研究。选用ZrO_2/ Ni基合金复合材料的梯度结合和直接结合,利用有限元分析发现:梯度结合可以使均匀加热导致的残余应力低于直接结合。美国Ksravicharda采用热膨胀相差较大的Al_2O_3/Ni材料,对不同成分变化状态下得到的残余应力进行研究,结果表明:梯度材料成分线性变化的残余应力较小。

12.2.1　梯度热防护材料的制备方法

最早的热防护材料应用的是扩散涂层技术,原理是在高温下渗透铝和铬等金属,利用他们在高温下形成的氧化层保护金属。随着技术的发展,出现了铬硅铂的复合渗层和陶瓷涂层技术。

热喷涂(Thermal Spay)技术是表面工程领域中的十分重要的技术,热喷涂技术的特点突出,极具潜力。主要表现在:多种复合材料的结合在材料设计中具有明显的优势;可方便地调整材料的化学成分;能够动态形成具有特殊结构性能的复合材料;多种材料和多种技术复合可获得优异的性能。

热喷涂技术按材料可分为金属及特殊金属材料、有机聚合物材料、陶瓷材料、生物材料；按涂层结构有纳米涂层、合金涂层、非晶态涂层以及由这些材料复合构成的复合涂层；按制备方法可分为等离子喷涂（Plasma Spraying）、低压等离子喷涂（Low Pressure Plasma Spraying，LPPS）、高速火焰喷涂（High Velocity Oxy-Fuel，HVOF）和高能离子喷涂（HPS）等。

等离子喷涂法是用等离子喷涂制备热防护涂层，该技术已经有十几年的使用时间。等离子喷涂法是将熔融状态的陶瓷或金属送入高温高压的等离子火焰中，采用多套独立或一套可调组分的喷涂装置喷向基体材料，喷涂材料以较快的冷却速度凝固在基体上，粒子呈扁饼状互相机械咬合在一起，形成涂层沉积在基材表面上。该方法的关键是如何控制陶瓷和金属的比例、输送条件和流速，从而使涂层成分梯度变化尽量小。另外还发展了双火焰等离子喷涂技术。双火焰法采用两个火焰喷嘴，两种不同的原材料从各自的喷嘴中同时喷射到基体的同一点以得到复合涂层。可以用两种熔点差异极大的原材料制备梯度材料涂层。

等离子喷涂法制作的涂层为层状结构，这种技术可用来制作较厚涂层，适用于制备陶瓷/金属功能梯度材料。而且能方便地控制粉末成分的组成，沉积效率高，比较容易得到大面积块材。

但等离子喷涂的涂层组织有大量的气孔与微裂纹、致密性较差、层间结合力低、易剥落、材料强度不高，人们又发展电子束物理气相沉积（EB—PVD）技术制造梯度热保护涂层。20 世纪 80 年代初，美国最先在试验室采用电子束物理气相沉积制造出了高质量的热障涂层。20 世纪 80 年代中期，俄罗斯和乌克兰也用电子束物理气相沉积法在军用飞机发动机的转子叶片上镀敷了热障涂层，取得了良好的效果。物理气相沉积法原理是通过高能束加热或辉光弧光放电等物理方法使物质蒸发在基体上沉积成膜。根据制备过程一般将 PVD 法分为在高真空下使蒸镀材料蒸发后再凝结沉积的真空蒸镀（VE）和辉光放电的离子镀（IP）。物理气相沉积不需要高温加热基体，对基体热影响小，可以方便地制备多层不同物质的沉积膜。制备的涂层组织是垂直于基体表面的柱体，柱体与基体是冶金结合，在高温条件下柱状体分开，在热循环过程中使陶瓷在基体上膨胀或收缩而没有裂纹产生，缓解由于热膨胀系数的差异而造成的热应力，大幅度地提高涂层抗热疲劳性能。涂层表面光滑可减小阻力、提高涂层寿命，无裂纹和空隙，抗热冲击性能更强。制备的涂层热循环寿命比等离子喷涂长很多，同时气相沉积可以调整许多参数，易于改变涂层结构。但物理气相沉积设备昂贵、重现性差、效率也低、气相沉积速度相当慢、得到的涂层也较薄。

激光熔覆技术（Direct Metal Deposition，DMD）是伴随 CAD 技术发展起来的，它是快速成形（Rapid Prototyping/Manu Facturing，RP）技术的一种。现在激光熔覆技术开发成熟已广泛应用到零件制造当中，如飞机叶片、汽轮机叶片、汽车排气阀、模具等材料的制造。第一个工业化应用激光熔覆技术是 1981 年劳斯-莱斯公司制造飞机发动机叶片连锁。该叶片由镍合金铸造，旧的技术采用钨极惰性气体保护堆焊钴合金，产生大量的热，易发生断裂。使用两千瓦激光器，在五轴联动数控机床上吹氩气送金属粉，不仅使处理时间缩短，产生热量减少，而且使工艺质量大大提高。激光熔覆技术经过了直线和旋转的一维激光熔覆、XY 轴两方向二维熔覆，到 20 世纪 90 年代已经开始向三维同时运动熔覆构造零件发展。把激光器，五轴联动数控机床及外光路系统，自动化可调合金粉末输送系统，应用 CAD/CAM 软件和参数检测系统结合，可直接制造各种零件。

随着技术的不断发展，现在激光熔覆技术不仅用来制备复杂精密的金属零件，也已经开始用来制备陶瓷与金属结合的梯度材料。激光熔覆制备梯度结构涂层的原理是以高功率的激光入射陶瓷或金属粉末，通过调节激光功率、光斑尺寸和扫描速度来使粉末熔化良好，形成熔池，在此基础上通过改变成分向熔池中不断填充金属粉末，于是在垂直覆层方向上就产生了组分的变化。重复以上过程，就可以获得任意多层的梯度材料。陶瓷与金属基体为冶金结合，涂层牢固。

激光具有方向性、单色性、相干性、能量集中的特点。利用激光进行熔覆，可以使熔敷材料与基体之间形成较好冶金结合，加工精度高不会使机体材料变形，可以提高工效、节约能源、降低成本。另外激光熔覆的技术参数、工艺数据要根据操作时出现的具体情况及时调整。通过激光熔覆技术制备梯度结构涂层，可减少陶瓷层的残余应力以及使用时的工作应力，减少失效。

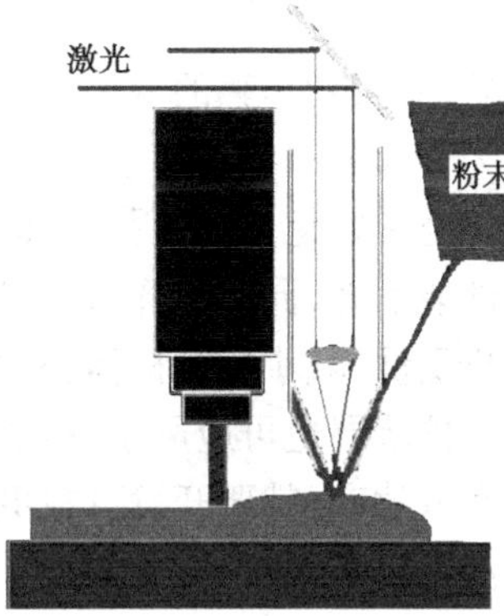

图 12.2　激光熔覆系统

图 12.2 是美国 Missouri-Rolla 大学开发的激光熔覆(Laser Dided Direct Metal/Material Deposition, DMD)装置。激光材料熔覆装置包含两个主要的子系统：激光沉积系统和一个研磨装置。这两个系统有共同的 x y 转向轴和可旋转的平台。两个子系统的 z 轴是独立的。激光沉积系统与研磨装置以五轴模式轮流运行。激光沉积系统由激光和材料粉末传输系统构成。激光产生热量，粉末传输系统匀速将粉末添到激光熔融的金属溶液池中。激光系统包括：YAG (2 500 W)激光、激光传输模块、聚焦光学模块、光保护模块等。激光熔覆技术既可制备梯度材料薄膜又可制备体材，适应面广，而且该法没有环境污染问题，有着广泛的民用和军事价值。但由于激光温度高，表面有时会出现裂纹或孔洞，并且陶瓷颗粒与金属发生化学反应，这是该技术不利的一面。另外，利用激光重熔技术(Laser Remelting)处理等离子喷涂获得的涂层，可封闭等离子涂层中存在的气孔，改善等离子涂层的抗蚀性。重熔后的组织为细化的垂直于表面的柱状晶，增强了陶瓷与基体的结合力。

化学气相沉积法(CVD)也是制备热防护材料的一种方法。它通过不同的气相输送到反应器中进行均匀混合，在热基板上发生化学反应沉积在基板上。通过选择合适的温度，调节原料气流量和压力等控制原料的组成。该法能按设计要求精确地控制材料的组成、结构和形态，并能使其组成、结构和形态从一种组分到另一种组分连续变化，沉积速度快，工艺灵活，而且气相中的组分与基材表面反应，相应界面结合强度高，无需烧结即可制备出致密的梯度功能材料。化学气相渗入法(CVI)是从 CVD 方法发展而来的。是将具有残余气孔的材料(陶瓷)为基体放入 CVD 炉中，通过分解作用或与气体源发生化学反应，在多孔基体的气孔或内部空间的表面上沉积涂层。

2000 年，Choy 和 Bai 又发明了静电气相沉积(Electrostatic Spray Assisted Vapor Deposition, ESAVD)，该法在电场中使前驱体气化，并向基材运动，达到基材时发生化学反应，使反应物沉积在基材上。

12.2.2　热防护梯度材料的应用领域

热防护梯度材料在航空航天发动机、燃气轮机、高温燃料电池(Solid-Oxide Fuel Cells)、发电机等方面都有广阔的应用前景。最早定义的功能梯度材料来源于航天航空领域。因此,热防护梯度材料在航空航天发动机方面应用广泛。目前,商用飞机一般都采用氧化锆热防护涂层(TBC)来保护某些部件。例如发动机活塞、缸顶、气门、排气管、增压气涡轮外壳、燃烧室、护套、涡轮叶片等。采用这种涂层能使基底金属材料在较低的温度下工作,从而能延长其使用寿命。像英国的鹞式战斗机使用的发动机 90% 的部件都采用了经过热喷涂技术得到的热保护涂层。

今后,船舶和车辆的气涡轮机也将采用 TBC 技术,气涡轮机中使用的超耐热合金熔融温度范围为 1 200 ~ 1 315 ℃,而气涡轮机内部燃气温度在 1 350 ℃以上。为了使发动机能正常工作而不至于熔化,需采用大量的压缩空气来冷却发动机部件。然而,采用冷却空气,会导致发动机性能下降,同时也降低了燃料效率。应用热防护涂层提高了热效率、减少冷却系统、减轻发动机重量、减小发动机体积、简化设计、提高工作效率、延长发动机部件的使用寿命。

热保护涂层也可应用于发电机组,现有的火力发电设备,一般发电效率在 40% 左右。为了提高发电效率,就要开发可在更高的蒸汽压力和温度条件下服役的耐热金属材料,即在超高温临界压力发电,效率就会提高。制备出带有热防护涂层的金属部件即可达到效果。

12.2.3 热障涂层的材料种类

热防护梯度材料的陶瓷涂层使用最多的是 YSZ。现在还没有一种单一材料在各方面性能都超过 YSZ。但 YSZ 最高使用温度不能超过 1 200 ℃,否则 YSZ 就会有相变现象发生。而新的燃气轮机和高超音速飞机的燃氢发动机燃烧温度分别为 1 500 ℃和 2 000 ℃,需要开发超高温材料。一些新的陶瓷材料,像 $La_2Zr_2O_7$,$Gd_2Zr_2O_7$,$SrZrO_3$,$La_2Hf_2O_7$,$LaYbO_3$正在研究。另外单一的陶瓷涂敷材料受到巨大的热冲击,由于本身固有的缺陷易导致剥离破坏的发生。不仅如此,当温度较高时,由于无论等离子喷涂还是物理气相沉积都会产生裂纹和气孔,环境中的氧气会扩散到金属中形成氧化物,造成金属与陶瓷层的剥离。用多种陶瓷和金属材料,通过等离子喷涂方法喷涂复合梯度涂层,可有效克服这些缺点。例如,$MoSi_2$是一种极具潜力的高温结构材料,具有优异的抗氧化性、高熔点,主要用于锅炉部件、点火器、高温喷嘴等。然而它在 1 000 ℃以下,强度降低易发生突发性失效产生裂纹和断裂,使其应用受到很大限制。通过把 $MoSi_2$和具有相似热膨胀系数和弹性模量的 Al_2O_3结合在一起制备多层复合涂层,明显改善材料的低温性能。

现在梯度热防护材料正朝以下几个方面发展:研究梯度功能热防护材料的热机械性能模型;建立模拟实际情况热负荷下的反应模型;建立梯度热防护材料热开裂行为的分析流程;进行能控制某些条件的热振试验;研究热防护涂层试验和分析结果,设计热防护材料结构。

12.3 梯度折射率材料

12.3.1 梯度折射率光纤

1815 年 6 月 18 日早晨,英国、普鲁士联军与拿破仑的军队在滑铁卢进行决战。然而距此 105 km 远的比利时小城镇市民竟然看到天空中战马奔驰、大炮无声发射、密集的队伍冲杀的奇异幻景,这就是海市蜃楼现象。这个现象是由自然界的梯度折射率材料——空气造成的。我们都知道气体的密度与压力、温度有关,而折射率与空气的密度有关。空气上下层的温度不同,密度不同,折射率也不同。远处景物反射出的光线进入空气时,由于空气上下层的温度密度不同造成不同折射率。地面温度低,空气密度大,折射率也较大;上层气温高,空气密度小,折射率也小。我们可把空气看成是一层一层折射率逐渐减小的材料。当物体反射的光线进入上层大气中时入射角小于折射角,光线发生折射,导致进入下一层光线入射角增加。当入射角大于临界角时便会出现全反射而折下来。地面的景物的影像就会在空中形成,便出现海市蜃楼。

现在科学家利用海市蜃楼原理,制造出了应用于光纤和透镜的梯度折射率材料。它有着优于普通匀质材料的一些特性,应用越来越广泛。梯度折射率材料按折射率分布可分为径向折射率梯度材料、轴向折射率梯度材料、径轴混合梯度折射率材料和球面梯度折射率材料;按材质可分为无机和有机梯度材料。梯度折射材料制备方法较多,例如离子交换法、中子辐射法、化学气相沉积法、分子填充法、溶胶-凝胶法、晶体生长法、薄膜层合法、扩散法、离心力法、共聚法、蒸汽转移-扩散法等。

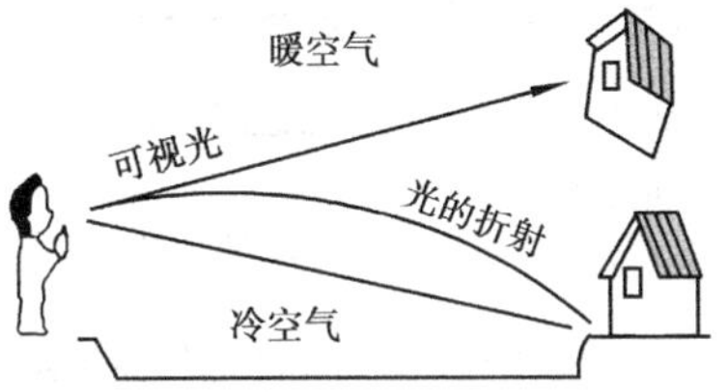

图12.3 海市蜃楼示意图

光纤构造可分为:核心(Core),即光纤中传递光信号的部分;外壳(Cladding),即被覆在核心外围的部分。核心部分折射率比外壳折射率大;保护层(Jacket),在外壳周围,防止损害光纤的外壳及核心。

光纤按传输模式划分为单模光纤(Single-mode)和多模光纤(Multi-mode)。按折射率分布划分为阶跃型光纤(SI,阶梯型,突变型)和梯度型光纤(GI,渐变型、自聚焦型、连续型)。单模光纤一般为阶跃型,多模光纤可以是阶跃型或梯度型。

阶跃型光纤:最早为多模光纤,光纤的纤芯折射率高于包层折射率,使得输入的光能在纤芯-包层交界面上不断产生全反射而前进。这种光纤纤芯的折射率是均匀的,包层的折射率稍低一些。光纤核心到玻璃或塑料包层的折射率是突变的,只有一个台阶。阶跃光纤的传输模式很多,各种模式的传输路径不一样,经传输后到达终点的时间也不相同,即沿其中心轴平行前进的光与不断反射前进的光到达时间会有差异,产生时延差,无法传递量测信号中相位的讯息,同时射出的波形相对于入射波形出现展宽。所以这种光纤的模间色散高,传输频带窄,传输速率低,用于通信不够理想,只适用于短途低速通讯。继多模阶跃型光纤之后而开发出单模阶跃型光纤,它的核心直径特别小,只容许一束光束进入核心,因此能够得到光信号的相位信息,但光纤耦合较困难。

渐变型光纤:为了解决阶跃光纤存在的弊端,人们又研制了径向梯度折射率多模光纤。梯度折射率光纤按材质分为塑料和玻璃两大类;按折射率分布有聚焦型和发散型两种。聚焦型梯度折射率光纤在垂直于纤维轴的横截面上折射率分布自轴心沿径向逐渐减小,轴芯的折射率最大,边缘最小;发散型光纤的折射率分布与上述相反,在垂直于纤维轴的横截面上,自轴心沿径向折射率逐渐增加,轴上的折射率最小,边缘最大。聚焦型梯度折射率光纤可使高次模的光按正弦形式传播,减少模间色散,提高光纤带宽,增加传输距离。传播原理是由于高次模和低次模的光线分别在不同的折射率层界面上按折射定律产生折射,进入低折射率层,光的行进方向与光纤轴方向所形成的角度将逐渐变小。直到光在某一折射率层产生全反射，使光改变方向，朝中心较高的折射率层行进。这时，光向高折射率层中折射，入射角不断增加，最后达到纤芯。上述过程不断重复，实现光的传输。可以看出，光在渐变光纤中会自动进行调整，最终到达光纤的另一端。

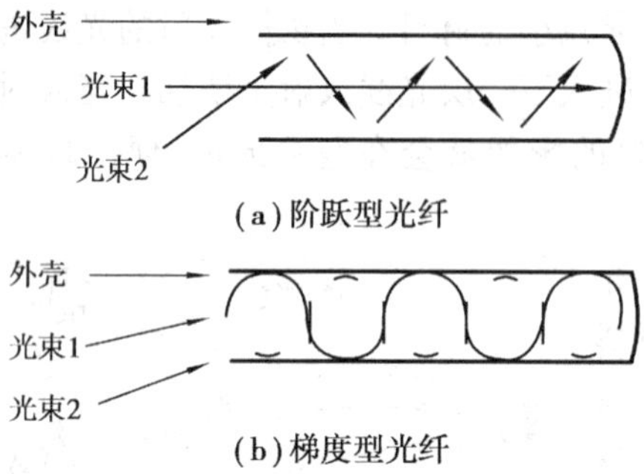

图 12.4　不同光纤光传播示意图

下面以界面溶胶法和直接挤出法为例介绍一下塑料渐变型光纤的制造方法。界面溶胶法具体工艺如下：将高折射率掺杂剂置于芯单体中制成芯混合溶液，控制聚合速度，放入引发剂和链转移剂，再将该溶液投入一根选作包层材料聚甲基丙烯酸甲酯(PMMA)的空心管内，最后将其放入烘箱，在一定的温度下聚合。在聚合过程中，PMMA 管内逐渐被混合溶液溶胀，从而在 PMMA 管内壁形成凝胶相。聚合反应由于"凝胶作用"加速，管壁的厚度不断增加，最后反应在 PMMA 管中心中止，从而获得一根折射率沿径向呈梯度分布的光纤预制棒。最后再将塑料光纤预制棒送入加热炉内加温拉制得到梯度折射率分布塑料光纤。直接挤出法：原理是利用不同折射率单体在聚合物中的相互扩散。用甲基丙烯酸甲酯和甲基丙烯酸苯甲酯混合液挤出形成双层的混合物细丝，由于两者之间的扩散，成分形成梯度分布，最后紫外光固化。玻璃渐变型光纤一般采用离子交换法。

12.3.2　自聚焦透镜

首先介绍一下什么叫自聚焦效应(Self-Focusing Effects)。自聚焦效应是一种非线性光学现象，许多物质在提高光强度后折射率随之提高，按几何光学，外缘光将向内偏，形成自聚焦现象。

自聚焦透镜又称为梯度变折射率透镜或梯度折射率透镜(Gradient Index Lenses-GRIN Lenses，Self-Focus Lens，SELFOC Lens，或 Kerr 透镜)，它是一种柱状透镜，玻璃材料内部折射率在径向按一定规律变化(其折射率自中心至边缘以近似抛物线规律逐渐减小)。利用这种特性，光线在其内部按照正弦曲线传播，在不同的长度可以对光线实现准直、聚焦和成像功能，并且这种透镜有周期成像的特点。

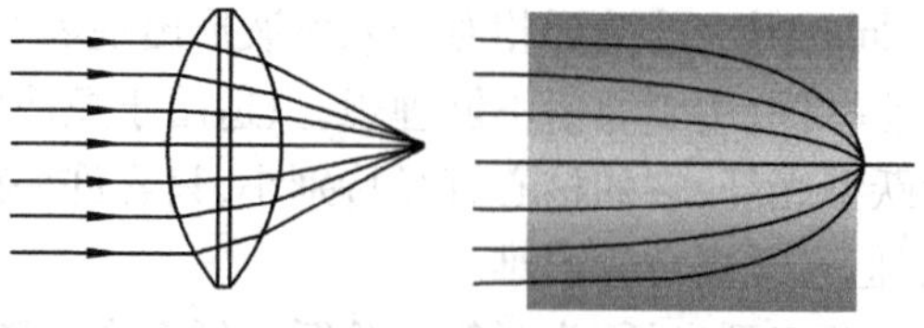

图 12.5　普通透镜与自聚焦透镜的区别

自聚焦透镜同普通透镜的区别如图 12.5 所示，自聚焦透镜材料能够使沿轴向传输的光产生折射，并使折射率的分布沿径向逐渐减小，从而把经过透镜的光平滑且连续地汇聚到一点。传统的透镜成像是通过控制透镜表面的曲率，产生光程差使光线汇聚成一点。自聚焦透镜制备过程也与普通透镜不同，一般常用的方法是高温离子交换法(High Temperature Ion Exchange Process)、中子辐射法、化学气相沉积法、分子填充法、溶胶-凝胶法。离子交换技术工艺流程是将二氧化硅、氧化钠、氧化硼等材料放入坩埚中在 1 400 ℃下熔融，浇注成块，放入马弗炉中退火，然后把玻璃放入熔融硝酸钾溶液中进行离子交换即可。但该技术由于离子在固体玻璃中的扩散系数小，使扩散深度受到限制，另外这种技术也限制了一些能影响透镜材料的单价离子使用。溶胶-凝胶法制备梯度折射率材料也有较长的时间。该法是将一些易水解的有机金属盐和有机硅类在有机溶剂中与水反应,经过水解与缩聚反应逐渐凝胶化,把形成的块体材料放入无机酸中进行腐蚀形成金属氧化物径向梯度,再经干燥烧结等工艺制备出所需材料。该法制备温度低,制备的材质均匀,过程易于控制。

由于梯度折射率透镜具有端面准直、耦合和成像好特性,加上它圆柱形状、体积小(直径几个毫米)、使用方便、重量轻、便于组装、规模生产一致性好,可以使用在多种不同的微型光学系统中,广泛应用在微型光学系统、医用光学仪器、光学复印机、传真机、扫描仪等。由于这种镜头的技术含量要求高,目前全球仅有少数几家公司具有批量生产能力。

除此之外,20 世纪 60 年代中期开始,科学家还研究出了利用化学气相沉积(CVD)原理在玻璃表面制备连续折射率梯度的涂层。该方法首先在圆柱玻璃表面上形成较厚的梯度折射率层,然后把玻璃连同涂层拉制到细的直径。

12.4　其他梯度功能材料

12.4.1　耐磨梯度材料

耐磨梯度材料(Wear Resistant FGMs)指具有良好润滑耐磨性的金属基梯度材料。耐磨梯度材料应用范围很广,工业中大量的切割研磨工艺给润滑耐磨梯度材料技术提供了广泛的应用空间。制备方法有自蔓延高温合成法、高能离子渗镀法、激光熔覆法等。下面举例说明这些方法制备材料的过程及应用:

1)自蔓延高温合成(Self-Propagating High Temperature Synthesis,SHS)最早是由前苏联科学家提出来的制备材料的一种方法。主要利用高放电反应的能量使化学反应自动持续进行,得到梯度功能材料。将设计构成零件的元素粉末和金属粉末按梯度组成填充,等静压成型,放入反应容器中,然后在其一端进行点火燃烧使反应发生,反应向前进行完成合成反应,最终即可形成由反应产物和金属构成的 FGM。自蔓延高温合成法能制备大体积形状复杂的梯度材料产物,纯度高、效率高、耗能少、工艺相对简单,而且反应温度极高,最高可达 4 000 ℃,反应过程中燃烧波移动快速。但仅适用于放热反应材料体系,而且所制得的材料空隙率较大,致密性差,需要加压致密化处理,机械强度较低,同时自蔓延过程难以控制。图 12.6 是 Moscow State Institute of Steel and Alloys 利用自蔓延高温合成法制造的含有金刚石颗粒的切削用磨刀,磨刀刃部金刚石颗粒呈现一定的梯度分布。

图 12.6　切割刀剖面金刚石梯度分布

2)高能离子渗镀梯度功能材料是一种新型表面处理材料,具有良好的耐磨性、耐蚀性、耐热性,性价比高。在一些工程领域可替代各种价格昂贵的合金钢和钼钛等金属。高能离子渗镀梯度功能材料原理是离子注入,在低压条件下把渗镀材料(靶材)与基体材料放在反应室中,采用辉光放电原理,使靶材变成离子。离子在电场力作用下向基体材料(阴极)快速运动,在运行中,通过特殊装置获得高能射向基材,由于辉光放电能量大,靶材和基材都处于高温状态下,射到并聚集在基材表面的高能原子不断沿着基材的晶体缺陷向内部扩散。最后形成渗镀金属元素在基材表面富集并渗入到一定深度。高能离子渗镀渗层厚度可达几百微米,渗镀元素浓度、组织结构呈梯度变化,向内浓度递减。高能离子渗镀形成的各种渗层可提高材料表面的耐热性、耐蚀性、零件表面的焊接性、耐磨性和表面强度,而材料内部又保持金属材料固有的韧性,克服了均质、复合和渗层材料的缺陷,提高零件性能。

高能离子渗镀梯度功能材料与电镀、化学镀、等离子喷涂等工艺制备的材料不同。高能离子渗镀能使渗镀金属或非金属与基体材料形成固溶体和化合物,不会出现层裂现象,而镀覆、喷涂等工艺的表面与基体基本属于机械结合,不易形成固溶体,会产生层裂;高能离子渗镀由于使用高能离子气态,可以到达晶体缺陷、微孔部位,使渗镀层致密无微孔,不会使耐热和耐蚀性能下降。例如在碳钢或工具钢等基体材料渗入钨、钛、铬等元素,再进行渗碳,渗层中形成碳化钨、碳化钛、碳化铬等高硬碳化物,形成类似硬质合金钢或高速钢的结构,同时耐磨性也比碳钢高 5 倍以上,能承受各种剧烈的磨损和强烈的磨蚀。渗镀材料的种类选择由部件所需性能决定,如硫、氮、钨、钼、铬、镍、钛、硅、硼等。这些元素可单渗也可多渗,渗时成分可控制;高能离子渗金属或非金属后的产品尺寸精度基本无变化,且被渗零部件形状不受限制,复杂形状都能渗镀,渗镀层外处处均匀致密。

例如用该技术在金属表面渗镀硫化物,金属硫化物由表及里梯度分布,使零件表面增加润滑减少磨损。现在该技术已广泛应用在汽车、冷热轧机、减速机、缸套、齿轮、泵、模具、芯轴等领域。另外用高能离子渗镀制备碳化钨/钢梯度耐磨材料。在碳钢或合金钢表面上采用高能离子注入方式形成高耐磨的碳化钨陶瓷,碳化钨与钢形成成分梯度变化的冶金组织结构。该梯度耐磨材料表面具有碳化钨的高硬度、高抗磨性,内部具有碳钢或合金钢的高强度和韧性,硬度、强度、韧性三者兼备而且还有良好的机械加工焊接性能,和其他耐磨材料相比重量轻。现在碳化钨/钢梯度耐磨材料已应用在水泥行业的输送管道、异径管,多通道燃烧器的喷头等方面。

3)等离子喷涂技术把金属陶瓷结合在一起不仅增强金属的抗热冲击抗腐蚀特性,也提高材料的耐磨性能。燃煤锅炉的传热管一般要受到燃烧灰分造成的冲蚀损伤,对于烧煤粉的锅炉,环壁管也受到含有燃烧灰烬(碳、氧化铝、氧化硅等)蒸汽的磨损。可在环壁管的表面用高速气流火焰喷射一层碳化铬陶瓷涂层,以提高其耐磨性。在考虑磨损性能的同时,也还要考虑工艺性、高温组织稳定性、抗剥离性等。用陶瓷涂层降低了冲蚀磨损,提高环壁管使用寿命。

飞机发动机在用钛合金制作的压缩机叶片中,装有防止共振的锁与相邻机翼相连,在飞行时其正面受到交变的冲击负荷,因此要求具有耐磨损及韧性好的保护膜。采用低温热源下的高速等离子喷涂技术喷涂 WC-Co 系材料。WC-Co 涂层是在粘结材料 Co 中弥散分布 WC 硬质粒子的薄膜,在 400 ℃以下的温度区域,其耐磨损性能非常好。法国学者 Bartys 等应用空气等离子喷涂和爆炸喷涂等方法制备的 Cr_3C_2-(NiCr)涂层致密,在高温各种载荷和速度下均表现出优异的抗磨性和摩擦系数稳定性,可显著改善抗腐蚀性能,用于高能铁道制动器部件及一些高温抗磨部件具有较好的效果。

4)粉末冶金法(Powder Metallurgy)可用来制备各种金属陶瓷耐磨梯度材料。它适合制备大体积梯度的材料,烧结时间短,压力低,组件无裂纹。工艺是按照材料设计所提供的混合比分布参数配置各种金属、陶瓷、晶须等颗粒状粉末，并顺某一材料浓度变化的方向上在模具中利用共沉淀、静磁场等方法充填混合粉末，然后进行压制烧结。压制烧结有热压烧结、冷等静压-常压烧结、热等静压、热等静压氮化后处理等方法。如采用粉末冶金法制取 $Ti\text{-}TiB_2$ 梯度功能材料，用高纯度钛粉，二硼化钛陶瓷粉和碳化硅粉末作为烧结助剂，直接填充五层梯度，然后烧结得到高耐磨材料，这种梯度功能材料已被应用于航空航天工业的结构件。

12.4.2　生物梯度材料

骨骼损伤、缺损是骨科每天都要面临的临床问题。用于骨缺损修复的植骨术，在美国已成为仅次于输血的组织移植技术。目前人骨有 30 mm 以上的裂缝，就无法通过人体自身愈合，需要其他材料连接裂缝，而裂缝在 60 mm 以上的人骨基本上要被截肢。

常用的骨修补材料有金属、塑料和陶瓷。例如钛及钛合金、不锈钢、羟基磷灰石、二氧化铝、二氧化锆等。同时，骨修复材料的制造方法也有很多。

由于金属钛有强度和良好的韧性，很接近生物骨骼的要求，现已广泛应用于在整形外科领域修补骨缺损（颅、肋、胸、颌骨等）、人工关节、种植体以及作为骨固定用板、钉、螺丝等。但植入人体或生物体后，往往难以产生理想的生物相容性，缺乏生物活性，只是简单的机械物理结合，因而使这种材料的应用受到很大的限制；羟基磷灰石（Hydroxyapatite, HA）与骨骼成分相似，做成人造骨骼后，有很好的生物相容性，可与骨组织发生化学性结合，并可微弱促进骨生成等特性在临床上受到广泛应用，但其强度和韧性却很低，始终不能成为骨骼的理想的替代品，也限制了它的应用。现在人们利用等离子喷涂在钛金属材料表面涂上一层羟基磷灰石梯度涂层，既保持了金属材料的强度和韧性，又保持了羟基磷灰石的生物活性，克服了由于金属的热膨胀系数、弹性模量与羟基磷灰石有很大的差异，直接烧结在一起界面造成开裂，及常用的金属合金或陶瓷所带来的生物机体排异性等缺点。

快速成型技术制备生物梯度材料，流程是先根据病人骨破损处的 CT 数据重构骨结构的三维功能梯度模型，然后羟基磷灰石/胶原复合材料根据模型制备出大段骨载体框架结构，采用真空吸附法复合骨形态发生蛋白（BMP），制备出骨试样，骨试样可降解不产生排异。

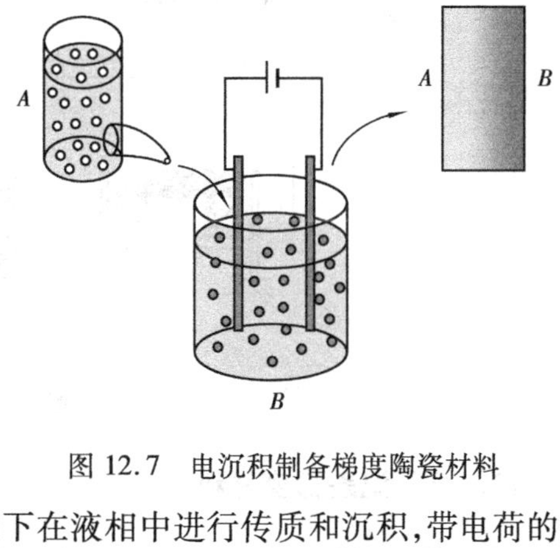

图 12.7　电沉积制备梯度陶瓷材料

电沉积法（Electrophoretic Deposition, EPD）制备生物梯度材料。电沉积工艺方法包括电镀、电泳、电铸。它是将所选材料的悬浮液置于两电极间的外场中，通过注入另一相的悬浮液使之混合并控制注入速率而改变组成比。在直流电电场作用下在液相中进行传质和沉积，带电荷的悬浮颗粒就可在电极上沉积，最后得到梯度功能膜或材料。电沉积法工艺设备简单，操作方便，成型压力和温度低，精度易控制，生产成本低廉，而且对所镀材料物理和力学性能破坏小，所用基材可以是金属、塑料、陶瓷、玻璃。此方法可以在固体表面获得金属合金陶瓷的沉淀层，提高材料的耐磨耐腐蚀性能。由于电沉积法在常温溶液中进行，因此潜力很大，可制备出性能非常优异的无机/有机功能梯度材料。例如用该法先把氧化铝悬浮粉末分散在含有 10% 丁基胺的丙酮中，不断加入二氧化锆粉末，在电沉积过程中，粒径和沉积速度都是影响梯度材料性能的因素。氧化铝沉积速率大于二氧化锆。为控制粉体的沉积过程,必须控制每个微粒所带的电荷、粉末电镀的迁移速率、悬浮液的比电导。电化学沉积得到 Al_2O_3/ZrO_2 梯度材料在 1 480 ℃ 下烧结,最后得到外部是纯氧化铝,核心含有 20% 二氧化锆的成分梯度分布块体。梯度材料结合氧化铝的耐磨强度高和二氧化锆的高韧性特点,已成功用于髋关节制造。所谓的"烤瓷牙"也可以采用这种材料,人造牙齿的外露部分使用氧化铝高硬度陶瓷,氧化铝在活体中不会释放出铝离子,植入以后很快被机体组织包裹,无明显生化效应。中心部分是高韧性的二氧化锆陶瓷,这种结构生物组织可以迁入多孔的齿根中,使两者牢固地结合一起,而表面坚固耐磨,中心部分能提高机体的强度,即可解决烤瓷牙易发生脆性断裂的问题。

三维印刷技术(3DP™Process 或 3D Printing Process)也可用于梯度陶瓷结构的人工骨材料。以麻省理工(MIT)开发的三维印刷技术为例,这种方法能够精确控制构件某一部分材料的组成,来达到控制材料强度、韧性、热传导等性能的作用。三维印刷技术过程如图 12.8 所示:首先设计想要得到部件的计算机模型,计算机通过一些算法定义构成部件每一层信息。先把粉末均匀地喷在粉末床上,用喷墨打印的技术,粘结剂有选择地喷在被定义的表面颗粒上。支持粉末床的活塞下降,下一层粉末再喷上。这个过程不断重复,直到部件完成。接下来进行热处理,除去没有粘上胶的粉末,留下制造的部件。通过不同的打印喷头,三维印刷技术还可把不同的材料复合在一起,从而制造出梯度功能材料。因此,三维印刷技术可以生产出复杂几何形状、多种材料(例如陶瓷、金属、高分子)的部件。

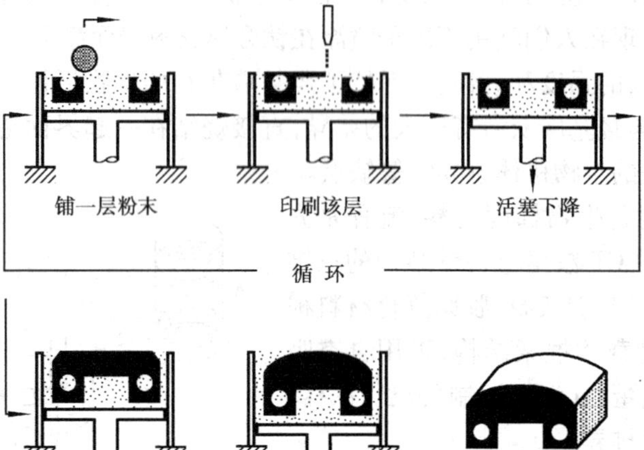

图 12.8 三维印刷流程

12.4.3 温差梯度材料

1822 年,德国人塞贝克(Seebeck)发现当两种不同的导体相连接时,如两种导体存在温差,则在导体中产生一个温差电动势。材料的 Seebeck 效应的大小,用温差电动势率表示。材料相对于某参考材料的温差电动势率:

$$E_s = S\Delta T \tag{12.1}$$

式中 E_s——温差电动势;

S——塞贝克系数(温差电动势率);

ΔT——接点之间的温差。

1834年,法国物理学家帕尔帖(Peltire)发现了塞贝克效应的逆效应,即当电流流经两个不同导体形成的接点时,两个接头处分别发生了吸放热现象,放热或吸热由电流的大小来决定。Peltie效应:

$$Q_p = \pi I \tag{12.2}$$

式中　Q_p——放热或吸热功率;

π——帕尔帖系数;

I——工作电流。

上面两个现象就是温差发电和温差电致冷原理。家用冰箱、空调器是使用压缩机的机械致冷方式,致冷效率高,一般在200% ~300%之间。但它对环境造成破坏,有大量的噪声等污染。利用温差电制冷材料就可以避免污染问题。但它的效率不高,温差致冷装置的工作效率一般不超过80%,只能用在汽车冰箱等较小的制冷机械中。而温差发电的最高效率不超过8%。

无论是温差发电还是温差电致冷,决定其热电材料的效率的主要因素是材料的优值系数Z,优值Z越大越好。

$$Z = S^2\sigma/\kappa \tag{12.3}$$

式中　S——Seebeck系数;

σ——电导率;

κ——热导率。

所以理想的热电材料必须有高电导率,低热导率,高Seebeck系数。目前,最好的温差电材料的优值Z约为0.003 5/℃。如果Z提高3倍,即达到0.01/℃,温差电致冷产品的效率将可以取代机械制冷。

由于一种温差电材料的高Z值只出现在一定的温度范围,如果把适合不同温度的材料连接起来,让它们各自处于不同温度范围,就能最大限度地发挥温差电材料的性能,提高温差电器件的转换效率。利用功能梯度材料原理制造温差电材料有两种方式:载流子浓度梯度功能材料,指沿着材料的长度方向载流子浓度被优化,以使材料的每一部分在各自工作温度区达到最大的优值;分段功能梯度材料,由不同材料连接构成,每段材料工作在其最佳温区。

温差电器件用途广泛,随着电子器件不断发展,计算机芯片越来越小,运行速度越来越快,散热问题也越来越重要,温差电微型致冷元件可以连接在芯片上制冷。未来大功率固体照明LED也遇到散热的问题,如果利用温差电制冷元件进行制冷,不仅可以节约体积,而且效率更高。另外利用温差发电也非常有前途,例如1977年美国太阳系行星旅行者2号探测器上的发电机就是由Si-Ge梯度温差电材料制成的。

12.4.4　孔梯度功能材料

现在人们已经制备出孔梯度陶瓷或金属材料。孔梯度陶瓷材料具有良好的耐高温,耐腐蚀和化学稳定性,适合温度高、具有腐蚀性的流体中的微细颗粒分离。同时也可以用在像二氧化锡制成的气敏传感器中,利用该技术制备孔梯度二氧化锡薄膜,增强气体灵敏度。制备孔梯度陶瓷材料的方法有成孔剂梯度排列法、有机前驱体浸渍法及沉淀生成法。成孔剂梯度排列法是将混有不同粒径成孔剂的骨料按照粒径大小从大到小顺序逐层平铺在模具中,经过压制成型,干燥和烧结制备孔梯度陶瓷。有机前驱体浸渍法是将处理好的不同孔径的有机前驱体(例如聚氨基甲酸乙酯泡沫)分别浸入预制好的陶瓷浆料。反复多次除去气体,然后排除多余浆料,反复滚压,以使浆料均匀附载在前驱体上,按孔径的大小叠放在一起,经干燥烧成得到孔梯度材料。沉淀生成法是将不同粒径的成孔剂粉末置入制备好的陶瓷浆料介质,出现共沉淀。由于不同粒径的成孔剂的沉淀速度不同,可获得不同粒度成孔剂组成连续变化的沉淀层。经干燥烧结制得梯度材料。而孔梯度金属材料主要应用到一些结构件中,如孔梯度钛合金重量减轻,强度不变,应用到飞机上提高载重。

12.4.5 梯度核材料

核聚变反应容器用耐辐射性的材料(陶瓷)作为容器内壁,用导热性好的而且强度高的材料(金属)作为容器的外壁,两层之间根据与中子发生核反应的截面积设置原子成分不同的多层陶瓷,并且两种材料的结合面处金属-陶瓷连续变化。这样的结构有助于减少界面热传导或热膨胀所产生的应力。

12.4.6 梯度压电材料

传统的压电驱动器采用两片陶瓷中间夹金属的结构,不同材料中间有相界面,元件有一定的体积。日本科学家设计了一种一端是 $Pb(Ni,Nb)_{0.5}(Ti,Zr)_{0.5}O_3$组成的压电陶瓷材料,另一端是 $Pb(Ni,Nb)_{0.7}(Ti,Zr)_{0.3}O_3$组成的具有高介电常数的介电材料,中间是成分逐渐过渡、各区域没有明显的相界面,克服传统的压电驱动器的缺点。

总之,随着当代高新技术的飞跃发展,梯度材料应用领域不断扩大,而且材料组成也由金属-陶瓷,发展成金属-合金、非金属-非金属、非金属-陶瓷、高分子膜-高分子膜等多种组合,种类繁多。新的技术新的应用引起材料科学的不断变革,使梯度功能材料成为材料领域绽开的一朵新葩。

第 13 章
复合材料

13.1 概　述

复合材料对我们来说是一类既古老又先进、既熟悉又陌生的材料。早在 1 000 多年以前,人类就会用泥土和干燥的植物来制作土坯,还有古代使用的弓、泥塑像、漆器、棉衣以及多层木板等,都是我们熟悉的早期复合材料;另一类是我们熟悉的自然复合材料,如人或动物的骨头、心脏、肌肉、皮肤、贝壳以及植物的杆、枝、叶等。随着科学的发展和人类社会活动要求的扩大,这些早期复合材料和自然复合材料以及一些常用的单一结构材料如金属、水泥、玻璃、陶瓷、高分子材料已不能满足实际需要,这就促进了人们对材料的研究。20 世纪 30 年代,以合成材料为基体的现代复合材料应运而生,如今已发展成一个从开发、制造到应用较为完整的体系。

13.1.1　复合材料的定义、命名和分类

复合材料(Composite Materials)是由两种或多种性质不同的材料通过物理或化学复合,组成具有两个或两个以上相态结构的材料。该类材料不仅性能优于组成中的任意一个单独的材料,而且还可具有单独组分不具有的独特性能。在复合材料中,通常有一相为连续相,称为基体;另一相为分散相,称为增强体。基体是包围增强体的相对较软较韧的贯连材料;分散相是以独立的形态分散在整个连续相中,常是纤维、碎片或颗粒状的填料。

复合材料的命名是将增强体材料放在前,基体材料放在后,之后再缀以“复合材料”。如由碳纤维和环氧树脂构成的复合材料称为“碳纤维增强环氧树脂基复合材料”,还可简写为“碳纤维-环氧树脂复合材料”或“碳纤维/环氧树脂复合材料”,其他可以类推。

复合材料的分类方法很多,常用的有两种,一种是按基体的类型来分,包括树脂基复合材料、金属基复合材料、陶瓷基复合材料、碳基复合材料。树脂基复合材料是发展最早、种类最多、应用最广的一类复合材料,其他三类复合材料开发都较晚,还处于应用的初期阶段。另一种是按增强材料的形状来分,包括纤维增强复合材料、颗粒增强复合材料、碎片增强复合材料、三维纤维编织物增强复合材料等。

13.1.2 复合材料的结构类型

根据复合材料组分相的性质、形态和分布状态的不同,可形成几种不同结构类型的复合材料,见图 13.1。

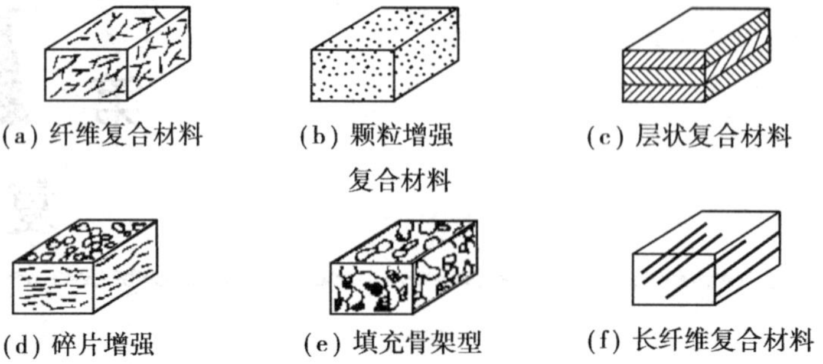

图 13.1 复合材料的结构类型

13.1.3 复合材料的特点

与传统材料相比,复合材料有以下特点:①具有可设计性。即复合材料的力学、机械、热、声等物理、化学性能都可按制件的使用要求和环境条件,通过组分材料的选择和匹配以及界面控制等材料设计手段,最大限度地达到预期的使用性能。这是复合材料的显著特点。②比强度、比模量大。可解释为比强度愈高,同一零件的自重愈小;比模量愈高,零件的刚性愈大。"轻质高强"是复合材料的优越性。③耐疲劳性能好、破损安全性高。也就是当少数增强纤维发生断裂时,载荷会通过基体的传递迅速分散到其他完好的纤维上去,因此复合材料的破坏经历基体损伤、开裂、界面脱粘、纤维断裂等一系列过程,从而迟滞了灾难性破坏突然发生。通常金属的疲劳强度极限是其拉伸强度的 30% ~50%,而碳纤维增强树脂基复合材料为 70% ~80%,这样复合材料制品在长期的交变载荷条件下,具有较长的使用寿命和较大的破损安全性。④耐磨、自润滑性好。短切碳纤维/聚酯树脂复合材料的耐磨性比树脂本身提高了 2 倍,良好的自润滑性,使其可用于制造无油润滑活塞环、轴承和齿轮。⑤具有高韧性。金属基复合材料具有高韧性和高抗冲击性能,在受到冲击时,能通过塑性变形吸收能量。⑥化学稳定性优良。钢材一般不耐酸,尤其是含氯离子的酸,而碳纤维增强塑料如玻璃纤维/酚醛树脂复合材料能在含氯离子的酸性介质中长期使用。⑦阻尼减振性好。受力结构的自振频率同结构材料的比模量平方根成正比,同时基体与纤维界面有较大的吸收振动能量的能力,因此比模量大的复合材料有较高的自振频率。⑧其他特殊性能。复合材料还具有耐烧蚀性、耐辐射性、耐蠕变性及特殊的光、电、磁等性能。

13.2 增强材料

复合材料中用到的增强材料,也称增强体,一般有无机颗粒、无机和有机纤维(包括连续纤维和短切纤维)、无机片状物、纤维编织的布和带以及三维编织物。无机颗粒常用来提高基体材料的刚度和硬度,是最便宜的增强体;无机片状物、纤维编织的布和带以及三维编织物常用来提高基体材料的强度，其中三维编织物的增强效果最好；纤维可同时提高基体材料的强度和刚度，且效果远优于前两类，是最主要的增强材料。

与同质地块状材料相比，纤维状增强材料具有高得多的强度，例如，E-玻璃纤维的强度比E-玻璃的强度高10~60倍；具有较高的柔曲性，这使纤维可适应复合材料的各式各样的工艺，易实现纤维在复合材料中不同部位设计的排布要求；还具有较大的长径比，使其在复合材料中比其他几何形状的增强体更易发挥固有的强度。用于复合材料的常见的纤维状增强材料有玻璃纤维、碳纤维、硼纤维、芳纶纤维、陶瓷纤维、晶须等。下面将一一介绍这些纤维。

13.2.1 玻璃纤维(Glass Fiber)

玻璃纤维(简称GF)是玻璃球在电加热的铂铑坩埚内加热熔化成玻璃液，玻璃液在重力作用下从坩埚底部漏板的小孔(称为喷丝孔)中流出形成的。

玻璃纤维是最早开发出来的用于树脂基复合材料的纤维。美国于1938年率先研制成功玻璃纤维。近几十年来，玻璃纤维已有了很大的发展，出现了许多玻璃纤维品种。目前，市场上销售使用的玻璃纤维，主要有：E-玻璃纤维、C-玻璃纤维、S-玻璃纤维。

E-玻璃纤维，亦称无碱玻璃纤维，是最常用的玻璃纤维，其产量最大，在国外市场上，占所有玻璃纤维总产量的90%以上。它具有良好的电气绝缘性及机械性能，因此广泛用于生产电绝缘玻璃钢，但易被无机酸侵蚀，故不适宜用于酸性环境。

C-玻璃纤维，亦称中碱玻璃纤维，与E-玻璃纤维相比，它是耐酸腐蚀玻璃纤维，其电气性能差，机械强度低于E-玻璃纤维。在国外，C-玻璃纤维只用于生产耐腐蚀的玻璃纤维产品，如玻璃纤维表面毡、增强沥青屋面材料等。但在我国，C-玻璃纤维占玻璃纤维总产量的一大半(60%)，广泛用于玻璃钢、过滤织物及包扎织物等。因为其价格低于E-玻璃纤维，因而具有较强的竞争力。

S-玻璃纤维是新开发的高强度、高刚度玻璃纤维，其力学性能、热稳定性以及耐腐蚀性都很好，但制造成本高，约是E-玻璃纤维的5倍。

此外，还有E-CR玻璃纤维、AR玻璃纤维和D玻璃纤维。E-CR玻璃纤维是一种改进的无硼无碱、耐酸耐水性好的玻璃纤维，其耐水性比E-玻璃纤维强7~8倍，耐酸性比C-玻璃纤维也优越不少，是专为地下管道、储罐等开发的新品种。AR玻璃纤维，亦称耐碱玻璃纤维，多用于增强水泥混凝土。D玻璃纤维是一种介电强度好的低介电常数玻璃纤维。

近年来，为避免硼酸盐(常用的玻璃纤维大多属于硼酸盐系玻璃)对环境的污染而开发出一种新型的E-玻璃纤维，即不含硼的E-玻璃纤维。

市售的玻璃纤维直径分类很多，一般在3~25 μm范围内。10 μm以下的玻璃纤维多用于制作电路板、玻璃纤维布，10 μm以上的多用于制作玻璃纤维增强树脂基复合材料。

13.2.2 碳(石墨)纤维(Carbon Fiber)

碳纤维(简称CF)主要是由碳元素(含碳量一般在90%以上)组成的一种特种纤维。100多年前，美国的爱迪生就用天然竹子制成了碳纤维，并将其用作电灯丝，其后由于钨丝的取代，碳丝的研究就没有再继续进行。为了满足宇宙开发及军用火箭中耐热材料的需求，1959年美国联合炭化物公司从人造丝制造出碳纤维，即利用人造粘胶(Rayon)纤维、聚丙烯腈(PAN)基纤维(如腈纶纤维)为原材料，经过氧化稳定处理(200~300 ℃)，碳化处理(1 000~1 600 ℃)

制成高强度碳纤维,或再经过石墨化处理(2 500 ~2 800 ℃)制成高弹性模量的石墨纤维,这是第一类碳纤维。1972 年日本用此类碳纤维制成了高性能钓鱼竿,同年美国也用它制成了高尔夫球棒,此后,用碳纤维制成的网球拍、羽毛球拍也相继上市。由此看来,除航天、军工等方面的需求外,文体用品的开发也促进了碳纤维工业的发展。1963 年,日本大谷朗就发现聚氯乙烯热解沥青、木质素沥青和煤焦油沥青都可制成碳纤维,具体的方法就是:沥青经过熔化抽丝(350 ℃以上),氧化稳定处理,碳化处理(1 000 ~1 100 ℃)制成高强度碳纤维,或再经过石墨化处理(2 200 ~3 100 ℃)制成高弹性模量的石墨纤维,这是第二类碳纤维。沥青基碳纤维虽然原材料价格低廉,但加工费用高,因此其成本与第一类碳纤维相近。目前,碳纤维主要由美国、日本、欧洲国家占领先地位。

碳纤维具有一般碳素材料的特性,如低密度、高强度、高模量、耐高温、耐磨擦、导电、导热、热膨胀低及耐腐蚀等优良特性,但不同的是,其外形具有显著的各向异性,沿纤维轴方向表现出很高的强度,它还具有柔曲性,可编织成各种织物。碳纤维的比强度和比模量是所有纤维增强体中最高的。

碳纤维一般是与树脂、金属、陶瓷等基体复合,做成防热及结构材料,主要用于宇航工业,如火箭喷管、鼻锥、大面积防热层等导弹防热材料,以及卫星的构架、天线、太阳能电池板,飞机的主翼、尾翼和机体等主承力构件以及刹车片等结构材料。除此之外,碳纤维在交通运输业、体育器材、土木建筑业和化工业等民用工业中也得到了较广泛的应用,如用于汽车的传动轴、构架,渔船、快艇,各种球拍、滑雪板、雪车,桥梁、管道,化工反应罐等。

13.2.3 芳香族聚酰胺纤维(Aramid Fiber)

芳香族聚酰胺纤维,在我国定名为“芳纶纤维”,是 1965 年由美国杜邦公司的两名科学家发明的。1972 年杜邦(Do Pont)公司以“凯芙拉(Kevlar)”为商品名将芳香族聚酰胺纤维引入市场。随后,荷兰的 AKZO 公司和俄罗斯推出了商品名分别为“Twaron”和“Terlon”的芳香族聚酰胺纤维系列。中国于 20 世纪 80 年代中期试生产出两种此类纤维,定名为芳纶 14(芳纶Ⅰ)和芳纶 1414(芳纶Ⅱ)。芳纶纤维是先进的高比强度、高比刚度纤维中唯一的有机合成纤维。它与纺织工业常用的尼龙纤维和聚酯纤维不同,除具有很高的比强度、比刚度外,还具有很好的热稳定性和不易燃烧性。中国的两牌号中,芳纶Ⅰ的拉伸强度比芳纶Ⅱ的约低 20%,但拉伸模量却高出 50% 以上,且热老化性能好。

芳纶作为增强体被广泛应用于高性能复合材料零部件,例如可用于制作宇航构件和防弹制品,也可用于制造轮胎帘子线、高压软管、摩擦材料以及高压气瓶等汽车零部件。

13.2.4 超高分子量聚乙烯纤维(Ultra High Molecular Weight Polyethylene Fiber)

超高分子量聚乙烯纤维,简称 UHMW-PE 纤维,是平均分子量在 10^6 以上的聚乙烯,采用冻胶纺丝方法-超倍热拉伸技术制得的。

UHMW-PE 纤维的耐磨性是已知聚合物中最高的,它的比强度能达到优质钢的 15 倍,比模量仅次于碳纤维;它还具有很高的韧性,冲击强度与尼龙相当,比聚甲醛高 14 倍,比 ABS 高 4 倍,高速冲击下的能量吸收为芳纶纤维和尼龙纤维的两倍,因此可用于防弹衣;它还具有良好的耐疲劳性和柔曲性,断裂前的应力交变次数比芳纶高一个数量级,既使弯曲打结也不断裂,因此具有良好的编织性,用一般的机织、针织就可编织;它还具有优异的绝缘性能、耐化学性能、抗老化性能和自润滑性；另外，UHMW-PE 纤维还具有优良的高频声纳透过性和耐海水腐蚀性，许多国家已用它来制造舰艇的高频声纳导流罩，大大提高了舰艇的探雷、扫雷能力。但 UHMW-PE 纤维的耐热性较差，一般在 100 ℃以下使用，在 80 ℃下，强度和模量比室温下约降低 30%，在 -30 ℃下，其强度和模量均高于室温。

市场上出售的芳纶纤维主要有美国 Ailled 公司的 Spectra900 和 Spectra1000、DSM（荷）-Toyoba（日）联合生产的 Dyneema SK60 以及 Mitsui（日）公司的 Tekmilon I 等。

目前，UHMW-PE 纤维正在许多高性能纤维市场上得到广泛应用，包括从海上油田的系泊绳到高性能轻质复合材料方面均显示出极大的优势，在现代化战争和宇航、海域防御装备等领域发挥着举足轻重的作用。除此之外，该纤维在汽车制造、船舶制造、医疗器械、体育运动器材等领域亦有广阔的应用前景。

13.2.5 陶瓷纤维

陶瓷纤维是一种高性能增强材料，广泛用于增强金属、树脂和增韧陶瓷。陶瓷纤维主要有氧化铝纤维、氧化锆纤维、碳化硅纤维、氮化硼纤维、氮化硅纤维等。

碳化硅纤维（SiC）是复合材料中最常用的陶瓷纤维，它包括 CVD（化学气相沉积法）法碳化硅纤维和先驱体转化法碳化硅纤维。CVD 法碳化硅纤维是用化学气相沉积法在连续的钨丝或碳丝芯材上沉积碳化硅制造的有芯、连续、多晶、单丝纤维。此类碳化硅纤维具有很高的室温拉伸强度和拉伸模量、突出的高温性能和抗蠕变性能，但因直径较粗、制造工艺复杂，因而柔曲性较差、成本较高。与钨芯碳化硅纤维相比，碳芯碳化硅纤维在高温下更稳定、成本较低、密度小。C 与 SiC 无高温有害反应，因此碳芯碳化硅纤维应用较多。目前，应用的 CVD 法碳化硅纤维有：Textron 公司开发出的牌号为“SCS”的碳芯碳化硅纤维，其中 SCS-6 应用最广泛，英国 BP 公司和法国 SNPE 公司联合生产的牌号为 SM_{1040}，SM_{1140}，SM_{1240} 的碳化硅纤维。先驱体转化法碳化硅纤维是用有机硅聚合物（如聚碳硅烷）经熔融或熔液纺丝制成先驱丝，再经不熔化处理（如用空气或电子束照射等手段使之交联），最后在惰性气氛或真空中高温烧成制得的连续、多晶、束丝碳化硅纤维。常以 500 根细丝纤维组成的丝束为商品。目前，日本碳公司开发生产的“尼卡隆”（Nicalon）碳纤维和日本宇部兴产公司生产的“奇拉隆”碳化硅纤维是主要产品。碳化硅纤维具有拉伸强度和拉伸模量大、相对密度小、耐热性好（在氧化气氛下可长期在 1 100 ℃下使用）、与金属反应小（在 1 000 ℃以下几乎不与金属反应，1 100 ℃以上才与某些金属反应）、与金属浸润性良好、纤维直径细（易编织成各种织物）、耐化学药品性能和抗蠕变性能优异，还具有半导体特性，可通过不同的处理温度来控制纤维的导电性。

氧化铝纤维是以氧化铝（Al_2O_3）为主要成分的陶瓷纤维，其 Al_2O_3 的含量大于 70%。氧化铝纤维的耐热性好，高温性能保留率比 CVD 法 SiC 纤维优异，在空气中加热到 1 250 ℃时还保持室温强度的 90%；它不被熔融金属侵蚀，可与金属很好地复合，制成航天、汽车工业的高强轻质元件；它表面活性好，不需表面处理即可与金属和树脂复合；它耐化学腐蚀和抗氧化性极佳，尤其在高温下；但密度较大，约为 3.20 g/cm^3，是纤维中最大的一种。

13.2.6 硼纤维

硼纤维是一种高强度和高模量的无机纤维，是通过在钨丝或碳丝上沉积硼制得的含芯材硼纤维。它是最早应用于高级复合材料的增强体。硼纤维的特点在于：它比玻璃纤维的弹性模量约高5~7倍，而且拉伸强度和压缩强度也高，但它的主要问题是价格昂贵，对表面损伤非常敏感，易氧化分解。硼纤维常用来增强铝基、镁基、钛基复合材料。其增强的复合材料常用在航空航天工业和汽车工业。

13.2.7 晶须

晶须是在人工控制条件下培植生长的尺寸细小（直径小于3 μm）、高纯度的纤细单晶体，即具有一定长径比（一般大于10）的单晶纤维材料。由于晶须直径极小，因此晶体中缺陷少，其强度和模量均接近其完整晶体材料的理论值，力学性能远远优于目前大量使用的各类粒状材料，是一类力学性能十分优异的新型复合材料增强增韧剂。

自1948年贝尔电话公司首次发现晶须以来，到目前为止已经开发了一百多种不同的晶须，其中已经工业化生产的商品晶须有SiC晶须、Al_2O_3晶须、钛酸钾晶须、莫来石晶须和$CaCO_3$晶须。SiC晶须是一种灰绿色的、直径为0.1~1 μm，长度为20~50 mm的高纯单晶，它品种很多，常用的是β-SiC晶须，由于SiC晶须具有高强度、高模量、耐腐蚀、抗高温、密度小等特点，广泛应用于增强金属、增韧陶瓷、强化树脂，但生产成本高。$CaCO_3$晶须是一种新型晶须材料，与塑料复合时具有良好的工艺性和表面光洁度，而且由于制造成本低廉，是日常塑料、橡胶、造纸等工业中大量使用的增强填料。

13.3 纤维增强树脂基复合材料

纤维增强树脂基复合材料，也称纤维增强塑料（Fiber Reinforced Plastics），是用短切或连续纤维及其织物增强热固性或热塑性树脂基体，经复合而成。最初的纤维增强树脂基复合材料——玻璃纤维/不饱和聚酯树脂复合材料，即玻璃纤维增强塑料（Glass Fiber Reinforced Plastic，简称GFRP）于1942年在美国问世。此后，随着现代工业的发展，高比强度、高比刚度的纤维增强树脂基复合材料更加引人注目。特别是自20世纪60年代后期，随着宇宙航空工业的发展，以碳纤维、陶瓷纤维和硼纤维为增强体的先进树脂基复合材料相继研制成功，性能不断得到改进，使复合材料领域呈现出一派勃勃生机。树脂基复合材料是目前技术比较成熟、应用最为广泛的一类复合材料，占全世界所有复合材料生产量的90%以上，已在宇宙航空、造船、汽车、建筑、体育器材、医疗器械等各方面得到广泛应用。下面让我们来详细了解一下纤维增强树脂基复合材料。

13.3.1 纤维增强树脂基复合材料的分类

纤维增强树脂基复合材料，包括长纤维（连续）增强树脂基复合材料和短纤维（不连续）增强树脂基复合材料。前者以高刚度、高强度的长纤维作为主要承载材料而起增强作用，后者以增强体来阻止基体材料内部的位错运动、裂纹扩展而起增强作用。其中，长纤维增强树脂基复合材料应用较多。纤维增强树脂基复合材料，通常按纤维来分类。例如，玻璃纤维增强树脂基复合材料、碳纤维增强树脂基复合材料、芳香族聚酰胺合成纤维增强树脂基复合材料和陶瓷纤维增强树脂基复合材料等。

除按纤维来分类外，在讨论基体材料的特点时，往往按基体来分类。主要分为两类：一类是热固性树脂基复合材料，另一类是热塑性树脂基复合材料。用于热固性树脂基复合材料的基体主要有不饱和聚酯树脂(UP)、环氧树脂(EP)、酚醛树脂(PH)。用于热塑性树脂基复合材料的基体主要有聚乙烯(PE)、聚丙烯(PP)、聚氯乙稀(PVC)等聚烯烃以及聚酰胺(PA)、聚碳酸酯(PC)、聚甲醛(POM)、聚苯醚(PPO)、聚酯(PET、PBT)和聚醚醚酮(PEEK)等。

热固性复合材料具有强度高、刚度高、耐热好、成型加工容易等特点，是树脂基复合材料中的主要产品。其中连续纤维增强的热固性复合材料具有比短纤维增强的热固性复合材料更好的力学性能，因而得到更加广泛的应用。自从1956年玻璃纤维/尼龙热塑性复合材料在美国(Fiberfil公司)问世以后，以玻璃纤维、碳纤维等为增强体的各种热塑性复合材料相继研制成功。与热固性复合材料相比，其特点是耐冲击性好、断裂韧性高，但强度低、刚度低、耐热性差，因而在高性能复合材料中，只占很小部分，而且大多是用短纤维(不连续)来增强的。但自从1980年，碳纤维/聚醚醚酮复合材料和碳纤维/聚醚亚胺树脂等连续纤维增强热塑性复合材料开发成功以来，高韧性的热塑性复合材料已成为研究的重点。

13.3.2　树脂基复合材料的制造工艺

树脂基复合材料成形技术的研究与开发是近年来复合材料发展的一个重要方面。由于高性能复合材料在运输工具、土木建筑等民用工业方面的应用不断增多，因此低成本成形技术的开发引起很大注意。树脂基复合材料的制造与传统金属材料的制造完全不同，它是把复合材料的制造和产品的制造融合为一体，而金属是分开的。树脂基复合材料的制造涉及纤维与树脂的混合、产品的成形和固化等过程。常用的成形方法有：手工成形法、喷涂成形法、压缩成形法、注射成形法、SMC压缩成形法、RTM成形法、真空热压成形法、连续缠绕成形法等。下面将一一做简单介绍。

手工成形法是树脂基复合材料制造的最基本方法，多用于玻璃纤维/聚酯树脂复合材料的制造。其工艺是在根据产品的形状制造的底模上，先涂一层不粘胶布或薄膜，再铺一层玻璃纤维布，用刷子或滚子等工具将树脂涂刷在玻璃纤维布上，使树脂浸透玻璃纤维布，重复此过程使其达到产品的厚度，再固化成形。此方法生产成本低，能用于长纤维布和短纤维布，能适应各种产品的成形，但生产效率低，仅适于小批量制造。

喷涂成形法是用一种能自动切断纤维并喷出短切纤维和树脂的自动化喷枪，将短切纤维和树脂一起喷涂在底模上来实现积层。易于自动化生产，但仅适于短纤维增强复合材料。

压缩成形法是将纤维和树脂一起先放入底模，再加压、加热使之成形、固化。此方法多用于制备短纤维增强树脂基复合材料，可用于制造大型的、高纤维含量的高强产品。

注射成形法是先将底模固定、预热，再利用注射成型机在一定的压力下，通过一注入口将纤维和树脂一起挤压入模型内使之成形。可用于短纤维增强热固性和热塑性复合材料的制造，尤其是热塑性的。此方法易于实现自动化、大批量生产，能成形形状复杂的产品。但其产品含纤维量不高，多在20%～40%之间。

SMC是Sheet Molding Compound的缩写，是指热固性树脂浸渍后，未固化的纤维与树脂预制片。SMC压缩成形法就是将这种裁剪、计量好的预制片放入预热的模具，再加热、加压使预制片流动，充满模具，再加热、固化成形。此方法生产的产品尺寸精度高、表面光滑、强度较高，易于实现自动化、大批量生产。因此，电器产品、汽车产品多用这一方法。

RTM(Resin Transfer Molding)成形法，也称注塑成形法，是一种树脂注入成形法。首先将纤维的预成形片材铺设在模型内,加压使纤维预制片成产品形状,再利用低压(0.45 MPa)将树脂注入模型,使树脂均匀地渗透到纤维预制片中,最后在模型内加热固化。多用于长纤维复合材料制品。此成形法成本低,产品尺寸稳定、质量高,可适合多种热固性和热塑性树脂,可适于组合纤维的复合材料,也可适于二维和三维纤维编制物复合材料的成形。因此,此法是很有潜力的成形方法之一。

真空热压成形法是一种用于先进长纤维复合材料的成形法。它是将未固化的纤维/树脂预制片先铺层,再真空包袋,最后加热加压固化成形。多用于层合板型复合材料,此法生产的产品质量高,空隙率低,但生产成本较高,因此多用于宇宙航空工业的产品。

连续缠绕成形法是一种制造筒状复合材料的特殊成形方法。是将树脂浸渍过的纤维,通过纤维输出梭子送出,随着梭子的移动和转筒的旋转,将纤维缠绕在转筒上,直到达到需要厚度,再固化成形。

13.3.3 常见树脂基复合材料的性能及应用

(1)玻璃钢

玻璃钢是一种新型复合材料,它在材料科学大家庭中独树一帜。其实,玻璃钢既非玻璃,也非钢,其基体是一种高分子有机树脂,用玻璃纤维或其他玻璃纤维织物增强。因为具有玻璃般的透明性或半透明性和钢铁般的高强度而得名。它的科学名称是玻璃纤维增强塑料或玻璃纤维增强树脂基复合材料。

根据树脂的性质,玻璃钢可分为热塑性玻璃钢和热固性玻璃钢。目前广泛应用的是热固性玻璃钢,主要有聚酯玻璃钢、环氧玻璃钢、酚醛玻璃钢。热塑性玻璃钢目前也呈现不断增长的趋势,主要以聚乙烯、聚丙烯、聚酰胺(尼龙)、聚四氟乙烯等的热塑性玻璃钢的发展较为迅速。

玻璃钢作为一种新型复合材料,它有许多独特的优点。玻璃钢的密度小,只有普通钢材的1/4～1/16,比金属铝还轻,因此它有比高级合金钢还高的比强度,机械强度为钢的3～4倍;玻璃钢具有良好的耐酸碱腐蚀特性,在酸、碱、有机溶剂、海水中均很稳定,都优于不锈钢;玻璃钢具有良好的电绝缘性,电阻率一般为$10^{11}\ \Omega\cdot cm$,有的甚至可达$10^{18}\ \Omega\cdot cm$,介电强度达20 kV/mm,因此可作为耐高压的电器零件;玻璃钢具有瞬间耐高温特性以及保温、隔热、隔音、减振等性能;玻璃钢不具有磁性,因此不反射无线电波、微波透过性好,可用来做扫雷艇和雷达罩。然而,玻璃钢也有缺点,首先是刚性差,它的弯曲弹性模量仅为0.2×10^{3} GPa,而钢材为2×10^{4} GPa,但比木材大两倍;其次耐热性虽然比塑料高,但低于金属和陶瓷,连续使用温度一般都在350 ℃以下;还有导热性很差,摩擦产生的热量不易导出,从而导致复合材料的升温,甚至破坏。此外,它也因日光照射、氧化作用、有机溶剂的作用而产生老化现象,但比塑料慢些。

各种热固性玻璃钢与金属性能的比较见表13.1。

酚醛玻璃钢是各种热固性玻璃钢中耐热性最好的一种,可在200 ℃下长期使用,甚至可在1 000 ℃以上短期使用。它是一种耐烧蚀材料,可做宇宙飞船的外壳,可做耐电弧的绝缘材料,且价格便宜。不足之处是脆性较大,机械强度不如环氧树脂,尺寸不稳定,收缩率大,酚醛树脂对人皮肤有刺激作用,会使手、脸肿胀。

由于玻璃钢具有上述许多优异特性,因而它诞生半个多世纪以来,各种新产品日新月异,在各个领域中的应用与日俱增。玻璃钢比强度高,自然在航空工业领域备受青睐。自从1944

年第一架以玻璃钢作为主要结构材料的飞机经受了严格的飞行考验之后，玻璃钢在航空工业中的地位日益巩固。从机身、机翼到机尾、门窗等越来越多的金属飞机部件被玻璃钢材料取代。20 世纪 50 年代后期，美国中程潜地导弹“北极星 A-2”第二级固体火箭发动机壳体上采用了玻璃纤维增强环氧树脂的缠绕制件，较钢质壳体轻 27%；后来采用高性能的玻璃纤维代替普通玻璃纤维造“北极星 A-3”，使壳体重量较钢制壳体轻 50%，从而使“北极星 A-3”导弹的射程由 2 700 km 增加到 4 500 km。目前，许多轻型飞机的主要部件换成了玻璃钢制品，就连波音 747 喷气式客机上，也有一万多个用玻璃钢制作的部件。第一艘载人的玻璃钢船是 1947 年下水的，当时它只有 8.5 m 长。现在世界上越来越多的帆船、游艇、交通艇、救生艇、渔轮及扫雷艇等都改用玻璃钢制造，即使在航空母舰、巡洋舰、万吨巨轮等大轮船上，玻璃钢零部件也随处可见。玻璃钢在向海洋、天空进军的同时，也向陆地交通发起了挑战，各种玻璃钢汽车部件应运而生。意大利、法国等许多著名汽车公司制造的玻璃钢壳体汽车已达数百万辆。玻璃钢由于具有优良的抗腐蚀特性，因而在化学工业中大显神威，节省了大量金属，如用来制造反应罐、贮罐、搅拌器、管道等。玻璃钢在建筑业的作用越来越大，许多新建的体育馆、展览馆、商厦的巨大屋顶都是由玻璃钢制成的。它不仅质轻、强度大，还能透过阳光。20 世纪 80 年代，我国在北京郊区密云县建成了一座玻璃钢公路桥，这座桥净跨径 20.24 m，全宽 9.6 m，可通行两行 20 t 载重汽车车队。它的上部结构总共用玻璃钢材料约 22 t，再加上辅助材料，不过才 30 t，在当时真可谓世界上最轻的桥梁了！总之，玻璃钢在许多领域都显示了它强大的生命力。

表 13.1　各种热固性玻璃钢与金属性能的比较

性能 \ 材料名称	环氧玻璃钢	酚醛玻璃钢	钢	铝	高级合金
密度/(g/cm^3)	1.8～2.0	1.6～1.85	7.8	2.7	8.0
拉伸强度 /MPa	70.3～298.5	70～280	700～840	70～250	12.8
压缩强度 /MPa	180～300	100～270	350～420	30～100	—
弯曲强度 /MPa	70.3～470	1 100	420～460	70～110	—
吸水率/%	0.05～0.2	1.5～5	—	—	—
热导率 /[J/(m · hK)]	630～1 507	—	155～748	726～828	—
热线膨胀系数 /($\times 10^{-6}$/K)	1.1～3.5	0.35～1.07	0.012	0.023	—
比强度 /MPa	2 800	1 150	500	—	1 600

(2) **别具特色的碳纤维增强树脂基复合材料**

向宇宙空间发射物体需要极大的推动力，重量的减轻将会带来极大的效益，如航天飞行器的重量每减少 1 kg，就可使运载火箭减轻 500 kg，甚至收音机重量的减轻也可以节省油耗，提高航速。此外宇宙空间温度变化剧烈，要求材料耐热、耐低温及尺寸稳定。由于碳纤维具有高比强度、高比模量、低热膨胀系数和高导热性等独特性能，因此碳纤维增强树脂基复合材料是比较理想的航空航天材料。有一种垂直起落战斗机，它所用的碳纤维复合材料已占全机总重的 1/4，占机翼重量的 1/3。据报道，美国航天飞机上 3 只火箭推进器的关键部件以及先进的 MX 导弹发射管等，都是用先进的碳纤维复合材料制成的。由于主要考虑材料的性能，因此，即使最初碳纤维每公斤的价格近千美元,但仍被作为不可缺少的材料进行研究开发。

碳纤维增强环氧树脂复合材料的比强度、比模量综合指标,在现有结构材料中是最高的,比强度比钢高5倍,比铝合金高4倍,比钛合金高3.5倍,比模量是钢、铝、钛的4倍;它具有突出的冲击强度(在十步远处用手枪射向一块厚度不到1 cm的碳纤维增强环氧塑料板,竟不会射穿)、很大的耐疲劳强度、很小的摩擦系数(这方面性能超过钢材)、很好的耐热性(在12 000 ℃的高温下经受10 s,形状不变,而陶瓷在这种温度下,根本无法存在),而且密度小、结构尺寸稳定、耐低温,可同时作为结构材料和功能材料发挥作用,因而已经成为空间制品的首选材料。早在20世纪70年代,美国就用碳纤维/环氧树脂复合材料制造了固体火箭发动机壳体,取得了令人满意的成果。近年来,它已用来做航天飞机的舱门、机械臂和压力容器等,它还用于汽车工业,用它制造的长途客车车身,比玻璃钢车身轻1/4,比钢车身轻3~4倍。但碳纤维/环氧树脂复合材料的不足之处是碳纤维与环氧树脂粘结性差,各向异性,且价格昂贵。

(3)神奇的"凯夫拉"材料

在20世纪60年代,美国杜邦公司研制出一种新型复合材料——"凯夫拉"材料。这是一种芳纶复合材料。由于这种新型材料密度低、强度高、韧性好、耐高温、易于加工和成型而受到人们的重视。"凯夫拉"材料具有坚韧耐磨、刚柔相济、刀枪不入的特殊本领,因此在军事上被称之为"装甲卫士"。大家知道,坦克、装甲车由于具有坚硬的装甲已逐渐成为现代陆军的主要装备之一,在战争中有消灭敌人保护自己的作用。但随后出现的反坦克炮、反坦克导弹,又促使人们改进坦克、装甲车的装甲性能。改进的方法通常是增加金属装甲的厚度,但这样势必影响它的灵活机动性能。"凯夫拉"材料的出现使这个问题迎刃而解,坦克、装甲车的防护性能提高到了一个崭新的阶段。与玻璃钢相比,在相同的防护情况下,用"凯夫拉"材料时重量可以减少一半,并且"凯夫拉"层压薄板的韧性是钢的3倍,经得起反复撞击。"凯夫拉"薄板与钢装甲结合使用更是威力无比。如果采用"钢-芳纶-钢"型复合装甲,能防穿甲厚度为700 mm的反坦克导弹,还可防中子弹。目前,"凯夫拉"层压薄板与钢、铝板的复合装甲,不仅已广泛应用于坦克、装甲车,而且用于核动力航空母舰及导弹驱逐舰,使上述兵器的防护性能及机动性能均大为改观。"凯夫拉"与碳化硼等陶瓷纤维的复合材料是制造直升飞机驾驶舱和驾驶座的理想材料。据试验,它抵御穿甲子弹的能力比玻璃钢和钢装甲好得多。为了提高战场人员的生存能力,人们对防弹衣的研制越来越重视,"凯夫拉"材料还是制造避弹衣的理想材料。据报道,用"凯夫拉"材料代替玻璃纤维/尼龙复合材料,在同样情况下,其防护能力至少可增加一倍,并且有很好的柔韧性,穿着舒适。用这种材料制作的防弹衣只有2~3 kg重,穿着行动方便,所以已被许多国家的警察和士兵采用。

(4)硼纤维增强环氧树脂基复合材料

硼纤维增强环氧树脂复合材料的突出优点是刚度好,强度和模量均高于碳纤维增强环氧树脂复合材料,是高强度、高模量纤维增强塑料中最好的。20世纪60年代,美国在F-4、F-111等军用飞机上采用了硼纤维增强环氧树脂作方向舵、机翼后缘、舵门等。

13.4 金属基复合材料

金属基复合材料(Metal Matrix Composite),简称MMC,是以金属或合金为基体与各种增强材料复合而得的材料。它的性能优于金属材料和树脂基复合材料,它既具有金属的性能,也具有树脂基复合材料无法达到的高使用温度、高剪切强度、阻燃、不老化、不吸湿、耐磨损、导热、导电、抗辐射等金属特性,是外层空间结构及一些工业领域中有广泛应用前景的材料,因而继树脂基复合材料之后,成为了材料工作者的研究热点。

金属基复合材料起步于20世纪60年代初期,当时由于只有硼等品种极少的高性能纤维,因此仅发展了硼纤维增强铝、钛复合材料等少量品种。它的代表性的应用就是用硼纤维/铝复合材料制造了哥伦比亚号航天飞机构件,包括主骨架、肋条、桁架支柱、制动器支撑架等构件共243件,总重150 kg,比原来的铝合金构件减轻44%,从而奠定了其开发应用的基础。但由于硼纤维非常昂贵,且连续纤维增强金属基复合材料的制造费用也很高,致使硼纤维/铝复合材料的价格为热轧钢材的1 860倍,这就使得开发廉价的纤维和寻求廉价的金属基复合材料成为重点。实践证明,用晶须、短纤维或颗粒增强的金属基复合材料,尽管增强效果不如连续纤维明显,但由于沿用了金属材料的加工成型方法,后续加工费用低,又能使金属材料的性能有较大的提高,因而曾得到较大的发展。20世纪80年代,由于新型高性能增强纤维如CVD法SiC纤维、纺丝SiC纤维和表面有TiB,TiC,SiC等涂层的碳纤维的出现,并发展了以合金为基体的成型工艺,从而进一步推动了金属基复合材料的发展。目前,除应用广泛的铝基、镁基复合材料外,还开发了以轻金属钛为基体和以耐热金属铜、镍、钢、铁、锌、铅等为基体的金属基复合材料。

13.4.1 金属基复合材料的成型工艺

金属基复合材料成型工艺的特点是一般先做成预制件,再复合成型。预制件包括粉末布、等离子喷涂无纺布、增强丝、基体-增强丝混合编织带等。成型工艺有粉末冶金法、固态热压法、爆炸焊接法、真空压力浸渍法、挤压铸造法、液态金属搅拌铸造法、液态金属浸渍法、共喷沉积法、定向凝固法和反应自生成法等。

粉末冶金法就是将金属粉末与增强体混匀,再经冷压预成形、热压烧结致密化制得制品。此法主要用于颗粒、短切纤维或晶须增强金属基复合材料。

固态热压法是先将增强体与金属基体制成复合材料预制件,再将预制件与铝箔交替铺设到一定厚度,封装在不锈钢模具内,最后经加热抽真空排粘结剂和高温固态加压成形。此法适用于较粗纤维增强金属基复合材料。

爆炸焊接法是利用炸药爆炸瞬间产生的强大压力,使材料发生塑性变形,在基体中和基体与纤维的接触处产生焊接而形成复合材料。

挤压铸造法是通过施加外压使液态金属渗入增强材料的预制件的缝隙中制备金属基复合材料。此法制得的制品无气孔、缩孔、疏松等铸造缺陷,工艺易于控制,适用于各种增强体增强的金属基复合材料,适于形状复杂零件的制造,且接近净成型,是液态法中最重要的一种方法。

真空压力浸渍法与挤压铸造法相似,它的主要特点就是:压入液态金属是在真空和高压惰性气体的共同作用下进行的。

液态金属搅拌铸造法是将颗粒直接加入金属熔体中,搅拌使颗粒均匀分散,再浇铸成铸件。

液态金属浸渍法是用液态金属连续浸渍长纤维得到预复合带或丝,再经缠绕或铺设成型。

共喷沉积法是将液态金属通过特殊的喷嘴在惰性气体气流的作用下喷化成细小的液态金

属流，同时加入增强颗粒，共同喷向成形模具的衬底上，凝固形成金属基复合材料制件。

定向凝固法是把某种共晶成分的合金原料在真空或惰性气氛下，通过感应加热熔化后，控制冷却方向，进行定向凝固，得到的成品中连续相为基体，条状或片状分散相为增强体。此法制得的制品具有优异的高温力学性能。

反应自生成法，也称自蔓延高温合成法，是将能通过反应生成增强体的两种或多种组分的粉末与基体金属粉末均匀混合，再加热到反应温度使之发生化学反应，生成均匀分布的弥散颗粒，制得金属基复合材料。

13.4.2 铝基复合材料

铝基复合材料具有高比刚度、高比强度、优良的高温性能、较低的热膨胀系数，尺寸稳定以及优良的耐磨性、易加工性和性能可设计性等优点，因而在航天、航空、汽车、先进武器的结构件中得到广泛应用，也在电子、包装、光学等工业领域得到一定的应用。铝基复合材料一般在低于450 ℃的条件下使用，是应用最广泛的一类金属基复合材料。

(1)连续纤维增强铝基复合材料

连续纤维增强铝基复合材料的增强效果最好，但制造较困难。常用的增强纤维有B纤维、SiC纤维、C纤维和Al_2O_3纤维。

B纤维/Al复合材料是实际应用最早的MMC。但由于价格昂贵，目前应用很少。

SiC纤维/Al复合材料是铝基复合材料的主要品种。在英国，已尝试将SiC纤维/Al复合材料用于导弹的导向板和部分筒身，比原来的Al或Fe制部件减轻40% ~60%，并提高使用温度。在日本，东京电力、中部电力公司研制的输电线用SiC纤维/Al复合材料作为高强大容量复合电线极具应用前景，以期用于岛屿间的大跨度输电电缆。SiC纤维/Al复合材料主要用来制造导弹平衡翼和制导元件，飞机的机身地板和发动机部件，新型战斗机的尾翼平衡器和蒙皮，战术坦克反射镜部件，轻型坦克履带，汽车的活塞、连杆、气缸等零件，以及光敏感光学系统的反射镜基板，超轻高性能太空望远镜的管，微波电话插件等。

C纤维/Al复合材料被认为是最有前途的金属基复合材料。由于C纤维与Al反应较强，为防止纤维劣化，常用的是表面有涂层的C纤维。C纤维/Al复合材料在具有高比强度的同时，还有接近于零的热膨胀系数和良好的尺寸稳定性，目前，已成功地用于制作人造卫星支架、L频带平面天线、人造卫星抛物面天线、空间望远镜等。

Al_2O_3纤维/Al复合材料也已用于航天、航空、先进武器系统和汽车工业。1990年，日本Honda汽车公司曾研制出Al_2O_3与C两种纤维共同强化的铝基复合材料汽缸套，其中氧化铝纤维用于强化汽缸套的耐磨性，而碳纤维用于加强其自润滑性。铝基复合材料汽缸套代替原有的铸铁汽缸套后，其冷却效果获得了提升，同时缩小了整个引擎的尺寸，使整体重量减轻了4.5 kg。

(2)短切纤维、晶须、颗粒增强铝基复合材料

与连续纤维增强铝基复合材料相比，这三类复合材料价格低、可重熔铸造和压力加工，而且高温下的疲劳强度稳定性和阻尼抗振性好，因此不仅在航空航天领域得到广泛应用，而且在民用工业也有很好的应用前景。

目前，在不断发展和完善的颗粒增强金属基复合材料中，以SiC颗粒/Al复合材料发展最快。它的比重只有钢的1/3，钛合金的2/3，与铝合金相近；强度比中碳钢高，与钛合金相近而又比铝合金略高;耐磨性也比钛合金、铝合金好。美国已经把用这类复合材料制造的高性能反光镜用于红外探测系统、航天激光系统以及超轻量太空望远镜。例如,红外线影像搜索系统中所用的平衡仪就是以40% SiC颗粒强化的6061铝合金复合材料制成的,这种复合材料的应用使平衡仪减重62%,且尺寸稳定,它还可通过改变SiC颗粒在基体中的比例来调整其本身的热膨胀系数,使之与反光镀层的热膨胀系数相同,这有助于提高跟踪和命中率。目前,这种复合材料还小批量用于汽车工业和机械工业,如用来制造汽车活塞、制动机部件、凸轮轴连杆、气缸套、刹车盘、变速箱等汽车零部件,以及机器人部件,计算机部件,运动器材等。

Al_2O_3颗粒/Al复合材料已成功地制成镶圈,用于活塞环槽及顶部,以代替现用含镍奥氏体铸铁镶圈,不仅耐磨性相当,而且还可以减轻重量,简化工艺和降低成本。另外,住友电器公司开发的Al_2O_3颗粒/Al复合材料用于制造摩托车发动机的连杆,其制造成本低,耐热性、耐磨性和加工性良好。Al_2O_3颗粒-SiO_2颗粒/Al复合材料可用于制造内燃机活塞。

在汽车工业,这三类铝基复合材料除了低密度、高强度、高刚度和耐磨损外,还能降低振动、减少油耗成本以及延长零件寿命。汽车上的传动轴转速太快,会有动能不稳定的现象,这与材料的比刚度有极大的关系。由于铝基复合材料的比刚度相对于钢或铝高出很多,因此动能不稳定现象很弱,不需加大直径就可增加传动轴的长度。铝基复合材料制造的蝶刹车盘减重50% ~60%,因此其惯性力减半,得以提高加速性和减小刹车距离,另外,蝶刹车盘的噪音更低,磨耗量更小及摩擦面更均匀。在电子设备中,铝基复合材料取代传统电子封装材料——可伐合金和因瓦合金,保护在高空或深海高压下的电子元件和电子线路,克服了传统合金热传导性差、密度大等缺点,这种电子封装壳体在一种先进的雷达系统中需要2 500个。颗粒增强铝基复合材料在其他方面也有许多潜在的市场,主要有假肢、高尔夫球头、自行车键盘、汽车控制柄、机械泵工作室、大型耐磨环等。

13.4.3 镁基复合材料

镁基复合材料是同类复合材料中比强度和比模量最高的一种,同时尺寸稳定、耐腐蚀、阻尼性好,是一种新型的轻质高强的结构材料,具有良好的应用前景。但由于价格昂贵,目前主要应用于航天航空工业。

C纤维/Mg复合材料在金属基复合材料中具有最高的比强度和比模量、最好的抗热变阻力,是理想的航天结构材料。它能使由环境引起的结构热变形限制在容许的公差范围内,使天线在高频率上工作,大大提高了工作效率,工作范围几乎是C纤维/环氧和C纤维/铝复合材料的5倍,已被用于制造卫星的抛物面天线和其支架。具有零膨胀系数的C纤维/Mg复合材料还可用于航天飞机大面积蜂窝结构蒙皮材料、空间动力回收系统的构件、民用飞机的转子发动机的机箱等。

少量SiC或Al_2O_3颗粒的加入,对镁合金的力学性能无多大影响,但可明显提高其耐磨性,还可使其具有良好的耐油性,因此可用于制造油泵的泵壳体、止推板、安全阀等零部件。SiC晶须/Mg复合材料还可用于制造齿轮。

13.4.4 钛基复合材料

钛基复合材料的高温性质佳,但钛的活性大,需考虑钛与增强体间的反应,且价格昂贵,因此目前应用仅限于航空航天领域。

B纤维/钛合金复合材料是最初应用的金属基复合材料，由于使用温度超过树脂基体的温度极限，同时在一般的结构材料中钛合金的比强度最高，因此引起大家的兴趣。但由于Ti与B发生严重的反应，使得在这方面的早期研究没能成功。但随着相容性问题的解决，钛基复合材料又逐渐受到重视。目前，B纤维/Ti复合材料常用于制作航空发动机的叶片和工作温度在550～650 ℃的耐热零件。

用粉末涂覆纤维法将Ti粉附着在SiC纤维上，经过层压来制备SiC纤维/Ti复合材料，此复合材料的室温强度高达2 GPa，即使在1 000 K的高温下也仍高达900 MPa，即具有良好的耐高温和抗氧化性能，是高推重比发动机的理想结构材料，目前已进入先进发动机的试车阶段。SiC纤维/Ti复合材料还被成功地应用到高温承压部件上。

尽管钛基复合材料具有高的抗腐蚀性和抗损伤性，较小的残余应力以及强度和模量的各向异性较小等特性，但由于其制造困难，且成本高，因此，应用受到很大的限制。目前，钛基复合材料可用于制造大口径尾翼稳定脱壳穿甲弹弹托，反直升机/反坦克多用途导弹固体发动机壳体等零部件，以此来减轻战斗部件重量，提高作战能力。还可用于制造发动机的驱动轴等。

13.4.5 铜基复合材料

铜基复合材料是电、热的良导体，高温下具有较好的剪切强度，稳定性佳。常用的增强体是石墨纤维、SiC晶须和Al_2O_3晶须。

由于石墨纤维与Cu不发生化学反应，因此石墨纤维表面不需要专门涂覆一层保护性涂层，这样制造成本就较低。石墨纤维/Cu复合材料具有良好的导电性和导热性，因而适于制造轻质高弹高强的电器材料。用它制造的镶块电刷和整体电刷与传统的用粉末冶金法制造的石墨颗粒/Cu电刷相比，具有强度高、磨损小、可通过电流密度大、允许线速度高、无火花区扩大等特点，是一种很好的电刷和触电材料。石墨纤维有自润滑性，因此石墨纤维/Cu复合材料还是一种理想的耐磨材料。另外，石墨纤维/Cu复合材料的强度和弹性模量远高于铜，但又保持了铜的优异的导电和导热性能，并且可以通过调节石墨纤维的含量及排布方向使其热膨胀系数等于或非常接近任何一种半导体材料，因此可用作大规模集成电路的底板和半导体装置的支持电极，可防止底板的翘曲和半导体基片上微裂纹的产生。

用化学气相沉积法制造的SCS碳化硅纤维增强的铜基复合材料的力学性能优异，可以制造火箭的高温零部件及船舶的螺旋桨。

SiC晶须/Cu复合材料和Al_2O_3晶须/Cu复合材料不仅具有较高的强度，而且是很好的耐磨材料，因此也是很有前途的铜基复合材料。

13.4.6 镍基复合材料

镍基复合材料是耐高温金属基复合材料的代表。近年来，对金属基复合材料的研究大多是围绕铝基复合材料进行的，但由于铝基复合材料的使用温度较低，因此不适宜用于像燃气轮机零件等这类使用温度很高的零件，这样就必须开发更加耐热的镍、钴、铁基复合材料。目前，常用的是单晶氧化铝晶须增强的镍基复合材料，它的突出优点是：高弹性模量、低密度、纤维形态的高强度、高熔点、良好的高温强度和抗氧化性。镍还可用钨丝、钍钨丝来增强，增强后其高温持久性能和高温蠕变性能大幅度提高，这类复合材料主要用于制造高性能航空发动机叶片和涡轮叶片等重要零件。

13.5　陶瓷基复合材料

13.5.1　概述

陶瓷基复合材料(Ceramic Matrix Composite),简称CMC,是以陶瓷为基体与各种纤维、晶须、颗粒复合的一类复合材料,是近年来兴起的一项热门技术,时间不长但发展迅速。陶瓷材料本身强度高、耐高温、抗氧化,有很好的耐磨性和耐腐蚀性,热膨胀系数小,这些优异的性能是一般金属材料、高分子材料和它们的复合材料所不具备的。但由于其致命的弱点——脆性,限制了它的应用,如能很好的解决这一问题,它将是极为理想的高温结构材料,因而被称为"材料的梦想"。

陶瓷基复合材料技术的发展依赖于基体材料、高性能陶瓷纤维和成型技术的开发。不是所有的陶瓷都可作为基体材料,目前典型的、使用较多的是SiC,Si_3N_4,Al_2O_3和ZrO_2陶瓷。陶瓷基复合材料所用的纤维必须具有抗氧化、耐高温,与基体有物理和化学的相容性。目前可作为陶瓷基复合材料增强用的纤维有SiC系列纤维、Si_3N_4系列纤维、Al_2O_3系列纤维和经过特殊处理的有抗氧化性能的碳纤维。

陶瓷基复合材料的应用领域主要是高温结构。对于航空发动机这种热结构,如能将燃烧室的进口温度提高到1 650 ℃,则其热效率可由目前的30%提高到60%以上,目前只有CMC可在这个高温下长期工作,因此陶瓷基复合材料是航空涡轮发动机的热端部件,如涡轮叶片、涡轮盘、燃烧室,大功率内燃机增压涡轮,固体火箭发动机的喷管、衬环等热结构的理想材料。

陶瓷基复合材料的开发一直吸引着技术发达的国家投入巨资进行研究。目前,美国和西欧各国侧重于航空和军事应用,日本则力求用在工业上。据报道,杜邦等一批大公司研制的SiC纤维的三维编织物增强SiC复合材料,美国宇航局研制的陶瓷燃气轮发动机的转子、叶片、燃烧室的涡形管等零件,法国SEP公司用陶瓷基复合材料制成的SCD-SEP火箭发动机都已成功应用。

13.5.2　陶瓷基复合材料的制备工艺

陶瓷基复合材料的制备相当困难,成本很高。目前主要的成型方法有热压烧结法和反应烧结法(也是陶瓷常用的成型方法)。热压烧结法是最普遍、也是最昂贵的用于陶瓷基复合材料的固结技术之一。对于氧化物基体陶瓷还可用直接熔融氧化法,也就是将作为增强体的纤维织构物放在熔融的金属上面,金属熔液在浸渗到纤维织构物孔隙内的同时受氧化变成陶瓷,用这种方法制备的氧化铝陶瓷基复合材料,已用作坦克防护装甲材料。近年来,法国SEP公司和美国橡树岭国家实验室开发出一种新的生产工艺——化学气相渗透法,就是通过能生成陶瓷成分的气体在增强体坯件的孔隙内发生化学反应和沉积反应得到陶瓷基复合材料,这种工艺成型温度低,不损伤纤维,可适于制备较薄的、任意形状的预制件,但致密化速度低,因此不适于生产过厚的制件。据报道,SCD-SEP火箭发动机喷管就是用此方法成型的。还有一种类似于纤维增强树脂基复合材料的工艺成型方法称为有机先驱体热解法,它是将增强体先浸渍熔融的有机聚合物先驱体或其溶液,然后在一定条件下将聚合物裂解,转化成陶瓷。SiC,

Si_3N_4及 Al_2O_3陶瓷基复合材料就是用这种方法制备的。此法成型温度低,设备简单,因此是一种极有发展前途的陶瓷基复合材料制备技术。

13.5.3 连续纤维增强陶瓷基复合材料

连续纤维增强陶瓷基复合材料是最重要的一类陶瓷基复合材料。20 世纪 70 年代末,开始研究用 SiC,Si_3N_4,Al_2O_3等高性能纤维和晶须增强陶瓷,并在航空航天领域的应用中取得进展和较大的成功。连续纤维增强陶瓷基复合材料由于高强度、高模量纤维能承担相当部分的外载荷,同时保持了基体材料耐高温、低膨胀、热稳定性好、强度高的优点,并且当材料在受载发生裂纹扩展时,高模量、高强度纤维能通过吸收应变能,防止材料发生突发性破坏,因此备受青睐。纤维增强陶瓷基复合材料目前主要有五大系列,即 C/SiC,SiC/SiC,Al_2O_3/ZrO_2,Si_3N_4/Si_3N_4及 SiC/Si_3N_4。连续碳纤维增强 SiC 复合材料是一种新型战略性热结构材料,它比铝还轻,比钢还强,比碳化硅陶瓷更耐高温、抗氧化烧蚀,而且克服了陶瓷的脆性,类似金属不会发生突发灾难性破坏。这种材料制造的航空发动机比原来金属材料的减轻了 40%,解决了目前航空航天器燃料 20% ~30% 浪费的问题,使我国洲际导弹大幅度提高射程并满足其向高速度、高精度、高搭载和长寿命发展的需求。目前,已经开始应用于我国的航天发动机上,不久将会有更快、更耐高温、寿命更长、推力更大的新型航天航空发动机,大量应用于飞机、巡航导弹、对空导弹和洲际导弹等军事领域。碳化硅陶瓷用碳化硅纤维增强后,韧性得到明显改善。用 Nicalon 碳化硅纤维单向增强碳化硅基体的复合材料,强度达 1 000 MPa,断裂韧性高达 10 ~ 30 $MPa \cdot m^{1/2}$,且在 1 500 ℃时尚有一定强度,可作为高温热交换器、燃气轮机的燃烧室材料和航天器的防热材料等。法国已将长纤维增强碳化硅复合材料应用于制造超高速列车的制动件,而且取得了传统的制动件所无法比拟的优异的耐摩擦磨损特性,取得了满意的应用效果。热机的循环压力和循环气体的温度越高,其热效率就越高,美国、德国、瑞典等发达国家正在研究开发涡轮发动机高温部件所用的陶瓷基复合材料,来代替原来的镍基合金或钴基合金,以提高汽轮机的进口温度,这种取代耐热合金的应用技术是难度最高的陶瓷应用技术。

13.5.4 晶须和颗粒增强陶瓷基复合材料

长纤维增强陶瓷基复合材料虽然性能优越,但它的制备工艺复杂,且纤维在基体中不易分布均匀,因此,近年来又发展了短纤维、晶须和颗粒增强陶瓷基复合材料。短纤维与晶须类似,这里仅讨论后两种情形。晶须增强陶瓷基复合材料具有适宜的断裂韧性、较高的强度和高耐热性。

由于晶须很小,看上去与粉末一样,因此只需将晶须分散后与基体粉末混合均匀,然后热压烧结,即可得到致密的晶须增强陶瓷基复合材料。目前常用的有 SiC 晶须、Si_3N_4晶须和 Al_2O_3晶须,常用的基体为 Al_2O_3,ZrO_2,SiO_2,Si_3N_4及莫来石等。由于晶须具有长径比,因此当含量较高时,其桥架效应使材料致密化变得困难。为了克服这一弱点,可采用颗粒来代替晶须制成复合材料,这种复合材料的制备较容易,但增强效果较差。当所用颗粒包括 SiC,TiC 时,基体材料采用最多的是 Al_2O_3,Si_3N_4。

(1)颗粒和晶须强化氧化铝基复合材料

TiC 颗粒/Al_2O_3复合材料是使氧化铝陶瓷基材料性能提高的典型材料,最早是于 1979 年由美国 IBM 公司开发,并用于大容量磁盘 3370 薄膜磁头的基板,目前,用这种复合材料制造的切削工具已占据了切削工具的主流。1977年，Claussen等人利用ZrO_2的相变使Al_2O_3陶瓷得到了强韧化。ZrO_2颗粒/Al_2O_3复合材料作为强韧材料，其摩擦性能很优越，在机械方面得到很好的应用，也可作为切削工具材料使用，此应用在切削碳钢的实践中得到证实。SiC颗粒增韧的Al_2O_3陶瓷基复合材料也已用于制造切削刀具。常用的钴硬质合金刀具由于钴在1 350 ℃时发生熔化，甚至在切削表面温度达到约1 000 ℃就开始软化，因此，这种刀具的切削速度受到限制，而我国研制的SiC颗粒/Al_2O_3复合材料刀具在切削镍合金时，不但使用寿命大大提高，而且进刀速度和切削速度也大大提高。TiO_2颗粒/Al_2O_3复合材料也可用于加工刀具。总体来说，在Al_2O_3中添加Ti等过渡金属的碳化物和氮化物以及ZrO_2等氧化物颗粒而得到的强韧化复合材料，在许多领域都得到了应用。

晶须强化是陶瓷增韧的有效手段之一。美国橡树岭研究所率先研制成功SiC晶须/Al_2O_3复合材料，这种复合材料具有很高的硬度、强度、断裂韧性，而且传导性好，因此可应用在高温领域，但现在还受制作成本等方面的限制，主要应用领域为小型、形状较简单的切削工具，例如木工钻头、卷线导轨等。

(2)颗粒和晶须强化氧化锆陶瓷基复合材料

ZrO_2陶瓷基复合材料多以TZP(四方稳定氧化锆)或PSZ(部分稳定氧化锆)为基体。实践表明：在PSZ中引入Al_2O_3，SiO_2，TiO_2，SiC颗粒以及它们的晶须和在TZP中引入Al_2O_3、莫来石、SiC颗粒以及它们的晶须后，这些材料的室温和高温强度都得到了提高，例如在Y-TZP(即以Y_2O_3为稳定剂的TZP)中加入10%～40%的Al_2O_3，其高温强度提高了2～4倍，同时还可抑制TZP的低温老化。ZrO_2陶瓷基复合材料具有高强高韧的特性，其韧性是目前陶瓷材料中最高的一类，而且耐磨、耐蚀、耐高温并且在高温下可导电，因而在许多领域都具有良好的应用前景。在食品工业中，ZrO_2陶瓷基复合材料可用于制造罐头盒接封滚子、罐头盒穿孔器、柱塞、耐磨密封垫、真空轴套、单向阀门等；在纺织工业中，TZP陶瓷基复合材料可用于制造导丝器，主要是由于TZP在高温下具有导电性，因而可消除丝线与导丝器之间的静电，而且复合材料烧成后很光滑不需表面加工，且耐高温；在陶瓷工业中，ZrO_2陶瓷基复合材料主要用于制作分散体、研磨介质、窑具、粉磨机用的偏心轮盘等，还可用于电绝缘耐热陶瓷基片；在冶金工业中，Al_2O_3增强的TZP和PSZ可制备耐1 600 ℃的高温泡沫陶瓷过滤器，是目前使用温度最高的一类过滤金属熔体的材料。ZrO_2陶瓷基复合材料还可用于挤压模具、内燃机部件、水泵的隔离垫圈(由于低温下ZrO_2是绝缘体，能防止涡流损失，省去冷却装置、提高机械效率以及节省电能)。

(3)颗粒和晶须强化氮化硅陶瓷基复合材料

Si_3N_4晶须强化Si_3N_4复合材料一般由热压法制得。这种材料具有优异的耐热性、耐热冲击性、韧性和耐磨性，因此是制造切削工具的良好材料，也可用于制作汽车转缸式发动机中的密封件，但由于制品形状较简单且成本较高，因此它的应用还很有限。氮化硅陶瓷用SiC晶须增强后，断裂韧性可达9.0～12.0 $MPa \cdot m^{1/2}$，可用于制作使用温度在1 350 ℃左右的喷气涡轮发动机转子和定子叶片、重油或原油火力发电的火焰喷嘴以及发动机部件、刀具、拉丝模具和轴承等。氮化硅陶瓷基复合材料还有望在宇宙、航空领域得到应用。

13.6 碳/碳复合材料

碳/碳复合材料是用碳纤维增强碳基的一种高技术新材料。自1958年问世以来一直受到尖端技术的高度重视，迄今为止仍是导弹端头结构和固体火箭发动机喷管的首选材料。碳/碳复合材料的比强度、比模量高，高温下仍具有高强度，有良好的耐烧蚀性能、耐腐蚀性能、耐急冷急热的性能、耐摩擦性能和抗热振性，且传热导电、自润滑、轻巧、本身无毒，因而受到航空航天技术的关注，它不仅是一种极好的耐烧蚀防热材料，也是最有前途的高温热结构材料。碳/碳复合材料的发展经历了四个阶段，第一个阶段是20世纪60年代进行的化学气相沉积工艺和气相浸渗工艺的技术基础研究，第二阶段是20世纪70年代的应用开发研究，用作导弹端头帽和飞机刹车片，第三阶段是20世纪80年代的热结构应用开发，用作航天飞机抗氧化鼻锥帽、机翼前缘构件，第三阶段是20世纪90年代以后的降低成本、新工艺开发和民用应用研究。目前，碳/碳复合材料的研究应用仅次于树脂基复合材料，先于金属基和陶瓷基复合材料已走上工程应用。由于美、法、英等发达国家要研制超音速飞机和发展航空航天工业以及核工业，这就需要耐高温、轻巧的装置，因此他们多年来一直致力于碳/碳复合材料的开发，相继开发了三维编织、抗氧化、混杂和多功能等多种碳/碳复合材料，材料从单一的抗烧蚀发展到抗烧蚀、抗浸沏、外形稳定的多功能材料，并大力向民用开发。

13.6.1 碳/碳复合材料的制备工艺

制备碳/碳复合材料的方法一般有两种，一种是先让碳纤维或石墨纤维形成某种坯件，再用一种可以碳化的树脂浸透这种坯件，随后树脂即被碳化或石墨化，通过周而复始的多次浸渍的碳化处理，就可得到既坚固又轻巧的碳/碳复合材料产品。另一种方法是用高温分解的碳或石墨的化学气相沉积法，经多次沉积，便可使坯件密实起来，以此制得碳/碳复合材料制品。这两种方法中所用坯件的形状与产品形状相近，坯件可通过纤维（或布带）缠绕、短切纤维模压或喷射成型、布叠层、碳毡、布叠层（或碳毡）加垂直平面的纤维束穿刺、纤维编织（机织或纤维束多向立体编织）等方法制成。这里所用的碳源物质，也就是树脂，有气态的、液态的和固态的，主要包括天然沥青、煤沥青、酚醛树脂、PAN、甲烷、乙烷、丁烷、乙烯、丙稀等。当碳源物质是气态时，采用化学气相沉积法（CVD法），也就是将坯件置于沉积炉中，再通以碳源气体，以混合氢和氩等惰性气体为载气，加热到1 000～1 100 ℃，碳源气体分解生成一些活性基团，在碳纤维上沉积碳。当碳源物质是液态时，通过压力使其渗入增强材料坯件的孔隙内，再加温，使碳源物质热解碳化。当碳源物质是固态时，主要指碳纤维/树脂基复合材料，其中树脂基体是经过固化的，再加温热解碳化。以上这几种形成碳基体的方法经常联合使用，重复多次进行，以达到要求的碳/碳复合材料的密实度。

碳/碳复合材料的制备流程见图13.2。

碳/碳复合材料最致命的弱点是抗氧化能力差，在400 ℃以上就会开始氧化，因此必须碳/碳复合材料制成之后对其进行抗氧化处理，也就是在碳/碳复合材料的表面和内部引入抗氧化物质和堵塞氧化性气体渗入内部的通道，以隔绝它们与碳元素的接触。内部抗氧化物的引入可以直接在基体中散布抗氧化颗粒，也可以加入反应物使在基体形成时同时产生抗氧化颗粒，或用形成抗氧化物的溶剂渗透复合材料。表面抗氧化保护涂层可以通过气相沉积的方法涂覆。

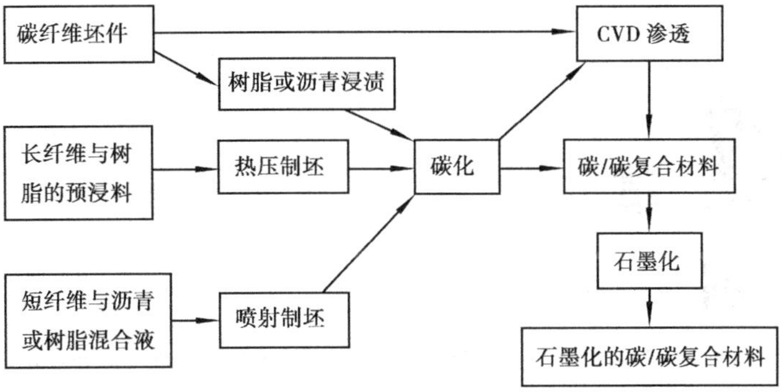

图 13.2 碳/碳复合材料的制备流程

13.6.2 碳/碳复合材料的应用

碳/碳复合材料主要用于制造洲际导弹的端头、火箭发动机喷管、高温热结构部件、飞机刹车盘、涡轮发动机叶片、内燃机活塞、赛车传动轴和离合器片等。例如,美国的 MK-12 导弹弹头采用的是细编穿刺碳/碳复合材料;MK-5 采用带 WC 芯的碳/碳复合材料;美国 MX 导弹和法国 M4 潜地导弹都采用了碳/碳复合材料喷管喉衬;美、法联合研制的火箭发动机喷管使用了超细编三维碳/碳复合材料。用于高温热结构的碳/碳复合材料要解决高温抗氧化的问题,20 世纪 70 年代中后期美国开展了这一研究,并在 1981 年成功地应用于航天飞机上,目前用涂覆有 SiC 涂层的碳纤维增强的抗氧化碳/碳复合材料的使用温度已达 1 650 ℃。1988 年,前苏联的航天飞机“暴风雪”号用于鼻锥帽和机翼前缘的抗氧化碳/碳复合材料承受了 1 600 ℃的高温。法国、美国和德国都正在准备将长期耐久使用的抗氧化碳/碳复合材料用于新一代高推重比发动机的关键部件。1971 年在英、法、意联合研制的协和号飞机上,首次用碳/碳复合材料制造的刹车片,以后相继有 Super10 飞机、BAe146 飞机、波音 757 飞机等也使用了此种刹车片,20 世纪 80 年代以后所有飞机都采用此种刹车片。通用电气公司用碳/碳复合材料制造出低压涡轮的叶片和盘整体部件,运转温度达 1 649 ℃,比一般涡轮高出 555 ℃,减重 30%,而且不用气冷。今后,碳/碳复合材料将被进一步开发,将在原子反应堆炉壁、电极以及能充分发挥其优良生物体亲和性的人造骨、牙根、骨关节等生物材料方面获得应用。

第14章 纳米材料

在20世纪60年代,著名的诺贝尔奖获得者费曼(Feyneman)曾预言:如果我们对物体微小规模上的排列作某种控制,我们就能使物体得到大量异常的特性,看到材料的性能产生丰富的变化。预言中指的材料即是现在的纳米材料。

纳米材料指的是晶粒尺寸为纳米级(10^{-9} m)的超细材料。它的尺寸大于原子簇,小于通常的晶粒,一般为1~100 nm。其结构包括体积分数近似相等的两部分:一是直径为几或几十纳米的粒子;二是粒子间的界面。纳米材料是人类为实现幻想,满足高新技术发展的需求,科学技术不断进步,认识逐渐深化,经过半个世纪努力发展起来的新材料,已成为世界各国研究和发展的热点和重点,正在形成新兴产业,带动高新技术的发展,产生巨大的经济效益和社会影响。

14.1 基本概念

14.1.1 纳米与纳米结构

纳米是一种长度单位,用符号nm表示。

$$1\ \text{nm} = 10^{-9}\ \text{m} = 10^{-3}\ \mu\text{m} = 10\ \text{Å}$$

我们知道,埃(Å)是表示原子半径的单位。一个氢原子的直径近似于1 Å。通常把Å称为原子尺寸,微米(μm)是表示宏观物体的最小尺寸。在纳米材料研究中,通常把0.1~100 nm的尺寸范围称为纳米尺度范围。实际上,纳米尺度范围就是几个原子至几千个原子之间的尺寸范围。

所谓纳米结构是以纳米尺度的物质单元为基础,按一定规律构筑或营造的一种新体系,它包括一维、二维、三维体系。这些物质单元包括纳米微粒、稳定的团簇或人造原子、纳米管、纳米棒、纳米丝以及纳米尺寸的孔洞。纳米结构既有纳米微粒的特性,如量子尺寸效应、小体积效应、表面效应等特点,又存在有纳米结构组合所引起的新的效应,如量子耦合效应、协同效应等;其次这种纳米结构体系很容易通过外场(电、磁、光)实现对其性能的控制。因此,纳米结构体系是一个科学内涵,是与纳米材料之间既有联系,又有一定差异的新范畴。它是当前纳米材料领域派生出来的一个重要的分支学科,由于该体系的奇特物理现象及与下一代量子结构器件的联系,因而成为人们十分感兴趣的研究热点。20 世纪 90 年代中期有关这方面的研究取得了重要的进展,其研究的势头也一直在持续。

14.1.2 纳米材料

纳米材料是指构成材料的组成物的空间尺寸至少有一维是处于纳米尺度范围的材料。纳米材料学就是研究纳米材料的成分、结构、聚集状态、性能特征、制造技术及实际应用技术的一门科学。纳米材料科学是由原子物理、凝聚态物理、胶体化学、固体化学、配位化学、化学反应动力学和表面、界面科学等多种学科交叉汇合而成的。纳米材料中涉及的许多未知过程和新奇现象,很难用传统物理、化学理论进行解释,从某种意义上来说,纳米材料研究的进展势必把物理、化学领域的许多学科推向一个新层次,也会给 21 世纪物理、化学研究带来新的机遇。

纳米材料按照材料在空间纳米尺寸的维数可分为:①零维纳米材料——空间三维尺寸均处于纳米尺度范围的材料,如纳米尺度颗粒、原子团簇等;②一维纳米材料——材料在空间有二维尺寸处于纳米尺度范围的材料,如纳米丝、纳米棒、纳米管等;③二维纳米材料——材料在空间有一维尺寸在纳米尺度范围的材料,如纳米超薄膜、纳米多层膜、纳米超晶格等。而由上述基本单元所构成的纳米材料则包括三个层次,分别是纳米微粒、纳米组装体系和纳米固体,其详细内容将在后面小节中给予介绍。

14.1.3 纳米科技

纳米科学技术(Nano-ST)是 20 世纪 80 年代末期刚刚诞生并正在崛起的新科技,它的基本涵义是在纳米尺寸($10^{-9} \sim 10^{-7}$ m)范围内认识和改造自然,通过直接操作和安排原子、分子创制新的物质。也可以说是研究尺寸在纳米尺度范围的物质的组成、运动规律、相互作用以及应用的一门科学技术。纳米科技是一项十分广泛、完整的科学体系,它包括纳米体系物理学、纳米化学、纳米材料学、纳米生物学、纳米电子学、纳米加工学和纳米力学七大类。每一大类都包括了十分丰富的内容。

1990 年 7 月,在美国巴尔的摩召开了国际首届纳米科学技术会议。在会上,各国科学家们对纳米科技(主要包括:纳米电子学、纳米机械学、纳米生物学和纳米材料学)的前沿领域和发展趋势进行了讨论和展望,并决定出版三种杂志:《纳米结构材料》、《纳米生物学》和《纳米技术》。1996 年在中国召开了第四届纳米科技学术会议,有关纳米材料的会议,每两年召开一次,首届纳米材料会议在墨西哥召开。纳米科技的前景是诱人的,其发展速度也令人吃惊。有关这方面的论文也在急剧增长。

纳米科技是 21 世纪科技产业革命的重要内容之一,是可以与产业革命相比拟的,它是高度交叉的综合性学科,包括物理、化学、生物学、材料科学和电子学。它不仅包含以观测、分析和研究为主线的基础学科,同时还有以纳米工程与加工学为主线的技术科学,所以纳米科学与技术也是一个融前沿科学和高技术于一体的完整体系。它的发展势必会推动其他科学技术的进步。

14.2 纳米材料的研究进展

人工制备纳米材料的历史至少可以追溯到1000多年前。中国古代利用燃烧蜡烛来收集的碳黑作为墨的原料以及用于着色的染料，就是最早的纳米材料；人和动物牙齿表面的微晶层也是纳米材料；我国古代铜镜表面的防锈层经检验，证实为纳米氧化锡颗粒构成的一层薄膜。但当时人们并不知道这些是由人的肉眼根本看不到的纳米尺度小颗粒构成。约1861年，随着胶体化学（Colloid Chemistry）的建立，科学家们就开始了对于直径为1～100 nm的粒子系统即所谓胶体的研究，但当时的化学家们并没有意识到在这样一个尺寸范围是人们认识世界的一个新的层次，而只是从化学的角度对作为宏观体系的中间环节进行研究。

1962年，久保（Kubo）及其合作者针对金属超微粒子的研究，提出了著名的久保理论，也就是超微颗粒的量子限制理论或量子限域理论，从而推动了实验物理学家向纳米尺度的微粒进行探索。

1963年，Uyeda及其合作者用气体冷凝法，通过在高纯的惰性气体中的蒸发和冷凝过程获得清洁表面的超微颗粒，并对单个的金属超微颗粒的形貌和晶体结构进行了研究。

1970年，江崎等考虑到量子相干区域的尺度，首先提出了半导体超晶格的概念。这是按照一定的规则将一定厚度的纳米薄层人工堆积起来的结构，随后利用分子束外延技术，张立纲和江崎等制备了能隙大小不同的半导体多层膜，在实验中实现了量子阱和超晶格，观察到了极其丰富的物理效应，量子阱和超晶格的研究成为半导体物理学的热门领域。

20世纪70年代末到20世纪80年代初，对一些纳米颗粒的结构、形态和特性进行了比较系统的研究。描述金属颗粒费米面附近电子能级状态的久保理论日臻完善，在用量子尺寸效应解释超微颗粒的某些特性时获得成功。

1981年，IBM公司苏梨世研究所的两位科学家，G·宾尼格和H·洛勒发明了扫描隧道显微镜（STM）。STM的发明非同小可，为实现人们长期追求的直接观察和操纵一个个原子和分子的愿望提供了有利的工具。随着电镜等测量检测技术的发展，纳米材料的评价与测量、纳米微区的分析技术也有了迅速的发展，从而大大推动了纳米材料研究的进程。

1984年，德国萨尔大学的Gleiter教授等人首次采用惰性气体凝聚法制备了具有清洁表面的纳米粒子，然后在真空室中原位加压成纳米固体，并提出了纳米材料界面结构模型。随后发现CaF_2纳米离子晶体和TiO_2纳米陶瓷在室温下出现良好韧性，使人们看到了陶瓷增韧的新战略途径。

1985年，Kroto等采用激光加热石墨蒸发并在甲苯中形成碳的团簇。质谱分析发现C_{60}和C_{70}的新的谱线，C_{60}具有高稳定性的新奇结构，即由60个碳原子组成封闭的足球形，它是由32面体构成，其中有20个六边形和12个五边形。这种结构与常规的碳的同素异构体金刚石结构和石墨层状结构完全不同，而且物理性质也很奇特。纯C_{60}固体是绝缘体，用碱金属掺杂之后就成为具有金属性的导体，适当的掺杂成分可以使C_{60}固体成为超导体。同时，C_{60}固体还在低温下呈现铁磁性。C_{60}研究的热潮立即应运而来。

1990年7月，在美国巴尔的摩召开了国际第一届纳米科学技术学术会议。正式把纳米材料科学作为材料科学的一个新的分支公布于世。这标志着纳米材料学作为一个相对比较独立学科的诞生。从此以后，纳米材料引起了世界各国材料界和物理界的极大兴趣和广泛重视，很快形成了世界性的“纳米热”。

1994年，在美国波士顿召开的RMS秋季会议上正式提出纳米材料工程。它是纳米材料研究的新领域，是在纳米材料研究的基础上通过纳米合成、纳米添加等发展新型的纳米材料，并通过纳米添加对传统材料进行改性，扩大纳米材料的应用范围，开始形成了基础研究和应用研究并行发展的新局面。随后，纳米材料的研究内涵不断扩大，这方面的理论和实验研究都十分活跃。

纵观纳米材料发展的历史，大致可以划分为3个阶段。第一阶段（1990年以前）主要是在实验室探索用各种手段制备各种材料的纳米颗粒粉体，合成块体（包括薄膜），研究评估表征的方法，探索纳米材料不同于常规材料的特殊性能。对纳米颗粒和纳米块体材料结构的研究在20世纪80年代末期一度形成热潮，研究的对象一般局限在单一材料和单相材料，国际上通常把这类纳米材料称为纳米晶或纳米相材料。第二阶段（1994年前）人们关注的热点是如何利用纳米材料已挖掘出来的奇特物理、化学和力学性能，设计纳米复合材料，通常采用纳米微粒与纳米微粒复合（0-0复合），纳米微粒与常规块体复合（0-3复合）及发展复合纳米薄膜（0-2复合），国际上通常把这类材料称为纳米复合材料。这一阶段纳米复合材料的合成及物性的探索一度成为纳米材料研究的主导方向。第三阶段（从1994年到现在）纳米组装体系和人工组装合成的纳米结构的材料体系或者称为纳米尺度的图案材料越来越受到人们的关注。它的基本内涵是以纳米颗粒以及纳米丝、管为基本单元在一维、二维和三维空间组装排列成具有纳米结构的体系，其中包括纳米阵列体系、介孔组装体系、薄膜嵌镶体系、纳米颗粒、丝、管可以是有序地排列。如果说第一阶段和第二阶段的研究在某种程度上带有一定的随机性，那么这一阶段研究的特点要强调按人们的意愿设计、组装、创造新的体系，更有目的地使该体系具有人们所希望的特性。

14.3　纳米材料的特异效应

纳米材料正是以它所具有的奇异特性而引起科学界的重视而得以广泛应用。纳米材料的奇异性主要来源于纳米材料颗粒的原子状态，它与普通尺寸物质的原子状态有着很大的差异。其奇异特性主要表现在以下几个方面。

14.3.1　表面效应

纳米粒子的表面原子数与总原子数之比随粒径减小而急剧增大，如图14.1所示。当粒径降至1 nm时，表面原子数比例已达到99%，原子几乎全部集中到纳米粒子表面。由于表面原子数增多，引起纳米颗粒的表面能、表面张力大幅度增加，使纳米颗粒处于高能量不稳定状态，表面原子配位数不足及高的表面能，使这些原子易与其他原子相结合而稳定下来，从而具有很高的化学活性，引起表面电子自旋构象和电子能谱的变化；纳米微粒表面原子输运和构型的变化。这种表面效应的存在会使材料的性能发生一系列的变化，如金属的纳米粒子在空气中会燃烧；无机的纳米粒子暴露在空气中会吸附气体，并与气体进行反应等。

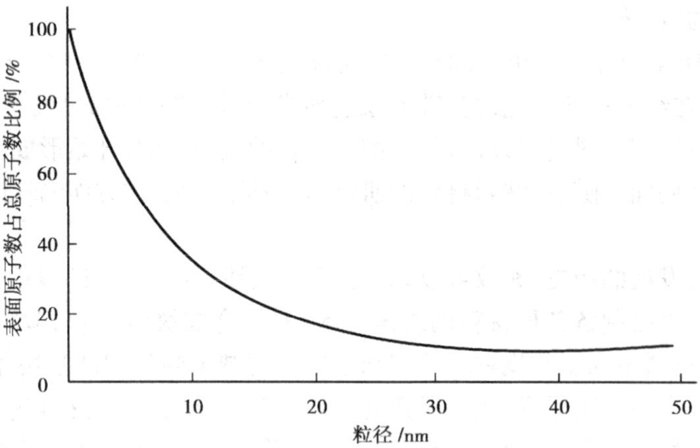

图 14.1　表面原子数比例与粒径的关系

14.3.2　小尺寸效应

纳米微粒尺寸相当或小于光波波长、传导电子的德布罗意波长、超导态的相干长度或透射深度等物理特征尺寸时,晶体周期性的边界条件将被破坏;非晶态纳米微粒的颗粒表面附近原子密度减小,导致声、光、电、磁、热力学等特性,即呈现新的小尺寸效应。出现光吸收显著增加,并产生吸收峰的等离子共振频移;磁有序态转为无序态;超导相转变为正常相;声子谱发生改变等。纳米粒子的这些小尺寸效应可在一定程度上引起材料物性的变化。众所周知,固体物质的熔点是固定的,但物质的尺寸小到纳米尺度范围时,固体物质的熔点将明显降低,特别是物质颗粒尺寸小于 10 nm 时尤为显著。如常规下金的熔点为 1 064 ℃,当颗粒尺寸小于 10 nm 时,熔点将降低 27 ℃。其原因是物质在纳米尺度范围时具有极高的表面能,使物质的原子处于极不稳定的高能状态。小尺寸效应可以改变材料的性能,从而为实际技术应用开拓了新的领域。例如,纳米尺寸的强磁性颗粒(Fe-Co 合金,氧化铁等),当颗粒尺寸为单磁畴临界尺寸时,具有很高的矫顽率,可制成磁信用卡、磁性钥匙、磁性车票等,还可以制成磁性液体,广泛应用于电声器材、阻尼器材、旋转密封、润滑、选矿等领域。

14.3.3　量子尺寸效应

处于纳米尺度的材料,其能带将分裂为分立的能级,即能级的量子化,而金属大块材料的能带,可以看成是连续的。纳米材料能级之间的间距随着颗粒尺寸的减小而增大。当能级间距大于热能、磁能、静磁能、静电能以及光子能量等的平均能级间距时,就会出现一系列与块体材料截然不同的反常特性,这种效应称为量子尺寸效应。量子尺寸效应将导致纳米微粒在磁、光、声、热、电以及超导电性等特性与块体材料的显著不同。例如,颗粒的磁化率、比热容与所含电子的奇、偶数有关,相应会产生光谱线的频移,介电常数的变化及催化性质不同等。

14.3.4　宏观量子隧道效应

微观粒子具有贯穿势垒的能力称为隧道效应。近年来,人们发现一些宏观量,如纳米颗粒的磁化强度,量子相干器件中的磁通量等亦具有隧道效应,这种宏观量所表现出来的隧道效应,称为宏观量子隧道效应。宏观量子隧道效应的研究对基础研究及实用都有着重要意义,可以解释超细镍微粒在低温保持超顺磁性及Fe-Ni薄膜中畴壁运动速度在低于某临界温度时与温度无关等现象。宏观量子隧道效应限定了磁带、磁盘进行信息贮存的时间极限。这种效应和量子尺寸效应一起,将会是未来微电子器件的基础,它们确定了微电子器件进一步微型化的极限。

14.4 纳米结构单元

14.4.1 团簇(原子团簇)

原子分子团簇,简称团簇(Cluster),是由几个至上千个原子、分子或离子通过物理或化学结合力组成的相对稳定的聚集体。其物理或化学性质随着所含原子数目的不同而变化。团簇的空间尺寸范围在1~100 nm。其许多性质既不同于单个原子分子,也不同于固体和液体,也不能用两者性质做简单外延和内插得到。因此,人们把团簇看成是介于原子分子与宏观物质之间的物质结构的新层次,是各种物质由原子分子向大块物质过渡的中间状态。也可以说,团簇代表着凝聚态物质的初始状态,有人称之为"物质的第五种状态"。

原子团簇是一类新发现的化学物种,是在20世纪80年代才出现的。原子团簇研究是多学科的交叉,是跨合成化学、化学动力学、晶体化学、结构化学、原子簇化学等化学分支,又是跨原子、分子物理、表面物理、晶体生长、非晶态等物理学分支,也和星际分子、矿岩成因、燃烧颗粒、大气微晶等交叉。

原子团簇不同于具有特定大小和形状的分子、分子间以弱的结合力结合的松散分子团簇和周期性很强的晶体,原子团簇的形状可以是多种多样的,它们尚未形成规整的晶体,除了惰性气体外,它们都是以化学键紧密结合的聚集体。

原子团簇可分为一元原子团簇、二元原子团簇、多元原子团簇和原子簇化合物。一元原子团簇包括金属团簇(如Na_n,Ni_n等)和非金属团簇,其中非金属团簇可分为碳簇(C_{60},C_{70}和富勒烯等)和非碳簇(如B,P,S,Si簇等)。二元原子团簇包括In_nP_m,Ag_nS_m等。多元原子团簇有$V_n(C_6H_6)_m$等。原子簇化合物是原子团簇与其他分子以配位化学键结合形成的化合物。绝大多数原子团簇的结构不清楚,但已知有线状、层状、管状、洋葱状、骨架状、球状等。

原子团簇有许多奇异的特性,如极大的比表面使它具有异常高的化学活性和催化活性、光的量子尺寸效应和非线性效应、电导的几何尺寸效应、C_{60}掺杂及掺杂原子的导电性和超导性、碳管、碳葱的导电性等。

当前能大量制备并分离的团簇是C_{60}及富勒烯。20世纪80年代,美国Smalley用激光烧蚀法获得了金属原子团簇。1985年,Smalley与英国的Kroto等人在瑞斯大学的实验室采用激光轰击石墨靶,并用苯来收集碳团簇,用质谱仪分析发现了由60个碳原子构成的碳团簇丰度最高,通称为C_{60},同时还发现C_{70}等团簇。众所周知,碳有两种同素异构体:一种是金刚石;另一种是石墨。C_{60}的发现大大丰富了人们对碳的认识,由C_{60}紧密堆垛组成了第三代碳晶体。20世纪80年代末期,由60个碳原子组成的像足球的结构引起了人们极大的兴趣,掀起了探索C_{60}特殊的物理性质和微结构的热潮。研究结果发现,C_{60}是由60个碳原子排列于一个截角20面体的顶点上构成足球式的中空球形分子。换句话说,它是由32面体构成,其中20个六边形,12个五边形,C_{60}的直径为0.7 nm。制备C_{60}常用的方法是采用两个石墨碳棒在惰性气体(He,Ar)中进行直流电弧放电,并用围于碳棒周围的冷凝板收集挥发物。这种挥发物中除了由60个碳原子构成的C_{60}外，还含有C_{70}，C_{20}等其他碳团簇。进一步研究表明，构成碳团簇的原子数（称为幻数）为20，24，28，32，36，50，60和70的具有高稳定性，其中又以C_{60}最稳定，因此，可以用酸溶去其他的碳团簇，从而获得较纯的C_{60}，但往往在C_{60}中还混有C_{70}。

14.4.2 纳米微粒

纳米微粒是指颗粒尺寸为纳米量级的超细微粒，它的尺度大于原子簇，小于通常的微粉。通常，把仅包含几个到数百个原子或尺度小于1 nm的粒子称为"簇"，它是介于单个原子与固态之间的原子集合体，其研究从20世纪70年代中期开始。纳米微粒一般在1～100 nm，有人称它为超微粒子（Ultra-fine Particle），也有人把超微粒范围划为1～1 000 nm。纳米微粒是肉眼和一般显微镜看不见的微小粒子。大家知道，血液中的红血球的大小为200～300 nm，一般细菌（例如，大肠杆菌）长度为200～600 nm，引起人体发病的病毒尺寸一般为几十纳米，因此，纳米微粒的尺寸为红血球和细菌的几分之一，与病毒大小相当或略小些，这样小的物体只能用高倍的电子显微镜进行观察。日本名古屋大学上田良二给纳米微粒下了一个定义：用电子显微镜（TEM）能看到的微粒称为纳米微粒。

应该指出，纳米微粒与微细颗粒和原子团簇的区别还不仅仅反映在尺寸方面，更重要的是在物理和化学方面的显著差异。已经发现，微细颗粒一般不具有量子效应，而纳米颗粒具有量子效应；团簇具有量子效应和幻数效应，而纳米颗粒一般不具有幻数效应。这是导致三者特性差异的物理根源。因此物理颗粒究竟是纳米颗粒还是普通粉体颗粒，仅从尺寸大小来定义还是不够充分的，还应该从颗粒表面和体积内所含原子的分布以及颗粒表面积变化加以定义。事实上，将物体逐步细化后就会得到所谓的纳米微粒，这些微粒的比表面积比原来的块状固体要大得多，它与原块状固体的根本差别就在于此。这一简单的差别超过一定的极限时，这种颗粒就会表现出与原来的固体颗粒完全不同的性能，如表面积增加、颗粒的电子状态发生突变等等，使颗粒呈现出特殊的表面效应与体积效应，这些因素都将决定着颗粒的最终物理和化学性能。因此从这个意义出发，可以给纳米微粒另一个定义：呈现出特殊的体积效应和（或）表面效应的物质颗粒叫做纳米微粒。

早在大约1861年，随胶体化学的建立，科学家们就开始了对纳米微粒系统（胶体）的研究，但真正有效地对分立的纳米微粒进行研究则始于20世纪60年代。在过去近30年的时间内，对各种纳米微粒的制备、性质和应用研究做了大量工作。当小粒子尺寸进入纳米量级（1～100 nm）时，其本身具有量子尺寸效应、小尺寸效应、表面效应和宏观量子隧道效应，因而展现出许多特有的性质，在催化、滤光、光吸收、医药、磁介质及新材料等方面有广阔的应用前景，同时也将推动基础研究的发展。如20世纪60年代，久保等人指出，金属超微粒子中电子数较少，因而不再遵守费米统计。小于10 nm的纳米微粒强烈地趋向于电中性。这就是久保效应，它对微粒的比热、磁化强度、超导电性、光和红外吸收等均有影响。正因为如此，有人试图把纳米微粒与基本粒子、原子核、原子、分子、大块物质、行星、恒星和星系相提并论，认为原子簇和纳米微粒是由微观世界向宏观世界的过渡区域，许多生物活性由此产生和发展。

14.4.3 人造原子

人造原子（Artificial Atoms）有时称为量子点，是20世纪90年代提出来的一个新概念。所谓人造原子是由一定数量的实际原子组成的聚集体，它们的尺寸小于100 nm。1996年美国麻省理工学院的Ashoori写了一篇综述的文章，正式提出了人造原子的概念。实际上，从20世纪

80年代中期以后的文献中也出现过人造原子的概念。人们曾把半导体的量子点称为人造原子。1997年美国加利福尼亚大学物理系的McEuen在《Science》上发表评论性的文章,系统地总结了近10年来关于人造原子的理论和实验工作,特别指出了研究人造原子的重要意义,他把人造原子的内涵进一步扩大,从维数来看,包括准零维的量子点、准一维的量子棒和准二维的量子圆盘,甚至把100 nm左右的量子器件也看成人造原子。研究人造原子的意义在于当体系的尺度与物理的特征量相比拟时,量子效应十分显著,当大规模集成线路微细化到100 nm左右,以传统观念、原理为基础的大规模集成线路的工作原理受到了严峻的挑战,量子力学原理将起重要的作用,电子在这样一个细微体系,即人造原子中运动的规律将出现经典物理难以解释的新现象,荷兰德尔夫特(Delft)大学和英国的剑桥大学卡文迪什实验室在GaAs/GaAlAs人造原子中观察到电子运输的量子化台阶现象。在人造原子中电子波函数的相干长度与人造原子的尺度相当时,电子不再可能被看成是在外场中运动的经典粒子,电子的波动性在输运中得到充分的发挥。这将导致普适电导涨落,非局域电导等,因此,研究人造原子中电子的输运特性,特别是该系统表现出的独有的量子效应将为设计和制造量子效应原理性器件和纳米结构器件奠定理论基础。

人造原子和真正原子有许多相似之处。首先,人造原子有离散的能级,电荷也是不连续的,电子在人造原子中也是以轨道的方式运动,这与真正原子极为相似。我们知道,量子力学在处理氢原子的电子能级上是很成功的,通过薛定鄂方程计算表明,电子能级是量子化的。其次,电子填充的规律也与真正原子相似,服从洪德定则。第一激发态存在三重态,最近,荷兰德尔夫特大学将含有少量电子的圆环形的人造原子在磁场下进行光谱测量揭示了第一激发态的三重结构,从而提出了人造原子中的电子缺少自旋简并。人造原子与真正原子的差别主要在于:一是人造原子含有一定数量的真正原子;二是人造原子的形状和对称性是多种多样,真正的原子可以用简单的球形和立方形来描述,而人造原子不局限于这些简单的形状,除了高对称性的量子点外,尺寸小于100 nm的低对称性复杂形状的微小体系都可以称为人造原子;三是人造原子电子间强交互作用比实际原子复杂得多,随着人造原子中原子数目的增加,电子轨道间距减小,强的库仑排斥和系统的限域效应和泡利不相容原理使电子自旋朝同样方向进行有序排列,因此,人造原子是研究多电子系统的最好对象;四是实际原子中电子受原子核吸引做轨道运动,而人造原子中电子是处于抛物线形的势阱中,具有向势阱底部下落的趋势,由于库仑排斥作用,部分电子处于势阱上部,弱的束缚使它们具有自由电子的特征。人造原子还有一个重要特点是放入一个电子或拿出一个电子很容易引起电荷涨落,放入一个电子相当于对人造原子充电,这些现象是设计单电子晶体管的物理基础。

14.4.4 纳米管、纳米棒、纳米丝和同轴纳米电缆

随着科学技术的迅猛发展,人们需要对一些介观尺度的物理现象,如纳米尺度的结构、光吸收、发光以及与低维相关的量子尺寸效应等进行深入的研究。另外,器件微小化对新型功能材料提出了更高的要求。因此,20世纪80年代以来,零维的材料取得了很大的进展,但准一维纳米材料的制备与研究仍面临着巨大的挑战。自从1991年日本NEC公司饭岛等发现纳米碳管以来,立刻引起了许多科技领域的科学家们极大关注。因为准一维纳米材料在介观领域和纳米器件研制方面有着重要的应用前景,它可用作扫描隧道显微镜的针尖、纳米器件和超大集成电路中的连线、光导纤维、微电子学方面的微型钻头以及复合材料的增强剂等。因此,目

前关于一维纳米材料(纳米管、纳米丝、纳米棒和同轴纳米电缆)的制备研究已有大量报道,下面主要介绍碳纳米管、纳米棒、纳米丝和同轴纳米电缆。

(1)**碳纳米管**

早在1970年法国奥林大学(University of Orleans)的Endo首次用气相生长技术制成了直径为7 nm的碳纤维,遗憾的是,他没有对这些碳纤维的结构进行细致的评估和表征,因而并未引起人们的注意。在对C_{60},C_{70}研究基础上,人们认识到有无限种近石墨结构可能形成。直到1991年,美国海军实验室一个研究组提交一篇理论性文章,预计了一种碳纳米管的电子结构,但当时认为近期内不可能合成碳纳米管,因此,文章未能发表。同年1月,日本筑波的NEC实验室的饭岛首次用高分辨电镜观察到了碳纳米管,这些碳纳米管是多层同轴管,也叫巴基管(Bucky Tube)。几乎与此同时,莫斯科化学物理研究所的研究人员独立地发现了碳纳米管和纳米管束,但是这些碳纳米管的纵横比很小。单壁碳纳米管是由美国加利福尼亚的IBM Almaden公司实验室Bethune等人首次发现的。1996年,美国著名的诺贝尔奖金获得者斯莫利(Smalley)等合成了成行排列的单壁碳纳米管束,每一束中含有许多碳纳米管,这些碳纳米管的直径分布很窄。我国中国科学院物理研究所解思深等人实现了碳纳米管的定向生长,并成功合成了超长(毫米级)纳米碳管。下面分别对碳纳米管的结构、合成、性能及应用进行介绍。

1)结构

采用高分辨电镜技术对碳纳米管的结构研究证明,多层纳米碳管一般由几个到几十个单壁碳纳米管同轴构成,管间距为0.34 nm左右,这相当于石墨的{0002}晶面间距。碳纳米管的直径为零点几纳米至几十纳米,每个单壁管侧面由碳原子六边形组成,长度一般为几十纳米至微米级,两端由碳原子的五边形封顶。单壁碳纳米管可能存在三种类型的结构,分别称为单臂纳米管、锯齿形纳米管和手性形纳米管,如图14.2所示。这些类型的碳纳米管的形成取决于碳原子的六角点阵二维石墨片是如何"卷起来"形成圆筒形的。

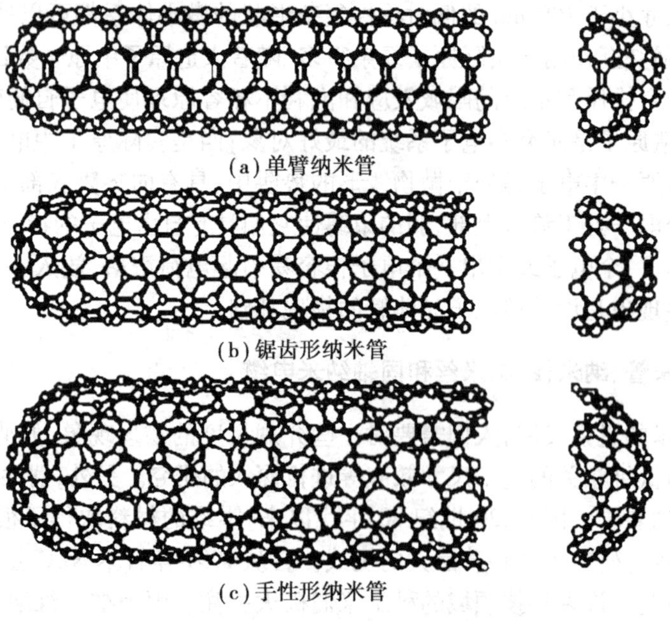

(a)单臂纳米管

(b)锯齿形纳米管

(c)手性形纳米管

图14.2　三种类型的碳纳米管

2）碳纳米管的合成

碳纳米管的制备方法很多。除了用碳棒作电极进行直流电弧放电法外，碳氢化合物的热解法也同样可获得大量碳纳米管。比利时的Ivanov等人通过乙炔在Co或Fe等催化剂粒子上热解长出几十纳米长的碳纳米管，有的为线圈形。Howard在充氧及稀释剂的低压腔中燃烧乙炔、苯或乙烯等获得了碳纳米管。多壁碳纳米管的生长不需要催化剂，单壁碳纳米管仅仅在催化剂的作用下才能生长，但有催化剂的情况下也可能生长多壁碳纳米管。有人在电弧放电阳极碳棒尖端置入Fe或Co催化剂，获得了单壁碳纳米管。实验证明，碳纳米管直径分布的宽度和峰值取决于催化剂成分、生长温度及其他条件。

3）特性和应用

碳纳米管具有独特的电学性质，这是由于电子的量子限域所致，电子只能在单层石墨片中沿纳米管做轴向运动，径向运动受限制，因此，它们的波矢是沿轴向的。

碳纳米管拉曼散射谱的结果表明，主要由（9，9）和（10，10）单壁的碳纳米管构成的束具有许多种拉曼活性模，其中频率在1 580 cm^{-1}附近的大量振动模与碳纳米管的直径无关。而频率在168 cm^{-1}左右的强振动模与直径密切相关，在拉曼谱上表现为随测量时激光频率的改变而改变，前者的拉曼峰强无明显变化，后者明显改变，这是由于不同光频率下，不同直径碳纳米管处于共振状态所致。

碳纳米管具有与金刚石相同的热导和独特的力学性质。理论计算表明，碳纳米管的抗张强度比钢的高100倍；由碳纳米管悬臂梁振动测量结果可以估计出它们的杨氏模量高达1 Tpa（1 TPa = 1 012 Pa）左右；延伸率达百分之几，并具有好的可弯曲性；单壁纳米碳管可承受扭转形变并可弯成小圆环，应力卸除后可完全恢复到原来状态；压力不会导致碳纳米管的断裂。这些十分优良的力学性能使它们有潜在的应用前景。例如，它们可用作复合材料的增强剂。

碳纳米管可用于场发射、微电极和SPM探针显微镜的针尖等。碳纳米管与其他材料形成的复合材料电导大大增强，因此，用在低粘滞性的复合材料中喷在表面上可作导电漆或涂层。由于碳纳米管很小，因此，与高分子的复合材料可形成各种特殊的形状。碳纳米管与金属形成隧道结可用作隧道二极管。碳纳米管也可用作模板，合成纳米尺度的复合物，例如低表面张力的液态S，Cs，Rb，V_2O_5，Se，PbO，Bi_2O_3可进入碳纳米管的孔内形成复合纤维；通过金属熔体的压入孔中或金属硝酸盐进入孔后经还原处理可得到碳纳米管与金属丝复合丝；高温下碳纳米管与氧化物或碘化物一起焙烧可获得纳米尺度的碳化物丝，例如碳化钛、碳化铁、碳化铌等纳米丝。碳纳米管也是很好的贮氢材料。碳纳米管形成的有序纳米孔洞厚膜有可能用于锂离子电池，在此厚膜孔内填充电催化的金属或合金后可用来电催化O_2分解和甲醇的氧化。

（2）纳米棒、纳米丝和纳米线

准一维实心的纳米材料是指在两维方向上为纳米尺度，长度比上述两维方向上的尺度大很多，甚至为宏观量的新型纳米材料。纵横比（长度与直径的比率）小的称为纳米棒；纵横比大的称作纳米丝。至今，关于纳米棒与纳米丝之间并没有一个统一的标准，一般把长度小于1 μm的纳米丝称为纳米棒，长度大于1 μm的称为纳米丝或线。半导体和金属纳米线通常称为量子线。关于纳米丝、纳米棒和纳米线的一些主要合成方法可见表14.1。

表 14.1 关于纳米丝、纳米棒和纳米线的一些主要合成方法

时间、地点及发明人等	合成方法	合成物
1994 年,美国亚利桑那大学 Zhou 等	纳米碳管模板法	碳化物和氮化物的纳米丝和纳米棒
1997 年,美国哈佛大学 Yang 等	改进的晶体气-固生长法	定向排列的 MgO 纳米丝
1997 年,Fasol 等	选择电沉积法	磁性坡莫合金纳米线
1998 年,美国哈佛大学 Morales 和 Lieber	激光烧蚀法与晶体生长的气-液-固(VLS)法相结合	Si 和 Ge 纳米线
90 年代,日本日立公司	金属有机化合物气相外延法(MOVPE)与晶体的气-液-固(VLS)生长法相结合	Ⅲ-Ⅴ族化合物半导体纳米线(GaAs 和 InAs)
1996 年,美国华盛顿大学 Buhro 等	溶液-液相-固相生长法	Ⅲ-Ⅴ族半导体纳米线(InP,InAs,GaP 和 GaAs)
1998 年,中国北京大学俞大鹏等	高温激光蒸发法	硅纳米线
1998 年,中国北京大学俞大鹏等	简单物理蒸发法	硅纳米线
1998 年,中国科学院固体物理研究所孟国文	纳米尺度液滴外延法	碳化硅纳米线
1998 年,中国科学院固体物理研究所孟国文	溶胶-凝胶与碳热还原法	碳化硅和氮化硅纳米线

(3)同轴纳米电缆

同轴纳米电缆是指芯部为半导体或导体的纳米丝,外包敷异质纳米壳体(导体或非导体),外部的壳体和芯部丝是共轴的。由于这类材料所具有的独特的性能、丰富的科学内涵、广泛的应用前景以及在未来纳米结构器件中占有的战略地位,因此,近年来引起了人们极大的兴趣。

1997 年,法国科学家 Colliex 在分析电弧放电获得的产物中,发现了三明治几何结构的 C-BN-C 管,由于它的几何结构类似于同轴电线,直径又为纳米级,所以称其为同轴纳米电缆(Co-axial Nanocable)。他们的制备方法是用石墨阴极与 HfB_2 阳极在 N_2 气氛中产生电弧放电,阳极提供 B,阴极提供 C,N_2 气氛提供 N,Hf 作为催化剂。在获得的产物中,部分产物为同轴纳米电缆,外径为 4 ~ 12 nm,主要有两种结构:一种是中心为 BN 纳米丝,外包石墨;另一种是芯部为纳米碳丝,外包 BN,最外层的壳体为碳的纳米层,形成了 C-BN-C 三明治结构。

同轴纳米电缆主要研究内容包括新合成方法的探索、微结构的表征和物性的探测。如何制备出纯度高、产量大、直径分布窄的纳米电线,如何探测单个纳米电缆的物性一直是人们关注的焦点。总的发展趋势是继续探索新的合成技术,发展同轴纳米电线的制备科学,获得高质量的同轴纳米电缆;发展微小试样的探测技术,实现对同轴纳米电缆力学性质、光学性质、热学性质和电学性质的测量,为建立准一维纳米材料理论框架和开发纳米电缆的应用奠定基础。

纳米电缆的合成是在其他准一维纳米材料制备方法的基础上发展起来的,在过去的十多

年里，人们利用各种方法合成了多种准一维纳米材料（见表14.1），其中有些方法稍加改进，可以用来制备同轴纳米电缆。例如其中激光烧蚀法、气-液-固共晶外延法和多孔氧化铝模板法都可以用来合成纳米同轴电缆，法国和日本等国科学家采用上述方法成功制备了同轴纳米电缆。最近，根据溶胶-凝胶与碳热还原法合成β-SiC 纳米线技术，结合 SiO_2具有的蒸发、凝聚的特性，发展了一种新的同轴纳米电缆制备方法——溶胶-凝胶与碳热还原及蒸发-凝聚法。

14.5 纳米组装体系

1994 年以前，纳米结构材料仅仅包括纳米微粒及其形成的纳米块体、纳米薄膜。现在纳米结构材料还包括纳米组装体系，该体系除了包含纳米微粒实体的组元，还包括支撑它们的具有纳米尺度的空间的基体。因此纳米结构材料的内涵变得丰富多彩。

纳米结构自组装体系和分子自组装体系是从纳米材料领域派生出来的、含有丰富科学内涵的一个重要的分支学科，由于该体系的奇特物理现象及与下一代量子结构器件的联系，而成为人们十分感兴趣的研究热点。

关于纳米结构组装体系的划分至今没有一个成熟的看法，根据纳米结构体系构筑过程中的驱动力是靠外因还是靠内因来划分，大致可以分为人工纳米结构组装体系和纳米结构自组装体系。人工纳米结构组装体系，是按照人类的意志，利用物理和化学的方法人工的将纳米尺度的物质单元组装、排列，构成一维、二维、三维体系的纳米结构体系，包括纳米有序阵列体系和介孔复合体系。纳米结构自组装体系，是指通过弱小的和较小方向性的非共价键，如氢键、范德瓦尔斯键和弱的离子键协同作用，把原子、离子和分子连接在一起，构筑成一个纳米结构或纳米结构的花样。

目前，纳米结构组装体系的研究对象主要集中在纳米阵列体系、纳米镶嵌体系、介孔与纳米颗粒复合体系和纳米颗粒膜。目的是根据需要设计新的材料体系，探索或改善材料的性能，目标是为纳米器件的制造进行前期准备，如高亮度固体电子显示屏、纳米晶二极管、真空紫外到近红外特别是蓝、绿、红光控制的光致发光和电子发光管等，都可以用纳米晶作为主要的材料，国际上把这种材料称为“量子”纳米晶。

纳米阵列体系的研究目前主要集中在金属纳米颗粒或半导体纳米颗粒在一个绝缘的衬底上整齐排列的二维体系。

介孔与纳米组装体系和颗粒膜的主要设计思想是利用小颗粒的量子尺寸效应和渗流效应，根据需要对材料整体性能进行剪裁、调整和控制，达到常规不具备的奇特性质。这方面的研究将成为引人注目的前沿领域。

纳米颗粒与介孔固体组装体系近年来出现了新的研究热潮。人们设计了多种介孔复合体系，不断探索其光、电及敏感活性等重要性质。这种体系一个重要特点是既有纳米小颗粒本身的性质，同时通过纳米颗粒与基体的界面耦合，又会产生一些新的效应。整个体系的特性与基体的孔洞尺寸，比表面积以及小颗粒的体积百分数有密切的关系。可以通过基体的孔洞将小颗粒相互隔离，使整个体系表现为纳米颗粒的特征；也可以通过空隙的连通，利用渗流效应使体系的整体性质表现为三维块体的性质。这样可以根据人们的需要组装多种多样的介孔复合体。

14.6 纳米固体材料

14.6.1 纳米固体的分类及其基本构成

纳米结构块体、薄膜材料(Nanostructured Bulk and Film)(又称纳米固体)是由颗粒尺寸为1～100 nm的粒子为主体形成的块体和薄膜(颗粒膜、膜厚为纳米级的多层膜和纳米晶和纳米非晶薄膜)。小颗粒(纳米微粒)的结构同样具有三种形式:晶态、非晶态和准晶态。以纳米颗粒为单元沿着一维方向排列形成纳米丝,在二维空间排列形成纳米薄膜,在三维空间可以堆积成纳米块体,经人工的控制加工,纳米微粒在一维、二维和三维空间有序排列,可以形成不同维数的阵列体系。按照小颗粒结构状态,纳米固体可分为纳米晶体材料(又称纳米微晶材料)、纳米非晶材料和纳米准晶材料。按照小颗粒键的形式又可以把纳米材料划分为纳米金属材料、纳米离子晶体材料(如CaF_2等)、纳米半导体材料以及纳米陶瓷材料。纳米材料是由单相微粒构成的固体称为纳米相材料。每个纳米微粒本身由两相构成(一种相弥散于另一种相中)则相应的纳米材料称为纳米复相材料。

纳米固体材料的基本构成是纳米微粒以及它们之间的分界面(界面)。由于纳米粒子尺寸小,界面所占的体积百分数几乎可与纳米微粒所占的体积百分数相比拟,因此纳米材料的界面不能简单地看成是一种缺陷,它已成为纳米结构材料基本构成之一,对其性能的影响起着举足轻重的作用。从这个意义上来说,对纳米结构材料的界面结构和缺陷以及界面性质的研究十分重要。在这方面的研究已取得了一些结果,但看法不一,尚未形成统一的、系统的理论,仅仅停留在唯象的描述上,概括起来有下列几种看法:①类气态模型,即纳米结构材料的界面的原子排列既无长程序,又无短程序,而像气态一样呈无序地分布;②界面原子排列呈短程有序,其性质是局域化的;③界面缺陷态模型,这个模型的中心思想是界面中包含大量缺陷,其中三叉晶界对界面性质的影响起关键性的作用。随着纳米粒子尺寸减小,界面组分增大,界面中的三叉晶界的数量也随之增大,而且三叉晶界体积百分数随粒径减小而增长的速率大大高于界面体积分数的增长;④界面可变结构模型,这种观点主要强调纳米结构材料中的界面结构是多种多样的。由于界面原子排列、缺陷、配位数和原子间距的不同,使其界面在能量上有很大差别,最后导致界面的结构上是有差别的。总的来说,大量的界面结构都处于无序与有序之间的中间过渡状态,有些界面处于混乱状态,有些界面呈很差的有序,有些为有序状态。统计平均的结果对某一种纳米结构材料其界面结构在一定条件下呈现某种结构状态,它或者是短程序,或者是差的有序,甚至是接近有序。外部条件对纳米结构材料界面结构影响是显著的,例如,压力、热处理和烧结温度等。外界条件改变后,纳米结构材料的界面结构也会发生很大的变化。

14.6.2 纳米固体的制备

纳米固体的制备方法是近几年才逐渐发展起来的,至今已有的一些制备方法并不是十分理想,特别是块体试样的制备工艺还有待进一步改进。例如,如何获得高致密度的纳米陶瓷工艺仍处于摸索阶段,如何获得高致密度大块金属与合金仍需进行探索,这是当前材料工作者所关心的重要课题的一部分。关于如何由纳米粉体制备具有极低密度、高强度的催化剂、金属催化剂载体及过滤器等工艺探索工作也刚刚起步。因此,本节仅就当前采用的几种制备纳米固体的方法进行简单地介绍。

(1)**纳米金属与合金材料的制备**

1)惰性气体蒸发、原位加压制备法

纳米结构材料中的纳米金属与合金材料是一种二次凝聚晶体或非晶体,第一次凝聚是由金属原子形成纳米颗粒,在保持新鲜表面的条件下,将纳米颗粒压在一起形成块状凝聚固体。从理论上来说,制备纳米金属和合金的方法很多,但真正获得具有清洁界面的金属和合金纳米块体材料的方法并不多,目前比较成功的方法就是惰性气体蒸发、原位加压法。此法首先由Gleiter提出,他们用此方法成功制备了铁、铜、金等纳米晶金属块体。该方法大致分为三部分,第一部分为纳米粉体的获得,第二部分为纳米粉体的收集,第三部分为粉体的压制成型。

2)高能球磨法

1988年,日本京都大学Shingu等首先报道了高能球磨法制备Al-Fe纳米晶材料,为纳米材料的制备找出一条实用化的途径。近年来高能球磨法已成为制备纳米材料的一种重要方法。高能球磨法是利用球磨机的转动或振动使硬球对原料进行强烈的撞击、研磨和搅拌,把金属或合金粉末粉碎为纳米级微粒的方法。如果将两种或两种以上金属粉末同时放入球磨机的球磨罐中进行高能球磨,粉末颗粒经压延,压合,又碾碎,再压合的反复过程,最后获得组织和成分分布均匀的合金粉末。由于这种方法是利用机械能达到合金化而不是用热能或电能,所以把高能球磨制备合金粉末的方法称做为机械合金化。高能球磨制备的纳米粉体的主要缺点是晶粒尺寸不均匀,易引入某些杂质,但是高能球磨法制备的纳米金属与合金结构材料产量高,工艺简单,并能制备出用常规方法难以获得的高熔点的金属或合金纳米材料。近年来已越来越受到材料科学工作者的重视。

3)非晶晶化法

卢柯(Lu K)等人率先采用非晶晶化法成功地制备出纳米晶Ni-P合金条带。具体的方法是用单辊急冷法将$Ni_{80}P_{20}$(vt%)熔体制成非晶态合金条带,然后在不同温度下进行退火使非晶带晶化成由纳米晶构成的条带,当退火温度小于610 K时,纳米晶Ni_3P的粒径为7.8 nm,随温度的上升,晶粒开始长大。用晶化法制备的纳米结构材料的塑性对晶粒的粒径十分敏感,只有晶粒直径很小时,塑性较好,否则材料变得很脆。因此,对于某些成核激活能小,晶粒长大激活能大的非晶合金采用非晶晶化法才能获得塑性较好的纳米晶合金。

(2)**纳米相陶瓷的制备**

由于纳米陶瓷呈现出许多优异的特性,因此引起人们的关注。目前材料科学工作者正在摸索制备具有高致密度的纳米陶瓷的工艺。纳米陶瓷的优越特性主要有以下几个方面:

①超塑性:例如纳米晶TiO_2金红石在低温下具有超塑性;

②在保持原来常规陶瓷的断裂韧性的同时强度大大提高;

③烧结温度可降低几百度,烧结速度大大提高。例如,10 nm的陶瓷微粒比10 μm的烧结速度提高12个数量级。

高质量的陶瓷材料最关键的指标是材料是否高度致密,对于纳米陶瓷同样要求具有高的致密度,为了达到这一目的,除其他工艺因素(粉料本身的处理和配制等)外,烧结起着至关重要的作用。这里对几种新型的烧结方法和工艺作一简单介绍。

1)压力烧结

压力烧结是指在粉末致密化的过程中,对粉末施加一定的压力,可以有效地消除粉末之间的孔隙。同时,压力又可以成为烧结的一种驱动力,加速粉末的塑性流动以及应力辅助扩散,加速致密化,缩短烧结时间,在某种程度上减小晶粒长大。按压力的施加的形式和阶段可分为:热压烧结、热等静压烧结和反应热压烧结等。其中热压烧结是指在烧结的同时,对粉末施加单向或多向的压力,压力的范围可以从几十个 MPa 到几个 GPa。热等静压是在烧结时用惰性气体、液态金属或固体颗粒作为压力传递介质对粉末的各个方向施加相等的压力,可以克服普通热压烧结压力的不均匀和由此引起的产品性能的不均。而反应热压烧结是在烧结的同时发生化学反应形成新材料的一种方法,在陶瓷烧结中较常用。比如对于 Si_3N_4,SiC,Al_2O_3等陶瓷的烧结。

2)微波烧结

微波是利用1 m~1 mm 波长的电磁波,频率从300 MHz~300 GHz。由于微波加热的热量起源于材料自身与电磁场的耦合,因此微波加热具有高效、快速、节能的特点。微波烧结的研究开始主要用于部分烧结温度较低的陶瓷材料,后来不断扩展,Al_2O_3,ZrO_2,PZT 等材料也可以烧结成功。由于微波独特的优点,将其用于纳米材料的烧结必然可以改善传统烧结方法中的一些缺点,如加热速度慢、晶粒长大等问题,因此引起了广泛的关注。Bykov 等在研究微波 TiO_2和 Al_2O_3-ZrO_2纳米陶瓷时,发现在微波烧结到相同温度时的致密速度比普通烧结要快,而且其晶粒尺寸也小于普通烧结方法,但晶粒尺寸在烧结过程中也长大了 3~4 倍。

3)场辅助烧结

场辅助烧结起源于电火花烧结,1961 年日本的井上博士发明了电火花烧结工艺。该工艺将金属粉末在石墨模具内加压同时施加脉冲电压,使粉末活化并加热烧结成型。电火花烧结在日本有较大的发展,并相继有成套的设备推出,在美国和乌克兰等国也有较多的研究。日本的电火花烧结设备在真空条件下,在粉末两端可以施加约 200 MPa 的压力,并同时加 3 000~8 000 A的直流脉冲,在粉末颗粒之间产生等离子体,对粉末进行活化和加热,加上电阻热对粉末的作用可以快速的加热粉末,在压力的作用下实现致密化。如果烧结过程主要依靠脉冲加热则又称放电等离子体烧结(SPS);如果先用短时间脉冲放电活化,然后用直流电加热则称为等离子体活化烧结(PAS),其设备的基本结构如图 14.3 所示。由于该方法用附加的电场,所以研究者们又称之为场辅助烧结(FAST)。

4)激光烧结

激光作为一种高能量密度的热源,用于陶瓷的整体烧结可以获得比较好的性能。选择性激光烧结(SLS)是最近发展起来的一种快速原型技术,它是通过激光一层层地选择烧结不同截面的粉末来制备零件的一种新技术。最开始主要是用来制备塑料模型,现在已经开始用于陶瓷粉末的烧结。虽然目前 SLS 对大多陶瓷材料的烧结还不能有效地消除粉末的孔隙,提高致密度,以提高其机械性能。但由于 SLS 烧结可以实现微小零件的快速原型制备,适于微机械、纳米机械领域陶瓷零件的制备。

5)其他烧结新技术

除了以上所述的烧结技术,还有一些新型的烧结技术不断涌现。锻造烧结将锻造和烧结结合起来,通过粉末的塑性变形可以有效地消除孔隙,并细化晶粒。冲击波烧结利用爆炸产生的大幅度的压应力(最高可达几十个 GPa)在粉末压坯中产生大的塑性变形,以达到高的致密

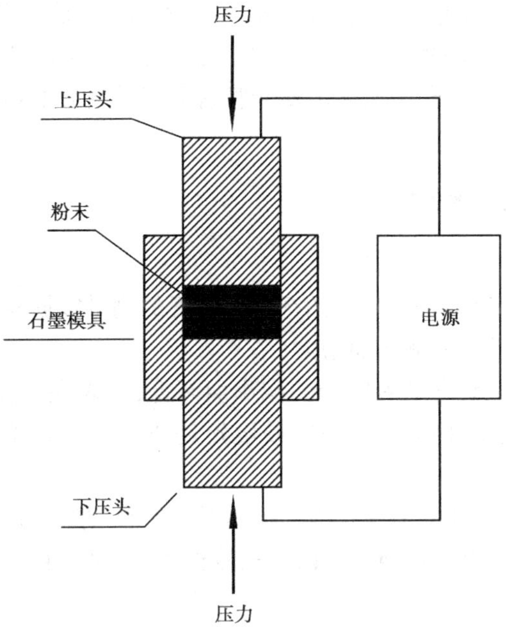

图 14.3 SPS 设备简图

度,同时粉末的摩擦热产生的高温也可以使粉末局部熔化粘结,或者再通过后续烧结也可以达到高的致密度。这些方法都可以应用于纳米陶瓷的烧结,减小晶粒尺寸的长大,提高性能。

(3)纳米薄膜和颗粒膜的制备

纳米薄膜分为两类,一类是由纳米粒子组成的(或堆砌而成的)薄膜,另一类薄膜是在纳米粒子间有较多的孔隙或无序原子或另一种材料。纳米粒子镶嵌在另一种基体材料中的颗粒膜就属于第二类纳米薄膜。

1)液相法

①溶胶-凝胶法

该方法制备纳米薄膜的基本步骤如下:首先用金属无机盐或有机金属化合物制备溶胶,然后将衬底(如玻璃等)浸入溶胶后以一定速度进行提拉,结果溶胶附着在衬底上,经一定温度加热后即得到纳米微粒的膜。膜的厚度可通过提拉次数来控制。

②电沉积法

一般Ⅱ-Ⅳ族半导体薄膜可用此法制备。下面简单介绍 CdS 和 CdSe 薄膜的制备过程:用 Cd 盐和 S 或 Se 制成非水电解液,通电后在电极上沉积 CdS 和 CdS 透明的纳米微粒膜,粒径为 5 nm 左右。

2)气相法

①高速超微粒子沉积法(气体沉积法)

该制备方法的基本原理是:用蒸发或溅射等方法获得超微粒子,用一定气压的惰性气体作载流气体,通过喷嘴,在基板上沉积成膜。美国喷气制造公司 Zhang 等采用该工艺成功地制备出纳米多层膜,陶瓷-有机膜,颗粒膜等。

②直接沉积法

这种方法是当前制备纳米薄膜普遍采用的方法。它的基本原理是把纳米粒子直接沉淀在低温基片上。制备纳米粒子的方法主要有三种:惰性气体蒸发法、等离子溅射法和激光放电等离子诱导化学气相沉积法。基片的位置、气体的压强、沉淀速率和基片温度是影响纳米膜质量的重要因素。可以制备金属—非金属纳米复合膜、铜—高聚物纳米镶嵌膜、银纳米膜、纳米 Si 膜等。

14.6.3 纳米固体材料的性能

(1)力学性能

大量的实验表明,纳米结构材料硬度的变化(强度的测量数据较少)表现出以下特点:

①总体来说,硬度随粒径的减小而增大;

②当粒径尺寸很小时,硬度随着粒径的减小而降低,即表现出反 Hall-Petch 关系式,发生转变的临界粒径依材料而定,但有些材料的硬度先是随 $d^{-1/2}$ 线性增大,然后在某一粒径开始达到一平台;

③在纳米范围时,Hall-Petch 关系式中的斜率 KH 要比一般尺寸材料小得多;

④对于纳米结构材料试样进行热处理,使晶粒长大,其硬度值高于那些没有经过热处理而晶粒大小相似的试样。

Hall-Petch 关系是建立在位错塞积理论基础上,经过大量实验的证实,总结出来的多晶材料的屈服应力(或硬度)与晶粒尺寸的关系,即

$$\sigma_y = \sigma_0 + KH\, d^{-1/2}$$

其中 σ_y 为 0.2% 屈服应力,σ_0 是移动单个位错所需克服的点阵摩擦力,KH 是常数,d 是平均晶粒尺寸。

按照 Hall-Petch 关系式,由于晶粒尺寸的减小,纳米结构材料的强度或硬度应该提高。但是,应该看到这一关系式有一定的局限性。首先,强度值不可能无限的增长,不能超出理论强度的限制;其次,晶界上的任何驰豫过程都可能导致强度的降低,从而在某一粒径下出现反 Hall-Petch 关系式的现象;第三,Hall-Petch 关系式是以位错的塞积为理论基础的,当粒径比较小时(纳米尺寸),单个的晶粒不能产生多个位错塞积,Hall-Petch 关系式就会失效。因此可以认为纳米结构材料的硬化或软化机制与传统的粗晶材料有很大的不同。基于实验现象,许多学者提出了一些模型对 Hall-Petch 关系进行修正。Gryaznov 等认为当晶粒降低到某一临界值以下时,位错的堆积不可能发生,弱化机制(比如粘滞流动)将发生作用,导致硬度随着粒径的降低而降低,即 KH 为负值;另一种解释是把这种现象归因于三叉晶界,由于三叉晶界体积分数的增长导致了纳米多晶材料软化,并具有增强的延展性。最近,Scattergood 和 Kock 又提出了另一种 Hall-Petch 模型,认为在许多晶粒中存在着位错网,从而使滑移越过了本来不能穿透的晶界,造成了反 Hall-Petch 现象。

应该指出的是,纳米结构材料从理论上进行分析应该有比常规材料高的断裂韧性,这是因为纳米结构材料中的界面的各向同性以及在界面附近很难有位错塞积发生,这就大大地减少了应力集中,使微裂纹的出现与扩展的概率大大降低。

(2)超塑性

超塑性从现象学上定义为在一定应力拉伸时产生极大的伸长量。早在 20 世纪 70 年代末,在金属与合金中就发现了这一特性。当晶粒很细,达到微米级,由于界面的高的延展性使材料产生超塑性。20 世纪 80 年代,人们对陶瓷材料的超塑性的研究产生了极大的兴趣,发现

几种材料在单轴或者双轴向拉伸下有超塑性现象发生。这些陶瓷材料是 Y-TZP,氧化铝和羟基磷灰石及复相陶瓷 ZrO_2/Al_2O_3,ZrO_2/莫来石,Si_3N_4及 Si_3N_4/SiC 等。这对纳米陶瓷制备科学和陶瓷物理学产生很大的影响。陶瓷的加工成型和陶瓷的增韧问题是人们一直关注的,急待需要解决的关键问题。陶瓷超塑性的发现为解决这个问题打开了新途径。有人把陶瓷超塑性的发现称为陶瓷科学的第二次飞跃。陶瓷材料超塑性主要是材料界面所贡献的,陶瓷材料中包含界面的数量和界面本身的性质对超塑性负有重要的责任。一般来说,陶瓷材料的超塑性对界面数量的要求有一个临界范围,界面数量太少,没有超塑性,这是因为这时颗粒大,大颗粒很容易成为应力集中的位置,并为孔洞的形核提供了主要的位置。界面数量过多虽然可能出现超塑性,但由于材料强度的下降也不能成为超塑性材料。

界面能及界面的滑移也是影响陶瓷超塑性的重要因素。在拉伸过程中高超塑性的产生使界面不发生迁移,不发生颗粒长大,仅仅是界面内部原子的运动,从宏观产生界面的流变。原子流动性愈好,界面粘滞性愈好,这种性质的界面对拉伸应力的响应极为敏感,而低能界面具有上述特性。界面缺陷,例如孔洞,微裂纹会造成界面结构的不连续性,破坏了界面粘滞性滑动,不利于陶瓷超塑性的产生。晶界特征分布(即各种类型的界面所占的比例和几何配置)也对陶瓷材料的超塑性有影响。较宽的晶界特征分布(晶界类型很多)不利于超塑性的产生,这是因为不同的晶界类型在能量上相差很大,高能晶界在拉伸过程中为晶粒生长提供了较高的驱动力并且也使晶界具有相对低的粘合强度。

关于陶瓷材料超塑性的机制至今并不十分清楚,目前有两种说法,一是界面扩散蠕变和扩散范性,二是晶界迁移和粘滞流变。这些理论都还很粗糙,仅仅停留在经验地、唯象地描述上。进一步搞清陶瓷超塑性的机理是陶瓷物理学的一个重要研究课题。下面简单介绍这两种机制:

1)界面扩散蠕变和扩散范性

纳米晶材料在室温附近的延展性在一定程度上与原子在晶界内扩散流变有关。Gleiter 等人在 1987 年解释纳米 CaF_2在 353 K 出现塑性变形时提出了一个经验公式,即晶界扩散引起的蠕变速率。根据这一结果,超塑性主要来自于晶界原子扩散流变(扩散蠕变)。这个结果还告诉我们,理论上纳米材料应该具有很好的超塑性。

2)晶界迁移和粘滞流变

前面已经谈过,晶界的迁移会引起形变过程中晶粒动态长大,不利于陶瓷材料超塑性的产生。阳离子的掺杂在界面偏聚并由此而产生的对界面的钉扎作用,可以减小界面动性,防止晶粒动态长大,有利于提高陶瓷材料的超塑性。

一般认为陶瓷具有超塑性应该具有两个条件:①较小的粒径;②快速的扩散途径(增强的晶格、晶界扩散能力)。纳米陶瓷具有较小的晶粒及快速的扩散途径,所以有望具有室温超塑性。

(3)**热学性质**

1)比热

我们知道,体系的比热主要由熵来贡献。纳米结构材料的界面结构原子分布比较混乱,与常规材料相比,由于界面体积分数比较大,因而纳米材料熵对比热的贡献比常规粗晶材料大得多,因此可以推测纳米结构材料的比热比常规材料高得多,实验结果也证实了这一点。

2）热膨胀

固体的热膨胀与晶格非线性振动有关，如果晶体点阵作线性振动就不会发生膨胀现象。当温度发生变化时，晶格作非线性振动就会有热膨胀发生。纳米晶体在温度发生变化时非线性热振动可分为两个部分，一是晶内的非线性热振动，二是晶界组分的非线性热振动，往往后者的非线性振动较前者更为显著，可以说占体积百分数很大的界面对纳米晶热膨胀的贡献起主导作用。纳米 Cu(8 nm)晶体在 110 ~ 293 K 的温度范围内的膨胀系数为 31×10^{-6} K，而单晶 Cu 在同样温度范围为 16×10^{-6} K，可见纳米晶体材料的热膨胀系数比常规晶体几乎大一倍。

3）热稳定性

纳米结构材料的热稳定性是一个十分重要的问题，它关系到纳米材料优越性能究竟能在什么样的温度范围使用。能在较宽的温度范围获得热稳定性好的（颗粒尺寸无明显长大）纳米结构材料是纳米材料研究工作者亟待解决的关键问题之一。纳米结构材料庞大比例的界面一般能量较高，这就为颗粒长大提供了驱动力，它们通常处于亚稳态。

通常加热退火过程将导致纳米微晶的晶粒长大，随着退火温度的增加，晶粒生长的速率加快。晶粒尺寸随退火时间的增加而增大。控制晶粒的异常长大，是提高纳米结构材料热稳定性的重要途径之一。

(4) 扩散性

由于纳米结构材料中有大量的界面，这些界面为原子提供了短程扩散途径，因此，与单晶材料相比，纳米结构材料具有较高的扩散率。较高的扩散率对于蠕变、超塑性等力学性能有显著的影响，同时可以在较低的温度对材料进行有效地掺杂，也可以在较低温度下使难混溶金属形成新的合金相。同时扩散性的增加可以使纳米结构材料的烧结温度大大地降低。

(5) 光学性质

1）蓝移和红移

纳米结构材料吸收能带普遍存在"蓝移"现象，即吸收能带移向短波方向。但在一些情况下，当物质颗粒尺寸小到纳米尺度范围时，又可以观察到光吸收能带相对粗晶材料呈现"红移"的现象，即吸收能带移向长波方向。纳米材料吸收带蓝移的原因是已被电子占据分子轨道能级与未被占据分子轨道能级之间的宽度（能隙）随颗粒直径减小而增大的缘故。而纳米材料发生"红移"的原因是随着物质颗粒尺寸的减小，颗粒内部的应力将会增加，结果导致能带结构的变化，电子波函数重叠加大，使得能带、能级间距变窄，这就导致电子由低能级向高能级跃迁，引起光吸收带和吸收边发生红移。纳米材料到底发生红移还是蓝移，是由影响蓝移因素和红移因素共同作用的结果，若前者大于后者，吸收带蓝移，反之则红移。

2）光的线性与非线性

光学线性效应是指介质在光波场（红外、可见、紫外以及 X 射线）作用下，当光强较弱时，介质的电极化强度与光波电场的一次方成正比的现象。例如光反射、折射、双折射等都属于线性光学范畴。纳米薄膜最重要的性质是激子跃迁引起的光学线性与非线性。所谓光学非线性，是在强光场的作用下介质的极化强度中就会出现与外加电磁场的二次、三次以至高次方成比例的项，这就导致了光学非线性的出现。对光学晶体来说，对称性的破坏，介电的各向异性都会引起光学非线性。对于纳米材料由于小尺寸效应、宏观量子尺寸效应，量子限域和激子是引起光学非线性的主要原因。纳米结构材料（膜和块体），纳米微粒中的激子浓度一般比常规材料大，尺寸限域和量子限域显著，因而纳米材料很容易产生光学非线性效应。

3）发光性

当物质尺寸小到纳米尺度的一定值后，可在一定波长的光激发下发光。如硅在6 nm时，在室温下可以发射可见光。

（6）电磁学性质

物质的尺寸达到纳米尺度范围后，其电磁学性能将发生较大变化。如在Au/Al_2O_3的颗粒膜上观察到了电阻的反常现象，随着Au含量的增加（增加纳米Au颗粒的数量）电阻不但不减小反而急剧增加。又如纳米材料的颗粒尺寸小于一定临界值时，将进入超顺磁状态，此时磁化率不再服从居里外斯定律。纳米磁性金属的磁化本领是常规金属的20倍等。

14.7　纳米材料的应用

14.7.1　在陶瓷领域的应用

陶瓷材料作为材料的三大支柱之一，在日常生活及工业生产中起着举足轻重的作用。但是，由于传统陶瓷材料质地较脆，韧性、强度较差，因而使其应用受到了较大的限制。随着纳米技术的广泛应用，纳米陶瓷随之产生，希望以此来克服陶瓷材料的脆性，使陶瓷具有像金属一样的柔韧性和可加工性。英国材料学家Cahn指出纳米陶瓷是解决陶瓷脆性的战略途径之一。

纳米陶瓷是指显微结构中的物相具有纳米级尺度的陶瓷材料，也就是其晶粒尺寸、晶界宽度、第二相分布、缺陷尺寸等都在纳米量级的水平上。要制备纳米陶瓷，这就需要解决：粒体尺寸形貌和粒径分布的控制；团聚体的控制和分散；块体形态、缺陷、粗糙度以及成分的控制等。

许多纳米陶瓷在室温下就可发生塑性变形。如纳米晶TiO_2在180 ℃时的塑性变形率可达100%，带有预裂纹的试样在180 ℃弯曲时不发生裂纹扩展。纳米陶瓷塑性高，烧结温度低，但仍具有类似于普通陶瓷的硬度。这些特征提供了在常温和次高温下加工纳米陶瓷的可能性。纳米离子晶体CaF_2于80 ℃加载1 s，即把方块状试样压成波浪状薄板，可以认为是一种低温超塑性行为。

纳米陶瓷复合材料通过有效的分散、复合而使异相纳米颗粒均匀地弥散在陶瓷基质结构中，从而大大改善陶瓷材料强韧性和高温力学性能。Tatsuki等人对制得的Al_2O_3-SiC纳米复相陶瓷进行拉伸蠕变实验，结果发现，伴随着晶界的滑移，Al_2O_3晶界处的纳米SiC粒子发生旋转并嵌入Al_2O_3晶粒之中，从而增强了晶界滑动的阻力，提高了Al_2O_3-SiC纳米复相陶瓷的抗蠕变能力。虽然纳米陶瓷还有许多关键的问题需要解决，但其优良的室温力学性能、抗弯强度、断裂韧性使其在切削刀具、轴承、汽车发动机部件等诸多方面都有了广泛的应用，并在许多超高温、强腐蚀等苛刻的环境下起着其他材料不可替代的作用，具有非常广阔的应用前景。

14.7.2　在纳米电子学上的应用

纳米电子学是纳米技术的重要组成部分，其主要的思想是基于纳米粒子的量子效应来设计并制备纳米量子器件，它包括纳米有序（无序）排列体系、纳米微粒与微孔固体组装体系、纳米超结构组装体系。纳米电子学的最终目标是将集成电路进一步减小，研制出由单原子或单分子构成的在室温能使用的各种器件。目前，利用纳米电子学已经研制成功各种纳米器件。

单电子晶体管，红、绿、蓝三基色可调谐的纳米发光二极管以及利用纳米丝、巨磁阻效应制成的超微磁场探测器已经问世。并且，具有奇特性能的碳纳米管的研制成功，使其可应用于大规模集成电路、超导线材等领域，为纳米电子学的发展起到了关键的作用。开发单电子晶体管是其中一项重要的应用，电子晶体管只要控制一个电子的行为即可完成特定的功能，可使功耗降低到原来的1/100，从根本上解决了日益严重的集成电路功耗问题。

量子器件不单纯通过控制电子数目的多少、而主要是通过控制电子波动的相位来实现一种功能，具有更高的响应速度和更低的功耗，而且集成度大幅度提高，有器件结构简单、可靠性高、成本低等诸多优点，因而纳米电子学发展，可能会在电子学领域引起一次新的电子技术革命，从而把电子工业技术推向一个更高的发展阶段。

14.7.3 在化工领域的应用

由于纳米材料的化学活性和大的比表面积，使其在催化领域得到了广泛的应用。纳米镍粉作为火箭固体燃料反应催化剂，使燃烧效率提高100倍，纳米铁可在 C_6H_6 气相热分解中起成核作用而制备出碳纤维。Fe，Co，Ni 等纳米离子可取代贵金属做汽车尾气净化的催化剂。工业上利用纳米 TiO_2-Fe_2O_3 作光催化剂，用于废水处理，已取得了很好的效果。纳米多功能抗菌塑料不仅具有抗菌功能，而且具有抗老化、增韧和增强作用，这一新型塑料的研制开发成功开辟了高分子材料的新领域，具有广泛的应用前景。

将纳米金属粒子掺杂到化纤制品或纸张中，可以大大降低静电作用。利用纳米微粒构成的海绵体状的轻烧结体可用于气体同位素、混合稀有气体及有机化合物等的分离和浓缩，用于化学成分探测器及作为高效率的热交换隔板材料等。

纳米静电屏蔽材料是纳米技术的另一重要应用。以往的静电屏蔽材料一般都是由树脂掺加碳墨喷涂而成，但性能并不是特别理想。利用具有半导体特性的纳米氧化物粒子如 Fe_2O_3，TiO_2，ZnO 等做成涂料，由于其具有较高的导电特性，因而能起到静电屏蔽作用。美、日等国在静电屏蔽涂层和绝缘层工艺上都有突破，已进入产业化阶段。

14.7.4 在光学方面的应用

纳米晶材料可改变样品的光透性，使其具有优异的吸附功能。这种光透性可通过控制晶粒尺寸和气孔率的方法来控制，因而使这种材料在感应和过滤技术中有着广泛的应用。而且由于纳米材料的特异结构，物质的表面、界面效应和量子效应将十分显著的表现出来，对吸波性能产生重要的影响。纳米超微粒可制成具有良好的吸波性能的涂层，对电磁波兼具吸收和透过功能，其吸收波性能和透波性取决于超微粒的尺度。直径为 10～30 nm 的铅粉吸收太阳能的效果很好，已成功地用于太阳能接收器上。纳米金属粒子吸收红外的能力加强，同时吸收率和热容量的比值大，已用来为红外线检测器或红外线传感器作敏感元件材料。多功能传感器是用几个纳米的金属粒子制备的，它可以用于检测气体温度和湿度。例如纳米金属粒子对可见光到红外光整个范围的吸收率都很高，大量的红外线被纳米金属吸收后转变为热，由温差可测出温差电动势。为了获得兼具有宽频带、多功能、质量小和厚度薄等性质的材料，正在研究纳米复合隐身材料，可望出现吸收或透过厘米波、毫米波、红外线、可见光等很宽波段的复合隐身材料，甚至可望研制成与加固技术兼容的复合隐身材料。

14.7.5　在磁学方面的应用

纳米磁性材料包括纳米稀土永磁材料、纳米微晶软磁材料、纳米磁记录材料、纳米磁膜材料和磁性液体，应用范围相当广。纳米稀土永磁材料可制备热压永磁体和粘结永磁体。纳米磁记录材料可提高记录密度和矫顽力。例如单畴临界尺寸的强磁颗粒 Fe-Co 合金和氮化铁有很高的矫磁力，因此用它们制成的磁记录介质材料不仅音质和信噪比好，而且记录密度比目前的 γ-Fe_2O_3 高 10 倍以上，因此是下一代信息存储系统的首选材料。纳米多层膜材料具有许多奇特性能，广泛用于医学诊断、信息储存和传感器等。纳米磁性液体可广泛用于传统技术和高新技术。

纳米复合材料的磁热效应能够将热量从一个热储存器传递到另一个热储存器中，利用该效应可进行磁制冷，如磁性纳米晶材料 $Gd_3Ga_{3.25}Fe_{1.75}O_{12}$ 在 6 ~ 30 K 之间磁制冷效率明显提高，还可以将有效工作温度由 15 K 提高到 30 K 以上。用固态磁性物质代替目前使用的压缩空气，这不仅可以避免碳的氟氯化物所造成的危害，而且可以提高制冷效果。这为新型磁制冷材料的研究开辟了新的道路。

14.7.6　在生物医学领域的应用

众所周知，分子是保持物质化学性质不变的最小单位，而且发生在生物体内的各种反应，如 DNA 复制、蛋白质的合成以及各种营养成分的吸收过程，都发生在纳米水平。所以生物分子是很好的信息处理材料，每一个生物的大分子本身是一个微型处理器，分子在运动过程中以可预测的方式进行状态变化，其原理类似于计算机的逻辑开关。利用该特性并结合纳米技术，可以设计量子计算机。美国南加州大学的 Adelman 博士等应用基于 DNA 分子计算技术的生物实验方法，有效地解决了目前计算机无法解决的问题即“哈密顿路径问题”，使人们对生物材料的信息处理功能和生物分子的计算技术有了进一步的认识。虽然分子计算机目前只是处于理想阶段，但科学家已经考虑应用几种生物分子制造计算机的组件，前景颇为乐观。

随着纳米技术的发展，纳米材料在医学上该技术也开始崭露头脚。研究人员发现，生物体内的 RNA 蛋白质复合体，其线度在 15 ~ 20 nm 之间，并且生物体内的多种病毒，也是纳米粒子。10 nm 以下的粒子比血液中的红血球还要小，因而可以在血管中自由流动。如果将超微粒子注入到血液中，输送到人体的各个部位，作为监测和诊断疾病的手段。科研人员已经成功利用纳米 SiO_2 微粒进行了细胞分离，用金的纳米粒子进行定位病变治疗，以减少副作用等。另外，利用纳米颗粒作为载体的病毒诱导物已经取得了突破性进展，现在已用于临床动物实验，估计不久的将来即可服务于人类。

研究纳米生物医学的目的就是在纳米尺度上应用生物学的原理，研制可编程的分子机器人，也称纳米机器人。2000 年 11 月 24 日出版的《科学》杂志报道，康奈尔大学的科学家把一部微型马达与一个金属螺旋桨组装在一起，使螺旋桨能够以 8 转/秒的速度旋转。这台马达是从给细胞提供能量的分子中获得能量，所以有朝一日科学家也许能够建造出比细菌还小的机器人，这类机器人将能够在血液中循环，对身体各部位进行检测、诊断，并实施特殊治疗，疏通脑血管中的血栓，清除心脏动脉脂肪沉积物，甚至可以用其吞噬病毒，杀死癌细胞。这样，在不久的将来，被视为当今疑难病症的艾滋病、高血压、癌症等都将迎刃而解，从而将使医学研究发生一次革命。

14.7.7 在其他方面的应用

纳米管具有分子级细管,比表面积特大,是理想的储氢材料。金属氢化物中的氢储量可达标准大气压下氢气密度的千倍以上,$LaNi_5$、FeTi 等都是良好的储氢材料。Tradeau 等发现纳米 FeTi 合金的储氢能力可比粗晶材料显著提高,而且其活化处理程序也更加简单,因此纳米材料可能为进一步提高材料的储氢效率提供一个可行的途径。

纳米材料表面活性和表面能也很高,能有效地活化烧结。在 WC 中加入 0.1% ~0.5% 的纳米粉,其烧结温度从 3 000 ℃降低到 1 800 ℃,并加速了烧结过程。这种活化烧结已用于大批量生产大功率半导体元件,可控硅整流元件的散热-热膨胀补偿基底。在烧结陶瓷过程中,加入一些纳米粉还可提高烧结密度和热导率。

纳米材料还可以作助燃剂,在火箭燃料推进剂中添加不到 1% 的纳米铝粉或镍粉,可使其燃烧热提高两倍多,将其用作火箭固体燃料,其燃烧效率可提高 100 倍。

硬质合金 Wc-Co 刀具材料,当其晶粒度由微米量级减小到纳米量级时,不但硬度提高一倍以上,而且其韧性及抗磨损性能也得以显著改善,从而大大提高了刀具的性能,此外将纳米粉末掺入润滑剂中,可显著改善润滑剂的性能,降低机械部件的磨损。

可以预见,随着对纳米材料结构和性能的进一步了解,随着纳米技术的进一步成熟、完善,纳米材料和纳米技术的应用将更加广阔。

参考文献

1 Schaffer J P. The science and design of engineering materials. Second Edition. Higher Education Press and McGraw-Hill Companies,2003
2 冯端,师昌绪,刘治国. 材料科学导论. 北京:化学工业出版社,2002
3 Milton Ohring. Engineering materials science. San Diego: Academic Press,1995
4 陈光,崔崇主编. 新材料概论. 北京:科学出版社,2003
5 施惠生主编. 材料概论. 上海:同济大学出版社,2003
6 史美堂主编. 金属材料及热处理. 上海:上海科学技术出版社,1980
7 许并社主编. 材料科学概论. 北京:北京工业大学出版社,2002
8 陈全明主编. 金属材料及强化技术. 上海:同济大学出版社,1992
9 梁耀能主编. 机械工程材料. 广州:华南理工大学出版社,2002
10 杨光华主编. 建筑工程材料. 重庆:重庆大学出版社,2004
11 周达飞主编. 材料概论. 北京:化学工业出版社,2005
12 韩冬冰,王慧敏编著. 高分子材料概论. 北京:中国石化出版社,2005
13 戴金辉,葛兆明主编. 无机非金属材料概论. 哈尔滨:哈尔滨工业大学出版社,2000
14 王培铭主编. 无机非金属材料学. 上海:同济大学出版社,1999
15 彭小芹主编. 土木工程材料. 重庆:重庆大学出版社,2002
16 殷景华等编. 功能材料概论. 哈尔滨:哈尔滨工业大学出版社,2002
17 江东亮. 结构功能一体化的高性能陶瓷材料的研究与开发. 中国工程科学,2003,5(2):35~39
18 周廉. 超导材料发展. 世界科技研究与发展,1998,20(5):46~50
19 陈贻瑞,王建. 基础材料与新材料. 天津:天津大学出版社,2001
20 宋登元. 有机半导体材料与器件应用. 物理,1992,21(12):713~717
21 潘坚,王史杰. 2001 年材料基础研究领域综述. 新材料产业,2002(2):22~25
22 徐庭献,沈继跃,薄占满等. 电子陶瓷材料. 天津:天津大学出版社,1993
23 黄娆,刘之景. 新型低介电常数材料研究进展. 微电子技术,2003,40(9):11~14,18
24 黎连修. 磁致伸缩和磁记忆问题研究. 无损检测,2004,26(3):109~112

25 雷永泉,万群,石永康. 新能源材料. 天津:天津大学出版社,2001
26 陈光,崔崇主编. 新材料概论. 北京:科学出版社,2003
27 胡用时,游龙,李震等. 高密度硬盘介质基本磁特性参数高精度测量. 华中科技大学学报,2003,31(12):51~53
28 张世远. 新型纳米晶软磁合金及其应用(二). 磁性材料及器件, 2004, 35(3): 1~4,12
29 周勋,梁冰青. 非磁性材料磁电阻效应的研究进展. 物理实验, 2003, 23(3): 16~19
30 干富熹. 信息材料. 天津:天津大学出版社,2000
31 章立源等. 超导物理. 北京:电子工业出版社,1987
32 林德华. 超导物理基础与应用. 重庆:重庆大学出版社,1992
33 伍勇,韩汝珊. 超导物理基础. 北京:北京大学出版社,1997
34 米克秒. 超导电性及其应用. 北京:科学出版社,1980
35 A·C·罗斯-英尼斯,E·H·罗德里克著. 超导电性导论. 章立源等译. 北京:人民教育出版社,1981
36 林良真等. 超导电性及其应用. 北京: 北京工业大学出版社,1998
37 杨楠,李晓鹏,蒲继东. 超导技术在电力能源上的应用. 四川水利发电, 2004,23(6): 109~110,119
38 翟光荣,汪永华. 高温超导及在电力工业中的应用. 东北电力技术,2002,23(2):49~52
39 戴陶珍,范则阳. 超导磁储能系统在舰船电力系统中的应用前景及其关键课题. 中国工程科学,2002,4(6):16~19
40 温华明,肖立业. 高温超导变压器研究概况及其开发前景. 高科技通讯, 2000,10(9): 105~108
41 杨爱勇,王心亮. 磁流体发电技术的回顾与展望. 煤气与热力, 2003,23(1):58~60
42 方明豹,徐劲峰. 超导电子学在计量测试中的应用. 上海计量测试,2000(3):31~32,35
43 管惟炎,刘兵. 超导研究. 北京:知识出版社,1988
44 姚康德,许美萱,成国祥等. 智能材料——21 世纪的新材料. 天津:天津大学出版社, 1996
45 杨大智. 智能材料与智能系统. 天津:天津大学出版社,2000
46 姜德生,Richard O. Claus. 智能材料 器件 结构与应用. 武汉:武汉工业大学出版社,2000
47 杜善义,冷劲松,王殿富. 智能材料 系统和结构. 北京:科学出版社, 2001
48 Winslow W M. Induced fibrillation of suspensions. J Appl Phys. 1949, 20:1137-1140
49 Sbtiomis M L. Effective Viscosity of Magnetic Suspensions. Soviet Phys JETP, 1972, 39(4): 1291-1294
50 张胜兰,沈新元,杨庆等. 智能材料的现状及发展趋势. 中国纺织大学学报,2000, 26(3): 106~111
51 黄益宾,王高潮. 形状记忆合金的研究与进展. 国外金属加工, 2003, 24 (1): 56~60

52 王辉,陈再良. 形状记忆合金的应用. 机械工程材料,2002, 26 (3): 5 ~ 8
53 荣启光. 陶瓷形状记忆效应的研究进展. 功能材料,1996, 27 (6): 487 ~ 489,505
54 朱光明. 形状记忆聚合物的发展与应用. 工程塑料应用,2002, 30 (8): 61 ~ 63
55 张晓明,崔秀镐,刘其贤. 电流变液及智能复合材料. 纤维复合材料,1994, 6 (2): 27 ~ 31
56 汪建晓,孟光. 磁流变液研究进展. 航空学报, 2002, 23(1): 6 ~ 12
57 李扩社,徐静,张深根. 稀土超磁致伸缩材料进展. 金属功能材料, 2003, 10 (6): 30 ~ 33
58 杨建良,郭照华. 光纤材料的研究进展. 材料导报,1997,11(3):6 ~ 7
59 胡勇胜,陈文,徐庆. 新型光学纤维材料的研究. 材料导报,2000,14(10):64 ~ 65
60 师昌绪. 材料大辞典. 北京:化学工业出版社,1994
61 何开元. 功能材料导论. 北京:冶金工业出版社,2000
62 郭卫红,汪齐奎. 现代功能材料及其应用. 北京:化学工业出版社,2002
63 朱云青,江源,陈莉等. 光纤在医学照明上的应用. 激光杂志,2005,26(4):66 ~ 68
64 王建营,冯长根. 光致变色现象及其在国防上的应用. 国防科技,2005(3):22 ~ 25
65 贾正根. 有机光色材料. 电子材料快报,1998(6):9 ~ 11
66 张志坚. 红外光学材料的现状与发展. 云南冶金,2000,29(5):35 ~ 41
67 A. Fujishima, K. Honda. Electrochemical photolysis of water at a semiconductor electrode. Nature, 1972, 238(5358): 37-38
68 R. Asahi, T. Morikawa, T. Ohwaki, et al. Visible-light photocatalysis in nitrogen-doped titanium oxides. Science, 2001, 293 (13): 269 ~ 271
69 徐浩等. 工业微生物学基础及其应用. 北京:科学出版社,1991
70 A · N · 格拉泽,二介堂弘. 微生物生物技术. 北京:科学出版社, 2002
71 谢衍生,孙岳明,傅岩等. 储氢材料的发展概况. 材料导报, 2004, 18(5):76 ~ 78
72 朱梅,徐献芝,苏润. 燃料电池的研究现状与方向. 自然杂志,2004,26(2):85 ~ 87
73 俞耀庭. 生物医用材料. 天津:天津大学出版社,2000
74 李世普. 生物医用材料导论. 武汉:武汉理工大学出版社,2000
75 凤兆玄,戚国荣. 医用高分子. 杭州:浙江大学出版社,1989
76 陈达. 功能微球改性聚乳酸组织工程材料及其细胞相容性研究. 浙江大学硕士学位论文, 2004
77 汪锡安,胡宁先,王庆生编译. 医用高分子. 上海:科学技术文献出版社
78 季军晖,史维明. 抗菌材料. 北京:化学工业出版社,2003
79 金宗哲主编. 无机抗菌材料及其应用. 北京:化学工业出版社,2004
80 周德庆. 微生物学教程. 北京:高等教育出版社,2002
81 西野敦. 抗菌剂的科学. 工业调查会,1996
82 曾冬冬,孙春宝,丁浩. 无机抗菌剂及其加工品抗菌效力评价. 化工新型材料, 2001, 29(2): 17 ~ 20
83 陆春华,倪亚茹,许仲梓等. 无机抗菌材料及其抗菌机理. 南京工业大学学报:自然科学版, 2003, 25(1): 107 ~ 110

84 李毕忠,季君晖,董晓旭等. 抗菌塑料的研制及其在家电中的应用. 工程塑料应用. 1999, 27(2): 19 ~ 21
85 李毕忠. 抗菌纤维及抗菌织物的研制与开发. 纺织科学研究, 2003, 14(1): 13 ~ 16,46
86 邵佳敏,戎红仁. 抗菌塑料的研制及其在家电中的应用. 塑料, 2000, 27(2): 19 ~ 21
87 梁金生,王静,金宗哲. 无机非金属材料的抗菌性能. 建筑卫生陶瓷, 2004(5): 44 ~ 47
88 张文钲. 抗菌陶瓷. 中国钼业, 2001, 25(5): 17 ~ 18
89 吴建锋,徐晓虹,冯晋阳. 抗菌涂料的研究. 新型建筑材料, 1999(9): 23 ~ 24
90 王天民. 生态环境材料. 天津: 天津大学出版社, 2000
91 翁端. 环境材料. 北京: 清华大学出版社, 2001
92 山本良一著, 王天民等译. 战略环境经营 生态设计. 北京: 化学工业出版社,2003
93 石磊,翁端. 国内外环境材料最新研究进展. 世界科技研究与发展, 2004,26 (3): 47 ~ 55
94 戴宏民,戴佩华. 绿色包装材料的研发进展和我国的发展对策(待续). 包装工程, 2004, (5): 5 ~ 7
95 李化建,孙恒虎,肖雪军. 生态混凝土研究进展. 材料导报, 2005,19(3):17 ~ 24
96 唐赛珍,陶欣,李小明等. 降解塑料研究开发的进展. 石油化工, 2004,33(11): 1009 ~ 1014
97 戴宏民,戴佩华. 绿色包装材料的研发进展和我国的发展对策. 包装工程, 2004, 25(6) 4 ~ 7
98 韩仲琦. 水泥工业生态化及其相关的技术和设备. 中国粉体技术, 2005,11(2):1 ~ 5
99 施惠生. 发展生态水泥,促进资源利用,保护生态环境. 水泥技术,2003(4):7 ~ 11
100 冯乃谦,张智峰,马骁. 生态环境与混凝土技术. 混凝土,2005(3):3 ~ 8
101 Zavaliangos. A, Challenges and opportunities for PM in functionally graded materials. Metal Powder Report, 1999(54): 37-38
102 李云凯. 耐高温等离子体冲刷梯度功能材料—碳化硼涂层. 北京科技大学: 博士后论文, 1998
103 冯忆艰,桂长林,王虎等. 功能梯度涂层材料的研究进展. 合肥工业大学学报:自然科学版, 2004,27(2): 153 ~ 157
104 S. Suresh, A. Mortensen. 功能梯度材料基础制备及热机械行为. 北京:国防工业出版社,2000
105 郑慧雯,茹克也木·沙吾提. 功能梯度材料的研究进展. 西南师范大学学报:自然科学版, 2002,27 (5):788 ~ 793
106 王豫,姚凯伦. 功能梯度材料研究的现状与将来发展. 物理, 2000,29(4):206 ~ 211
107 武安华,李敬锋. SiC/C 功能梯度材料的制备和评价. 无机材料学报, 2001,16(6): 1239 ~ 1242
108 张幸红,韩杰才. 梯度功能材料制备技术及其发展趋势. 宇航材料工艺, 1999, 29(2):1 ~ 5

109 黄继华,李敬峰.共沉降法制备金属/陶瓷连续梯度功能材料.科学通报,1998,43(5):550~554
110 朱信华,孟中岩.梯度功能材料的研究现状与展望.功能材料,1998,29(2):121~127
111 雷孙栓,李宁.电沉积梯度功能材料概述.材料保护,1995,28(7):12~14
112 Ma. J, G. E. B. Tan. Processing and characterization of metal—ceramics functionally gradient materials. Journal of Materials Processing Technology, 2001(113): 446-449
113 郝元恺,肖加余编著.高性能复合材料学.北京:化学工业出版社,2004
114 闻荻江主编.复合材料原理.武汉:武汉工业大学出版社,1998
115 王荣国,武卫莉,谷万里等.复合材料概论.哈尔滨:哈尔滨工业大学出版社,1999
116 倪礼忠,陈麒编著.复合材料科学与工程.北京:科学出版社,2002
117 贾成厂主编.陶瓷基复合材料导论.北京:冶金工业出版社,1998
118 吴人洁主编.复合材料.天津:天津大学出版社,2000
119 鲁云,朱世杰,马鸣图等.先进复合材料.北京:机械工业出版社,2004
120 于春田,崔建忠,王磊.金属基复合材料.北京:冶金工业出版社,1995
121 沃丁柱主编.复合材料大全.北京:化学工业出版社,2000
122 贺福主编.碳纤维及其复合材料.北京:科学出版社,1995
123 张立德,牟季美.纳米材料与纳米结构.北京:科学出版社,2001
124 周瑞发,韩雅芳,陈祥宝.纳米材料技术.北京:国防工业出版社,2003
125 张全勤,张继文.纳米技术新进展.北京:国防工业出版社,2005
126 白春礼.纳米科学与技术.云南:云南科技出版社,1995
127 张立德.纳米材料.北京:化学工业出版社,2000
128 曹茂盛,曹传宝,徐甲强.纳米材料学.哈尔滨:哈尔滨工业大学出版社,2002
129 张立德.纳米材料和技术的战略地位、发展趋势和应用.中国高新技术企业,2000(4):4~6
130 张立德.纳米材料研究的现状,特点和发展趋势.中国高新技术企业,2000(3):13~14
131 张立德.纳米材料的主要应用领域.中国高新技术企业,2000(4):26~35
132 杨鼎宜,孙伟.纳米材料的结构特征与特殊性能.材料导报,2003,17(10):7~10
133 高瑞平.纳米材料和技术的研究及展望.材料导报,2001,15(5):6~7